CB014064

A TEORIA DA ALIENAÇÃO EM MARX

István Mészáros

A TEORIA DA ALIENAÇÃO EM MARX

Tradução
Nélio Schneider

© desta edição, Boitempo, 2016
© István Mészáros, 1970

Título original: *Marx's Theory of Alienation*

Direção editorial Ivana Jinkings
Edição Isabella Marcatti
Assistência editorial Thaisa Burani
Coordenação de produção Livia Campos
Tradução Nélio Schneider
Preparação Mariana Tavares
Revisão Clara Altenfelder
Capa e diagramação Antonio Kehl
sobre foto de Antonio Kehl, *Cosipa*, 1978
Equipe de apoio
Allan Jones, Ana Yumi Kajiki, Artur Renzo, Bibiana Leme, Eduardo Marques, Elaine Ramos,
Giselle Porto, Ivam Oliveira, Kim Doria, Leonardo Fabri, Marlene Baptista, Maurício Barbosa,
Renato Soares, Thaís Barros, Tulio Candiotto

CIP-BRASIL. CATALOGAÇÃO NA PUBLICAÇÃO
SINDICATO NACIONAL DOS EDITORES DE LIVROS, RJ

M55t

Mészáros, István, 1930-
    A teoria da alienação em Marx / István Mészáros ; tradução Nélio
Schneider. - 1. ed. - São Paulo : Boitempo, 2016.

    Tradução de: Marx's theory of alienation
    Índice remissivo
    ISBN 978-85-7559-497-1

    1. Marx, Karl, 1818-1883. 2. Alienação (Filosofia). I. Título.

16-33363   CDD: 335.41
                                                            CDU: 330.85

1ª edição: junho de 2016

Esta obra teve duas edições anteriores no Brasil. A primeira, com o título *Marx: a teoria da alienação*,
foi publicada pela Zahar em 1981. A segunda, com o mesmo título da atual, foi publicada pela
Boitempo em 2006. Esta que o leitor tem em mãos traz uma tradução inédita e por essa razão, ainda
que publicada pela mesma editora da anterior, é considerada, novamente, primeira edição.

BOITEMPO EDITORIAL
Jinkings Editores Associados Ltda.
Rua Pereira Leite, 373
05442-000 São Paulo SP
Tel./fax: (11) 3875-7250 / 3875-7285
editor@boitempoeditorial.com.br
www.boitempoeditorial.com.br | www.blogdaboitempo.com.br
www.facebook.com/boitempo | www.twitter.com/editoraboitempo
www.youtube.com/tvboitempo

SUMÁRIO

APRESENTAÇÃO

Pressupostos ontológicos de uma síntese *in statu nascendi*

Maria Orlanda Pinassi

À época da primeira edição brasileira de *A teoria da alienação em Marx* (publicada em 1981 pela Zahar com o título *Marx: a teoria da alienação*), seu autor, István Mészáros, era conhecido de um público ainda reduzido no Brasil[1]. Mesmo assim, tal como aconteceu na Inglaterra, onde em dezoito meses o livro chegou à terceira edição, também entre nós teve ele um acolhimento excepcional. O próprio autor atribuíra aquele acentuado interesse pela obra a uma série de acontecimentos que ressaltaram "de forma dramática a intensificação de uma *crise estrutural global do capital*"; consequentemente, "a crítica marxiana da alienação mantém sua relevância sócio-histórica vital hoje mais do que nunca" (ver, adiante, o Prefácio à terceira edição, p. 15).

Desde então, muita água rolou pelas rodas do *moinho satânico*, e o vazio de antíteses capazes de pôr freio em seu moto-contínuo vem agravando aquele já problemático cenário do início dos anos 1970. O quadro atual, portanto, potencializa a urgência histórica de um enfrentamento decisivo e real contra o poder da alienação, e renova a necessidade da crítica constituída na obra de juventude de Marx.

Logo na "Introdução", Mészáros afirma que sua crítica não é meramente conceitual nem subjetiva de um problema tão real e gigantesco como a alienação. Sua abordagem é bem outra. Vejamos.

> Nos *Manuscritos de Paris*, Marx delineia as principais características de uma "ciência humana" nova e revolucionária – por ele contraposta à universalidade alienada da filosofia abstrata, por um lado, e à fragmentariedade e parcialidade reificadas da "ciência natural", por outro – do ponto de vista de uma grande ideia sintetizadora: "a alienação do trabalho" enquanto a causa que está na raiz de todo o complexo das alienações.[2]

---

[1]   Público composto, em geral, por estudiosos da obra de György Lukács, filósofo com o qual Mészáros, desde 1949, ainda na Universidade de Budapeste, estabeleceu estreita relação como aluno, secretário e amigo.

[2]   Ver, adiante, p. 21.

Mészáros indica a perspectiva ontológica de sua longa viagem pelo universo marxiano e, por meio dela, afirma o sentido concreto e histórico da totalidade – unidade dialética – composta pelo conjunto das peças escritas por Marx, desde a juventude até a maturidade.

O viés de análise é forte evidência de seu pertencimento a uma linhagem do marxismo – compreensivelmente marginal e numericamente reduzida – empenhada em desfazer a falsidade dilemática que, desde a Segunda Internacional, deprecia e, em não poucos casos, renega as "vacilações idealistas" do jovem Marx opondo-as à "superioridade do materialismo dialético". Por isso mesmo, ou seja, por sua absoluta discordância com essa brutal mistificação apologética – oficializada sob Stalin –, Mészáros não perde ocasião para combater as misérias do marxismo instrumental. É ele quem afirma que

> as numerosas versões da abordagem do "jovem Marx *versus* Marx maduro" (ou vice-versa) têm algo em comum. E é isto: um esforço para contrapor economia política a filosofia ou filosofia a economia política, e usar Marx como autoridade para dar suporte a essa pseudoalternativa. Falando em linhas gerais, aqueles que querem evitar ou rejeitar os problemas filosóficos vitais – e de modo algum especulativos – da liberdade e do indivíduo tomam o partido do "economista político maduro" ou do Marx "científico", enquanto os que pretendem que a força prática do marxismo (que é inseparável de sua desmistificação da economia capitalista) nunca existiu exaltam o "jovem filósofo Marx". [...] Analisar essas interpretações seria desperdiçar o tempo do leitor, se elas não fossem *ideologicamente* significativas.[3]

Expressivamente, o interesse de Mészáros pelos estudos de formação de Marx recaía sobre o importante ponto de inflexão representado pelos *Manuscritos econômico-filosóficos** de 1844: *a autoalienação a partir da centralidade do trabalho*. Dessa forma, enfrentar o conceito de alienação, tal como aparece ali, significou a oportunidade de compreender as raízes ontológicas de um dos mais graves problemas contemporâneos e, simultaneamente, desvendar o processo de constituição de uma síntese *in statu nascendi* – como ele gosta de se referir à obra –: a primeira de muitas que formarão um sistema abrangente e coerente de ideias multidimensionais e radicais.

Ainda que não seja a intenção desta apresentação adentrar o universo conceitual desenvolvido no denso estudo de Mészáros, sob o risco de um empobrecimento absolutamente indesejado, seria interessante mencionar ao menos dois aspectos particularmente ricos e essenciais ao processo de apreensão daquela síntese, e ambos advêm da dimensão concreta e histórica por meio da qual Marx construiu a sua crítica do idealismo hegeliano e, de quebra, do materialismo de Feuerbach.

O primeiro deles se refere ao redimensionamento de toda a complexidade que envolve o conceito de *Aufhebung*, que, em alemão, pode significar "transcendência, supressão, preservação, superação (ou substituição) pela elevação a um nível superior". Segundo Mészáros, o conceito marxiano do termo é a chave para se compreender a teoria da alienação, e "não o inverso", como erroneamente se supõe. Do mesmo modo, daqui se origina uma das mais geniais análises dos *Manuscritos* graças à formulação dos conceitos de *mediação de primeira ordem* – ou "atividade produtiva como tal, fator ontológico absoluto da condição

³   Ver, adiante, p. 209.

*   Trad. Jesus Ranieri, São Paulo, Boitempo, 2004. (N. E.)

humana" – e *mediação de segunda ordem* – ou "'mediação da mediação' alienada" decorrente "da propriedade privada, da troca, da divisão do trabalho". Com base nesses pontos de partida Mészáros recompõe com muita originalidade a realidade da relação de superação entre Marx e Hegel.

O aprofundamento dos estudos marxianos, ampliado pelo mergulho nos *Grundrisse* e em *O capital*, à luz dos fatos mais relevantes e desconcertantes do século XX, comprovou a atualidade dos nexos categoriais constituídos por Marx, despertando e intensificando em Mészáros a necessidade de uma nova síntese sobre o funcionamento cada vez mais crítico do sistema do capital[4]. Para ele, a própria obra de Marx clamava por isso porque nela

> todo microcosmo é macrocosmo, daí a extraordinária abertura de sua obra. O fato de ser uma obra inacabada não importa, tanto melhor, pois os caminhos abertos são tantos, mas com todas as direções claramente indicadas. Sempre as dimensões das universalidades entram em qualquer coisa que escreve.[5]

Não por acaso o enfrentamento imanente e transcendente dos *Manuscritos econômi-co-filosóficos*, materializado no mais que oportuno estudo *A teoria da alienação em Marx*, constitui a sua própria síntese *in statu nascendi*. E a prova de que este trabalho foi o pilar básico de um projeto de muito longo prazo pode ser conferida no Prefácio à terceira edição em língua inglesa (ver, adiante, p. 15), no qual ele afirma:

> Quanto ao nosso livro em si, amigos e críticos argumentaram que algumas das questões prin-cipais do desenvolvimento socioeconômico dos dias atuais – discutidas especialmente nos últimos capítulos – requereriam uma análise um pouco mais sistemática. Mesmo acreditando que o quadro de referência de *A teoria da alienação de Marx* não permite ir muito além de um tratamento sumário dessas questões de momento, minha concordância com a substância da crítica não poderia ser maior. De fato, estive trabalhando durante um bom número de anos em uma investigação detalhada de tais tópicos – um estudo que espero completar e publicar em breve.[6]

Com esses pressupostos, István Mészáros vem se dedicando à composição da mais po-derosa crítica marxista contemporânea até aqui desferida contra a ordem sociometabólica do capital. O resultado maior e mais completo desse enorme esforço de síntese pode ser

---

[4]   Desde 1951, foram várias as discussões que estabeleceu com Lukács a respeito. "Ele dizia que eu era muito impaciente, que naquele momento histórico não era possível fazer uma obra de síntese. Em certo sentido, é essa a tragédia de Lukács, na medida em que ele é o pensador mais global, mais sintetizante do século. [...] Agora, isso se transformou numa espécie de autolimitação, ou, se vocês quiserem, numa racionalização das circunstâncias, estabelecendo que as condições não haviam amadurecido e a única coisa possível eram trabalhos monográficos, voltados a aspectos mais restritos. Deste modo, para ele, a síntese deixara de ser uma necessidade fundamental. Ele começara com uma promessa de síntese monumental, que é a análise sobre a reificação, a consciência do proletariado, e desemboca em estudos mais restritos, monográficos. Apesar disso, a síntese per-manece, mas como capítulo, como parte de uma obra monográfica mediadora. Cito, por exemplo, elementos dessa síntese no *Jovem Hegel*, e depois, naturalmente, nas duas últimas obras: na *Estética* e na *Ontologia*. Mas nessa síntese certas dimensões da totalidade são cortadas." A ausência da *política* como mediação essencial à *Ontologia*, por exemplo, constituiu um sério problema na obra. István Mészáros, "Tempos de Lukács e nossos tempos – socialismo e liberdade" (entrevista), *Ensaio*, São Paulo, n. 13, 1984, p. 9-29.

[5]   Ibidem, p. 21.

[6]   Ver, adiante, p. 15.

conferido em *Para além do capital: rumo a uma teoria da transição*[7] e, considerando que a intenção de realizá-la tem início ainda na segunda metade dos anos 1960, seus livros mais conhecidos entre nós constituem produtos da sua reflexão mais ampla e mais profunda sobre os gravíssimos problemas contemporâneos[8].

Assim, se nos anos 1970, início dos 1980, o interesse por *A teoria da alienação em Marx* emanava principalmente do sentido imanente, original e desmistificador das análises perpetradas por um jovem filósofo (Mészáros) à obra do igualmente jovem Marx, poucos podem ter percebido à época que aquela era a gênese de uma síntese ainda mais ampla. Hoje, portanto, esse interesse se amplia significativamente na medida em que contamos com o benefício de constatar o desenvolvimento de muitos conceitos e ideias ali em germe.

Pois bem, por essas e muitas outras razões que o leitor certamente irá encontrar neste belo livro, de suas páginas se origina uma totalidade difícil, mas solidamente construída. Nenhuma de suas partes pode ser considerada monográfica ou atípica no conjunto da obra, nem Mészáros pretendeu imprimir-lhes qualquer "espécie de novidade" em relação a Marx. A sua relação com ele, com Engels, Lenin, Rosa, Lukács, Gramsci e tantos outros que o antecederam se inscreve numa perspectiva de superação e de reconhecimento por poder subir-lhes aos ombros e, com isso, ter a oportunidade histórica de enxergar de modo mais complexo, concreto e rico de mediações o horizonte a ser construído.

Quem sabe se não poderá seguir-lhes na galeria dos clássicos da teoria da emancipação. Um bom indício nos dá Italo Calvino, em *Por que ler os clássicos*: "Um clássico é um livro que vem antes de outros clássicos; mas quem leu antes os outros e depois lê aquele, reconhece logo o seu lugar na genealogia"*.

---

[7]   *Beyond Capital: Towards a Theory of Transition* (Londres, Merlin, 1995) [ed. bras. *Para além do capital: rumo a uma teoria da transição*, trad. Paulo Cézar Castanheira, São Paulo, Boitempo, 2002].

[8]   Todos os livros relacionados saíram primeiramente na Inglaterra. *Marx's Theory of Alienation* (Londres, Merlin, 1970); *The Necessity of Social Control* (Londres, Merlin, 1971) [ed. bras.: *A necessidade do controle social*, trad. Mario Duayer, São Paulo, Ensaio, 1987; esse texto também se encontra em: *Para além do capital*, 1. ed. rev., 1. reimp., trad. Paulo Cézar Castanheira e Sérgio Lessa, São Paulo, Boitempo, 2012, p. 983-1.011]; "Contingent and Necessary Class Consciousness", em *Aspects of History and Class Consciousness* (Londres, Routledge & Kegan Paul, 1971, p. 85-127), posteriormente publicado em *Phylosophy, Ideology & Social Science* (Sussex, Wheatsheaf Books, 1986, p. 57-104) [ed. bras.: "Consciência de classe necessária e consciência de classe contingente", em *Filosofia, ideologia e ciência social*, trad. Ester Vaisman, São Paulo, Boitempo, 2008, p. 55-90]; *Works of Sartre: Search for Freedom and The Challenge of History* (Brighton, Harvester Press, 1979) [ed. bras.: *A obra de Sartre: busca de liberdade e desafio da história*, trad. Rogério Bettoni, São Paulo, Boitempo, 2012]; por fim, *The Power of Ideology* (Londres, Harvester Wheatsheaf, 1989) [ed. bras.: *O poder da ideologia*, trad. Paulo Cézar Castanheira e Magda Lopes, São Paulo, Boitempo, 2004].

*   Trad. Nilson Moulin, São Paulo, Companhia das Letras, 1993, p. 14. (N. E.)

PREFÁCIOS

PREFÁCIO À QUINTA EDIÇÃO [2005]

Na introdução à primeira edição de *A teoria da alienação de Marx*, finalizada em maio de 1969, argumentei – contrastando com a falsa oposição entre "jovem Marx" e "Marx maduro" – que o núcleo estruturante do sistema marxiano *in statu nascendi* [em formação], como foi explicitado de modo vigoroso e irreversível nos *Manuscritos econômico-filosóficos**, de 1844, é a "transcendência da autoalienação do trabalho" (p. 24). Ao mesmo tempo, também enfatizei que "a crítica da alienação parece ter adquirido nova urgência histórica" (p. 17). Com efeito, lá pelo fim da década de 1960 e início da década de 1970, os eventos e desenvolvimentos sucedidos "sublinharam de forma dramática a intensificação de uma *crise estrutural global do capital*" (Prefácio à terceira edição, novembro de 1971).

O que estava em jogo já naquele tempo com referência à *crise estrutural* qualitativa-mente diferente – isto é, não mais *parcial* e *localizável* – da nossa ordem social, e continua assim até hoje, é que,

> na situação contemporânea do mundo não é mais possível conceber nem mesmo as tarefas imediatas dos movimentos socialistas em termos da conquista política do poder [...], mas é preciso pensá-las em termos de *alternativas socioeconômicas estratégicas, com implicações globais de longo alcance* [...], *envolvendo todos os sistemas sociais existentes* (p. 26).

De acordo com isso, "o caráter *global* autoevidente da crise socioeconômica do nosso tempo requer *soluções globais*: isto é, a '*transcendência positiva* da autoalienação do trabalho' com toda a sua complexidade multilateralmente condicionante" (p. 26).

Hoje, 35 anos depois [2005], quando tanto se fala da "globalização", ninguém quererá negar o caráter global da situação difícil que enfrentamos. Contudo, os que

---

* Trad. Jesus Ranieri, São Paulo, Boitempo, 2004. (N. E.)

creem na globalização capitalista acriticamente supõem que se trata da solução permanente para todos os nossos problemas, projetando de maneira ilusória também um "governo global" como seu corolário não problemático. Naturalmente, eles rejeitam até a simples ideia de uma crise séria com seus vínculos inextricáveis com a grave condição da alienação.

Todavia, a verdade incômoda dessa questão é que a crise estrutural do sistema do capital, que a esta altura dos acontecimentos já está em evidência por tantas décadas que nem mesmo se enquadra nas mais otimistas das teorias do "ciclo longo", não mostra absolutamente nenhum sinal de retração. Pelo contrário, ela se aprofunda com o passar do tempo, acarretando destrutividade para todo domínio vital. Como a passagem reveladora da "*destruição produtiva*" outrora real, ainda que a-historicamente idealizada, para a ainda mais devastadora *produção destrutiva*, praticada pelo capital; e a passagem da intromissão extremamente irresponsável na *natureza* – base insubstituível da própria existência humana – para o desencadeamento, em última análise suicida, de uma linha de ação sumamente destrutiva na forma de guerras "preventivas" e "preemptivas" sem limites, que agora são impostas de modo agressivo sob pretextos escancaradamente falsos, na vã tentativa de assegurar a sobrevivência do sistema a qualquer custo.

A alienação da humanidade, no sentido fundamental do termo, refere-se à *perda do controle*: sua incorporação em uma *força alienígena* que se confronta com os indivíduos como poder *hostil* e *potencialmente destrutivo*. Quando analisou a alienação em seus *Manuscritos econômico-filosóficos*, Marx indicou quatro aspectos principais dela: a alienação dos seres humanos (1) em relação à *natureza*; (2) em relação à sua própria *atividade produtiva*; (3) em relação ao seu "ser genérico", como membros do gênero humano; e (4) *uns* em relação *aos outros*. Ele sublinhou com cores fortes que tudo isso não é nenhuma "fatalidade da natureza" – conceito com que de fato se desfigura caracteristicamente os antagonismos estruturais do capital, visando deixá-los como estão –, mas que se trata de uma forma de *autoalienação*. Em outras palavras, não é obra de uma entidade exterior todo-poderosa, seja natural ou metafísica, mas o resultado de um determinado tipo de desenvolvimento histórico que pode ser positivamente alterado por uma intervenção consciente no processo histórico, visando "transcender a autoalienação do trabalho".

Na fase ascendente do desenvolvimento do sistema, o controle do metabolismo social pelo capital resultou em um crescimento anteriormente inimaginável das forças produtivas. Porém, o outro lado de todo esse crescimento é a multiplicação perigosa das forças destrutivas, a menos que prevaleça um controle consciente de todo o processo a serviço de um desígnio humano positivo. O problema é que o capital é incompatível com um modo de controle alternativo, não importa quão devastadoras sejam as consequências da imposição de seu próprio desígnio fetichista de expansão incontrolável.

No decorrer do último século, no qual sofremos a destruição causada por duas guerras mundiais, a alienação do controle outrora produtivamente benéfica tornou-se predominantemente negativa, devido ao fim da hegemonia histórica do sistema. Tanto é que, de fato, hoje – como a forma de alienação autoimposta mais extrema que se pode conceber – o que está ameaçado é nada menos que a própria sobrevivência da humanidade, e isso tanto militarmente quanto pela destruição da natureza. É por isso que se torna imperativo encarar o grande desafio da incontrolabilidade global do capital no nosso tempo, antes que seja tarde para fazê-lo. A urgência histórica da crítica da alienação, no espírito marxiano, não poderia ser maior do que é hoje.

Rochester, junho de 2005.

PREFÁCIO À QUARTA EDIÇÃO [1975]

A não ser por algumas correções menores, a quarta edição permaneceu inalterada.

Brighton, agosto de 1974.

PREFÁCIO À TERCEIRA EDIÇÃO [1972]

A necessidade de uma terceira edição, dezoito meses após a publicação da primeira, é gratificante para qualquer autor. O mais importante, contudo, é que o interesse que os leitores mostraram por este trabalho contribui para confirmar aqui o que dei a entender na Introdução, a saber, que "a crítica da alienação parece ter adquirido nova urgência histórica" (p. 17). Eventos recentes – o colapso das políticas longamente acalentadas de bloqueio à China, a crise do dólar, a irrupção de importantes conflitos de interesse entre os principais países capitalistas e a reveladora necessidade de apelar com frequência cada vez maior para ordens judiciais e outras medidas especiais contra grevistas rebeldes, até mesmo nos Estados Unidos da América: no próprio país da classe trabalhadora supostamente "integrada" – sublinharam de forma dramática a intensificação de uma crise estrutural global do capital. E é precisamente em relação a essa crise que a crítica marxiana da alienação mantém sua relevância sócio-histórica vital hoje mais do que nunca.

Quanto ao nosso livro em si, amigos e críticos argumentaram que algumas das questões principais do desenvolvimento socioeconômico dos dias atuais – discutidas especialmente nos últimos capítulos – requereriam uma análise um pouco mais sistemática. Mesmo acreditando que o quadro de referência de *A teoria da alienação de Marx* não permite ir muito além de um tratamento sumário dessas questões de momento, minha concordância com a substância da crítica não poderia ser maior. De fato, estive trabalhando durante um bom número de anos em uma investigação detalhada de tais tópicos – um estudo que espero completar e publicar em breve*. Enquanto isso, posso apenas apontar para dois resultados parciais que fazem parte desse complexo de problemas: *The Necessity of Social Control*

---

*   Trata-se de *Para além do capital: rumo a uma teoria da transição*. Originalmente lançado na Inglaterra em 1995 pela Merlin, o livro foi publicado no Brasil pela Boitempo, com tradução de Paulo Cézar Castanheira e Sérgio Lessa, em 2002. Essa obra fundamental do autor teve, por aqui, uma edição revista em maio de 2011 e é periodicamente reimpressa. (N. E.)

(Isaac Deutscher Memorial Lecture, Londres, Merlin, 1971)* e uma contribuição para o volume *Aspects of History and Class Consciousness* [Aspectos da história e da consciência de classe] (Londres, Routledge & Kegan Paul, 1971) sobre o tema "consciência de classe contingente e consciência de classe necessária".

Universidade de Sussex, Brighton, novembro de 1971.

PREFÁCIO À SEGUNDA EDIÇÃO [NOVEMBRO DE 1970]

Aproveitei a oportunidade desta nova edição para providenciar a tradução inglesa – em "Apêndice"**, no fim do volume – de algumas citações que, nas páginas 67, 243-4 e 259 da primeira edição, apareceram somente em alemão e francês. Adicionalmente, também corrigi alguns erros de impressão. De resto, a nova edição não sofreu alterações.

PREFÁCIO À PRIMEIRA EDIÇÃO [MAIO DE 1970]

Sou grato a amigos e colegas que fizeram sugestões úteis, muitas das quais foram incorporadas de alguma forma na versão final.

Agradeço particularmente a meus amigos Arnold Hauser e Cesare Cases, cuja crítica e encorajamento foram de inestimável valor.

Sou sumamente grato ao meu velho professor e amigo György Lukács, que de muitas maneiras influenciou meu modo de pensar.

Universidade de Sussex, maio de 1969.

---

*   *A necessidade do controle social* (trad. Mario Duayer, São Paulo, Ensaio, 1987). Esse artigo também foi publicado em *Para além do capital* (1. ed. rev., 1. reimp., trad. Paulo Cézar Castanheira e Sérgio Lessa, São Paulo, Boitempo, 2012), p. 983-1.011. (N. E.)

** Na presente edição, optamos por eliminar o Apêndice e incorporar ao próprio texto, entre colchetes, a tradução para o português dos trechos que Mészáros cita em língua original. (N. E.)

INTRODUÇÃO

Os problemas da alienação têm sido discutidos por um longo tempo, mas o interesse por eles de modo algum está diminuindo. Pelo contrário: a julgar por alguns eventos históricos recentes e pela orientação ideológica de muitos dos seus participantes, a crítica da alienação parece ter adquirido nova urgência histórica.

Nos últimos quarenta anos, grande parte da discussão girou em torno dos *Manuscritos econômico-filosóficos*, de Marx. A primeira edição – embora incompleta – veio a público em língua russa, em 1927, seguida, em 1932, das edições completas em alemão, russo e francês, que tornaram possível sua difusão em círculos filosóficos e literários em todo o mundo. O conceito-chave desses *Manuscritos* é o da alienação.

É incontável a quantidade de livros e artigos escritos sobre os *Manuscritos de 1844** ou que fazem referência a eles. Inquestionavelmente, são a obra filosófica mais tematizada neste século. As discussões, contudo, muitas vezes não se deram conta de que também se trata de uma das obras mais complexas e difíceis da literatura filosófica.

As dificuldades que se apresentam de modo algum são óbvias à primeira vista. A enorme complexidade dos níveis teóricos estreitamente inter-relacionados muitas vezes se esconde atrás de formulações que parecem ser enganosamente simples. Paradoxalmente, a grande força de expressão de Marx – sua habilidade quase sem paralelo de formular suas ideias em um estilo vívido; seu dom único de produzir aforismos "citáveis" (mas, de fato, multidimensionais) etc. – dificultou a compreensão adequada de sua obra, em vez de facilitá-la. Com efeito, é tentador abstrair, como fazem muitos comentaristas, das interconexões complicadas, a fim de se concentrar na aparente simplicidade do ponto mais nitidamente em foco. Contudo, a menos que as formulações aforísticas sejam captadas em suas múltiplas interconexões filosóficas, os perigos da má interpretação são agudos.

---

* Ao longo do texto, o autor usa as designações *Manuscritos de 1844* e *Manuscritos de Paris* como equivalentes a *Manuscritos econômico-filosóficos*. (N. T.)

A leitura "literal" estreita de passagens isoladas (para não falar das leituras equivocadas por motivos ideológicos[1] de aforismos e trechos igualmente isolados) só pode produzir teorias – como a do "Marx radicalmente novo" de muitos escritos que se concentraram de forma unilateral em certas passagens dos *Manuscritos de Paris*, retiradas do contexto e contrapostas ao restante da obra monumental de Marx – baseadas na metodologia que se propõe converter citações isoladas em slogans sensacionalistas.

As obras da juventude de Marx têm sido descritas de maneira adequada como "*enigmaticamente claras*"[2]. Na realidade, a nenhuma dessas obras tal descrição poderia se aplicar melhor do que aos *Manuscritos de 1844*. O leitor que desejar ir além da simplicidade enganadora, a fim de alcançar uma compreensão mais profunda dessa "clareza enigmática", terá de enfrentar várias dificuldades. Vamos dar uma rápida olhada nelas.

1) *Fragmentariedade*. Como bem se sabe, essa obra está incompleta. Os *Manuscritos de 1844* abarcam desde excertos de livros, com breves comentários sobre eles, até uma abordagem mais ou menos abrangente da filosofia hegeliana, passando por anotações e reflexões vagamente interconectadas sobre tópicos variados. Enquanto é relativamente fácil entender os textos e as passagens particulares, de modo algum é fácil identificar a linha mestra da obra como um todo. As passagens particulares, contudo, só adquirem seu significado pleno na relação com a importância geral da obra em seu conjunto.

2) *Linguagem e terminologia*. Aqui surgem três tipos de problemas, o primeiro dos quais obviamente não se aplica ao original em alemão:

a) Complexidades da tradução. Alguns dos termos-chave – por exemplo, "*Aufhebung*" – possuem conotações muito diferentes no texto original. Assim, em alemão, "*Aufhebung*" significa simultaneamente: "transcendência", "supressão", "preservação" e "superação (ou suplantação) que eleva a um nível mais alto". É claro que nenhum tradutor consegue resolver dificuldades desse tipo de modo completamente satisfatório. Até mesmo ao preço de soar bastante canhestro, ele não consegue acoplar mais do que dois, no máximo três, desses significados complementares e, na vasta maioria dos casos, precisa confiar na escolha de *um único* termo. Um ideal de precisão conceitual que viola linguisticamente o texto é contraproducente. Tudo o que se pode esperar alcançar é uma razoável aproximação ao original. Contudo, o próprio leitor pode fazer algo mais. Ele pode completar a leitura que enfatiza a "transcendência" ou a "suplantação" etc. com as conotações faltantes do termo original que, por razões linguísticas, tiveram de ser omitidas.

b) Inadequação do quadro de referência conceitual. Nas últimas décadas, a filosofia tem sido dominada – especialmente em países de língua inglesa – por várias tendências do empirismo positivista e do formalismo. Consequentemente, diversos conceitos usados por Marx – talvez a maioria dos seus conceitos-chave – devem soar extremamente

---

[1] Por exemplo, Robert C. Tucker, *Philosophy and Myth in Karl Marx* (Cambridge, Cambridge University Press, 1961) [ed. bras.: *Karl Marx: filosofia e mito*, trad. Affonso Blacheyre, Rio de Janeiro, Zahar, 1963]. Uma discussão detalhada sobre esse livro pode ser encontrada na nota 32 da página 209 deste volume.

[2] Louis Althusser, *Pour Marx* (Paris, Maspero, 1967), p. 18 [ed. bras.: *Por Marx*, trad. Maria Leonor F. R. Loureiro, Campinas, Editora da Unicamp, 2015].

estranhos, se não totalmente sem sentido ou autocontraditórios, para todos aqueles que se habituaram à enganadora "simplicidade do senso comum" do empirismo positivista ou à franqueza puramente esquemática do formalismo filosófico, ou a ambos. Não é possível enfatizar suficientemente as dificuldades de compreensão ocasionadas por essa condição. Pois, diante do fato de que toda a estrutura da teoria de Marx é dialética, simplesmente não há como entender seus conceitos-chave, a não ser em sua inter-relacionalidade dialética – e muitas vezes aparentemente autocontraditória. "Transcendência", por exemplo, não é uma transferência para dentro de outro domínio, tampouco é só "supressão" ou só "preservação", mas ambas ao mesmo tempo. Ou, tomando outro exemplo: em contraste com um bom número de concepções filosóficas, na visão de Marx, o ser humano não é só "humano" nem só "natural", mas ambos: isto é, "*humanamente* natural" e "*naturalmente* humano" concomitantemente. Ou então, em um nível mais elevado de abstração, "específico" e "universal" não são *opostos* um ao outro, mas constituem uma *unidade* dialética. Isso quer dizer: o ser humano é o "ser *universal* da natureza" apenas porque ele é o "ser *específico* da natureza", cuja especificidade única consiste precisamente em sua universalidade única enquanto oposta à parcialidade limitada de todos os demais seres da natureza. No nível tanto do empirismo quanto do formalismo, a noção de uma unidade desses opostos é autocontraditória. Somente no nível dialético do discurso essas noções podem adquirir seu significado pleno, sem o qual é impossível entender as ideias centrais da teoria da alienação de Marx. É por isso que o leitor deve ter sempre em mente o fato de que está lidando com as complexidades de um quadro de referência dialético do discurso, e não com a unidimensionalidade cristalina do formalismo filosófico nem com a simplicidade artificial do neoempirismo que barganha lugares-comuns.

c) Ambiguidade terminológica. Trata-se de um problema relativamente simples, desde que se tenha em mente os dois pontos anteriores. A questão aqui é que Marx, em seus esforços para estabelecer um diálogo com seus contemporâneos filosóficos radicais, como Feuerbach, reteve certos termos do discurso destes, cujo significado estava às vezes em conflito com o pretendido por ele. Um exemplo é "autoestranhamento", que nos *Manuscritos* de Marx corresponde a um conteúdo bastante modificado que demandaria uma terminologia modificada de modo correspondente, com expressões mais concretas em contextos específicos. Um exemplo ainda mais evidente é "essência humana". Como veremos adiante, Marx rejeitou categoricamente a ideia de uma "essência humana". Não obstante, ele manteve o termo, transformando seu significado original de modo a ficar irreconhecível. Nesse caso, seu propósito não foi apenas adicionar novas dimensões a um conceito importante (como "autoestranhamento"), mas demonstrar o vazio desse termo filosófico em seu sentido tradicional. E, no entanto, no curso de tal demonstração, ele próprio usou esse mesmo termo, na maioria das vezes sem fazer referências polêmicas, ainda que com um significado radicalmente diferente. Contudo, uma leitura atenta dos contextos em que tais termos emprestados ocorrem pode remover do caminho essa dificuldade. (Solução que não se aplica apenas aos recém-mencionados "essência humana" e "autoestranhamento", mas também a termos como "humanismo", "humanismo positivo", "automediação", "ser genérico" etc.)

3) *Complexidade do conceito-chave: alienação*[3]. Esse problema representa uma das maiores dificuldades. O conceito marxiano de alienação possui quatro aspectos principais, que são os seguintes:

a) o ser humano está alienado da *natureza*;

b) ele está alienado de *si mesmo* (de sua própria *atividade*);

c) do seu "*ser genérico*" (do seu ser como membro do gênero humano);

d) o ser humano está alienado do *ser humano* (dos demais seres humanos).

A primeira dessas quatro características do "trabalho alienado" expressa a relação entre o trabalhador e o *produto* do seu trabalho, que, de acordo com Marx, constitui simultaneamente a sua relação com o *mundo exterior sensível*, com os objetos da natureza.

A segunda característica, em contrapartida, é a expressão da relação do trabalho com o *ato da produção* no interior do processo de trabalho, ou seja, a relação do trabalhador com sua própria atividade enquanto atividade alheia, que não lhe proporciona satisfação em e por si só, mas tão somente mediante o ato de vendê-la a outro. (Isso quer dizer que não é a atividade em si que traz satisfação a ele, mas uma propriedade abstrata dela: sua venalidade sob certas condições.) Marx também denomina a primeira característica de "estranhamento da *coisa*", ao passo que chama a segunda de "*auto*estranhamento".

O terceiro aspecto – o ser humano alienado do seu ser genérico – está relacionado com a concepção segundo a qual o objeto do trabalho é a *objetivação da vida humana genérica*, porque o ser humano "se duplica não apenas na consciência, intelectualmente, mas também de forma operativa, efetivamente, contemplando-se, por isso, em um mundo criado por ele". Contudo, o trabalho alienado faz

> do ser genérico do homem, tanto da natureza quanto da faculdade genérica espiritual dele, um ser estranho a ele, um meio da sua existência individual. Estranha do homem o seu próprio corpo, assim como a natureza fora dele, tal como a sua existência espiritual, sua essência humana (76 [85 modif.])*.

---

[3] Em alemão, os termos "*Entäusserung*", "*Entfremdung*" e "*Veräusserung*" são usados para traduzir "*alienation*" [alienação] ou "*estrangement*" [estranhamento]. "*Entäusserung*" e "*Entfremdung*" são usados por Marx com muito mais frequência do que "*Veräusserung*", que é, como Marx o define, "*die Praxis der Entäusserung*" ("a prática da alienação" – Karl Marx e Friedrich Engels, *Werke* (doravante abreviado como MEW), v. 1, p. 376) ou, em outra passagem, "*Tat der Entäusserung*" ("o ato da alienação" – MEW, suplemento I, p. 531). Assim, "*Veräusserung*" é o ato de traduzir para a prática (na forma de vender algo) o princípio da "*Entäusserung*". No uso marxiano do termo, "*Veräusserung*" pode alternar com "*Entäusserung*" quando se refere a um "ato" ou "prática" específicos. (Ver MEW, v. 26, parte I, p. 7-8 – sobre a doutrina do sr. James Steuart concernente ao "lucro baseado na alienação". Nesse contexto, o termo "alienação" é traduzido por Marx tanto como "*Veräusserung*" quanto como "*Entäusserung*".) Tanto "*Entäusserung*" quanto "*Entfremdung*" têm tripla função conceitual: (1) fazer referência a um *princípio geral*; (2) expressar um *estado de coisas* vigente; e (3) designar um *processo* que leva a tal estado. Quando o acento está na "exteriorização" ou "objetivação", Marx usa o termo "*Entäusserung*" (ou termos como "*Vergegenständlichung*" [objetivação, reificação]), ao passo que "*Entfremdung*" é usado quando a intenção do autor é enfatizar o fato de que o ser humano é *confrontado* por um poder *hostil* produzido por ele mesmo, de modo que ele faz malograr o seu próprio objetivo.

* Os números entre parênteses se referem às páginas dos *Economic and Philosophic Manuscripts*, de Marx, traduzidos para o inglês por Martin Milligan (Londres, Lawrence and Wishart, 1959). [Os números entre colchetes se referem às páginas da edição brasileira, *Manuscritos econômico-filosóficos* (trad. Jesus Ranieri,

A terceira característica está implícita nas duas primeiras, sendo expressão delas em termos de *relações humanas*, e o mesmo vale para a quarta característica mencionada anteriormente. Porém, enquanto que ao formular a terceira característica Marx levou em consideração os efeitos da alienação do trabalho – tanto como "estranhamento da coisa" quanto como "autoestranhamento" – no que se refere à relação entre *o ser humano e o gênero humano* em geral (isto é, a alienação da "humanidade" [*humanness*] no decorrer de sua degradação pelos processos capitalistas), na quarta característica ele considera esses efeitos no tocante à relação do ser humano com *outros seres humanos*. Marx formulou esta última da seguinte maneira:

> Uma consequência imediata disto, de o homem estar estranhado do produto do seu trabalho, de sua atividade vital e de seu ser genérico é o <u>estranhamento do homem pelo próprio homem</u>. Quando o homem está frente a si mesmo, defronta-se com ele o <u>outro</u> homem. O que vale para a relação do homem com o seu trabalho, com o produto do seu trabalho e consigo mesmo, vale também para a relação do homem com outro homem, bem como com o trabalho e com o objeto do trabalho de outro homem. Em geral, a questão de que o homem está estranhado da sua natureza genérica quer dizer que um homem está estranhado do outro, assim como cada um deles está estranhado da essência humana (77 [85-6 modif.]).

Assim, o conceito de alienação de Marx abrange as manifestações de "estranhamento do homem da *natureza* e de *si mesmo*", por um lado, e as expressões desse processo na relação *ser humano-gênero humano* e *ser humano* e *ser humano*, por outro.

4) *Estrutura dos* Manuscritos de Paris. Apesar de sua modesta extensão – cerca de 50 mil palavras apenas –, os *Manuscritos econômico-filosóficos* constituem uma grande obra de síntese, de um tipo bem particular: uma *síntese in statu nascendi* (mais sobre isso a seguir). Neles, testemunhamos a emergência dessa síntese única conforme acompanhamos o lineamento de uma concepção vasta e abrangente da experiência humana em todas as suas manifestações; mais abrangente, de fato, do que qualquer coisa anterior a ela, incluindo a grandiosa visão hegeliana. Nos *Manuscritos de Paris*, Marx delineia as principais características de uma "ciência humana" nova e revolucionária – por ele contraposta à universalidade alienada da filosofia abstrata, por um lado, e à fragmentariedade e parcialidade reificadas da "ciência natural", por outro – do ponto de vista de uma grande ideia sintetizadora: "a alienação do trabalho" enquanto a causa que está na raiz de todo o complexo das alienações.

Ninguém deve se deixar enganar pela primeira impressão da leitura – adicionalmente a excertos de livros – de observações fragmentárias, indicações sumárias e formulações paradoxais, expressas em um estilo aforístico. Com efeito, um exame mais atento revelaria que os *Manuscritos de Paris* contêm uma argumentação muito mais estrita do que sugere a

---

São Paulo, Boitempo, 2004), a qual é usada como base para as citações. Nos casos em que se verificou divergência entre as traduções brasileira e inglesa, alterou-se, nesta edição, a tradução original brasileira para poder aproximar o leitor da versão lida por Mészáros. A ocorrência de modificações é indicada com a abreviatura "modif." após a página referente à edição brasileira. (N. T.)]

As ênfases dadas por Marx são indicadas mediante sublinhado; as minhas, por meio do itálico. O mesmo vale para as citações de outros autores. Sublinhado e itálico indicam ênfases dos referidos autores e minhas ao mesmo tempo.

impressão inicial. Como mencionado, as ideias particulares dos *Manuscritos* só adquirem seu significado completo na relação com a importância geral da obra como um todo. Dito de outra maneira, não há como entender plenamente as ideias apresentadas por Marx sobre uma variada gama de questões, a não ser como partes estreitamente inter-relacionadas de um *sistema* coerente de ideias. Os *Manuscritos de 1844* constituem o primeiro sistema abrangente de Marx. Nesse sistema, cada ponto particular é "multidimensional": ele está conectado com todos os demais pontos do sistema marxiano de ideias; ele os implica tanto quanto é implicado por eles. (O problema da relação entre *alienação e consciência*, por exemplo, nunca é considerado isoladamente, mas – em acentuado contraste com outras abordagens filosóficas da questão – como algo que ocupa um lugar determinado dentro do sistema de atividades humanas; como algo apoiado sobre a base socioeconômica e em constante interação com ela.)

É claro que nenhum sistema é concebível sem uma estrutura interna própria. Será tarefa da primeira parte deste volume esmiuçar esse problema. Aqui, podemos apenas indicar de modo muito sucinto as características que são essenciais para compreender a estrutura complexa da primeira grande obra de síntese de Marx.

Nos *Manuscritos econômico-filosóficos*, Marx levanta dois conjuntos – complementares – de perguntas. O primeiro conjunto investiga *por que* há uma contradição antagônica (ou "oposição hostil", como por vezes a denomina):

- entre diferentes tendências filosóficas (da mesma época, como também de diferentes épocas);
- entre "filosofia" e "ciência";
- entre "filosofia" (ética) e "economia política";
- entre a esfera teórica e a esfera prática (isto é, entre Teoria e Prática).

O segundo conjunto refere-se à questão da "transcendência" (*Aufhebung*), ao perguntar *como* é possível suplantar o estado de coisas existente, o sistema de alienações prevalecente, que vai dos estranhamentos manifestos na vida cotidiana até as concepções alienadas da filosofia. Ou, expresso de uma forma positiva: *como* é possível alcançar a *unidade dos opostos*, em vez das oposições antagônicas que caracterizam a alienação. (A oposição entre "fazer e pensar", entre "ser e ter", entre "meio e fim", entre "vida pública e vida privada", entre "produção e consumo", entre "Filosofia e Ciência", entre "Teoria e Prática" etc.) O ideal de uma "*ciência humana*", em vez da ciência e filosofia alienadas (não confundir com a noção vaga e confusa de uma "filosofia antropológica" ou "marxismo humanista", nem com o igualmente vago e ilusório "cientificismo" de alguns escritos neomarxistas), consiste em uma formulação concreta dessa tarefa da "transcendência" no campo da teoria, enquanto a "*unidade de teoria e prática*" é a expressão mais geral e abrangente do programa marxiano.

Não é preciso dizer que o primeiro conjunto de perguntas é impensável sem o segundo, o qual anima e estrutura (ou articula) o primeiro. Assim, os problemas da "transcendência" representam "*das übergreifendes Moment*" ("o fator predominante") – para usar a expressão de Marx – nessa inter-relação dialética dos dois conjuntos de perguntas. Se há um elemento, em última instância, "irredutível" no discurso filosófico, é a "*prise de position*" [tomada de posição] do filósofo quanto à suplantação das contradições que ele percebe. Porém, "irredutível", naturalmente, apenas em última instância ou "em última análise" (Engels), isto é, no sentido dialético de uma prioridade relativa no interior de uma determinação recíproca. Isso significa que, enquanto a abordagem que o filósofo faz da "*Aufhebung*" certamente determina os limites de sua compreensão da natureza das contradições da sua época, ela também é determinada em sua articulação concreta por esta última, isto é, pela sensibilidade e profundidade da compreensão que o filósofo tem das problemáticas complexas do mundo em que vive.

Marx de modo algum foi o primeiro filósofo a levantar algumas das perguntas mencionadas anteriormente. (O maior dos seus predecessores imediatos, Hegel, foi de fato o originador do conceito de "*Aufhebung*" como uma "unidade de opostos".) Porém, ele foi o primeiro a levantar toda a gama de perguntas que vimos, enquanto seus antecessores, incapazes de formular o propósito de unificar teoria e prática, abandonaram sua investigação no ponto crucial. A abstratividade da concepção de "*Aufhebung*" destes últimos manteve seu questionamento dentro de limites conceituais muito estreitos. Seu diagnóstico dos problemas estava viciado pelas soluções – meramente conceituais – que conseguiam visualizar para eles.

Para Marx, em contraste, a questão da "transcendência" – começando com as formulações mais antigas da sua perspectiva filosófica – era inseparável do programa que se propunha a alcançar a "unidade de teoria e prática". Antes dos *Manuscritos de 1844*, contudo, esse princípio manteve-se um tanto abstrato, pois Marx não conseguiu identificar o "ponto arquimédico" por meio do qual seria possível traduzir o programa em realidade. A introdução do conceito de "trabalho alienado" no pensamento de Marx mudou tudo isso de modo fundamental. Como veremos, no momento em que o problema da transcendência foi concretizado – nos *Manuscritos de 1844* – como a negação e suplantação da "autoalienação do trabalho", nasceu o sistema de Marx.

Nesse sentido, podemos chamar os *Manuscritos de Paris* de sistema *in statu nascendi*. Com efeito, é nesses *Manuscritos* que, pela primeira vez, Marx explora sistematicamente as implicações de longo alcance de sua ideia sintetizadora – "a alienação do trabalho" – em cada esfera da atividade humana. A descoberta do "elo perdido" de suas reflexões anteriores lança nova luz sobre todas as suas ideias e pontos particulares de crítica – alguns deles já formulados antes de 1844 –, que dali por diante se encaixaram naturalmente em uma concepção oniabrangente. Conforme Marx avança em sua investigação crítica nos *Manuscritos de Paris*, a profundidade de sua compreensão e a coerência sem paralelo de suas ideias tornam-se cada vez mais evidentes. Há uma atmosfera de excitação em torno de todo o empreendimento – presente também no estilo bastante exaltado, muitas vezes solene, de exposição –, na medida em que Marx repetidamente soletra sua grande descoberta histórica, a saber, que as mais variadas formas de alienação que ele investiga podem ser reduzidas a um denominador comum, no campo da *prática social*, por meio do conceito tangivelmente concreto e estrategicamente crucial de "trabalho alienado": o foco comum dos dois conjuntos de perguntas, isto é, tanto "por que" (diagnóstico) quanto "como" (transcendência).

Nesse contexto, cabe comparar as críticas de Marx a Hegel antes e depois da introdução desse conceito sintetizador em seu pensamento. Antes de tal aparecimento, sua crítica da filosofia hegeliana, embora meticulosa, permaneceu *parcial*, ainda que, desde o estágio mais incipiente do desenvolvimento filosófico de Marx, a intenção tenha sido inequivocamente a de promover um ataque frontal ao sistema hegeliano como um todo. Nos *Manuscritos de 1844*, contudo, encontramos uma "crítica da dialética e da filosofia hegelianas em geral" (142-71 [115-37]). Graças ao conceito de "autoalienação do trabalho", a filosofia hegeliana foi situada dentro de suas próprias perspectivas: tanto suas grandes conquistas históricas quanto suas limitações são reveladas e expostas como autoevidentes à luz da ideia sintetizadora fundamental de Marx. Uma vez de posse dessa chave que abre as portas do sistema hegeliano em seu conjunto, e expondo todos os seus "segredos" e "mistificações" a uma crítica social abrangente, torna-se supérflua a análise laboriosamente detalhada de campos particulares dessa filosofia – por exemplo, da *Crítica da filosofia do direito de Hegel**, tentada anteriormente. (De qualquer modo, Marx perde o interesse por eles, pois agora estes podiam meramente ilustrar um ponto geral para o qual estavam tendendo suas investigações críticas anteriores da filosofia hegeliana.) De fato, Marx nunca retomou seu trabalho interrompido sobre a filosofia do direito de Hegel, e o objetivo dos seus projetos posteriores sobre o pensamento hegeliano – em particular, uma investigação sobre suas obras em lógica e estética – era sumarizar as realizações de Hegel, bem como delinear as ideias do próprio Marx nesses campos, mais do que fazer uma crítica sistemática da filosofia hegeliana como um todo. No que se refere a esta última, Marx fez uma avaliação definitiva dela na forma de "um ajuste de contas crítico" (20)**, nos *Manuscritos de 1844*.

Em resumo, o cerne dos *Manuscritos de Paris*, que estrutura toda a obra, é o conceito de "transcendência da autoalienação do trabalho". Esse sistema marxiano *in statu nascendi* é simultaneamente uma espécie de "balanço", bem como a formulação de um programa monumental para futuras investigações. Ao repensar todos os principais problemas que o ocuparam antes do esboço dos *Manuscritos*, Marx testa sua ideia sintetizadora em muitas direções, tornando-se plenamente consciente tanto da necessidade de aventurar-se pelas mais variadas disciplinas quanto das dificuldades e perigos envolvidos em tal empresa. É por isso que ele escreve em seu Prefácio aos *Manuscritos de Paris* (ainda que, sem surpresa, só o tenha feito após completar o restante de tal obra):

> A condensação em <u>uma única</u> obra da riqueza e da diversidade dos objetos tratados só seria possível de modo totalmente aforístico, e tal apresentação aforística, por sua vez, produziria a <u>aparência</u> de um sistematizar arbitrário. Por conseguinte, publicarei, em diversas brochuras independentes e sucessivas, a crítica do direito, da moral, da política etc., e, por último, em um trabalho específico, tentarei formular a conexão do todo, a relação entre as distintas partes, bem como a crítica da elaboração especulativa desse mesmo material. Por essa razão, no presente escrito, a conexão entre a economia política e o Estado, o direito, a moral, a vida civil etc. só será abordada na medida em que a economia nacional mesma, *ex professo* [particularmente], trata desses objetos (15 [19 modif.]).

Assim, no decorrer da redação dos *Manuscritos de Paris*, Marx se dá conta da imensidão do seu empreendimento, ao tomar consciência do fato de que a sua abordagem geral orientada para a práxis, diferentemente do método de sumarização aforística que ele também praticou em certa medida, deve proceder em todos os pontos "mediante uma *análise inteiramente empírica*" (16 [19-20]), submetendo inclusive os mínimos detalhes a um escrutínio meticuloso. Não causa surpresa, portanto, que ele tenha levado a vida

---

* Trad. Leonardo de Deus e Rubens Enderle, São Paulo, Boitempo, 2005. (N. E.)

** A frase final da introdução aos *Manuscritos* na tradução inglesa difere totalmente da tradução brasileira (conforme p. 21 desta). (N. T.)

inteira para executar o programa de publicar uma "crítica do direito, da moral, da política etc.", e que essa obra tivesse de assumir uma forma de fato bem diferente das "brochuras independentes" originalmente projetadas. Com efeito, até mesmo este último método teria sido demasiado "aforístico" e injustificadamente sumário. Os *Manuscritos de 1844* tiveram de permanecer inacabados – não poderia ter sido diferente com um sistema *in statu nascendi* flexível e aberto, que não deveria ser confundido com alguma vigorosa síntese prematura. Porém, a despeito de seu caráter fragmentário, sua importância é enorme, tanto em termos do que eles de fato realizaram quanto no tocante à extensão e ao modo da investigação que inauguraram. Longe de exigir consideráveis revogações ou revisões subsequentes, os *Manuscritos de 1844* anteciparam de maneira adequada o Marx tardio, captando em uma unidade sintética a problemática posta por uma nova abordagem radical, centrada na práxis e abrangente de todas as facetas da experiência humana "mediante uma análise inteiramente empírica, fundada em um meticuloso estudo crítico da economia política" (16 [19-20 modif.]).

* * *

De acordo com as características centrais da obra de Marx, o princípio ordenador do presente estudo necessariamente consistirá em focar a atenção nos vários aspectos e implicações do conceito marxiano de "*Aufhebung*", conforme emergem no quadro de referência de sua teoria da alienação. Em outras palavras, a chave para compreender a teoria da alienação de Marx é seu conceito de "*Aufhebung*", e não o contrário. (Essa inversão da relação estrutural dos conceitos ao abordar o sistema de Marx confundiu todos os comentaristas que tentaram elucidar a visão de mundo marxista partindo do conceito de alienação do jovem Marx como seu ponto de referência último: na melhor das hipóteses, eles acabaram em alguma tautologia moralizante – porque claramente não há conceito que possa ser elucidado por si mesmo – e, em muitos casos, com graves distorções do sistema de Marx como um todo[4].) O conceito de "*Aufhebung*" deve ocupar o centro da nossa atenção por três razões principais:

1) ele é, como vimos, crucial para a compreensão dos *Manuscritos econômico-filosóficos*, cuja análise constitui a parte principal deste estudo;

2) esse conceito de "transcendência (*Aufhebung*) da autoalienação do trabalho" provê a ligação essencial com a totalidade da obra de Marx, incluindo as últimas obras do assim chamado "Marx maduro";

3) no desenvolvimento do marxismo após a morte dos seus fundadores, a questão foi bastante negligenciada e, por razões históricas compreensíveis, conferiu-se ao marxismo uma orientação mais diretamente instrumental. Contudo, na presente fase do desenvolvimento sócio-histórico, em que, pela primeira vez na história, estão sendo abalados os fundamentos do capitalismo enquanto *sistema mundial* (ao passo que todas as crises anteriores do capitalismo, não importa quão espetaculares tenham sido, foram *parciais* e *localizáveis*), a "transcendência da autoalienação do trabalho" está "na ordem do dia". Ou

---

[4] Ver Capítulo VIII deste livro, sobre "A controvérsia em torno de Marx".

seja, na situação contemporânea do mundo não é mais possível conceber nem mesmo as tarefas imediatas dos movimentos socialistas em termos da conquista política do poder – não é mais como quando a tarefa na história mundial era quebrar o primeiro e "mais fraco elo da corrente" –, mas é preciso pensá-las em termos de alternativas socioeconômicas estratégicas, com implicações globais de longo alcance. É por isso que o interesse por certos aspectos da concepção de Marx, que devem ter parecido bem remotos para o movimento da classe trabalhadora na virada do século [XIX para o século XX], foi renovado no período pós-guerra e atrai cada vez mais atenção para uma ampla gama do espectro social, em vez de ficar confinado a "intelectuais isolados", como alguns dogmáticos sectários gostariam que fosse. Esse fenômeno de renovação é tanto mais significativo porque os problemas em jogo, como mencionado, têm implicações globais, envolvendo todos os sistemas sociais existentes, ainda que de modos bastante diferentes. Precisamente porque a percepção desses aspectos do programa original de Marx só poderia ser visualizada em um quadro de referência global, o conceito de "transcendência positiva da autoalienação do trabalho" teve de ser relegado ao segundo plano em uma época em que o marxismo embarcou na jornada de sua realização prática na forma de movimentos sociopolíticos parciais (nacionais), isto é, quando o marxismo estava passando da condição de teoria global para a de movimentos organizados que, por um longo período histórico – por toda a era de defesa de posições arduamente conquistadas –, tiveram de permanecer parciais e limitados. Em contraposição, o caráter global autoevidente da crise socioeconômica do nosso tempo requer soluções globais: isto é, a *transcendência positiva* da autoalienação do trabalho" com toda a sua complexidade multilateralmente condicionante. Não se está sugerindo, é claro, que na presente situação mundial os problemas diagnosticados pela primeira vez por Marx possam ser resolvidos da noite para o dia; longe disso. A teoria da alienação de Marx tampouco pretendeu ser uma receita para "soluções messiânicas", como veremos adiante. O ponto decisivo é que, em nossa época, tornou-se historicamente possível – e também cada vez mais necessário – enfrentar as questões cotidianas que se colocam aos movimentos socialistas em todo o mundo dentro das perspectivas que lhes são apropriadas: enquanto direta ou indiretamente relacionadas com a tarefa fundamental da "transcendência positiva da autoalienação do trabalho".

* * *

Não é preciso dizer que, na discussão da teoria da alienação de Marx, os *Manuscritos econômico-filosóficos* devem ocupar o centro da análise. De acordo com isso, a maior parte do presente estudo é dedicada ao exame detalhado dos vários aspectos da teoria da alienação de Marx conforme aparecem nos *Manuscritos de Paris*. Ao mesmo tempo, é preciso enfatizar que aqui não se faz nenhuma tentativa de reconstruir a obra de Marx com base nos *Manuscritos de 1844*. Pelo contrário, o quadro de referência da interpretação e avaliação destes últimos é a totalidade da obra marxiana, sem a qual as exposições de sua primeira síntese não passam de caricaturas, mesmo que não tenham a intenção de sê-lo. Não só porque as "observações enigmáticas" e as indicações aforísticas dos *Manuscritos de Paris* não podem ser decifradas sem referência às suas obras posteriores, mas principalmente porque, quando se atribui o conceito de alienação exclusivamente ao período jovem, falsifica-se grosseiramente o "Marx maduro" – como veremos mais adiante –, solapando a unidade e a coerência interna do seu pensamento. (O fato de, em alguns casos, isso ser consciente e proposital não vem ao caso; o resultado é o mesmo.)

Toda a análise e interpretação necessariamente implicam alguma reconstrução a partir de uma determinada posição temporal que inevitavelmente é diferente daquela do seu objeto. Negar esse simples fato nos condenaria a aceitar as ilusões do "cientificismo". O "elemento irredutível" da concepção geral de um filósofo, mencionado anteriormente, não coincide – nem pode coincidir – com o de seus congêneres, que estão no cerne de interpretações posteriores. E nenhuma interpretação é concebível sem um "elemento irredutível" próprio como ponto de partida e centro organizador fundamental. Naturalmente, isso não significa que a questão da objetividade deva ser posta de lado e substituída por alguma forma de relativismo. Com efeito, os critérios da validade objetiva de interpretações estão dados pela *afinidade* dos diferentes "elementos irredutíveis", por um lado, e por sua relevância histórica prática, por outro. Em outras palavras, o objeto da interpretação não poderá ser alcançado, a menos que a abordagem seja feita com base em uma afinidade objetiva de valores relevante para a situação histórica dada. É por isso que intérpretes e oponentes burgueses de Marx – sejam eles "marxólogos neutros" ou propagandistas políticos conservadores – estão fadados a errar seu alvo. O "elemento irredutível" (isto é, o comprometimento aberto ou dissimulado com valores) que motiva tanto a "marxologia neutra" em termos programáticos – relacionada com matérias que necessariamente excluem todas as pretensões de "neutralidade desinteressada" – quanto as formas menos modestas de oposição ao marxismo pode às vezes produzir *insights* e resultados parciais, que, porém, notoriamente deixam de compreender o sistema coerentemente inter-relacionado das ideias marxistas como um todo, por causa do confronto hostil entre as abordagens reciprocamente excludentes dos problemas cruciais da realidade sócio-histórica dada e, em particular, da questão da "*Aufhebung*". Nada há a fazer, se a exposição dos limites de validade de interpretações rivais sobre essas linhas ou sobre linhas similares não satisfizer aqueles que não se contentariam com nada menos que uma "objetividade científica" definitiva (advogando de fato por um fetichismo da ciência natural). A favor da nossa exposição, contudo, deve ser dito que ela pelo menos não requer a introdução de falsas polaridades no sistema de Marx, como a pretensa oposição entre seus "conceitos científicos" e seus supostos "conceitos ideológicos"; ela tampouco requer que estes últimos sejam expurgados da concepção filosófica de Marx como um todo. Talvez, sem esses supostos "conceitos ideológicos", a concepção de Marx pareça mais "científica"; mas ela seria incomparavelmente mais pobre e estaria bem menos de acordo com nossas necessidades. A nosso ver, não há alternativa real ao reconhecimento e à aceitação das limitações do ato de relacionar o significado da teoria da alienação de Marx com a nossa própria condição histórica, em cujos termos ela deve ser lida e entendida.

O objetivo do presente estudo é, em primeiro lugar, detalhar a gênese e o desenvolvimento interno da teoria da alienação de Marx, focando a atenção não só no pano de fundo histórico e intelectual de suas ideias principais, mas, acima de tudo, no dinamismo interior da estrutura do seu pensamento como um todo. No quadro de referência dessa abordagem geral preliminar – na primeira parte –, os capítulos subsequentes tentam fazer uma análise detalhada dos vários aspectos da complexa problemática da alienação, desde os aspectos econômicos até os ontológicos e morais, e desde os aspectos políticos até os estéticos.

Esses capítulos – de IV a VII – são relativamente "autônomos"[5], não só para facilitar a compreensão dos argumentos muitas vezes bastante complexos e "dispersos" de Marx, mas também porque alguns dos pontos muito controversos podem ser mais facilmente esclarecidos mediante a organização do material em torno dos pontos focais dos tópicos mencionados anteriormente. Contudo, duas notas de advertência se fazem necessárias aqui. A primeira é que o método adotado na segunda parte infelizmente torna inevitável a repetição de algumas passagens de importância central nos diferentes contextos, e para isso se solicita a indulgência do leitor. Mais importante é o segundo ponto, a saber, o de que essa discussão "autônoma", relativamente independente, dos vários aspectos da teoria da alienação de Marx requer que os complexos parciais de problemas sejam separados de suas múltiplas interconexões dialéticas. Embora a problemática da teoria da alienação de Marx seja discutida em sua totalidade nos capítulos conclusivos, para uma compreensão adequada dos aspectos separadamente é necessário lê-los em estreita conexão uns com os outros, tendo em mente de modo constante suas interconexões estruturais fundamentais.

Com base na exposição detalhada dos pontos de vista de Marx sobre alienação na primeira e na segunda parte deste volume, torna-se possível embarcar, na terceira, em uma discussão das principais controvérsias em torno desse tema, sem entrar muito a fundo nos detalhes mais entediantes das polêmicas. (Ao longo do texto, os pontos menos centrais ou mais técnicos são discutidos nas notas de rodapé, visando evitar que o corpo principal da análise fique sobrecarregado e complicado em demasia.) O propósito dos capítulos finais é estabelecer uma relação entre a teoria da alienação de Marx como um todo e os problemas contemporâneos por meio da questão-chave comum da "transcendência *positiva* da alienação": o conceito de "educação" de Marx. Com efeito, temos a firme convicção de que apenas o conceito marxiano de educação – que, em nítido contraste com as concepções atualmente predominantes, estritamente centradas na instituição, abarca a totalidade dos processos tanto individuais quanto sociais – é capaz de oferecer uma saída para a crise social contemporânea, que está se tornando cada vez mais aguda, em particular no campo da própria educação institucionalizada.

---

[5] Nem todos na mesma medida. O Capítulo VII, que trata dos "Aspectos estéticos" da alienação, é o mais fácil de ler isoladamente. Em contraposição, o Capítulo V, que discute os "Aspectos políticos", é bastante dependente não só do Capítulo IV ("Aspectos econômicos"), mas também do Capítulo VI ("Aspectos ontológicos e morais").

ORIGENS E ESTRUTURA DA TEORIA MARXIANA

Se as sensações, paixões etc. do homem não são fenômenos apenas antropológicos em sentido próprio, mas sim afirmações verdadeiramente ontológicas do ser (da natureza), e se elas só se afirmam efetivamente pelo fato de o seu objeto existir para elas sensivelmente, então é evidente:

1) que o modo de sua afirmação de forma alguma é um só e sempre o mesmo, mas, ao contrário, que o modo distinto da afirmação forma a peculiaridade de sua existência, de sua vida; o modo como o objeto existe para elas é o modo peculiar de sua fruição.

2) onde a afirmação sensível consistir na anulação direta do objeto na sua forma independente (comer, beber, processar o objeto etc.), dá-se a afirmação do objeto.

3) na medida em que o homem é humano e, portanto, também sua sensação é humana, a afirmação do objeto por um outro é igualmente a sua própria fruição.

4) só mediante a indústria desenvolvida, ou seja, pela mediação da propriedade privada, vem a existir a essência ontológica da paixão humana, tanto na sua totalidade quanto na sua humanidade; a ciência do homem é, portanto, propriamente um produto do autoestabelecimento humano mediante a atividade prática.

5) o sentido da propriedade privada – livre do seu estranhamento – é a existência dos objetos essenciais para o homem como objetos tanto de fruição quanto de atividade.

– Karl Marx, Manuscritos econômico-filosóficos [157 modif.]

I

ORIGENS DA CONCEPÇÃO DE ALIENAÇÃO

Como é sabido, Feuerbach, Hegel e a economia política inglesa exerceram a influência mais direta sobre a formação da teoria da alienação de Marx. O que nos interessa aqui, porém, é muito mais do que simples influências intelectuais. O conceito de alienação pertence a uma problemática vasta e complexa, com uma longa história própria. Preocupações com tal problemática – em formas que abrangem desde a Bíblia até obras literárias, além de tratados sobre direito, economia e filosofia – refletem tendências objetivas do desenvolvimento europeu, da escravidão até a época da transição do capitalismo para o socialismo. As influências intelectuais, que revelam continuidades importantes ao longo das transformações das estruturas sociais, adquirem importância real apenas se forem consideradas dentro desse quadro de referência objetivo do desenvolvimento. Se forem assim qualificadas, sua relevância – longe de esgotar-se em mera curiosidade histórica – não poderá ser enfatizada de maneira suficiente: precisamente porque indicam o enraizamento profundo de certas problemáticas, bem como a autonomia *relativa* das formas de pensamento em que estão refletidas[1].

É preciso que fique igualmente claro, contudo, que tais influências são exercidas no sentido dialético da "continuidade na descontinuidade". Se o elemento da continuidade predomina sobre o da descontinuidade ou vice-versa, bem como a forma e a correlação precisas em que isso se dá, é uma questão de análise histórica concreta. Como veremos, no caso da relação entre o pensamento de Marx e as teorias antecedentes, a descontinuidade é o "*übergreifendes Moment*" [momento predominante], mas alguns elementos de continuidade também são muito importantes.

---

[1] Soluções antigas para problemas desse tipo desempenharam um papel extremamente relevante nas suas reformulações modernas. Ver a importância do pensamento grego, por exemplo, para a escola do "direito natural".

Alguns dos principais temas das teorias da alienação modernas apareceram no pensamento europeu, de uma forma ou de outra, há muitos séculos. Acompanhar seu desenvolvimento em detalhe demandaria volumes copiosos. Nas poucas páginas à nossa disposição, não podemos tentar apresentar mais do que um esboço das tendências gerais desse desenvolvimento, descrevendo suas características principais na medida em que têm ligação com a teoria da alienação de Marx e nos ajudam a lançar luz sobre ela.

1. A abordagem judaico-cristã

O primeiro aspecto que temos de considerar é o lamento por estar *"alienado de Deus"* (ou por ter "caído da Graça"), que pertence à herança comum da mitologia judaico-cristã. O que se diz é que a ordem divina foi violada; o ser humano alienou a si mesmo dos "caminhos de Deus", seja simplesmente pela "queda do ser humano", ou, mais tarde, pelas "tenebrosas idolatrias de *Judá alienado*"[2], ou, ainda mais tarde, pelo comportamento dos *"cristãos alienados da vida de Deus"*[3]. A missão messiânica consiste em resgatar o ser humano desse estado de autoalienação que ele causou a si próprio.

Só até esse ponto, porém, chegam as semelhanças com a problemática judaico-cristã; e diferenças de amplo alcance prevalecem em outros aspectos. Com efeito, a forma como se visualiza a transcendência messiânica da alienação não pode ser tratada com indiferença. O apóstolo Paulo diz:

> Lembrai-vos de que naquele tempo estáveis sem Cristo, alienados da cidadania em Israel e estranhos às alianças da promessa, sem esperança e sem Deus no mundo. Mas agora, em Cristo Jesus, vós, que outrora estáveis longe, fostes trazidos para perto pelo sangue de Cristo. [...] Portanto, já não sois estrangeiros e adventícios, mas concidadãos dos santos e membros da família de Deus. Estais edificados sobre o fundamento dos apóstolos e dos profetas, do qual é Cristo Jesus a pedra angular. Nele, bem articulado, todo o edifício se ergue em santuário sagrado, no Senhor, e vós também nele sois coedificados para serdes uma habitação de Deus, no Espírito.[4]

O cristianismo, portanto, em sua universalidade, anuncia a solução imaginária para a autoalienação humana na forma do "mistério de Cristo"[5]. Esse mistério postula a reconciliação das contradições que fazem com que grupos de pessoas se oponham uns aos outros como "estrangeiros", "forasteiros", "inimigos". Não se trata somente do reflexo de uma forma específica de luta social, mas ao mesmo tempo também da sua "resolução" mística, que levou Marx a escrever o seguinte:

---

[2] John Milton, *Paradise Lost*, livro I [ed. bras.: *O paraíso perdido*, trad. Daniel Jonas, São Paulo, Editora 34, 2015].

[3] *"Combien voyons-nous de chrétiens aliénés de la vie de Dieu!"* ["Como estamos nós, os cristãos, alienados da vida de Deus!"] François Fénelon, *Oeuvres*, v. XVII (Versailles, 1820), p. 328.

[4] *Epístola aos efésios*, cap. 2[, 12-13, 19-22]. [Ed. bras. utilizada para as citações bíblicas: *A Bíblia de Jerusalém*, São Paulo, Paulinas, 1985, aqui p. 2.198-9. (N. T.)]

[5] "A dispensação da graça de Deus" como "o mistério de Cristo" (ibidem, cap. 3[, 1-2] [ed. bras.: ibidem, p. 2.199]).

O cristianismo suplantou o judaísmo real apenas na aparência. Ele era muito <u>refinado</u>, muito espiritualista, para conseguir eliminar a crueza da necessidade prática de outro modo do que recorrendo ao expediente de elevá-la ao reino etéreo. O cristianismo é a ideia sublime do judaísmo, o judaísmo é a prática vulgar do cristianismo; essa prática, todavia, só pôde se tornar universal depois que o cristianismo, como religião madura, havia realizado plenamente <u>na teoria</u> a autoalienação do homem em relação a si e à natureza.[6]

Em seu realismo "rude", o judaísmo reflete de modo muito mais imediato o real estado de coisas, advogando uma continuação virtualmente infinita da extensão dos seus poderes seculares – isto é, conformando-se com uma solução "similar à messiânica" na terra: a razão pela qual não tem qualquer pressa no que se refere ao advento do seu Messias – na forma de dois postulados complementares:

1) O abrandamento dos conflitos de classe *internos*, no interesse da coesão da comunidade nacional em seu confronto com o mundo exterior dos "estrangeiros": "*Nunca deixará de haver pobres na terra*; é por isso que eu te ordeno: abre a mão em favor do *teu irmão*, do *teu* humilde e do *teu* pobre em *tua* terra"[7].

2) A promessa de readmissão à graça de Deus é parcialmente cumprida na forma da concessão a Judá do poder de dominação sobre os "estrangeiros": "Estrangeiros estarão aí para apascentar os vossos rebanhos; alienígenas serão os vossos lavradores e os vossos vinhateiros"[8].

O formidável veículo prático dessa dominação expansionista foi a arma da "usura", que, contudo, para tornar-se realmente efetiva, necessitou de um congênere adequado que lhe oferecesse vazão ilimitada para o poder dessa arma: isto é, a metamorfose do judaísmo em cristianismo. Com efeito,

> o judaísmo atinge o seu ponto alto com a realização plena da sociedade civil; mas a sociedade burguesa só se realiza plenamente no mundo <u>cristão</u>. Somente sob a dominação do cristianismo, que torna todas as relações nacionais, naturais, morais e teóricas <u>exteriores</u> ao homem, a sociedade burguesa foi capaz de separar-se completamente da vida do Estado, romper todos os laços que prendiam o homem ao seu gênero, substituir esses laços de gênero pelo egoísmo, pela necessidade egocêntrica, e dissolver o mundo humano em um mundo de indivíduos atomizados, que se hostilizam mutuamente.[9]

O *ethos* do judaísmo que estimulou esse desenvolvimento não se limitou à afirmação geral da superioridade aprovada por Deus do "povo eleito" em seu confronto com o mundo dos estrangeiros, externada em mandamentos como este: "Não podereis comer de nenhum animal que tenha morrido por si. Tu o darás ao *forasteiro* que vive em tua cidade

---

6 Karl Marx, "On the Jewish Question", em *Early Writings* (trad. e ed. T. B. Bottomore, Londres, C. A. Watts & Co., 1963), p. 39 [ed. bras.: *Sobre a questão judaica*, trad. Nélio Schneider, São Paulo, Boitempo, 2010, p. 59 modif.].

7 *Deuteronômio* 15,11 [ed. bras.: *A Bíblia de Jerusalém*, cit., p. 297].

8 *Isaías* 61,5 [ed. bras.: ibidem, p. 1.463].

9 Karl Marx, "On the Jewish Question", cit., p. 38-9 [ed. bras.: *Sobre a questão judaica*, cit., p. 59].

para que ele o coma, ou *vendê-lo-ás* a um *estrangeiro*. Porque tu és um povo consagrado a Iahweh teu Deus"[10]. Muito mais importante, no sentido prático, foi a proibição absoluta imposta à exploração dos filhos de Judá mediante a *usura*: "Se emprestares dinheiro a um compatriota, ao indigente que está em teu meio, *não serás um usurário para com ele nem lhe imporás usura*"[11]. A usura foi permitida somente em negócios com *estrangeiros*, mas não em negócios com "irmãos". O cristianismo, em contraposição, que se recusou a manter a discriminação entre "alguém do meu povo" e "estrangeiros" (ou "alienígenas"), postulando, em seu lugar, a "irmandade universal do gênero humano", não só privou a si mesmo da poderosa arma da "usura" (isto é, do "juro" e da acumulação de capital acoplada a ele) como o mais importante veículo da expansão econômica inicial, mas, ao mesmo tempo, também se tornou presa fácil da marcha triunfal do "espírito do judaísmo". O "princípio prático bruto e vulgar do judaísmo" discutido por Marx – isto é, a parcialidade prático-empírica efetivamente autocentrada, internamente coesa – conseguiu triunfar com facilidade sobre a universalidade abstratamente teórica do cristianismo, estabelecido como um conjunto de "ritos meramente <u>formais</u> de que se cercou o mundo do interesse próprio"[12]. (Sobre a importância da "usura" e as controvérsias relacionadas com ela na fase inicial do capitalismo, ver p. 122-3 deste volume.)

É muito importante enfatizar aqui que a questão em jogo não é simplesmente a realidade empírica das comunidades judaicas na Europa, mas "o espírito do judaísmo"; isto é, o princípio *interno* dos desenvolvimentos sociais europeus que culminaram na emergência e consolidação da sociedade capitalista. "O espírito do judaísmo", por conseguinte, deve ser entendido, em última análise, no sentido de "o espírito do capitalismo". Para a realização inicial deste último, o judaísmo enquanto realidade empírica só proveu um veículo adequado. Ignorar essa distinção, por uma razão ou outra, poderia levar – como o fez no decorrer das eras – a um antissemitismo à caça de bodes expiatórios. As condições objetivas do desenvolvimento social europeu, desde a dissolução da sociedade pré-feudal até o triunfo universal do capitalismo sobre o feudalismo, devem ser avaliadas na sua complexidade abrangente, da qual o judaísmo enquanto fenômeno sociológico é apenas uma parte, por mais importante que tal parte tenha sido em certos estágios do seu desenvolvimento.

Judaísmo e cristianismo são aspectos complementares dos esforços da sociedade para enfrentar suas contradições internas. Ambos representam tentativas de lograr uma transcendência imaginária dessas contradições, uma "reapropriação" ilusória da "essência humana" mediante uma suplantação fictícia do estado da alienação. Judaísmo e cristianismo expressam as contradições de "parcialidade *versus* universalidade" e de "concorrência *versus* monopólio": isto é, contradições *internas* do que se tornou conhecido como "o espírito do capitalismo". Nesse quadro de referência, o êxito da parcialidade só pode ser concebido em contraposição à e às custas da universalidade – da mesma forma que tal "universalidade" só pode prevalecer com base na supressão da parcialidade – e vice-versa. Algo similar ocorre com a relação entre concorrência e monopólio: a condição do êxito da "concorrência" é a negação do monopólio, da mesma forma que, para o monopólio, a

---

[10]   *Deuteronômio* 14,21 [ed. bras.: *A Bíblia de Jerusalém*, cit., p. 296 modif.].

[11]   *Êxodo* 22,25 [ed. bras.: ibidem, p. 138 modif.].

[12]   Karl Marx, "On the Jewish Question", cit., p. 38 [ed. bras.: *Sobre a questão judaica*, cit., p. 58].

condição para estender seu poder é a supressão da concorrência. A parcialidade do judaísmo: a "nacionalidade quimérica do judeu é a nacionalidade do mercador, do homem do dinheiro de modo geral"[13] – escreve Marx, enfatizando repetidamente que "a emancipação social do judeu equivale à emancipação da sociedade em relação ao judaísmo"[14], isto é, em relação à parcialidade da "nacionalidade" do homem do dinheiro ou, expresso em termos mais gerais, em relação à "limitação judaica da sociedade"[15]. A "limitação judaica" pôde triunfar na "sociedade civil" porque esta *exigiu* o dinamismo do "espírito judaico supremamente prático" para o seu desenvolvimento pleno. A metamorfose do judaísmo em cristianismo acarretou a posterior metamorfose do cristianismo em uma forma de judaísmo – secularizado – mais evoluída, menos grosseiramente parcial:

> O judeu se emancipou à maneira judaica, não só por ter se apropriado do poder financeiro, mas porque, com *ou sem ele*, o dinheiro assumiu o poder sobre o mundo e o espírito prático do judeu se tornou *o espírito prático dos povos cristãos*. Os judeus se emanciparam na mesma proporção em que os cristãos se tornaram judeus.[16]

Modificações protestantes do cristianismo já estabelecido em vários cenários nacionais levaram a cabo uma metamorfose relativamente precoce do cristianismo "teórico-abstrato" no "judaísmo-cristão-prático" como um passo significativo na direção da *secularização* completa de toda a problemática da alienação. Paralelamente à dominação expansionista do espírito do capitalismo na esfera prática, as formas ideológicas também foram se tornando cada vez mais seculares; das várias versões de "deísmo", passando pelo "ateísmo humanista", até a famosa declaração constatando que "Deus está morto". Na época desta última, mesmo as ilusões de "universalidade" (de que "se cercou o mundo do interesse próprio") – mantida e às vezes até intensificada pelo deísmo e pelo ateísmo humanista – tornaram-se tremendamente embaraçosas para a burguesia, sendo necessária uma transição súbita, muitas vezes cínica, para o culto aberto à parcialidade.

Como mencionado, sob as condições da sociedade de classes – por causa da contradição inerente entre a "parte" e o "todo", já que o interesse parcial domina o todo da sociedade – o princípio da parcialidade se encontra em uma contradição insolúvel com o da universalidade. Consequentemente, é a bruta relação de forças que eleva a forma predominante de parcialidade a uma universalidade artificial, enquanto a negação dessa parcialidade, orientada por ideais – por exemplo, a universalidade teórico-abstrata do cristianismo, antes de sua metamorfose em "judaísmo-cristão-prático" –, necessariamente permanece ilusória, fictícia, impotente. Com efeito, a "parcialidade" e a "universalidade" em sua oposição recíproca constituem duas facetas do mesmo estado de coisas alienado. A parcialidade egoísta tem de ser elevada a "universalidade" para atingir a plenitude: o dinamismo socioeconômico subjacente é, ao mesmo tempo, "autocentrado" e "voltado para fora", "nacionalista" e "cosmopolita", "protecionista-isolacionista" e "imperialista". É por isso que não pode haver espaço para a universalidade genuína, mas só para a universalização

---

[13] Ibidem, p. 38 [ed. bras.: ibidem, p. 58].

[14] Ibidem, p. 40 [ed. bras.: ibidem, p. 60].

[15] Idem.

[16] Ibidem, p. 35 [ed. bras.: ibidem, p. 56].

artificial da mais bruta parcialidade, combinada com um *postulado* ilusório, teórico-abstrato de universalidade enquanto negação – meramente ideológica – da parcialidade efetiva, predominante na prática. Assim, a "nacionalidade quimérica do judeu" é tanto mais quimérica porque – na medida em que é "a nacionalidade do mercador e do homem do dinheiro" – ela, na realidade, é a única universalidade efetiva: a parcialidade convertida em universalidade operativa, em princípio organizador fundamental da sociedade em questão. (As mistificações do antissemitismo tornam-se óbvias quando se percebe que ele se volta contra o mero fenômeno sociológico da parcialidade judaica, e não contra "a limitação judaica da sociedade"; ele ataca a parcialidade em sua imediaticidade limitada e, consequentemente, não só não encara o problema real, a saber, a parcialidade do interesse próprio capitalista convertido no princípio universal reinante da sociedade, mas ativamente dá suporte ao seu próprio objeto de ataque por meio dessa mistificação desorientadora.)

Em suas reflexões sobre a abordagem judaico-cristã dos problemas da alienação, Marx tinha como preocupação central encontrar uma solução que pudesse indicar uma saída para o impasse aparentemente perene: a reprodução renovada, em diferentes formas, da mesma contradição entre parcialidade e universalidade que caracterizou todo o desenvolvimento histórico e suas reflexões ideológicas. Sua resposta não foi simplesmente a dupla negação da bruta parcialidade e da universalidade abstrata. Uma solução desse tipo não teria passado de uma oposição conceitual abstrata. A novidade histórica da solução de Marx consistiu em definir o problema em termos do conceito dialético concreto da "parcialidade que prevalece como universalidade", em contraposição à universalidade genuína, a única capaz de abranger os múltiplos interesses da sociedade como um todo e do ser humano como "ser genérico" (*Gattungswesen* – isto é, o ser humano liberto da dominação do interesse próprio bruto e individualista). Foi esse conceito específico, socialmente concreto que permitiu a Marx captar a problemática da sociedade capitalista em todo o seu caráter contraditório e formular o programa de uma transcendência *prática* da alienação por meio de uma fusão genuinamente universalizante de ideal e realidade, teoria e prática.

Ademais, temos de enfatizar, nesse contexto, que Marx não tem nada a ver com o "humanismo" abstrato, porque ele se opôs, já desde o começo – como vimos nas citações extraídas de *Sobre a questão judaica*, escrito em 1843 –, às ilusões de uma *universalidade abstrata* enquanto *mero postulado*, um "deve" impotente, uma *fictícia* "reapropriação da humanidade não alienada". Por conseguinte, não há traço do que poderia ser designado como "conceitos ideológicos" no pensamento do jovem Marx que escreve *Sobre a questão judaica*, muito menos nas reflexões bem mais concretas em termos socioeconômicos contidas nos *Manuscritos econômico-filosóficos*.

2. Alienação como "venalidade universal"

A secularização do conceito religioso de alienação foi levada a cabo nas asserções concretas concernentes à "venalidade". Em primeiro lugar, essa secularização avançou dentro do invólucro religioso. Nada foi capaz de resistir à tendência de converter tudo em um objeto venal, não importa o quanto possa ter sido considerado "sagrado" em algum estágio em função de sua "inalienabilidade" sancionada por um suposto mandamento divino.

(*Melmoth apaziguado**, de Balzac, é uma reflexão magistralmente irônica sobre o estado de uma sociedade totalmente secularizada, na qual "até o Espírito Santo tem sua cotação na Bolsa de Valores".) Mesmo a doutrina da "queda do ser humano" teve de ser contestada – como foi feito por Lutero, por exemplo – em nome da "liberdade" humana[17]. Contudo, essa defesa da "liberdade", na realidade, acabou não passando de uma glorificação religiosa do princípio secular da "venalidade universal". Foi esse princípio que encontrou seu adversário – embora utópico – na pessoa de Thomas Münzer, que se queixou em seu panfleto contra Lutero, dizendo ser intolerável "que toda criatura seja *transformada em propriedade* – os peixes na água, as aves no ar, as plantas na terra"[18]. Percepções como essas, não importa quão profunda e verdadeiramente tenham refletido a natureza interior das transformações em curso, tiveram de permanecer meras utopias, protestos inefetivos concebidos a partir da perspectiva da antecipação malograda de uma possível negação futura da sociedade de mercadorias. Na época da emergência triunfante do capitalismo, as concepções ideológicas prevalecentes tinham de ser aquelas que assumiram uma atitude afirmativa em relação às tendências objetivas desse desenvolvimento.

Nas condições da sociedade feudal, os obstáculos que resistiram ao avanço do "espírito do capitalismo" foram, por exemplo, o fato de que "o vassalo não podia alienar sem o consentimento do seu superior" (Adam Smith)[19] ou de que "o burguês não pode alienar as coisas da comunidade sem a permissão do rei" (século XIII)[20]. O ideal supremo era que todos fossem capazes "de dar e de alienar o que lhe pertence" (século XIII)[21]. Contudo, é óbvio que a ordem social que reservou a "O Senhor" o poder de "vender seu Servo ou aliená-lo por Testamento" (Hobbes)[22] ficou irremediavelmente aquém dos requisitos da "*livre* alienabilidade" de tudo – incluindo aí a pessoa de cada qual – por meio de algum

---

* Rio de Janeiro, Globo, 1954, *A Comédia Humana*, v. XV. (N. E.)

[17] Ver Martinho Lutero, *Werke*, v. I (Weimar, Hermann Böhlau, 1883), p. 677. Ver também idem, "Freiheit eines Christenmenschen (1520)", em *Reformatorische Schriften* (Leipzig, Reclam, 1945), p. 98-108 [ed. bras.: "Tratado de Martinho Lutero sobre a liberdade cristã", em *Obras selecionadas*, v. 2. *O programa da Reforma: Escritos de 1520*, trad. Ilson Kayser, 2. ed., São Leopoldo/Porto Alegre, Sinodal/Concórdia, 2000, p. 435-60].

[18] Thomas Münzer, *Hochverursachte Schutzrede und Antwort wider das geistlose, sanftlebende Fleisch zu Wittenberg, welches mit verkehrter Weise durch den Diebstahl der heiligen Schrift die erbärmliche Christenheit also ganz jämmerlich besudelt hat* (1524). Citado por Marx em seu ensaio "On the Jewish Question", cit., p. 37 [ed. bras.: *Sobre a questão judaica*, cit., p. 58].

[19] Adam Smith, *An Inquiry into the Nature and Causes of the Wealth of Nations*, v. II (Londres, Everyman's, 1776), p. 342 [ed. bras.: *A riqueza das nações: investigação sobre sua natureza e suas causas*, trad. Luiz João Baraúna, São Paulo, Nova Cultural, 1996, Coleção Os economistas, p. 313].

[20] "*Le bourgeois ne peut pas aliener la chose de la commune sanz le commendement de roi.*" *Livre de jostice et de plet* (ed. P. N. Rapetti, Paris, 1850), p. 47.

[21] "*Chascun peut le sien doner et aliener par sa volenté.*" *Assises de Jérusalem*, v. I (ed. A. A. Beugnot, Paris, 1841), p. 183.

[22] Thomas Hobbes, *Philosophical Rudiments Concerning Government and Society* (Londres, Royston, 1651), cap. VIII, § 6. Ver também idem, *The Elements of Law* (1. ed. 1640) (Londres, 1650). Nova edição, com prefácio e notas críticas de Ferdinand Tönnies: "E ver que ambos, o servo e tudo que está sob sua responsabilidade, são propriedade do senhor, e que todo homem pode dispor do que lhe pertence e transferi-lo a seu bel-prazer, podendo *o senhor, por conseguinte, alienar seu domínio sobre eles* ou concedê-lo, mediante sua última vontade, a quem ele listar" (Cambridge, Cambridge University Press, 1928, p. 100-1).

acordo *contratual*, do qual a pessoa afetada seria uma das partes. A terra, um dos pilares sagrados da ordem social superada, também teria de se tornar alienável[23] para que o autodesenvolvimento da sociedade de mercadorias pudesse avançar sem impedimentos.

O fato de que a alienação enquanto venalidade universal implicava *reificação* foi reconhecido bem antes que toda a ordem social que operou nessa base pudesse ser submetida a uma crítica radical e efetiva. A glorificação mistificadora da "liberdade" enquanto "liberdade contratualmente salvaguardada" (na realidade, a *abdicação contratual* da liberdade humana) desempenhou um papel importante no sentido de retardar o reconhecimento das contradições subjacentes. Dizer isso, contudo, não altera o fato de que a conexão entre alienação e reificação foi reconhecida – mesmo que em uma forma acrítica – por alguns filósofos que, longe de questionar as bases contratuais da sociedade, idealizaram-nas. Kant, por exemplo, argumentou que "um tal contrato não é simplesmente um contrato de locação [ou a "conversão em uma coisa" – *Verdingung*] [...], mas uma entrega de suas pessoas à posse do chefe da casa, um arrendamento"[24]. Um objeto, uma peça de propriedade *inanimada*, poderia simplesmente ser alienado do proprietário original e transferido para a propriedade de outra pessoa sem complicações indevidas: "a transferência da propriedade de um para outro é a sua alienação" (Kant)[25]. (As complicações existentes em um estágio

---

23   "Mascatear a terra – que é tudo para nós, a condição primeira da nossa existência – foi o último passo para mascatear a nós mesmos. Isso foi e é até o dia de hoje uma imoralidade ultrapassada apenas pela imoralidade da autoalienação." Friedrich Engels, "Outlines of a Critique of Political Economy", em Karl Marx, *Manuscripts of 1844* (Moscou, Progress, 1959), p. 190.

24   Immanuel Kant, *Werke*, v. VI (Berlim, Akademische Ausgabe, 1902-1903), p. 360 [ed. bras.: *A metafísica dos costumes*, trad. Edson Bini, 2. ed. rev., Bauru, Edipro, 2008, p. 203]. Kant vê claramente que "*Besitz (physischer) aber ist die Bedingung der Möglichkeit der Handhabung* (manipulatio) *eines Dinges als eine Sache; wenn dieses gleich*, in einer anderen Beziehung, *zugleich als* Person *behandelt werden muss*" ["a posse (posse física), contudo, é a condição de ser capaz de controlar (*manipulatio*) *algo como uma coisa*, mesmo se isto tiver, *em um outro aspecto*, de ser tratado simultaneamente como uma *pessoa*"] (ibidem, p. 358 [ed. bras.: ibidem, p. 201, n. 123]). Nesse sentido, falando das várias formas de "*Verdingungsvertrag*" (contrato reificante), ele escreve sobre o *trabalhador assalariado*: "*Der Lohnvertrag* (locatio operae), *d. i. die Bewilligung des* Gebrauchs meiner Kräfte *an einen anderen für einen bestimmten Preis* (merces). *Der* Arbeiter *nach diesem Vertrage ist der* Lohndiener (mercenarius)" ["O contrato de locação de trabalho (*locatio operae*), ou seja, a concessão a outrem do uso de minhas forças por um preço específico (*merces*). Mediante este contrato, o trabalhador é o assalariado (*mercenarius*)"] (ibidem, p. 285 [ed. bras.: ibidem, p. 130]). Relações desse tipo pertencem ao "*dinglich-persönliches* Recht (ius realiter personale) *des* Besitzes (obzwar nicht des Gebrauchs) *einer anderen* Person als einer Sache" ["um direito a uma pessoa em afinidade com um direito a uma coisa (*ius realiter personale*), isto é, *posse* (embora não uso) *de uma outra pessoa como uma coisa*"] (ibidem, p. 260 [ed. bras.: ibidem, p. 105]).

25   "*Die Übertragung seines Eigentums an einen anderen ist die Veräusserung.*" Ibidem, p. 271 [ed. bras.: ibidem, p. 116]. Kant foi muito influenciado por Adam Smith e tinha em alta conta as ideias deste na sua própria filosofia do direito. Tal pode ser visto a partir da seguinte citação: "'*Geld ist also (nach Adam Smith) derjenige Körper, dessen* Veräusserung *das* Mittel *und zugleich der* Maßstab *des Fleisses ist, mit welchem Menschen und Völker unter einander Verkehr treiben.*' – *Diese Erklärung führt den* empirischen *Begriff des Geldes dadurch auf* intellektuellen *hinaus, dass sie* nur auf die Form *der wechselseitigen Leistungen im belästigten Vertrage sieht (und* von dieser ihrer Materie *abstrahiert), und so auf Rechtsbegriff in der Umsetzung des Mein und Dein (commutatio late sic dicta) überhaupt, um die obige Tafel einer dogmatischen Einleitung a priori, mithin der Metaphysik des Rechts, als eines Systems, angemessen vorzustellen*" ["'O dinheiro é, portanto' (segundo Adam Smith), 'aquela coisa material cuja *alienação* constitui o *meio* e, ao mesmo tempo, *a medida* do trabalho, pelo qual seres humanos e nações empreendem o comércio entre si'. Essa definição torna o conceito *empírico*

anterior eram de natureza "exterior", política, manifestas nos tabus e proibições da sociedade feudal, que declarou certas coisas como "inalienáveis"; com a abolição exitosa desses tabus, as complicações desapareceram automaticamente.) A pessoa *viva*, contudo, primeiro teve de ser *reificada* – convertida em coisa, em mera peça de propriedade pela duração do contrato –, antes que seu novo proprietário pudesse se assenhorar dela. Reificada no mesmo sentido de *"verdingen"* conforme empregado por Wieland, um contemporâneo mais jovem de Kant, para traduzir uma linha da *Odisseia*, de Homero: *"Fremdling, willst du dich wohl bei mir* zum Knechte verdingen?"; "Estrangeiro, queres te tornar *minha coisa, meu servo?"*. (A tradução inglesa corrente, em contrapartida, caracteristicamente tem o seguinte teor: *"Stranger", he said, "I wonder how you'd like to work for me if I took you on as* my man, *somewhere on an upland farm,* at a proper wage of course" [Estrangeiro – disse ele –, eu gostaria de saber como seria se trabalhasses para mim caso eu te contrate como *um dos meus homens*, em alguma fazenda no planalto, *é claro que por um salário apropriado*][26].)

A principal função do tão glorificado "contrato" foi, por conseguinte, a introdução – no lugar das relações feudais rigidamente fixadas – de uma nova forma de "fixidez" que garantiu o direito do novo senhor a manipular os seres humanos supostamente "livres" como coisas, como objetos sem vontade, uma vez que tenham "escolhido livremente" aceitar o contrato em questão, *"alienando de acordo com a sua vontade* aquilo que lhes pertencia".

Assim, a alienação humana foi levada a cabo por meio da conversão de tudo em

objetos alienáveis, vendáveis, sujeitos à servidão da necessidade egoísta e do negócio. O ato de vender constitui a práxis da alienação. Enquanto o homem estiver religiosamente tolhido, só conseguirá reificar sua essência, transformando-a em uma essência fantástica e estranha a ele; do mesmo modo, sob a dominação da necessidade egoísta, ele só conseguirá exercer uma atividade prática, produzir objetos na prática, colocando seus produtos, assim como *sua atividade*, sobre a dominação de uma essência estranha a eles e emprestando-lhes a importância de um ser estranho a eles – *o dinheiro.*[27]

A reificação da pessoa de alguém e, consequentemente, a aceitação "livremente escolhida" de uma nova servidão – no lugar da antiga forma de servidão feudal, estabelecida e regulamentada politicamente – puderam avançar tendo como base uma "sociedade

---

de dinheiro subordinado a um conceito *intelectual*, por se referir *apenas à forma* daquilo que cada parte concede em retorno à outra em contratos onerosos (e *abstraindo de sua matéria*), com isso trazendo-o ao conceito de direito na troca do que é meu e teu em geral (*commutatio late sic dicta*), de modo a apresentar o quadro anterior como uma divisão dogmática *a priori*, o que se mostra adequado à metafísica do direito como um sistema"] (ibidem, p. 289 [ed. bras.: ibidem, p. 134]).

[26] Homero, *Odyssey* (trad. E. V. Rieu, Londres, Penguin, 1946), p. 285 [ed. bras.: *Odisseia*, trad. Antonio Pinto de Carvalho, São Paulo, Nova Cultural, 2003, p. 241: "Estrangeiro, se eu te tomasse a meu serviço, sem dúvida consentirias em trabalhar em meus campos, longe daqui, a troco de bom salário."].

[27] Karl Marx, "On the Jewish Question", cit., p. 39 [ed. bras.: *Sobre a questão judaica*, cit., p. 59-60]. "*O ato de vender é* práxis da alienação" – ("*Die* Veräusserung *ist die Praxis der Entäusserung*", MEW, v. 1, p. 376) – foi traduzido assim por Bottomore: "A objetivação é a práxis da alienação". Isso é incorreto. Porque Marx especificou na frase anterior que "zu veräussern = verkäuflich", e "*verkäuflich*" significa inequivocamente "vendável". Esse significado de "*Veräusserung*" como "venda" ou "alienação mediante venda" encontra-se também em outras obras de Marx. Ver referências na nota 3 da Introdução, p. 20 deste volume.

civil" caracterizada pelo primado do dinheiro, que abriu as comportas para a "servidão da necessidade egoísta" (*Knechtschaft des egoistischen Bedürfnisses*) de caráter universal[28].

A alienação, por conseguinte, é caracterizada pela extensão universal da "venalidade" (isto é, a transformação de tudo em mercadoria); pela conversão dos seres humanos em "coisas", de modo que possam se apresentar como mercadorias no mercado (em outras palavras: a "reificação" das relações humanas); e pela fragmentação do organismo social em "indivíduos isolados" ("*vereinzelte Einzelnen*") que buscam seus próprios objetivos limitados, particulares "na servidão da necessidade egoísta", transformando em virtude o seu egocentrismo no culto que prestam à privacidade[29]. Não é de se admirar que Goethe tenha protestado: "*Alles Vereinzelte ist verwerflich*", "toda particularidade isolada deve ser rejeitada"[30], defendendo, em contraposição ao "isolacionismo egocêntrico", alguma forma de "comunidade com outros semelhantes a si mesmo", de maneira a ser capaz de, junto com eles, erguer "linhas de frente contra o mundo"[31]. Igualmente, não causa espanto que, naquelas circunstâncias, as recomendações de Goethe tivessem de permanecer postulados utópicos. Porque a ordem social da "sociedade civil" poderia manter-se apenas com base na conversão das várias áreas da experiência humana em "mercadorias vendáveis", e poderia seguir de modo relativamente imperturbado seu curso de desenvolvimento só enquanto essa comercialização universal de todas as facetas da vida humana, incluindo as mais privadas, não atingisse o ponto de saturação.

3. Historicidade e o despontar da antropologia

"Alienação" é um conceito eminentemente histórico. Se o ser humano está "alienado", ele tem de estar alienado *de* algo, como resultado de certas *causas* – a interação de eventos e circunstâncias em relação ao ser humano enquanto sujeito dessa alienação – que se manifestam em um quadro de referência *histórico*. De modo similar, a "transcendência da alienação" é um conceito inerentemente histórico, que visa à execução bem-sucedida de um processo que leva a um estado de coisas qualitativamente diferente.

Desnecessário dizer que o caráter histórico de certos conceitos não oferece nenhuma garantia de que os edifícios intelectuais que fazem uso deles sejam históricos. De fato, com frequência, mistificações aparecem em um ou outro estágio da análise. Com efeito, quando o conceito de alienação é abstraído do processo socioeconômico concreto, uma mera *aparência* de historicidade pode tomar o lugar da compreensão genuína dos fatores complexos envolvidos no processo histórico. (É uma função essencial das mitologias transferir os problemas sócio-históricos fundamentais do desenvolvimento humano para um plano atemporal, e o modo judaico-cristão de tratar as problemáticas da alienação

---

[28] Karl Marx e Friedrich Engels, MEW, v. 1, p. 376 [ed. bras.: *Sobre a questão judaica*, cit., p. 59].

[29] Ver Capítulo IX deste estudo.

[30] J. W. Goethe, "Dichtung und Wahrheit", em *Sämtliche Werke*, v. 24 (Stuttgart/Berlim, Cottasche Jubiläums--Ausgabe, 1902-1903), p. 81.

[31] "*Nicht etwa selbstisch vereinzelt, nur in Verbindung mit seinesgleichen macht er Fronte gegen die Welt.*" ["Ele ergue frentes contra o mundo não em isolamento egocêntrico, mas apenas em conexão com seus semelhantes."] Idem, "Wilhelm Meisters Wanderjahre", em *Sämtliche Werke*, cit., v. 19, p. 181.

não é exceção à regra geral. Ideologicamente mais localizado é o caso de algumas teorias da alienação do século XX, nas quais conceitos como "alienação do mundo" cumprem a função de negar as categorias históricas genuínas e de substituí-las pela pura mistificação.)

Não obstante, uma característica importante da história intelectual é que aqueles filósofos alcançaram excelentes resultados em apreender as complexidades múltiplas da alienação – antes de Marx: acima de todos os demais, foi Hegel quem abordou essa problemática de uma maneira histórica adequada. Tal correlação é tanto mais significativa pelo fato de o argumento se sustentar também ao contrário: foram bem-sucedidos na elaboração de uma abordagem histórica dos problemas da filosofia especialmente aqueles filósofos que estavam conscientes da problemática da alienação, e na medida em que assim o estavam. (De modo algum é acidental que o principal representante da "escola histórica" escocesa, Adam Ferguson[32], tivesse centrado seu pensamento no conceito de "sociedade civil", que era absolutamente crucial para uma compreensão sócio-historicamente concreta da problemática da alienação.) As determinantes ontológicas dessa inter-relação intelectual requerem nossa atenção aqui por um momento.

Não é preciso dizer que o desenvolvimento em questão de forma alguma é um simples desenvolvimento linear. Em certos pontos de crise na história, quando as alternativas sócio--históricas possíveis ainda estão *relativamente* abertas – uma abertura relativa que cria um "vácuo ideológico" temporário, favorecendo o aparecimento de ideologias utópicas –, é relativamente mais fácil identificar as características objetivas da ordem social emergente do que em um estágio posterior, no qual as necessidades que, no campo da ideologia, dão vida ao "positivismo acrítico" com que todos nós estamos bastante familiarizados produziram uma uniformidade que se autoperpetua. Vimos as percepções profundas, mas irremediavelmente "prematuras", de um Thomas Münzer sobre a natureza dos desenvolvimentos difíceis de divisar no horizonte, e é claro que ele não estava sozinho nesse tocante. De modo similar, muito antes disso, Aristóteles fez uma análise histórica surpreendentemente concreta da interconexão inerente entre crenças religiosas e relações sociopolíticas, bem como familiares:

> A família é a associação estabelecida pela natureza para suprir as necessidades humanas cotidia-
> nas, e os membros dela são chamados por Carondas de "os que compartilham do armário",
> e por Epimênides de Creta, "os que compartilham da manjedoura". Porém, quando muitas
> famílias se unem e a associação visa a algo mais do que suprir as necessidades diárias, a primeira
> sociedade a tomar forma é o povoado. E a forma mais natural do povoado parece ser a de uma
> colônia familiar, composta pelos filhos e filhos desses filhos, dos quais se diz que são "amamen-
> tados com o mesmo leite". E essa é a razão pela qual os Estados helênicos foram originalmente
> governados por reis; porque os helenos estavam submetidos à realeza antes de se unirem, como
> ocorre com os bárbaros até hoje. Toda família é governada pelo seu membro mais velho e, por
> conseguinte, nas colônias familiares prevaleceu a realeza como forma de governo, porque eram
> do mesmo sangue. Como diz Homero: "Cada um promulga leis para seus filhos e suas esposas".
> Porque eles viviam dispersos, como era hábito em tempos antigos. *Essa é a razão por que os*
> *homens dizem que os deuses têm um rei, porque eles próprios estão ou em tempos antigos estiveram*

---

[32] Ver Adam Ferguson, *Essay on the History of Civil Society* (Edimburgo, 1767). Há uma edição recente, com introdução por Duncan Forbes (Edimburgo, Edinburgh University Press, 1966).

sob o domínio de um rei. Com efeito, eles imaginam que não só as formas dos deuses, mas também suas maneiras de viver são como as suas.[33]

Algumas centenas de anos tiveram de passar até que os filósofos voltassem a lograr um grau similar de concretude e percepção histórica. E, no entanto, a visão de Aristóteles permaneceu isolada: ela não pôde se tornar a pedra angular de uma coerente filosofia da história. No pensamento de Aristóteles, as percepções históricas concretas estavam embutidas em uma concepção geral completamente a-histórica. A razão principal disso foi uma necessidade ideológica prioritária que impediu Aristóteles de aplicar um princípio histórico à análise da sociedade como um todo. De acordo com tal necessidade, tinha de ser "provado" que a *escravidão* era uma ordem social em completa conformidade com a própria *natureza*. Essa concepção – formulada por Aristóteles em oposição àqueles que desafiaram as relações sociais estabelecidas – trazia consigo conceitos artificiais, como "liberdade por natureza" e "escravidão por natureza". Com efeito, de acordo com Aristóteles, "há uma grande diferença entre governar homens livres e governar escravos, assim como há entre *escravidão por natureza* e *liberdade por natureza*"[34].

A introdução do conceito de "escravidão por natureza" teve profundas consequências para a filosofia de Aristóteles. Nela, a história é confinada à esfera da "liberdade", que, contudo, é restringida pelo conceito de "liberdade por natureza". De fato, visto que é necessário fixar a escravidão por toda a eternidade – uma necessidade refletida de maneira adequada no conceito de "escravidão *por natureza*" –, uma concepção histórica genuína não é cogitada. O conceito de "escravidão por natureza" traz consigo sua contrapartida: "liberdade *por natureza*" e, consequentemente, a ficção da escravidão determinada por natureza também destrói a historicidade da esfera da "liberdade". A parcialidade da classe dominante prevalece, postulando seu próprio domínio como superioridade hierárquico-estrutural determinada (e sancionada) por natureza. (A parcialidade do judaísmo – a mitologia do "povo eleito" etc. – expressa o mesmo tipo de *negação* da história no tocante às relações estruturais fundamentais da sociedade de classes.) Por conseguinte, o princípio da historicidade é inevitavelmente degradado a pseudo-historicidade. O modelo de um *ciclo repetitivo* é projetado sobre a sociedade como um todo: não importa o que aconteça, diz-se que as relações estruturais fundamentais – determinadas por "natureza" – são sempre reproduzidas não como um fato empírico, mas como uma *necessidade a priori*. De acordo com isso, o movimento é limitado a um aumento de "tamanho" e "complexidade" das comunidades analisadas por Aristóteles, e mudanças tanto em "tamanho" quanto em "complexidade" são circunscritas pelos conceitos de "liberdade por natureza" e "escravidão por natureza", isto é, pela necessidade postulada a priori de reproduzir a mesma estrutura de sociedade. Assim, as contradições sociais insolúveis do seu tempo levaram até mesmo um filósofo da envergadura de Aristóteles a operar com conceitos autocontraditórios como "liberdade por natureza", que lhe foi imposto pelo conceito inteiramente fictício de "escravidão por natureza", em concordância direta com a necessidade ideológica prevalecente. E quando ele faz outra tentativa de resgatar a historicidade da esfera da "liberdade por natureza",

---

[33] Aristóteles, *Politics*, livro I, cap. 2 (trad. de Benjamin Jowett) [ed. bras.: *A política*, trad. Nestor S. Chaves e Ivan Lins, Rio de Janeiro, Nova Fronteira, 2011]. [Tradução para esta edição a partir do texto em inglês. (N. T.)]

[34] Ibidem, livro VII, cap. 2.

declarando que o escravo não é um ser humano, mas uma mera *coisa*, uma *"ferramenta falante"*, ele se encontra bem no meio de outra contradição: pois as ferramentas do ser humano possuem um caráter histórico, e certamente não um caráter fixado por natureza. Por causa da parcialidade de sua posição, as leis dinâmicas da totalidade social, que mudam dialeticamente, devem permanecer um mistério para Aristóteles. Seu postulado de uma *"dualidade"* natural – enraizada de forma direta, como vimos, na necessidade ideológica de converter *parcialidade* em *universalidade* – torna impossível para ele perceber as múltiplas variedades dos fenômenos sociais enquanto manifestações específicas de uma totalidade sócio-histórica inerentemente interconectada, mudando dinamicamente.

A inter-relação entre a consciência da alienação e a historicidade da concepção de um filósofo é *necessária* porque uma questão ontológica fundamental, a da "natureza do ser humano" ("essência humana" etc.), constitui o ponto de referência comum de ambas. Tal questão é a seguinte: o que está de acordo com a "natureza humana" e o que constitui "alienação" da "essência humana"? Não há como responder essa pergunta em termos a-históricos sem convertê-la em alguma espécie de mistificação irracional. Em contrapartida, a abordagem histórica da questão da "natureza humana" inevitavelmente traz consigo algum diagnóstico de "alienação" ou "reificação", relacionado com o padrão ou "ideal" mediante o qual toda a questão é apreciada.

O ponto de central importância, contudo, é se a questão da "natureza humana" é ou não apreciada a partir de um quadro de referência expositivo implícita ou explicitamente "igualitário". Se, por alguma razão, a igualdade fundamental de todos os seres humanos não for reconhecida, isso equivalerá *ipso facto* a negar a historicidade, porque, nesse caso, torna-se necessário valer-se do artifício mágico da "natureza" (ou, em concepções religiosas, da "ordem divina" etc.) na explicação dada pelo filósofo para desigualdades historicamente estabelecidas. (Essa questão é totalmente distinta daquela da justificação ideológica de desigualdades existentes. Esta última é essencial para explicar as determinantes sócio-históricas de um sistema filosófico, mas totalmente irrelevante à inter-relação logicamente necessária entre um conjunto de conceitos de um sistema particular. Estamos lidando aqui com as relações estruturais de conceitos que prevalecem *dentro* do quadro de referência geral de um sistema *já* existente. É por isso que os princípios "estruturais" e os princípios "históricos" não podem ser reduzidos a uma coisa só – exceto pelos vulgarizadores –, mas constituem uma unidade dialética.) A abordagem específica que o filósofo faz do problema da igualdade, das limitações particulares e deficiências do seu conceito de "natureza humana", determina a intensidade de sua concepção histórica, bem como o caráter de sua percepção da real natureza da alienação. Isso vale não só para aqueles pensadores que – pelas razões já vistas – não lograram conquistas significativas nesse tocante, mas também para exemplos positivos, desde os representantes da "escola histórica" escocesa até Hegel e Feuerbach.

"Orientação antropológica" sem historicidade genuína – bem como, obviamente, as condições necessárias para esta última – não passa de mistificação, não importa quais determinantes sócio-históricas a criaram. A concepção "orgânica" de sociedade, por exemplo, segundo a qual todo elemento do complexo social deve cumprir a "função que lhe é própria" – isto é, a função predeterminada pela "natureza" ou pela "providência divina", de acordo com algum padrão hierárquico rígido –, é uma projeção totalmente a-histórica e invertida das características de uma ordem social estabelecida sobre um suposto "organismo" (o corpo humano, por exemplo), que se presume ser o "modelo natural" de toda a sociedade. (Em grande parte, o "funcionalismo" moderno é, *mutatis mutandis*, uma tentativa de acabar com a historicidade. No entanto, não podemos entrar aqui na discussão de tal assunto.) Nesse tocante, é duplamente significativo que, no desenvolvimento do pensamento moderno, o conceito de alienação tenha adquirido importância crescente, paralelamente ao despontar de uma antropologia filosófica genuína, historicamente fundada. Por um lado, essa tendência representou uma oposição radical às mistificações da pseudoantropologia medieval e, por outro, forneceu o centro organizador positivo de uma compreensão incomparavelmente mais dinâmica dos processos sociais do que tinha sido possível anteriormente.

Bem antes de Feuerbach ter reconhecido a distinção entre "*a essência verdadeira: isto é, antropológica, e a essência falsa: isto é, teológica, da religião*"[35], a religião foi concebida como um fenômeno histórico, e a abordagem da sua natureza foi subordinada à questão da historicidade do ser humano. Em tal concepção, tornou-se possível imaginar a *suplantação* da religião, na medida em que mitologia e religião foram atribuídas somente a um *estágio particular* – embora necessário – da *história universal* do gênero humano, concebida com base no modelo do ser humano que progride da infância à maturidade. Vico distinguiu três estágios no desenvolvimento da humanidade (desta fazendo sua própria história): (1) a era dos Deuses; (2) a era dos heróis; e (3) "a era dos homens, na qual todos os homens reconheceram a si mesmos como *iguais quanto à natureza humana*"[36]. Herder, em uma etapa posterior, definiu mitologia como "natureza personificada ou sabedoria bem-vestida"[37] e falou da "infância", "adolescência" e "idade adulta" do gênero humano, limitando até mesmo na poesia as possibilidades de criação do mito sob as circunstâncias do terceiro estágio[38].

Mas foi Diderot quem explicitou o segredo sociopolítico de toda essa tendência ao enfatizar que, no momento em que o ser humano for bem-sucedido em sua crítica da "majestade do céu", ele não recuará por muito tempo de tomar de assalto outro opressor do gênero humano: "a soberania secular", pois essas duas mantêm-se de pé ou caem juntas[39].

---

[35] Ludwig Feuerbach, *Das Wesen des Christentums* (1841) [ed. bras.: *A essência do cristianismo*, trad. José da Silva Brandão, Campinas, Papirus, 1997]. A Parte I traz o título: "*Das wahre, d.i. anthropologische Wesen der Religion*" [A essência verdadeira, isto é, antropológica, da religião], e a Parte II é intitulada: "*Das unwahre, d.i. theologische Wesen der Religion*" [A essência falsa, isto é, teológica, da religião].

[36] Giambattista Vico, *The New Science* (trad. T. G. Bergin e M. H. Fisch, Nova York, Doubleday & Co., 1961), p. 3 [ed. bras.: *Ciência nova*, São Paulo, Ícone, 2008].

[37] "*Personifizierte Natur, oder eingekleidete Weisheit.*" J. G. Herder, "Vom neuern Gebrauch der Mythologie (1767)", em *Sämtliche Werke*", v. 2, seção "Zur Schönen Literatur und Kunst" (Karlsruhe, 1821), p. 251.

[38] Ibidem, p. 252-3.

[39] "*La première attaque contre la superstition a été violente, sans mesure. Une fois que les hommes ont osé d'une manière quelconque donner l'assaut a la barrière de la religion, cette barrière la plus formidable qui existe, comme la plus respectée, il est impossible de s'arrêter. Dès qu'ils ont tourné des regards menaçants contre la majesté du ciel, ils ne manqueront pas, le moment d'après, de les diriger contre la souveraineté de la terre. La câble qui tient et comprime l'humanité est formé de deux cordes;* l'une ne peut céder sans que l'autre vienne à rompre." ["O primeiro ataque à superstição foi violento, desmedido. Uma vez que os homens ousaram de uma maneira qualquer assaltar a trincheira da religião, essa barreira, a mais formidável que existe, como também a mais respeitada, é impossível parar. Desde que voltaram olhares ameaçadores para a *majestade do céu*, não

E o fato de ter sido Diderot quem alcançou esse grau de clareza no radicalismo político de modo algum foi acidental. Com efeito, ele não se deteve no enunciado notável, mas bastante abstrato, de Vico, segundo o qual "todos os homens são iguais quanto à natureza humana". Ele foi adiante, afirmando com o mais elevado grau de radicalismo social conhecido entre as grandes figuras do Iluminismo francês que "*se o diarista for miserável, a nação será miserável*"[40]. Não surpreende, por conseguinte, que tenha sido Diderot quem logrou compreender em seu mais alto grau a problemática da alienação, bem à frente de seus contemporâneos, indicando como contradições básicas "a distinção entre <u>teu</u> e <u>meu</u>" ("*distinction du <u>tien</u> et du <u>mien</u>*"), a oposição entre "a utilidade particular de alguém e o bem geral" ("*ton utilité particulière et le bien général*") e a subordinação do "bem geral ao bem particular de alguém" ("*le bien général au bien particulier*")[41]. E ele foi ainda mais longe, enfatizando que essas contradições resultam na produção de "*necessidades supérfluas*" ("*besoins superflus*"), "*bens imaginários*" ("*biens imaginaires*") e "*necessidades artificiais*" ("*besoins factices*")[42] – quase os mesmos termos utilizados por Marx para descrever as "*necessidades artificiais e os apetites imaginários*" produzidos pelo capitalismo. A diferença fundamental, contudo, foi que, ao passo que Marx podia fazer referência a um movimento social específico como a "força material" por trás do seu programa filosófico, Diderot teve de contentar-se – por causa de sua "situação prematura" – com o ponto de vista de uma comunidade utópica distante, na qual tais contradições e suas consequências são desconhecidas. E, obviamente, de acordo com seu ponto de vista utópico relacionado com as miseráveis condições de trabalho do seu tempo, Diderot não conseguia ver nenhuma solução, a não ser a *limitação das necessidades* que capacitaria o ser humano a libertar-se do paralisante *tédio do trabalho*, permitindo-lhe *parar* ("*de s'arrêter*"), *descansar* ("*reposer*") e *terminar de trabalhar* ("*quand finirons-nous de travailler*")[43]. Assim, apela-se para a ficção utópica de uma limitação "*natural*" das necessidades, porque o tipo de trabalho predominante na forma vigente de sociedade é inerentemente anti-humano, e a "satisfação" ("*jouissance*") aparece como *ausência* de atividade, não como atividade enriquecida e enriquecedora, humanamente realizadora, não como autorrealização *na* atividade. Aquilo que se presume ser "natural" e "humano" aparece como algo idílico e *fixado* (por natureza) e, consequentemente, como algo a ser zelosamente protegido contra a corrupção vinda de "fora", sob a condução iluminadora da "razão". Visto que falta a "força material" que poderia converter a teoria em prática social, a teoria precisa converter-se em sua própria solução: na defesa utópica do poder da razão. Nesse ponto, podemos ver claramente que

---

deixarão, no momento seguinte, de dirigi-los *contra a soberania da terra*. O cabo que sustenta e comprime a humanidade é formado por duas cordas, *uma não pode ceder sem que a outra venha a romper-se*."] Carta à princesa Dashkoff, 3 abr. 1771, em Denis Diderot, *Correspondance*, v. XI (ed. Georges Roth, Paris, Éditions de Minuit, 1955), p. 20.

[40] "*Si le journalier est misérable la nation est misérable.*" Verbete de autoria de Diderot sobre *journalier* [diarista] na *Encyclopédie*.

[41] Diderot, "Supplément au Voyage de Bougainville", em *Oeuvres Philosophiques* (ed. Paul Vernière, Paris, Garnier, 1956), p. 482 [ed. bras.: *Suplemento à viagem de Bougainville*, São Paulo, Abril, 1973].

[42] Ibidem, p. 468.

[43] Idem.

até mesmo o remédio proposto por Diderot está muito distante das soluções defendidas e visualizadas por Marx.

A superioridade radical de Marx em relação a tudo que o precedeu fica evidente na historicidade dialética coerente de sua teoria, em contraste com a debilidade dos seus predecessores, que, em um ponto ou outro, foram todos forçados a abandonar o chão real da história em prol de alguma solução imaginária para as contradições que talvez tenham percebido, mas não puderam dominar nem ideológica nem intelectualmente. Nesse contexto, a percepção profunda que Marx teve da verdadeira relação entre *antropologia* e *ontologia* reveste-se de suma importância. Com efeito, há uma só maneira de produzir uma teoria histórica oniabrangente e consistente em todos os seus aspectos, a saber, situando positivamente a antropologia dentro de um quadro de referência ontológico geral adequado. Contudo, se a ontologia for subsumida na antropologia – como tantas vezes aconteceu não só no passado distante, mas igualmente em nosso tempo –, nesse caso, princípios antropológicos apreendidos de modo unilateral que deveriam ser explicados historicamente tornam-se axiomas autônomos do sistema em questão e solapam sua historicidade. Nesse aspecto, Feuerbach representa um retrocesso em relação a Hegel, cuja abordagem filosófica evitou completamente a armadilha de dissolver a ontologia na antropologia. Consequentemente, Hegel antecipou em medida muito maior do que Feuerbach a apreensão marxiana da história, embora até mesmo Hegel tenha sido capaz de encontrar apenas "a expressão *abstrata*, lógica, *especulativa* para o movimento da história" (146 [118]).

Em contraste tanto com a abstratividade hegeliana quanto com o retrocesso feuerbachiano em termos de historicidade, Marx descobriu a relação dialética entre a ontologia materialista e a antropologia, enfatizando que

> as sensações, paixões etc. do homem não são fenômenos *apenas antropológicos* em sentido próprio, mas sim afirmações *verdadeiramente ontológicas* do ser (da *natureza*). [...] Só mediante a indústria desenvolvida, ou seja, pela mediação da propriedade privada, vem a existir a *essência ontológica* da paixão humana, tanto na sua *totalidade* quanto na sua *humanidade*; a *ciência do homem* é, portanto, propriamente um produto do autoestabelecimento humano mediante a *atividade prática*. O sentido da propriedade privada – livre do seu estranhamento – é a existência dos objetos essenciais para o homem como objetos tanto de *fruição* quanto de *atividade* (136-7 [157 modif.]).

Discutiremos alguns aspectos desse complexo de problemas mais adiante neste capítulo, bem como nos capítulos IV, VI e VII. É particularmente importante ressaltar aqui que não há como apreender o fator antropológico *específico* ("humanidade") em sua historicidade dialética, a menos que seja concebido com base na *totalidade ontológica* historicamente em desenvolvimento ("natureza") à qual ele, em última instância, pertence. A falha na identificação da adequada relação dialética entre totalidade ontológica e especificidade antropológica traz consigo contradições insolúveis. Em primeiro lugar, ela leva a postular alguma "essência humana" fixa enquanto "dado original" do filósofo e, consequentemente, em última instância, à liquidação de toda a historicidade (desde Feuerbach até algumas teorias recentes do "estruturalismo"). Igualmente prejudicial é outra contradição que significa que considerações pseudo-históricas e "antropológicas" se aplicam à análise de certos fenômenos sociais cuja compreensão exigiria um conceito de causalidade não antropomórfico – mas, é claro, dialético. Por exemplo: nenhuma "hipótese antropológica" concebível poderia, no fim das contas, ajudar a entender as "leis naturais" que governam os processos produtivos do capitalismo em seu longo desenvolvimento histórico; pelo contrário, elas só poderiam levar a puras mistificações. Pode parecer inconsistente com o materialismo histórico de Marx quando nos é dito em *O capital* que "*a natureza do capital permanece a mesma, tanto em sua forma não desenvolvida como em sua forma desenvolvida*"[44]. (Há pessoas que talvez usem essa passagem até para embasar sua interpretação de Marx como pensador "estruturalista".) Uma leitura mais cuidadosa revelaria, contudo, que, longe de ser inconsistente, Marx indica aqui o fundamento ontológico de uma teoria histórica coerente. Uma passagem posterior, na qual ele analisa a produção capitalista, deixa isso mais claro:

> O princípio que o capitalismo segue, a saber, o de dissolver cada processo de produção propriamente dito em seus elementos constitutivos, e, antes de tudo, fazê-lo *sem sequer levar em conta sua possível execução pela mão humana*, criou a mais moderna ciência da tecnologia. As formas variegadas, aparentemente desconexas e ossificadas do processo social de produção se dissolveram, de acordo com o efeito útil almejado, nas aplicações conscientemente planificadas e *sistematicamente* particularizadas das ciências naturais. A tecnologia descobriu as poucas *formas fundamentais do movimento*, sob as quais transcorre *necessariamente*, apesar da diversidade dos instrumentos utilizados, *toda ação produtiva do corpo humano* [...].[45]

Como podemos ver, toda a questão gira em torno de entender a *base natural* (as leis gerais da causalidade etc.) da historicidade *especificamente humana*. Sem a apreensão adequada dessa base natural, a "ciência do ser humano" é simplesmente inconcebível, porque, em última instância, tudo é dissolvido no relativismo. O "princípio antropológico", por conseguinte, deve ser posto no lugar que lhe é próprio, dentro do quadro de referência geral de uma ontologia histórica abrangente. Em termos mais precisos, qualquer princípio desse tipo deve ser transcendido na direção de uma ontologia social dialética complexa.

Se isso não for alcançado – isto é, se o princípio antropológico permanecer estritamente antropológico –, não poderá haver qualquer perspectiva de entender um processo que, por exemplo, é determinado por *suas próprias* leis de movimento e que impõe aos seres humanos *seus próprios* padrões de procedimento produtivo "sem sequer levar em conta sua possível execução pela mão humana". De modo similar, nada será compreendido sobre a alienante "natureza do capital" em termos dos postulados fictícios de uma "natureza humana egoísta" tão cara aos economistas políticos. Com efeito, a "mesmice" do capital tanto na sua "forma não desenvolvida" quanto na sua "forma desenvolvida" – uma mesmice que se aplica tão somente à sua "natureza", e não à sua forma nem ao seu modo de existência – tem de ser explicada em termos das leis mais abrangentes possíveis de uma ontologia histórica fundada na natureza. O papel socialmente dominante do capital na história moderna é autoevidente. Porém, só as leis fundamentais da ontologia social podem explicar como

---

[44] Karl Marx, *Capital*, v. I (trad. Samuel Moore e Edward Aveling, Moscou, 1958), p. 288 [ed. bras.: *O capital: crítica da economia política. Livro I: O processo de produção do capital*, trad. Rubens Enderle, São Paulo, Boitempo, 2013, p. 359, nota 152].

[45] Ibidem, p. 486 [ed. bras.: ibidem, p. 556-7 modif.].

é possível que, sob certas condições, uma "natureza" dada (a natureza do capital) desdobre-se e realize-se plenamente – de acordo com sua natureza objetiva –, seguindo suas próprias leis internas de desenvolvimento, desde sua forma não desenvolvida até sua forma madura, *"sem nenhuma consideração do ser humano"*. Nesse tocante, hipóteses antropológicas, por mais sutis que sejam, não funcionam *a priori*. Igualmente sem serventia é uma hipótese sócio-histórica simples. Porque a questão em jogo é precisamente explicar o que se encontra nas raízes do desenvolvimento histórico como fundamento que o determina em última instância e, por conseguinte, seria pura circularidade indicar as circunstâncias históricas em mudança como a causa fundamental do desenvolvimento do próprio capital. O capital, como tudo o mais que existe, possui – nem é preciso dizer – sua dimensão histórica. No entanto, essa *dimensão* histórica é categorialmente diferente de uma *substância* ontológica.

É absolutamente essencial não confundir *continuidade ontológica* com alguma *fixidez antropológica* imaginária. O fundamento último da persistência da problemática da alienação na história das ideias, desde os seus primórdios judaico-cristãos até as formulações pelos predecessores imediatos de Marx, é a continuidade ontológica relativa inerente ao desdobramento do capital de acordo com suas leis internas de crescimento, de sua "forma não desenvolvida" até sua "forma desenvolvida". Converter essa continuidade ontológica relativa em alguma característica fictícia da "natureza humana" significa que uma elucidação dos processos reais subjacentes a esses desenvolvimentos é impossível *a priori*. Contudo, se nos dermos conta de que a continuidade ontológica em questão diz respeito à "natureza do capital", torna-se possível visualizar a *transcendência (Aufhebung)* da alienação, desde que essa questão seja formulada como uma transformação *ontológica* radical da estrutura social como um *todo*, e não limitada à medida parcial de uma expropriação política do capital (que simplesmente é um primeiro passo necessário na direção da transcendência marxiana da alienação). Somente se e na medida em que algumas condições básicas de uma transcendência ontológica forem satisfeitas – isto é, desde que haja uma *ruptura* efetiva na continuidade ontológica objetiva do capital no mais amplo sentido marxiano –, podemos falar de uma fase *qualitativamente* nova de desenvolvimento: o início da "verdadeira história do gênero humano". Sem esse quadro de referência ontológico não pode haver teoria histórica consistente; em vez disso, só o que há é alguma forma de relativismo histórico, desprovido de uma medida objetiva de avanço e, consequentemente, propenso ao subjetivismo e ao voluntarismo, à formulação de "programas messiânicos" combinados com uma antecipação arbitrária de sua realização na forma de postulados idealistas.

Aqui, podemos ver claramente a importância histórica da descoberta feita pelo jovem Marx concernente à relação dialética entre ontologia e antropologia: ela abriu caminho para a elaboração da grande síntese teórica de Marx e para a realização prática dos programas revolucionários baseados nela. Seus predecessores, via de regra, converteram suas percepções ontológicas limitadas em elementos de uma curiosa mistura de pregação antropológico-moral-ideológica. Henry Home (lorde Kames), por exemplo – que não foi uma figura negligenciável, mas um dos principais representantes da escola histórica escocesa do Iluminismo –, escreveu as seguintes linhas:

> *A atividade é essencial para um ser social*: para um *ser egocêntrico*, ela não tem serventia, após ter conseguido os meios de vida. Um *homem egocêntrico* que, em sua opulência, tem à sua disposição

todos os luxos da vida e um sem-número de serviçais não tem ocasião para atividade. Daí se pode muito bem inferir que, se o ser humano tivesse sido destinado pela providência a ser *inteiramente* egocêntrico, ele tenderia por sua constituição a descansar e, podendo evitar, jamais se tornaria ativo. A *atividade natural do ser humano*, por conseguinte, é, para mim, uma evidência de que seu Criador não pretendeu que ele fosse *um ser puramente egocêntrico*.[46]

Visto que os fundamentos sociais dessa crítica não podem ser explicitados – por causa da contradição inerente a ela, isto é, por causa do "egocentrismo" necessariamente asso-ciado à classe social representada por Henry Home –, tudo deve ser mantido em termos antropológicos abstratos; pior: até mesmo essa crítica abstrata requer, no fim das contas, ser diluída pelos termos "*inteiramente*" e "*puramente* egocêntrico". Uma nova forma de conservadorismo surge no horizonte para ocupar o lugar da antiga, apelando para o modelo antropológico do "Homem Esclarecido": essa realização "natural" da Razão Triunfante.

Até mesmo aqueles que são mais propensos à perseguição começam a hesitar. Retomando a sua autoridade soberana, a *razão* a banirá [isto é, a perseguição] totalmente [...]; no próximo século, será considerado *estranho* que a perseguição tivesse prevalecido entre os entes sociais. Talvez até se duvide de que alguma vez ela tenha sido seriamente posta em prática.[47]

E, mais uma vez: "A *razão afinal prevaleceu, após muita oposição*: a absurdidade que é uma nação inteira ser escrava de um simples mortal, notável talvez por não ter nenhuma qualificação apreciável, *tornou-se manifesta para todos*"[48]. Porém, os critérios a-históricos e categoriais de "racional" *versus* "absurdo" repercutem nessa abordagem quando ela tem de enfrentar novos problemas. Isso ocorre quando seu conservadorismo vem à tona:

Não foi difícil prever as consequências [do ataque geral à antiga ordem]: caiu o *tecido inteiro*, as *partes saudáveis* junto com as *doentes*. E, no momento, as pessoas riem das *noções absurdas* dos seus ancestrais, sem pensar em ser patriotas ou em ser *bons sujeitos*.[49]

Assim, da mesma forma que o egocentrismo próprio de alguém tem de ser diferencia-do do comportamento "puramente egocêntrico" e "inteiramente egocêntrico" dos seus oponentes, agora o critério "legitimamente" usado da "absurdidade" tem de ser contra-posto ao seu "abuso" por aqueles que o levam "longe demais", pondo em risco as "partes saudáveis" do "tecido social". A "razão" é transformada em um cheque em branco, válido não só de maneira retrospectiva, mas atemporal, dando sustentação ao interesse parcial dos seus portadores e destruindo as conquistas históricas anteriores. O dilema insolúvel de todo o movimento do Iluminismo está expresso nesse modo de argumentar, bem antes de assumir uma forma política dramática nos ataques violentos de Burke à Revolução Francesa em nome da continuidade do "tecido social saudável". Trata-se de um dilema determinado pela contradição objetiva de subordinar o interesse geral ao interesse parcial de uma classe social.

---

[46] Henry Home (lorde Kames), *Loose Hints upon Education, Chiefly Concerning the Culture of the Heart* (Edim-burgo/Londres, J. Bell, G. Robinson e J. Murray, 1781), p. 257.

[47] Ibidem, p. 284.

[48] Ibidem, p. 306-7.

[49] Ibidem, p. 307.

Desse modo, ao mesmo tempo que as conquistas do Iluminismo se realizavam, elas também já eram liquidadas. Tudo tinha de se ajustar ao modelo do "Homem Racional" definido em termos estreitos e ambíguos. Foram reconhecidos somente os aspectos da alienação que podem ser classificados como "alheios à Razão", com toda a arbitrariedade real e potencial implicada nesse critério abstrato. A historicidade chega apenas até o ponto em que é compatível com a posição social que exige esses critérios vagos e abstratos como seu fundamento de crítica, porque o reconhecimento da igualdade humana está restrito, de modo geral, à esfera legal abstrata. O mesmo vale para as conquistas na antropologia: velhos tabus foram atacados exitosamente em nome da razão, mas a compreensão das leis objetivas do movimento, situando o fator especificamente humano dentro de um quadro de referência natural abrangente dialeticamente apreendido, é dificultada pelas ideias preconcebidas expressas no modelo autoidealizante do "Homem Racional".

As razões para esse fracasso definitivo foram muito complexas. Já mencionamos suas determinantes ideológicas, enraizadas em uma posição social repleta de contradições sociais que tinham de permanecer ocultas aos pensadores implicados. Igualmente importante foi o fato de as tendências econômicas subjacentes ainda se encontrarem muito distantes do seu ponto de maturidade, o que tornou virtualmente impossível obter uma percepção adequada de sua real natureza. (Marx pôde conceber sua teoria a partir de uma posição histórica qualitativamente muito mais vantajosa.) O ponto crucial, porém, foi que os filósofos do Iluminismo só conseguiram – na melhor das hipóteses – dar alguns passos experimentais na direção da elaboração de um método dialético, sendo incapazes de apreender as leis fundamentais de uma dialética materialista: sua posição social e histórica os impedia de fazê-lo. (Hegel, em contrapartida, teve êxito posteriormente em identificar os conceitos centrais da dialética, só que o fez "de modo abstrato, especulativo, idealista".) Isso significa que eles não puderam resolver o dilema inerente à antropologia historicizada e à história antropologicamente orientada. Isso porque, de maneira paradoxal, história e antropologia ajudaram-se mutuamente até certo ponto, mas, para além desse ponto crítico, transformaram-se em entraves uma para a outra. Somente uma dialética materialista poderia ter mostrado uma saída para o impasse dessa rígida oposição. Contudo, para a necessidade de uma dialética desse tipo, o princípio histórico ou estava dissolvido na pseudo-historicidade de algum ciclo repetitivo, ou tendeu para a sua própria absolutização na forma do relativismo histórico. A única solução possível que poderia ter *transcendido* tanto o "princípio antropológico" quanto o "historicismo" relativista teria sido a síntese de história e antropologia na forma de uma *ontologia* dialética, materialista, abrangente – tendo como centro de referência o conceito de "trabalho humano que desenvolve a si mesmo" (ou de "autoestabelecimento humano mediante a atividade prática") (136 [157 modif.]). A ideia revolucionadora dessa síntese, porém, não apareceu na história do pensamento humano antes do esboço dos *Manuscritos econômico-filosóficos*, de Marx.

4. O fim do "positivismo acrítico"

Os meados do século XVIII marcaram um ponto de inflexão nas várias abordagens dos problemas da alienação. Conforme as contradições da nova sociedade emergente começaram a se tornar mais visíveis, o anterior "positivismo acrítico", que caracterizou não só a escola do "Direito Natural", mas também os primeiros clássicos da economia política, deparou-se com dificuldades insuperáveis. No período antecedente, o conceito de alienação fora usado em relação a fenômenos socioeconômicos e políticos em um sentido inteiramente positivo, insistindo na desejabilidade da alienação da terra, do poder político etc., na positividade do "lucro baseado na alienação", na legitimidade de obter juros sem alienar capital, na venda do trabalho, na reificação da pessoa e assim por diante. Contudo, esse positivismo unilateral não pôde ser mantido, uma vez que os efeitos paralisantes do modo de produção capitalista – baseado na difusão geral da alienação – começaram a irromper também na forma de agitação social que não recuava diante da destruição violenta do tão glorificado e idealizado mecanismo "racional" da manufatura em escala cada vez maior.

Não é preciso dizer que a crise de meados do século XVIII, que deu origem às várias teorias críticas, não foi uma crise interna do capitalismo em ascensão. Foi, antes, uma crise social causada pela transição drástica do modo de produção artesanal-feudal antiquado para um novo modo que, de fato, estava muito distante de atingir os limites de suas capacidades produtivas. Isso explica a atitude essencialmente acrítica para com as categorias centrais do novo sistema econômico, até mesmo nos escritos daqueles que criticaram os aspectos sociais e culturais da alienação capitalista. Mais tarde, quando a conexão inerente entre as manifestações sociais e culturais da alienação e o sistema econômico se tornou mais evidente, a crítica tendeu a diminuir, em vez de intensificar-se. A burguesia, que nos escritos de seus melhores representantes submeteu alguns aspectos vitais de sua própria sociedade a uma crítica devastadora, naturalmente não pôde chegar ao ponto de estender essa crítica à totalidade da sociedade capitalista. Para tal, primeiro o ponto de vista social da crítica teria de ser radicalmente alterado e, como todos nós sabemos, um século teria de transcorrer antes que essa reorientação radical da crítica social pudesse ser levada a cabo.

Não há espaço aqui para uma pesquisa sistemática detalhada do surgimento da crítica social. Uma vez mais, devemos restringir nossa atenção a algumas poucas figuras centrais que desempenharam um papel importante na identificação da problemática da alienação antes de Marx. Já vimos as conquistas de Diderot a esse respeito. Rousseau, seu contemporâneo, foi igualmente importante, embora de um modo bastante diferente. O sistema de Rousseau está repleto de contradições, talvez mais do que qualquer outro em todo o movimento do Iluminismo. Ele próprio nos adverte com frequência para não tirarmos conclusões prematuras de seus enunciados, ou seja, antes de considerarmos cuidadosamente todas as facetas de seus argumentos complexos. De fato, uma leitura atenta confirma amplamente que ele não exagerou quanto às complexidades. Porém, isso não é tudo. Suas queixas de que era sistematicamente mal interpretado eram só parcialmente justificadas. Por mais unilaterais que seus críticos possam ter sido na leitura dos seus textos (que de fato continham numerosas qualificações que muitas vezes foram ignoradas), permanece o fato de que nenhuma leitura, por mais cuidadosa e receptiva, poderia eliminar as contradições inerentes ao seu sistema. (Desnecessário dizer que não estamos falando de contradições lógicas. A consistência *formal* do pensamento de Rousseau é tão impecável quanto a de qualquer grande filósofo, considerando o caráter não abstrato dos seus termos de análise. As contradições residem na substância social do seu pensamento, como logo veremos. Em outras palavras, elas são contradições *necessárias*, inerentes à natureza mesma do ponto de vista social e historicamente limitado de um grande filósofo.)

Poucos filósofos anteriores a Marx resistiriam a uma comparação com Rousseau no que se refere ao radicalismo social. No seu *Tratado sobre a economia política*, ele escreve – em uma passagem repetida mais tarde em um de seus *Dialogues* [Diálogos], ressaltando sua importância central – que as vantagens da "confederação social" pendem muito mais para o lado do rico em desfavor do pobre:

> Essa situação [o pacto social] proporciona uma poderosa proteção ao imenso patrimônio dos ricos e mal garante ao pobre a posse tranquila do barraco que ele construiu com as próprias mãos. Não é verdade que todas as vantagens da sociedade favorecem os ricos e os poderosos? Não é verdade que eles ocupam todos os cargos lucrativos? Não lhes são reservados todos os privilégios e isenções? A autoridade pública não está sempre do seu lado? Se um homem eminente frauda seus credores, ou é culpado de outras desonestidades, não goza sempre de impunidade? Não é verdade que os assaltos, atos de violência e até mesmo homicídios cometidos pelos poderosos são abafados em poucos meses e nunca mais lembrados? No entanto, se um homem poderoso é roubado ou insultado, toda a força policial entra imediatamente em ação, e coitados dos inocentes que despertarem suspeitas. Se o poderoso precisa viajar por uma estrada perigosa, o país se levanta em armas para escoltá-lo. Se o eixo da sua cadeirinha se parte, todos correm para socorrê-lo. Se fazem ruído à sua porta, basta uma palavra sua, e faz-se silêncio. [...] No entanto, esse tratamento respeitoso não custa aos ricos um só níquel: é um direito que têm, algo que não precisam comprar com o seu dinheiro. Como é diferente a situação do pobre! *Quanto mais lhe deve a humanidade, mais a sociedade lhe nega.* [...] Ele sempre suporta o ônus de que seu vizinho mais rico consegue isentar-se, graças à sua influência. [...] toda assistência gratuita é negada aos pobres, quando dela necessitam, simplesmente porque não poderiam pagar pelo socorro recebido. Considero lamentável a situação de qualquer pobre que por infelicidade tenha um espírito honesto, uma bela filha e um vizinho poderoso. Outro fato de não menor importância é que as perdas dos pobres são mais difíceis de reparar do que as dos ricos, e que a dificuldade de aquisição é sempre maior na mesma proporção da sua necessidade. Na vida como na física, "nada provém de nada": *o dinheiro é semente do dinheiro*, e o primeiro guinéu pode ser mais difícil de conseguir do que o segundo milhão. [...] Os termos do contrato social entre essas duas categorias de indivíduos podem ser resumidos em poucas palavras: "Você precisa de mim, porque eu sou rico e você é pobre. Façamos portanto um acordo. Eu lhe darei a honra de servir-me, desde que você me transfira o pouco que tem, em compensação pelo esforço que eu preciso fazer para dar-lhe ordens".[50]

Sendo assim, não causa surpresa que a sombra ameaçadora de uma revolução inevitável apareça no pensamento de Rousseau:

> A maioria dos povos, como dos homens, só são dóceis na juventude; envelhecendo, tornam-se *incorrigíveis*. Desde que se estabelecem os costumes e se enraízam os preconceitos, constitui

---

[50] Jean-Jacques Rousseau, "A Discourse on Political Economy", em *The Social Contract and the Discourses* (trad. G. D. H. Cole, Londres, Everyman's, 1913), p. 262-4 [ed. bras.: *Tratado sobre a economia política*, trad. Sérgio Bath, São Paulo, Imprensa Oficial, 2003. Disponível em: <http://portugues.free-ebooks.net/ebook/Tratado-Sobre-a-Economia-Politica>. Acesso em: 25 ago. 2014. Citações de acordo com a numeração de páginas da edição eletrônica. (N. T.)].

empresa perigosa e vã querer reformá-los; o povo nem sequer admite que se toque em seus males para destruí-los, como aqueles doentes, tolos e sem coragem, que tremem em presença do médico. Isso não significa que, a exemplo de algumas doenças que transtornam a cabeça dos homens e lhes arrancam a recordação do passado, não haja certas vezes, no decurso da vida dos Estados, *épocas violentas, nas quais as revoluções ocasionam nos povos o que algumas crises determinam nos indivíduos*, fazendo com que o horror do passado substitua o esquecimento – *o Estado, abrasado por guerras civis, por assim dizer, renasce das cinzas* e retoma o vigor da juventude, escapando aos braços da morte. [...] O império da Rússia quererá subjugar a Europa e acabará ele mesmo subjugado. Os tártaros, seus súditos ou vizinhos, tornar-se-ão seus e nossos senhores: tal *revolução parece-me infalível. Todos os reis da Europa trabalham concertadamente para acelerá-la.*[51]

Contudo, o mesmo Rousseau também afirma, falando de si, em seu *Third Dialogue* [Terceiro diálogo], que "ele sempre insistiu na *preservação das instituições existentes*"[52]. E quando estipula os termos de seu experimento educacional, ele escreve:

O pobre não precisa de educação. É obrigatória a de sua condição, *não poderia ter outra*. Ao contrário, a educação que o rico recebe de sua condição é a que menos lhe convém tanto para si mesmo quanto para a sociedade. Ademais, a educação natural deve tornar o homem adaptável a todas as condições humanas. [...] Escolhamos, portanto, um rico [para ser aluno]; teremos certeza, ao menos, de ter feito um homem a mais, ao passo que *um pobre pode tornar-se homem sozinho.*[53]

(De acordo com isso, na comunidade utópica de seu romance *Júlia, ou a nova Heloísa* não há educação para o pobre.) Desse modo, a idealização da natureza, paradoxalmente, converte-se em uma idealização das condições miseráveis do pobre: a ordem estabelecida permanece como está; a sujeição do pobre ao abastado é mantida, ainda que o *modo* de "comandar" se torne mais "esclarecido". Portanto, no fim, Rousseau vê como justificada a sua afirmação referente à insistência "na preservação das instituições existentes", não obstante seus enunciados sobre injustiça social e sobre a inevitabilidade de uma revolução violenta.

Mas essa idealização da natureza não é alguma "causa original" de cunho intelectual. É a expressão de uma contradição desconhecida do próprio filósofo, que traz consigo um impasse, uma concepção, em última análise, estática: uma transferência puramente imaginária dos problemas percebidos na sociedade para o plano do "deve" moral, que concebe sua solução em termos de uma "educação moral" dos homens. A contradição fundamental no pensamento de Rousseau reside em sua percepção incomensuravelmente aguda dos *fenômenos da alienação* e na glorificação de sua *causa última*. É isso que, no fim das contas, converte sua filosofia em um monumental sermão moral que reconcilia todas as contradições na idealidade da esfera moral. (De fato, quanto mais drástica a clivagem entre idealidade e realidade, tanto mais evidente fica para o filósofo que o "deve" moral é o único caminho para fazer frente a ela. Nesse aspecto – assim como em tantos outros –,

---

[51] Idem, *The Social Contract, or Principles of Political Right*, em *The Social Contract and the Discourses*, cit., p. 35-7 [ed. bras.: *Do contrato social, ou Princípios do direito político*, trad. Lourdes Santos Machado, São Paulo, Nova Cultural, 1997, Coleção Os Pensadores, p. 115-7].

[52] Idem, "Troisième Dialogue", em *Oeuvres Complétes*, v. I (Paris, Éditions du Seuil, 1967), p. 474.

[53] Idem, *Émile* (trad. Barbara Foxley, Londres, Everyman's, s. d.), p. 20 [ed. bras.: *Emílio ou Da educação*, trad. Sérgio Milliet, 3. ed., Rio de Janeiro, Bertrand Brasil, 1995, p. 29].

Rousseau exerceu enorme influência sobre Kant, antecipando, não em palavras, mas na concepção geral, o princípio kantiano do "primado da Razão Prática".)

Rousseau denuncia a alienação em muitas de suas manifestações:

1) Ele insiste – em oposição às abordagens tradicionais do "Contrato Social" – que o ser humano não pode alienar sua *liberdade*. Pois

> alienar é dar ou vender. [...] Mas um povo, por que se venderia? [...] Mesmo que cada um pudesse alienar-se a si mesmo, não poderia alienar seus filhos, pois estes nascem homens e livres, sua liberdade pertence-lhes e ninguém, senão eles, goza do direito de dispor dela.[54]

(Ademais, ele qualifica esse enunciado, acrescentando que só pode haver um modo legítimo de dispor do direito inalienável à liberdade: "cada um dando-se a todos não se dá a ninguém"[55] e, por conseguinte,

> esse ato de associação produz, em lugar da pessoa particular de cada contratante, um corpo *moral* e coletivo, composto de tantos membros quantos são os votos da assembleia, e que, por esse mesmo ato, ganha sua *unidade*, seu *eu comum*, sua vida e sua vontade.[56]

Isso significa, no modo de ver de Rousseau, que o indivíduo nada perdeu ao afastar-se via contrato social de sua "liberdade natural"; pelo contrário, ele ganha "*liberdade civil e a propriedade* de tudo que possui"[57]. Além disso, o ser humano também adquire com "o estado civil a *liberdade moral*, única a tornar o homem verdadeiramente *senhor de si mesmo,* porque o impulso do puro apetite é *escravidão*, e a *obediência à lei que prescrevemos para nós mesmos é liberdade*"[58].) Como podemos ver, o argumento avança da realidade para a moralidade. Quando chegamos ao ponto de firmar o Contrato Social, somos confrontados – na forma da tão idealizada "assembleia" – com uma *construção moral*[59]. O "corpo moral" coletivo, sua "unidade e identidade comum" etc. são *postulados morais* de uma pretensa legitimação do sistema burguês. A construção moral da "assembleia" é necessária precisamente porque Rousseau não é capaz de visualizar nenhuma solução real (isto é, material efetiva) para as contradições subjacentes, exceto apelar para a ideia de uma "obediência à lei que prescrevemos para nós mesmos" no quadro de referência político geral da "assembleia", que transcende radicalmente, de modo ideal, a "realidade ruim" da ordem estabelecida, enquanto a deixa, na realidade, intacta.

---

[54]   Idem, *The Social Contract*, cit., p. 7 [ed. bras.: *Do contrato social*, cit., p. 61-2].

[55]   Ibidem, p. 12 [ed. bras.: ibidem, p. 70].

[56]   Ibidem, p. 13 [ed. bras.: ibidem, p. 71].

[57]   Ibidem, p. 16 [ed. bras.: ibidem, p. 77].

[58]   Idem [ed. bras.: ibidem, p. 78]. A última sentença reaparece quase literalmente como um princípio fundamental da filosofia kantiana.

[59]   A rejeição um tanto cínica da concepção de Rousseau por parte de Hume – ver seu ensaio intitulado *Of the Original Contract* – é extremamente problemática. No entanto, ele enfoca com nitidez a crua realidade do sistema estabelecido, que não tem qualquer semelhança com a construção moral de Rousseau. Todavia, a crítica de Hume em ampla medida não acertou o alvo. Com efeito, como Kant percebeu, a concepção de Rousseau não se aplica à *questio facti* [questão de fato], mas à *questio iuris* [questão de direito]. No espírito da abordagem de Rousseau, Kant enfatiza que o Estado *deve* ser gerido *como se* estivesse fundado em um Contrato Social.

2) Um corolário do ponto anterior é a insistência na *inalienabilidade* e *indivisibilidade da Soberania*. De acordo com Rousseau, a Soberania, "não sendo senão o exercício da vontade geral, jamais pode alienar-se e o soberano, que nada é senão um ser coletivo, só pode ser representado por si mesmo"[60]. Uma vez mais fica claro que estamos sendo confrontados com um *postulado moral* gerado no sistema de Rousseau pelo reconhecimento de que "a vontade *particular* tende, pela sua natureza, à *parcialidade* e a *vontade geral*, à *igualdade*"[61], e pela incapacidade do filósofo de visualizar uma solução em quaisquer outros termos além dos do "deve" moral. Com efeito, ao passo que a tendência da vontade particular para com a parcialidade constitui uma realidade ontológica, a "tendência da vontade geral para com a igualdade" é, na situação histórica dada, um mero postulado. E só outro postulado moral pode "transcender" a contradição entre o "é" ontológico real e o "deve" moral de uma igualdade inerente à "vontade geral". (Naturalmente que, na estrutura de pensamento de Rousseau, essa contradição insolúvel está oculta sob a autoevidência de uma tautologia dual, a saber, que "a vontade particular é parcial" e "a vontade geral é universal". Paradoxalmente, porém, a grandeza de Rousseau rompe a crosta dessa tautologia, definindo "universalidade" – de uma forma aparentemente inconsistente – como "igualdade". A mesma "inconsistência" foi mantida por Kant, *mutatis mutandis*, no seu critério da universalidade moral.)

3) Um tema recorrente do pensamento de Rousseau é o da *alienação humana em relação à natureza*. Essa é uma ideia sintetizadora fundamental no sistema de Rousseau, um ponto focal de sua crítica social, e possui muitos aspectos. Sumarizemos brevemente seus pontos cruciais.

a) "Tudo é certo em saindo das mãos do Autor das coisas; tudo degenera nas mãos do homem"[62] – escreveu Rousseau na frase de abertura do *Emílio*. É a civilização que corrompe o ser humano, separando-o da natureza e introduzindo "*a partir de fora*" todos os vícios "*estranhos à sua constituição*". O resultado é a destruição da "*bondade original do ser humano*"[63].

b) Nesse desenvolvimento – afastado da natureza pelo veículo da civilização –, podemos ver uma "rápida marcha rumo à perfeição da sociedade e rumo à deterioração do

---

[60] Jean-Jacques Rousseau, *The Social Contract*, cit., p. 20 [ed. bras.: *Do contrato social*, cit., p. 86].

[61] Idem [ed. bras.: idem modif.].

[62] "*Tout est bien sortant des mains de l'Auteur des choses, tout dégénère entre les mains de l'homme.*" Idem, *Émile ou de l'éducation* (Paris, Garnier-Flammarion, 1966), p. 35 [ed. bras.: *Emílio ou Da educação*, cit., p. 9]).

[63] "*La nature a fait l'homme hereux et bon mais* [...] *la société le déprave et le rend misérable. L'Émile en particulier, ce livre tant lu, si peu entendu et si mal apprécié, n'est qu'un traité de la bonté originelle de l'homme, destiné à montrer comment le vice et l'erreur*, étrangers à sa constitution, *s'y introduisent du dehors et l'altèrent insensiblement.* [...] *Partout il nous fait voir l'espèce humaine meilleure, plus sage et plus hereuse dans sa constitution primitive, aveugle, misérable et méchante à mesure qu'elle s'en éloigne.*" ["A natureza fez o homem feliz e bom, mas (...) a sociedade o deprava e o torna miserável. Em particular, o *Emílio*, esse livro tão lido, tão pouco entendido e tão mal avaliado, não é senão um *tratado da bondade original do ser humano*, destinado a mostrar como o vício e o erro, *estranhos à sua constituição*, se introduziram a partir de fora e a alteraram imperceptivelmente. (...) Por toda parte, ele nos faz ver o gênero humano melhor, mais sábio e mais feliz em sua constituição primitiva, cego, miserável e perverso à medida que dela se distancia."] Idem, "Troisième Dialogue", cit., p. 474.

gênero"[64], isto é, essa forma alienada do desenvolvimento é caracterizada pela grave contradição entre *sociedade* e *gênero* humano.

c) O ser humano é dominado por suas *instituições* a tal ponto que o tipo de vida que ele leva sob as condições da institucionalização não pode ser chamado senão de *escravidão*: "O homem civil nasce, vive e morre na escravidão: [...] ele está *acorrentado às nossas instituições*"[65].

d) Vício e maldade florescem em grandes cidades, e o único antídoto possível para essa alienação, a vida no campo, está cada vez mais sob o domínio das metrópoles: "a *indústria e o comércio* levam todos os seus recursos para a capital; [...] *quanto mais rica a cidade, mais pobre o campo*"[66]. Assim, os veículos dinâmicos da alienação capitalista – indústria e comércio – submetem ao seu fascínio a natureza e a vida no campo, intensificando cada vez mais a contradição entre *cidade* e *campo*.

e) A adoção de *necessidades artificiais* e o aumento forçado de "desejos inúteis" caracterizam a vida tanto dos indivíduos quanto do Estado moderno. "Se indagarmos como crescem as necessidades de um Estado, veremos que elas geralmente surgem, como as necessidades dos indivíduos, menos por uma precisão real do que pela *expansão de desejos inúteis*."[67] A corrupção, nesse sentido, começa em uma idade bem jovem. Os impulsos e as paixões naturais da criança são suprimidos e substituídos por modos de comportamento artificiais. O resultado é a produção de um "*ser factício*"[68] em vez do ser humano natural, "original".

Como podemos ver, em todos esses pontos o diagnóstico penetrante das tendências sociais prevalecentes é mesclado com uma idealização da natureza como a premissa necessária da forma rousseauniana de crítica. Logo retornaremos às determinantes complexas dessa abordagem.

4) Em sua denúncia das raízes da alienação, Rousseau atribui ao *dinheiro* e à *riqueza* a principal responsabilidade "neste *século de calculistas*"[69]. Ele insiste que ninguém deve *alienar a si mesmo vendendo a si mesmo*, porque isso significa converter a pessoa humana em um *mercenário*[70]. Já vimos que, de acordo com Rousseau, "alienar é *dar* ou *vender*". Sob certas condições especiais – por exemplo, em uma guerra patriótica, em que se está envolvido

---

64   "*Une marche aussi rapide vers la perfection de la société et vers la détérioration de l'espèce.*" Idem.

65   "*L'homme civil naît, vit et meurt dans* l'esclavage: [...] *il est* enchaîné par nos institutions." Idem, *Émile ou de l'éducation*, cit., p. 43 [ed. bras.: *Emílio ou Da educação*, cit., p. 17].

66   Idem, *A Discourse on Political Economy*, cit., p. 265 [ed. bras.: *Tratado sobre a economia política*, cit., p. 37-8].

67   Ibidem, p. 259 [ed. bras.: ibidem, p. 30-1].

68   Idem, *Émile ou de l'éducation*, cit., p. 51 [ed. bras.: *Emílio ou Da educação*, cit., p. 24].

69   Ibidem, p. 614 [ed. bras.: ibidem, p. 566].

70   "*Je pense que chacun doit sa vie et son sang à la patrie; qu'il n'est pas permis de s*'aliénér *à des princes auxquelles on ne doit rien, moins encore de* se vendre, *et de faire du plus noble métier du monde celui d'un* vil mercenaire." ["Penso que cada um deve sua vida e seu sangue à pátria; que ele não tem permissão para *alienar-se* aos governantes aos quais nada deve, menos ainda para *vender-se* e transformar o ofício mais nobre do mundo no de um *vil mercenário*."] Idem, *Julie ou la Nouvelle Héloïse* (Paris, Garnier-Flammarion, 1967), p. 68 [ed. bras.: *Júlia, ou a nova Heloísa*, trad. Fúlvia Moretto, São Paulo, Hucitec, 2006].

na defesa do seu próprio país –, é permissível alienar-se na forma de *dar* sua própria vida por uma causa nobre, mas é absolutamente proibido alienar-se na forma de *vender* a si mesmo: "pois todas as vitórias dos primeiros romanos, como as de Alexandre, tinham sido conquistadas pela bravura dos cidadãos, que se prestavam, sempre que necessário, a *contribuir* com o seu sangue a serviço do país, mas *nunca em troca de dinheiro*"[71]. De acordo com esse princípio, Rousseau sustenta que a condição primeira e absoluta de uma forma de educação adequada é que as leis do mercado não devem ser aplicadas a ela. O bom tutor é alguém que "não é um *homem à venda*", e ele se opõe à prática predominante que confia a função vitalmente importante da educação "a *mercenários*"[72]. As relações humanas em todos os níveis, incluindo o intercâmbio entre as nações, estão subordinadas ao critério único de extrair *lucro* umas das outras e, consequentemente, ficam depauperadas a ponto de se tornarem irreconhecíveis: "Quando sabem o proveito que podem obter um do outro, que mais hão de querer saber?"[73].

Como podemos ver mesmo a partir dessa exposição inevitavelmente sumária, ninguém antes de Marx possuiu um olhar tão agudo quanto o de Rousseau para os múltiplos fenômenos da alienação e desumanização. Isto não pode ser dito, contudo, de sua compreensão das causas da alienação. Para explicar esse paradoxo, temos de voltar nossa atenção agora para perguntas que dizem respeito diretamente à novidade histórica de suas respostas filosóficas, bem como às suas limitações. Em outras palavras, temos de perguntar o que tornou possível as grandes conquistas positivas de Rousseau e que fatores determinaram o caráter ilusório de muitas de suas respostas e sugestões.

Conforme vimos na seção anterior, na era do Iluminismo o conceito de igualdade dos filósofos indicou o tamanho de suas conquistas no tocante a uma maior concretude histórica e a uma compreensão mais adequada da problemática da alienação. A validade desse ponto geral está claramente evidenciada no escrito de Rousseau. Seu conceito de igualdade é inflexivelmente radical para sua época. Ele escreve em uma nota de rodapé de *Do contrato social*:

---

[71] Idem, *A Discourse on Political Economy*, cit., p. 260 [ed. bras.: *Tratado sobre a economia política*, cit., p. 31-2].

[72] "*On raisonne beaucoup sur les qualités d'un bon gouverneur. La première que j'en exigerais, et celle-là seule en suppose beaucoup d'autres, c'est de n'être point* un homme à vendre." ["Discute-se muito acerca das qualidades de um bom governante. A primeira que eu exigiria, e esta supõe muitas outras, seria não ser *um homem à venda*."] "*Voilà la fonction que vous confiez tranquillement à des mercenaires.*" ["Eis a função que confiais tranquilamente a *mercenários*."] Idem, *Émile ou de l'éducation*, cit., p. 52-3 [ed. bras.: *Emílio ou Da educação*, cit., p. 25-6]. (A tradução inglesa – Everyman's – consistentemente ameniza os pontos levantados por Rousseau. A sentença sobre o tutor mercenário – esse "homem à venda" – é traduzida assim: "ele não deve assumir sua tarefa *por remuneração*". *Émile*, cit., p. 17.)

[73] "*L'instruction qu'on retire des voyages se rapporte à l'objet qui les fait entreprendre. Quand cet objet est un système de philosophie, le voyageur ne voit jamais que ce qu'il veut voir; quand cet objet est l'intérêt, il absorbe toute l'attention de ceux qui s'y livrent. Le commerce et les arts, qui mêlent et confondent les peuples, les empêchent aussi de s'étudier. Quand ils savent le profit qu'ils peuvent faire l'un avec l'autre, qu'ont-ils de plus à savoir?*" ["O conhecimento que tiramos das viagens relaciona-se com o objeto que nos leva a fazê-las. Quando esse objeto é um sistema de filosofia, o viajante não vê nunca senão o que quer ver; quando esse objeto é o interesse, ele absorve toda a atenção dos que se dedicam a ele. O comércio e as artes, que misturam e confundem os povos, impedem-nos também de se estudarem. *Quando sabem o proveito que podem obter um do outro, que mais hão de querer saber?*"] Ibidem, p. 594-5 [ed. bras.: ibidem, p. 547].

Sob os maus governos essa igualdade é somente *aparente e ilusória*; serve só *para manter o pobre na sua miséria e o rico na sua usurpação*. Na realidade, as leis são sempre úteis aos que possuem e prejudiciais aos que nada têm, donde se segue que o estado social só é vantajoso aos homens *quando todos eles têm alguma coisa e nenhum tem demais*.[74]

Contudo, visto que as relações sociais reais se encontram, como o próprio Rousseau reconhece, em oposição hostil ao seu princípio de igualdade, este deve ser convertido em mero *postulado moral* "sobre o qual deve (*doit*) estar apoiado todo o sistema social". Em oposição categórica ao real estado de coisas, Rousseau estipula que

> o pacto fundamental, em lugar de destruir a igualdade natural, pelo contrário, substitui por uma igualdade *moral* e *legítima* aquilo que a natureza poderia trazer de desigualdade física entre os homens, que, podendo ser desiguais na força e no gênio, todos se tornam *iguais por convenção e direito*.[75]

Assim, os termos da transcendência são abstratos. Não aparece no horizonte uma força material capaz de suplantar as relações em que o pobre é mantido "na sua miséria e o rico na sua usurpação". Somente uma referência vaga é feita à desejabilidade de um sistema em que "todos eles têm alguma coisa e nenhum tem demais", mas Rousseau não tem a mínima ideia de como isso pode ser concretizado. É por isso que tudo tem de ser entregue ao poder das ideias, à "educação" – acima de tudo: "educação moral" – e à defesa de um sistema legal que de fato pressuponha a difusão efetiva dos ideais morais de Rousseau. E quando Rousseau, sendo o grande filósofo que é, que não evita as questões fundamentais, ainda que estas sublinhem o caráter problemático de toda a sua abordagem, levanta a questão "como se pode educar adequadamente o educador", ele confessa com toda a sinceridade não saber a resposta. Porém, enfatiza que as características do bom educador *devem* ser determinadas pela natureza das funções que ele *deve* cumprir[76]. Dessa forma, reiteradamente, a análise de Rousseau acaba sendo uma reafirmação inflexível de seus postulados morais radicais.

Por mais inflexível que seja o radicalismo moral de Rousseau, o fato de seu conceito de igualdade ser basicamente um conceito moral-legal, desprovido de referências a um sistema de relações sociais claramente identificável como sua contrapartida material (a visão de um sistema em que "todos têm alguma coisa e nenhum tem demais" não só é irremediavelmente vaga, mas também está longe de ser igualitária), traz consigo o caráter abstrato e muitas vezes retórico de sua denúncia da alienação. Assim, podemos ver que, enquanto sua apreensão da necessidade de igualdade o capacita para abrir muitas portas que permaneceram cerradas antes dele, as limitações do seu conceito de igualdade o impediram de levar sua investigação a uma conclusão que acarretaria uma *negação social* extremamente radical de todo o sistema de desigualdades e alienações desumanizantes, em vez do *radicalismo moral abstrato* expresso em seus postulados.

---

[74]   Idem, *The Social Contract*, cit., p. 19 [ed. bras.: *Do contrato social*, cit., p. 81, nota 5].

[75]   Idem.

[76]   "*Mais supposons ce prodige trouvé. C'est en considérant ce qu'il doit faire que nous verrons ce qu'il doit être.*" ["Mas suponhamos esse prodígio encontrado. É considerando o que deve fazer que veremos o que deve ser."] Idem, *Émile ou de l'éducation*, cit., p. 53 [ed. bras.: *Emílio ou Da Educação*, cit., p. 26].

O mesmo argumento se aplica ao papel das referências antropológicas no sistema de Rousseau. Como vimos, sua concepção do "homem saudável" como modelo de desenvolvimento social capacita-o para tratar a revolução como a única "força revigorante" possível da sociedade sob certas condições. Porém, tal ideia é totalmente inadequada para explicar as complexidades das situações históricas em que ocorrem revoluções. Podemos depreendê-lo da continuação da análise rousseauniana das revoluções:

> Tais acontecimentos, no entanto, são raros; formam exceções, cuja razão se encontra sempre na constituição especial do Estado em questão. Não poderiam sequer acontecer por *duas vezes* no seio do mesmo povo, porquanto ele pode tornar-se livre enquanto permanecer bárbaro, mas já não o poderá quando o *impulso civil* tiver perdido seu vigor. Nesse caso, as perturbações podem destruí-lo sem que as revoluções alcancem restabelecê-lo; [...] daí por diante, necessita de um senhor, não de um libertador. *Povos livres, lembrai-vos* sempre desta máxima: "Pode-se adquirir a liberdade, mas nunca recuperá-la".[77]

O modelo antropológico, por conseguinte, paradoxalmente ajuda a anular a percepção de Rousseau da natureza do desenvolvimento social, ao restringir as revoluções – em analogia com o ciclo de vida do ser humano – a uma fase histórica irrepetível. Mais uma vez está claro que a referência última é à esfera do "deve" moral: todo o argumento a respeito da violência e das revoluções é formulado a fim de sacudir as pessoas de sua indiferença empedernida, para que ("lembrando-se desta máxima") elas possam livrar-se da fatalidade das "perturbações e destruição"[78].

Tudo isso, porém, ainda não explica inteiramente o sistema de ideias de Rousseau. Isso apenas mostra por que – dado o seu conceito de igualdade, bem como seu modelo antropológico de desenvolvimento social – Rousseau não pôde ir além de certo ponto em sua compreensão da problemática da alienação. As premissas últimas do seu sistema são estas: sua suposição da *propriedade privada* como fundamento sagrado da sociedade civil, por um lado, e a *"condição intermediária"* como a única *forma de distribuição* adequada da propriedade, por outro. Ele escreve:

> É certo que *o direito à propriedade é o mais sagrado de todos os direitos* da cidadania, e sob certos aspectos ainda *mais importante do que a própria liberdade*; [...] a propriedade é o fundamento da sociedade civil e a verdadeira garantia dos esforços do cidadão. Se a propriedade não respondesse por ações pessoais, nada seria mais fácil do que escapar dos deveres e evadir-se da Lei.[79]

E outra vez: "a administração geral é instituída apenas para garantir a propriedade individual, que a antecede"[80]. Quanto à "condição intermediária", de acordo com Rousseau, ela "representa a verdadeira força do Estado"[81]. (Nesse contexto, devemos lembrar

---

[77] Idem, *The Social Contract*, cit., p. 36 [ed. bras.: *Do contrato social*, cit., p. 116 modif.].

[78] Igualmente problemática é a análise que Rousseau faz do "organismo político enquanto pessoa moral", concebido com base em um modelo antropológico. Ver ibidem, p. 4 e 24 [ed. bras.: ibidem, p. 55 e 95], e *A Discourse on Political Economy*, cit., p. 236-7 [ed. bras.: *Tratado sobre a economia política*, cit., p. 130-8].

[79] Ibidem, p. 254 [ed. bras.: ibidem, p. 25-6].

[80] Ibidem, p. 234 [ed. bras.: ibidem, p. 3-4].

[81] Ibidem, p. 268 [ed. bras.: ibidem, p. 41-2].

também de sua insistência em que "todos devem ter alguma coisa e nenhum deve ter demais", bem como seu alarido contra as "grandes cidades" que solapam o tipo de relações de propriedade que ele idealiza em muitos dos seus escritos.) Sua justificativa para manter esse tipo de propriedade privada é que

> nada é mais fatal à moralidade e à república do que a constante variação de classe e fortuna dos cidadãos, mudanças que são prova e origem de mil desordens, que tudo subvertem e confundem. Porque aqueles que foram criados tendo em vista uma determinada situação, se encontram de repente destinados à outra.[82]

E ele rejeita em um tom de voz extremamente passional a simples ideia de abolir "meu" e "teu":

> Então é preciso [...] aniquilar o *meum* e o *tuum* e voltar a viver nas florestas com os ursos? Essa é uma consequência à maneira dos meus adversários, que prefiro antecipar a deixar-lhes a vergonha de tirá-la.[83]

Essas premissas últimas do pensamento de Rousseau determinam a articulação concreta do seu sistema e estabelecem os limites à sua compreensão da problemática da alienação. Ele reconhece que a lei é instituída para proteger a propriedade privada e que tudo o mais na ordem da "sociedade civil" – incluindo a "liberdade civil" – repousa sobre esse fundamento. Contudo, uma vez que ele não pode ir além do horizonte de sua sociedade civil idealizada, tem de sustentar não só que a lei é instituída em prol da propriedade privada, mas também que a propriedade privada é instituída em prol da lei como sua única garantia[84]. Dessa maneira, o círculo se fechou irrevogavelmente; não há como escapar dele. Poderão ser percebidas tão somente aquelas características da alienação que estão de acordo com as premissas últimas do sistema de Rousseau. Visto que a propriedade privada é ponto pacífico como condição absoluta da vida civilizada, é permitido questionar apenas sua forma de distribuição; a problemática complexa da alienação não pode ser apreendida desde suas *raízes*, mas somente em algumas de suas *manifestações*. Quanto à questão: "quais

---

[82] Ibidem, p. 255 [ed. bras.: ibidem, p. 26-7].

[83] Idem, "Appendix" de "A Discourse on the Origin of Inequality", em *The Social Contract and the Discourses*, cit., p. 228 [ed. bras.: *Discurso sobre a origem e os fundamentos da desigualdade entre os homens*, trad. Paulo Neves, Porto Alegre, L&PM, 2008, p. 133 modif.].

[84] É claro que isso é válido em um sentido *historicamente limitado*, na medida em que a sociedade capitalista, em última análise, não pode admitir nenhuma outra lei além da "lei contratual", isto é, "poder convertido em direito", sustentando esse "poder" legitimado por seus próprios termos do "direito". Rousseau assim o formula: "O singular *dessa alienação* é que a comunidade, aceitando os bens dos particulares, longe de despojá-los, não faz senão assegurar a posse *legítima, cambiando a usurpação por um direito verdadeiro e o gozo, pela propriedade*" (idem, *The Social Contract*, cit., p. 18 [ed. bras.: *Do contrato social*, cit., p. 81]). Consequentemente, o respeito por tal lei só poderá ser gerado quando se considera a perda do que ela provê, isto é, em última instância, a perda da propriedade e todos os direitos edificados sobre esse direito fundamental da propriedade. Porém, isso não é argumento a favor da propriedade privada. Visto que esta última, em sua forma "não legitimada" – isto é, como usurpação –, constitui a premissa necessária da *espécie* de sistema legal a que dá origem, a asserção a-histórica de Rousseau sobre o papel da propriedade em gerar respeito pela lei, na realidade, significa que a *propriedade privada* (enquanto sanção) *existe em prol da propriedade privada* (isto é, em prol da perpetuação de um sistema legal específico que sustenta e defende a propriedade privada).

das variadas manifestações da alienação são identificadas por Rousseau", a resposta deve ser procurada na *forma específica* da propriedade privada idealizada por ele.

Assim, ele denuncia, por exemplo, a corrupção, desumanização e alienação implicadas no culto ao dinheiro e à riqueza, apreendendo, porém, tão somente o lado *subjetivo* do problema. Ele insiste, um tanto ingenuamente, que a riqueza que está sendo produzida é "*aparente e ilusória*; é muito dinheiro e pouco efeito"[85]. Dessa forma, ele não demonstra real compreensão do imenso *poder objetivo* do dinheiro na "sociedade civil" do capitalismo em expansão. Sua divergência em relação às manifestações alienadas desse poder fica restrita à percepção dos seus efeitos subjetivos, os quais ele acredita ser capaz de neutralizar ou rebater por meio da *educação moral* defendida por ele com entusiasmo. O mesmo vale para sua concepção de "contrato social". Reiteradamente, ele ressalta a importância de oferecer uma "*troca justa*"[86] e uma "*troca vantajosa*"[87] às pessoas envolvidas. O que deve permanecer oculto a Rousseau é o fato de que não há maneira de conceber como "justas" e "vantajosas" para todos as relações humanas em uma sociedade baseada na instituição da "troca". No fim, o que se considera "justo" é a manutenção de um sistema hierárquico, uma ordem social em que "cada pessoa se iguala à sua ocupação", em que os governantes governam e os governados "animarão o zelo de seus dignos governantes, mostrando-lhes sem temor e sem adulação a grandeza de sua tarefa e o rigor do seu dever"[88].

Rousseau não se opõe ao poder alienante do dinheiro e da propriedade como tal, mas a um modo particular de sua realização na forma da *concentração* da riqueza e tudo o que acompanha a *mobilidade social* produzida pelo dinamismo do capital, que se expande e se concentra. Ele rejeita os *efeitos*, mas dá total apoio, ainda que sem saber, às suas *causas*. Visto que, em função das premissas últimas do seu sistema, seu discurso deve ser restringido à esfera dos efeitos e das manifestações, ele se torna sentimental, retórico e, acima de tudo, moralizante. Em tal discurso – que necessariamente abstrai da investigação das determinantes causais últimas –, as várias manifestações da alienação percebidas por ele devem ser contrapostas no plano dos meros *postulados morais*: a aceitação do sistema do "*meum e tuum*", junto com seus corolários, não deixa alternativa. E, precisamente por estar operando a partir do ponto de vista da mesma base material da sociedade cujas manifestações ele denuncia – a ordem social da propriedade privada e da "troca justa e vantajosa" –, é necessário que os termos de sua crítica social sejam intensa e abstratamente moralizantes. A alienação capitalista percebida por Rousseau em suas manifestações particulares – ou seja, as que são danosas à "condição intermediária" – é por ele considerada contingente, não necessária, e seu discurso moral radical pretende prover a alternativa não contingente para que as pessoas, esclarecidas por seu desmascaramento de tudo que

---

[85] "*Ce sont les grandes villes qui épuisent un État et font sa faiblesse*: la richesse qu'elles produisent est une richesse aparente et illusoire; c'est beaucoup d'argent et peu d'effet." ["São as grandes cidades que esgotam um Estado e fazem sua fraqueza: *a riqueza que produzem é uma riqueza aparente e ilusória; é muito dinheiro e pouco efeito.*"] Idem, *Émile ou de l'éducation*, cit., p. 614 [ed. bras.: *Emílio ou Da Educação*, cit., p. 566].

[86] Idem, *The Social Contract*, cit., p. 10 [ed. bras.: *Do contrato social*, cit., p. 69].

[87] Ibidem, p. 26 [ed. bras.: ibidem, p. 98].

[88] Idem, A *Discourse on the Origin of Inequality*, cit., p. 144 e 229 [ed. bras.: *Discurso sobre a origem e os fundamentos da desigualdade*, cit., p. 134 modif.].

é meramente "aparente e ilusório", voltem as costas para as práticas artificiais e alienadas da vida social.

Essas ilusões moralizantes do sistema de Rousseau, enraizadas na idealização de um modo de viver supostamente apropriado à "condição intermediária", em oposição à realidade da produção capitalista em larga escala que avança dinamicamente e aliena universalmente, constituem ilusões necessárias. Com efeito, se a investigação crítica é restrita a divisar alternativas aos efeitos desumanizantes de um sistema de produção dado, deixando incontestadas suas premissas básicas, nada resta senão a arma de um apelo moralizante – "educacional" – aos indivíduos. Tal apelo constitui um convite direto a opor-se às tendências denunciadas, a resistir à "corrupção", a deixar de "calcular", a mostrar "moderação", a resistir às tentações da "riqueza ilusória", a seguir o "curso natural", a restringir seus "desejos inúteis", a parar de "caçar o lucro", a recusar-se a "vender a si mesmos" etc. etc. Se *serão capazes* de fazê-lo ou não é outro assunto; de qualquer modo, eles *deverão* fazê-lo. (Kant é mais fiel do que qualquer outro ao espírito da filosofia de Rousseau quando "soluciona" suas contradições, afirmando com radicalismo moral abstrato, mas ousado: "*dever implica poder*".) Libertar a crítica da alienação de seu caráter abstrato e "cheio de deves", apreender essas tendências em sua realidade ontológica objetiva, e não meramente em suas reflexões subjetivas na psicologia dos indivíduos, teria exigido um novo ponto de vista social: um ponto de vista livre do ônus paralisante das premissas últimas de Rousseau. Contudo, tal perspectiva sócio-histórica radicalmente nova era claramente impensável na época de Rousseau.

No entanto, por mais problemáticas que sejam as soluções de Rousseau, sua abordagem anuncia dramaticamente o fim inevitável do "positivismo acrítico" que de modo geral predominou anteriormente. Auxiliado por seu ponto de vista enraizado na "condição intermediária" em rápida desintegração em um período de grande transformação histórica, ele dá um forte destaque às várias manifestações da alienação capitalista, fazendo soar o alarme quanto à sua disseminação por todas as esferas da vida humana, mesmo que seja incapaz de identificar suas causas. Aqueles que vêm depois dele não podem ignorar ou passar ao largo de seus diagnósticos, embora sua atitude muitas vezes seja bem diferente da dele. Tanto por suas próprias realizações no que se refere à apreensão de muitas facetas da problemática da alienação quanto pela grande influência de suas visões sobre pensadores subsequentes, não há como enfatizar de maneira suficiente a importância histórica de Rousseau.

Não há espaço aqui para acompanhar mais detalhadamente a história intelectual do conceito de alienação após Rousseau[89]. Devemos nos limitar a um levantamento muito breve das fases principais do desenvolvimento que levou até Marx.

---

[89] Podemos verificar um aspecto epistemológico importante da "alienação" nas palavras de Diderot: "*Je sais aussi* m'aliéner, *talent sans lequel on ne fait rien qui vaille*" ["Também sei *me alienar*, talento sem o qual nada se faz de valor"]. (Carta à madame Riccobini, 27 nov. 1758, em Denis Diderot, *Correspondance*, cit., v. II, p. 97.) Nesse sentido, "alienar" significa alcançar o nível requerido de *abstração* e *generalização* do pensamento. De fato, essa ideia apareceu de uma forma um pouco diferente muito tempo antes de Diderot, nas obras de Campanella: "*Sapere è straniarsi da se stessi, straniarsi da se stessi è diventare pazzi, perdere la propria* identità *e assumerne una* straniera" ["Saber é *estranhar-se de si mesmo*, estranhar-se de si mesmo é ficar demente, perder sua própria *identidade* e assumir para si uma *estranha*"] (Campanella, *Metaphysica*,

A sequência histórica dessas fases pode ser descrita como segue:

1) A formulação de uma crítica da alienação dentro do quadro de referência dos postulados morais gerais (de Rousseau a Schiller).

2) A afirmação da necessidade de suplantação da alienação capitalista, realizada especulativamente (*"Aufhebung"* = "uma segunda alienação da existência humana = uma alienação da existência alienada", isto é, uma transcendência meramente imaginária da alienação), mantendo uma atitude acrítica em relação aos fundamentos materiais reais da sociedade (Hegel).

3) A afirmação da suplantação histórica do capitalismo pelo socialismo expressa na forma de postulados morais mesclados com elementos de uma abordagem crítica realista das contradições específicas da ordem social estabelecida (os socialistas utópicos).

A abordagem moralizante dos efeitos desumanizantes da alienação constatada em Rousseau persiste, de modo geral, durante todo o século XVIII. A ideia rousseauniana de "educação moral" é retomada por Kant e levada com grande consistência à sua conclusão lógica e ao auge de sua generalização. Por volta do fim do século, contudo, o aguçamento das contradições sociais, combinado com o avanço irresistível da "racionalidade" capitalista, trouxe à tona o caráter problemático de um apelo direto à "voz da consciência", defendido pelos proponentes da "educação moral". Os esforços de Schiller para formular seus princípios de uma "educação estética" – que é supostamente um dique mais efetivo contra a maré alta da alienação do que um apelo moral direto – refletem essa nova situação, com sua crise humana cada vez mais intensa. (Retornaremos à discussão da ideia de "educação estética" de Schiller no Capítulo X.)

Hegel representa uma abordagem qualitativamente diferente, na medida em que demonstra uma percepção profunda das leis fundamentais da sociedade capitalista[90]. Discutiremos a filosofia hegeliana e sua relação com as realizações de Marx em vários contextos. Neste ponto, trataremos brevemente do paradoxo central da abordagem hegeliana, a saber, que, ao passo que uma compreensão da *necessidade* de suplantação dos processos capitalistas ocupa o primeiro plano do pensamento de Hegel, Marx considera imperativo condenar seu "positivismo acrítico", o que, desnecessário dizer, é totalmente justificado. A crítica moralizante da alienação é plenamente suplantada em Hegel. Ele não aborda a questão da transcendência da alienação como uma questão de *"deve" moral*, mas de *necessidade intrínseca*. Em outras palavras, a ideia de uma *"Aufhebung"* da alienação deixa de ser um

---

Parte I, livro I, § I, art. 9). Fichte, muito tempo depois, explorou essa problemática em várias de suas obras. (Ver, em particular, *Grundlagen der gesamten Wissenschaftslehre* [Fundamentos da doutrina da ciência], 1794; *Darstellung der Wissenschaftslehre* [Exposição da doutrina da ciência], 1801; *Nachgelassene Werke* [Obras póstumas], v. 2.) Uma passagem importante de Fichte tem o seguinte teor: *"habe ich nun das Ich vollkommen* entäussert *durch Denken aus der unmittelbaren Anschauung heraus und in die Region der äussern Wahrnehmung gestellt"* ["ora, pensando, *alienei* completamente o eu a partir da contemplação imediata e o coloquei na região da percepção exterior"] (*Die Thatsachen des Bewusstseyns* [Os fatos da consciência], 1810-1811, edição publicada em 1817, p. 91).

90 Para uma análise penetrante das percepções econômicas de Hegel e do papel destas em seu desenvolvimento filosófico, ver György Lukács, *Der junge Hegel. Über die Beziehungen von Dialektik und Ökonomie* [O jovem Hegel. Sobre as relações entre dialética e economia] (3. ed., Neuwied/Berlin, Luchterhand, 1967).

postulado moral: passa a ser considerada como necessidade inerente ao processo dialético como tal. (De acordo com essa característica da filosofia hegeliana, entendemos que sua concepção de igualdade tem como centro de referência o domínio do "é", e não o de um "deve" moral-legal. Seu "democratismo epistemológico" – isto é, sua afirmação de que todos os seres humanos são *realmente* capazes de obter conhecimento verdadeiro, desde que assumam a tarefa nos termos das categorias da dialética hegeliana – é um constituinte essencial de sua concepção intrinsecamente histórica da filosofia. Não é de se admirar, por conseguinte, que mais tarde Kierkegaard, radicalmente a-histórico, denuncie com desdém aristocrático esse "*omnibus*" de uma compreensão filosófica dos processos históricos.) Contudo, visto que as próprias contradições socioeconômicas são convertidas por Hegel em "entidades de pensamento", a necessária "*Aufhebung*" das contradições manifestas no processo dialético não passa, em última análise, de uma suplantação meramente *conceitual* ("abstrata, lógica, especulativa") dessas contradições, que deixa a realidade da alienação capitalista completamente incontestada. É por isso que Marx tem de falar do "positivismo acrítico" de Hegel. O ponto de vista hegeliano sempre será um ponto de vista burguês. Porém, está longe de ser uma perspectiva não problemática. Pelo contrário, a filosofia hegeliana como um todo ostenta da maneira mais vívida possível o caráter seriamente problemático do mundo ao qual pertence o próprio filósofo. As contradições desse mundo transpiram por meio de suas categorias, a despeito do seu caráter "abstrato, lógico, especulativo", e a mensagem da *necessidade* de transcendência se contrapõe aos termos *ilusórios* em que tal transcendência é visualizada pelo próprio Hegel. Nesse sentido, a sua filosofia como um todo é um passo vital na direção de uma compreensão apropriada das raízes da alienação capitalista.

Há nos escritos dos socialistas utópicos uma tentativa de mudar o ponto de vista social da crítica. Com a classe trabalhadora, uma nova força social aparece no horizonte, e os socialistas utópicos, na qualidade de críticos da alienação capitalista, tentam reavaliar a relação de forças a partir de uma perspectiva que lhes permita levar em conta a existência dessa nova força. E, no entanto, sua abordagem permanece *objetivamente*, de modo geral, dentro dos limites do horizonte burguês, embora *subjetivamente* esteja claro que os representantes do socialismo utópico negam algumas características essenciais do capitalismo. Eles conseguem apenas projetar uma suplantação da ordem social estabelecida por meio de um sistema socialista de relações na forma de um modelo amplamente imaginário ou enquanto postulado moral, mais do que como necessidade ontológica inerente às contradições da estrutura existente da sociedade. (Isto é bastante característico: utopias educacionais, orientadas para o "trabalhador", constituem parte essencial da concepção dos socialistas utópicos.) O que confere enorme valor às suas obras é o fato de que sua crítica está direcionada para fatores materiais claramente identificáveis da vida social. Embora eles não tenham uma abordagem *abrangente* das estruturas sociais estabelecidas, sua análise de alguns fenômenos sociais vitalmente importantes – desde uma crítica ao Estado moderno até o exame da produção de mercadorias e do papel desempenhado pelo dinheiro – contribui muito para uma reorientação radical da crítica da alienação. Esta, contudo, permanece *parcial*. Mesmo quando é orientada para o "trabalhador", a posição social proletária aparece nela só como imediaticidade sociológica diretamente dada e como mera negação. Assim, a crítica utópica da alienação capitalista permanece –

por mais paradoxal que isso possa soar – dentro da órbita da parcialidade capitalista que ela nega a partir de um ponto de vista parcial. Por causa da inescapável parcialidade do ponto de vista crítico, o elemento do "deve" assume, uma vez mais, a função de construir "totalidades" tanto negativamente – isto é, produzindo o objeto global da crítica na falta de uma compreensão adequada das estruturas do capitalismo – quanto positivamente, provendo os contraexemplos utópicos das denúncias negativas.

E é nesse ponto que chegamos a Marx. Com efeito, a característica central da teoria da alienação de Marx é a afirmação da suplantação historicamente necessária do capitalismo pelo socialismo liberto de todos os postulados morais abstratos que podemos encontrar nos escritos dos seus predecessores imediatos. A razão de sua afirmação não foi simplesmente o reconhecimento dos insuportáveis efeitos desumanizantes da alienação – embora, é claro, isso tenha desempenhado um papel muito importante em termos subjetivos na formação do pensamento de Marx –, mas a compreensão profunda do fundamento ontológico objetivo dos processos que permaneceram ocultos dos seus antecessores. O "segredo" dessa elaboração da teoria marxiana da alienação foi articulado pelo próprio Marx ao escrever o seguinte nos seus *Grundrisse*: "Esse processo de *objetivação* aparece de fato como processo da *alienação*, do *ponto de vista do trabalho*, e de *apropriação* do trabalho alheio, do *ponto de vista do capital*"[91].

Sendo assim, as determinantes fundamentais da alienação capitalista tiveram de permanecer ocultas de todos aqueles que se associaram – consciente ou inconscientemente, de uma forma ou de outra – ao "ponto de vista do capital".

Uma mudança radical de ponto de vista da crítica social era condição necessária para obter êxito nesse tocante. Tal mudança implicava a adoção crítica do ponto de vista do trabalho, a partir do qual o processo capitalista de *objetivação* poderia aparecer como um processo de alienação. (Nos escritos dos pensadores que antecederam Marx, em contraposição, "objetivação" e "alienação" permaneceram irremediavelmente entrelaçadas.)

Mas é de importância vital ressaltar que essa adoção do ponto de vista do trabalho tinha de ser crítica. Porque uma simples identificação acrítica com o ponto de vista do trabalho – uma que via somente a alienação, ignorando tanto a *objetivação* implicada nela quanto o fato de que essa forma de *objetivação-alienante* era uma fase *necessária* no desenvolvimento histórico das condições ontológicas objetivas do trabalho – teria representado uma *subjetividade e parcialidade* irremediáveis.

A *universalidade* da visão de Marx tornou-se possível porque ele foi bem-sucedido na identificação da problemática da alienação, a partir da adoção crítica do ponto de vista do trabalho, em sua totalidade ontológica complexa caracterizada pelos termos "objetivação", "alienação" e "apropriação". Essa adoção crítica do ponto de vista do trabalho representou uma concepção do proletariado não simplesmente como uma força sociológica diametralmente oposta ao ponto de vista do capital – e, consequentemente, permanecendo na órbita deste último –, mas como uma força histórica *autotranscendente* que não tem como não suplantar a *alienação* (isto é, a *forma* de *objetivação* historicamente dada) no processo de

---

[91] Karl Marx, *Grundrisse der Kritik der politischen Ökonomie (Rohentwurf, 1857-1858)* (Berlim, Dietz, 1953), p. 716 [ed. bras.: *Grundrisse. Manuscritos econômicos de 1857-1858: esboços da crítica da economia política*, trad. Mario Duayer e Nélio Schneider, São Paulo, Boitempo, 2011, p. 706].

realização de seus próprios fins imediatos que por acaso coincidem com a "reapropriação da essência humana".

Assim, a novidade histórica da teoria da alienação de Marx em relação às concepções dos seus predecessores pode ser resumida de modo preliminar da seguinte maneira:

1) os termos de referência de sua teoria não são as categorias do "*Sollen*" ("deve"), mas as da *necessidade* ("é") inerentes aos fundamentos ontológicos objetivos da vida humana;

2) seu ponto de vista não é o de alguma *parcialidade utópica*, mas a *universalidade* do ponto de vista do trabalho adotado de modo crítico;

3) o quadro de referência da sua crítica não é alguma "totalidade especulativa" (hegeliana) abstrata, mas a *totalidade concreta* da sociedade em desenvolvimento dinâmico, percebida a partir da base material do proletariado como força histórica ("universal") necessariamente autotranscendente.

II

GÊNESE DA TEORIA DA ALIENAÇÃO DE MARX

1. A tese de doutoramento de Marx e sua crítica do Estado moderno

Marx abordou alguns dos problemas da alienação já em sua tese de doutoramento, embora o tenha feito de uma forma bastante peculiar, analisando a filosofia epicurista como expressão de um estágio histórico dominado pela "privatização da vida" (*Privatisierung des Lebens*). A "individualidade isolada" (*die isolierte Individualität*) é representativa desse estágio histórico, e a filosofia é caracterizada pela metáfora da "mariposa" que busca "a luz da lâmpada do domínio privado" (*das Lampenlicht des Privaten*) após o pôr do sol universal. Esses tempos, também caracterizados pela intensidade particular de uma "cisão hostil [estranhamento] entre filosofia e mundo" (*feindliche Diremption der Philosophie mit der Welt*), são, contudo, "titânicos" (*Titanenartig*), porque o conflito dentro da estrutura do estágio histórico dado é tremendo (*riesenhaft ist der Zwiespalt*). A partir desse ponto de vista, Lucrécio – o poeta epicurista – deve ser considerado, de acordo com Marx, o verdadeiro poeta heroico de Roma. Um poeta que

> celebra em verso a substância do Espírito Romano; em vez dos personagens alegres, robustos e íntegros de Homero, temos aqui heróis duros, impenetravelmente armados, destituídos de todas as demais qualidades; a *guerra de todos contra todos* (*bellum omnium contra omnes*), a forma rígida do ser-para-si, a natureza que perdeu seu deus e o deus que perdeu seu mundo.[1]

Como podemos ver, a análise de Marx serve para pôr em relevo um princípio – *bellum omnium contra omnes* – que possui relação fundamental com a alienação. Mais tarde, em conexão com a filosofia hobbesiana, ele se refere ao mesmo princípio, em contraposição à abordagem romântica e mistificadora dos seus contemporâneos, os "socialistas verdadeiros":

---

[1] Karl Marx e Friedrich Engels, *Werke* (doravante abreviado como MEW), suplemento I, p. 171.

O socialista verdadeiro parte da ideia de que o conflito entre vida e felicidade (*der Zwiespalt von Leben und Glück*) deve cessar. Na tentativa de encontrar uma prova para essa afirmação, ele se vale da natureza e presume que nela esse conflito não existe, e, como o Homem igualmente é um corpo natural e possui as qualidades gerais inerentes aos corpos, ele deduz que, para ele, esse conflito tampouco deva existir. Hobbes, com muito mais razão, pôde provar o seu *bellum omnium contra omnes* a partir da natureza, e Hegel, cuja construção serve de base para o nosso socialista verdadeiro, pôde vislumbrar na natureza o *conflito*, o período dissoluto da ideia absoluta e até dar ao animal o nome de medo concreto de Deus.[2]

O caráter *contraditório* do mundo já ocupa o centro das atenções de Marx quando ele analisa a filosofia epicurista. Ele enfatiza que Epicuro está interessado principalmente na contradição e que ele determina a natureza do átomo como inerentemente contraditória. E é assim que o conceito de alienação aparece na filosofia de Marx, ressaltando a contradição da "existência alienada de sua essência": "*Durch die Qualitäten erhält das Atom eine Existenz, die seinem Begriff widerspricht, wird es als* entäussertes, *von* seinem Wesen unterschiedenes Dasein *gesetzt*" [Por meio das qualidades o átomo ganha uma existência que contradiz seu conceito, ou seja, ele é posto como existência *alienada*, diferenciada de sua essência][3]. E outra vez:

> *Erstens macht Epikur den* Widerspruch *zwischen Materie und Form zum Charakter der erscheinenden Natur, die so das Gegenbild der wesentlichen, des Atoms, wird. Dies geschieht, indem dem Raum die Zeit, der passiven Form der Erscheinung die aktive entgegengesetzt wird. Zweitens wird erst bei Epikur die Erscheinung als Erscheinung aufgefasst, d. h. als eine* Entfremdung des Wesens, *die sich selbst in ihrer Wirklichkeit* als solche Entfremdung betätigt. [Primeiro Epicuro põe a *contradição* entre matéria e forma como característica da natureza fenomênica, que se torna, desse modo, a imagem oposta à da natureza essencial, do átomo. Isso ocorre quando se contrapõe o tempo ao espaço, a forma ativa do fenômeno à sua forma passiva. Em segundo lugar, Epicuro é o primeiro a apreender o fenômeno como fenômeno, isto é, como *estranhamento da essência*, que *atua* em sua realidade *enquanto tal estranhamento*.][4]

Marx também enfatiza que essa "exteriorização" e "alienação" são uma "*Verselbstständigung*", isto é, um modo de existência independente, autônomo, e que o "princípio absoluto" do atomismo de Epicuro – essa "ciência natural da autoconsciência" – é a "individualidade abstrata"[5].

O passo seguinte de Marx rumo a uma formulação mais concreta da problemática da alienação estava estreitamente associado às suas investigações sobre a natureza do *Estado moderno*. A tendência histórica descrita anteriormente por Marx em sua forma genérica por meio dos termos "individualidade isolada" e "individualidade abstrata" voltou a aparecer não em sua negatividade, mas como uma força positiva (positiva enquanto sinônimo de

---

[2]   Idem, *The German Ideology* (Londres, Lawrence & Wishart, 1965), p. 533 [ed. bras.: *A ideologia alemã*, trad. Rubens Enderle, Nélio Schneider e Luciano Martorano, São Paulo, Boitempo, 2007, p. 455].

[3]   Idem, MEW, suplemento I, p. 286.

[4]   Ibidem, p. 296.

[5]   Ibidem, p. 304-5.

"real" e "necessária", e não como predicativo de aprovação moral). Diz-se dessa tendência histórica que ela deu origem ao Estado moderno "autocentrado", em contraste com o Estado-pólis, no qual a "individualidade isolada" é um fenômeno desconhecido. Consequentemente, esse Estado moderno, cujo "centro de gravidade" foi descoberto por filósofos modernos "dentro do próprio Estado", é a condição natural dessa "individualidade isolada".

Visto a partir da perspectiva desse Estado moderno "autocentrado", o princípio do *bellum omnium contra omnes* pode ser formulado como se possuísse a força elementar, a validade eterna e a universalidade das leis da natureza. É significativo que, quando Marx discute a "lei copernicana" do Estado moderno, o nome de Hobbes apareça novamente em companhia dos filósofos que contribuíram de modo considerável para a elaboração da problemática da alienação.

> Imediatamente antes e imediatamente depois do período da grande descoberta de Copérnico referente ao verdadeiro Sistema Solar, foi descoberta a lei da gravitação do Estado, sendo que o centro de gravidade do Estado foi encontrado dentro dele mesmo. E no momento em que os vários governos europeus tentavam aplicar esse resultado, com a superficialidade de uma prática incipiente, ao sistema de equilíbrio entre os Estados, antes deles, Maquiavel e Campanella e, depois deles, Hobbes, Spinoza e Hugo Grotius, indo até Rousseau, Fichte e Hegel, começaram, de modo similar, a considerar o Estado com o olhar humano e a desenvolver suas leis naturais a partir da razão e da experiência, e não a partir da teologia, a exemplo de Copérnico, que não se importou com o fato de Josué ter mandado o Sol deter-se em Gideão e a Lua, sobre o vale de Aialon.[6]

Nesse período do seu desenvolvimento, a atenção de Marx se concentra principalmente nos problemas do Estado. Sua avaliação inicial da natureza e função da religião aparece em conexão com eles. Criticando aqueles que sustentavam o ponto de vista segundo o qual a derrocada das antigas religiões acarretou a decadência dos Estados da Grécia e de Roma, Marx enfatiza que, pelo contrário, foi a derrocada desses Estados que causou a dissolução de suas respectivas religiões[7]. É claro que esse tipo de abordagem da religião tem seus predecessores, mas ela atingiu seu clímax na teoria da alienação de Marx. No período em que este escreveu o artigo recém-citado, seu âmbito de referência ainda estava restrito à política. Não obstante, sua inversão radical da abordagem dos seus oponentes – que ele chama de "virar a história de ponta-cabeça"[8] – constitui um dos passos principais na direção de uma concepção materialista abrangente da totalidade complexa da alienação capitalista.

A obra mais relevante para a compreensão do desenvolvimento da teoria da alienação de Marx até o outono de 1843 é sua *Crítica da filosofia do direito de Hegel*. Discutiremos adiante, de forma mais detalhada, a crítica de Marx à visão hegeliana de alienação. Neste ponto, contudo, é necessário citar uma passagem muito importante de tal obra, a fim de

---

6   Karl Marx, "The Leading Article in No. 179 of Kölnische Zeitung", em Karl Marx e Friedrich Engels, *On Religion* (Moscou, Progress, 1957), p. 38. O artigo foi escrito no início de julho de 1842. [Tradução com base no original *Der leitende Artikel in Nr. 179 der "Kölnischen Zeitung"*, disponível em <www.mlwerke. de/me/me01/me01_086.htm>. (N. T.)]

7   Ibidem, p. 23.

8   Idem.

mostrar algumas características peculiares dessa fase do desenvolvimento intelectual de Marx. Ela tem o seguinte teor:

> O estamento atual da sociedade mostra já a sua diferença do antigo estamento da sociedade civil no fato de que ele não é, como outrora, algo de comum, uma comunidade que contém o indivíduo, mas que é em parte o acaso, em parte o trabalho etc. do indivíduo, o que determina se ele se mantém ou não em seu estamento; um estamento que é, ele próprio, por sua vez, apenas uma determinação exterior do indivíduo, pois não é inerente ao seu trabalho nem se relaciona com ele como uma comunidade objetiva, existente, organizada segundo leis estáveis e mantendo com ele relações estáveis. [...] O princípio do estamento social ou da sociedade civil é o gozo e a capacidade de fruir. Em seu significado político, o membro da sociedade civil abandona seu estamento, sua real posição privada; é somente aqui que ele chega, como homem, a ter significado, ou que sua determinação como membro do Estado, como ser social, manifesta-se como sua determinação humana. Pois todas as suas outras determinações na sociedade civil aparecem como inessenciais ao homem, ao indivíduo, como determinações exteriores, que, na verdade, são necessárias à sua existência no todo, isto é, como um vínculo com o todo, mas um vínculo do qual ele pode muito bem prescindir. (A atual sociedade burguesa é o princípio realizado do individualismo; a existência individual é o fim último; atividade, trabalho, conteúdo etc. são apenas meio.)[9] [...] O homem real é o homem privado da atual constituição do Estado. [...] O estamento não só se baseia, como lei geral, na separação da sociedade, como também separa o homem de seu ser universal, faz dele um animal que coincide imediatamente com sua determinidade. A Idade Média é a história animal da humanidade, sua zoologia. A era moderna, a civilização, comete o erro inverso. Ela separa do homem o seu ser objetivo, como um ser apenas exterior, material.[10]

Como podemos ver, muitos elementos da teoria da alienação de Marx, desenvolvidos de forma sistemática nos *Manuscritos de 1844*, já estão presentes nessa *Crítica da filosofia*

---

[9]   Falando dos "estamentos da sociedade civil" (*Stände der bürgerlichen Gesellschaft*), Marx escreve na mesma obra: "*die bürgerliche Gesellschaft war durch ihre Trennung von der politischen eine andere geworden.* [...] *Der Ständeunterschied ist hier nicht mehr ein Unterschied des Bedürfnisses und der Arbeit als selbständige Körper.* [...] *Innerhalb der Gesellschaft selbst aber bildete sich der Unterschied aus in beweglichen, nicht festen Kreisen, deren Prinzip die Willkür ist. Geld und Bildung sind die Hauptkriterien.* [...] *Das Charakteristische ist nur, dass die Besitzlosigkeit und der Stand der unmittelbaren Arbeit, der konkreten Arbeit, weniger einen Stand der bürgerlichen Gesellschaft als den Boden bilden, auf dem ihre Kreise ruhen und sich bewegen*" [mediante sua separação da sociedade política, a sociedade civil se tornou outra. (...) A distinção estamental não é mais, aqui, uma distinção segundo a necessidade e o trabalho como corpos autônomos. (...) Mas dentro da própria sociedade a distinção se forma não em círculos fixos, mas em círculos móveis, cujo princípio é o arbítrio. Dinheiro e cultura são os critérios principais. (...) Característico é somente que a privação de posses e *o estamento do trabalho imediato, do trabalho concreto, constituam menos um estamento da sociedade civil do que o terreno sobre o qual repousam e se movem os seus círculos*] (Karl Marx e Friedrich Engels, MEW, v. I, p. 284 [ed. bras.: *Crítica da filosofia do direito de Hegel*, trad. Rubens Enderle e Leonardo de Deus, São Paulo, Boitempo, 2005, p. 97 modif.]). Temos aqui, em poucas palavras, a mais antiga teoria marxiana das classes, embora sua terminologia ainda esteja um tanto vaga, na medida em que ele se atém aos termos herdados principalmente de Hegel. Não obstante, está claro que ele considera o "trabalho" não tanto como uma "classe em si" (ou um estamento propriamente dito), e mais como o alicerce necessário da sociedade burguesa enquanto tal, como a condição da existência da ordem burguesa.

[10]   Ibidem, p. 284-5 [ed. bras.: ibidem, p. 97-8].

do direito de Hegel. Embora Marx não use nessa passagem os termos *"Entfremdung"*, *"Entäusserung"* e *"Veräusserung"*, sua insistência na <u>separação</u> da sociedade" (<u>*Trennung*</u> *der Sozietät"*) e na mera "determinação <u>exterior</u> do indivíduo" (*<u>äusserliche</u> Bestimmung des Individuums"*), com referência direta ao fato de que a era da <u>"civilização"</u> – isto é, a moderna sociedade capitalista – "separa do homem o seu ser <u>objetivo</u>" (*"Sie trennt das <u>gegenständliche</u> Wesen des Menschen von ihm"*), faz com que ele se aproxime do conceito básico de sua análise posterior.

Ademais, podemos observar em nossa citação uma referência à mera *"externalidade do trabalho"* no tocante ao indivíduo (*"Tätigkeit, Arbeit, Inhalt etc. sind <u>nur</u> Mittel* [atividade, trabalho, conteúdo etc. são <u>apenas</u> meio]" etc.): uma ideia que cerca de dez meses depois passaria a ocupar um lugar central na teoria da alienação de Marx. Aqui, contudo, esse fenômeno é considerado basicamente a partir de um ponto de vista legal-institucional. De acordo com ele, o capitalismo é caracterizado como "o princípio realizado do <u>indivi-dualismo</u>" (*"das durchgeführte Prinzip des <u>Individualismus</u>"*), enquanto que, na concepção posterior de Marx, esse "princípio do individualismo" é apresentado em sua perspectiva apropriada: é analisado como uma manifestação *determinada* pela *alienação do trabalho*, como um dos aspectos principais da autoalienação do trabalho.

2. A questão judaica e o problema da emancipação alemã

O outono de 1843 trouxe certas mudanças de rumo para Marx. Naquela época, ele já residia em Paris, imerso em um ambiente intelectual mais estimulante que o ajudou a tirar conclusões mais radicais de sua análise da sociedade contemporânea. Ele pôde avaliar o anacronismo social e político da Alemanha a partir de uma base *real* de crítica (isto é, foi capaz de perceber as contradições do seu país de origem a partir da perspectiva da situação real de um Estado europeu historicamente mais avançado), e não meramente do ponto de vista de uma *idealidade um tanto abstrata* que caracterizou a crítica filosófica alemã, incluindo até certo ponto o próprio Marx em sua fase inicial.

Generalizações filosóficas sempre requerem algum tipo de *distanciamento* (ou uma "posição de *outsider*") do filósofo em relação à situação concreta na qual ele baseia suas generalizações. Na história da filosofia, esse evidentemente foi o caso de Sócrates a Giordano Bruno, que tiveram de morrer por serem *outsiders* radicais. Mas também, mais tarde, os *"outsiders"* desempenharam um papel extraordinário no desenvolvimento da filosofia: os escoceses em relação à Inglaterra economicamente muito mais avançada; os filósofos da retrógrada Nápoles (de Vico a Benedetto Croce) em relação ao Norte da Itália, mais desenvolvido em termos capitalistas; e exemplos similares podem ser encontrados em outros países. Um grande número de filósofos pertence a essa categoria dos *outsiders*, de Rousseau e Kierkegaard até Wittgenstein e Lukács, no século XX.

É preciso atribuir um lugar particular aos filósofos judeus nesse contexto. Devido à posição que lhes foi imposta por serem párias sociais, eles foram capazes de assumir um ponto de vista intelectual *par excellence* que os capacitou, de Spinoza a Marx, a realizar algumas das mais fundamentais sínteses filosóficas na história. (Essa característica se torna ainda mais notável quando se compara a importância desses feitos teóricos com os produtos artísticos de pintores e músicos, escultores e escritores judeus. O ponto de vista do *outsider*, que constituiu uma vantagem nos esforços teóricos, tornou-se um empecilho nas artes, em razão do caráter intrinsecamente *nacional* destas últimas. Um empecilho que resultou – com pouquíssimas exceções, como, por exemplo, os poemas bastante peculiares, irônico-intelectualistas de Heine – em obras um tanto desenraizadas, destituídas do caráter sugestivo das qualidades figurativas e, por conseguinte, geralmente limitadas a uma posição secundária nas realizações artísticas. No século XX, é claro, a situação muda bastante. Em parte por causa de uma integração nacional muito maior – embora nunca completa – das comunidades judaicas particulares levada a cabo nessa época graças à efetivação generalizada da tendência social descrita por Marx como a "reabsorção do cristianismo pelo judaísmo"[11]. Mais importante, contudo, é o fato de que, paralelamente ao avanço desse processo de "reabsorção" – isto é, ao triunfo da alienação capitalista em todas as esferas da vida –, a arte assume um caráter mais abstrato e "cosmopolita" do que jamais tivera, e a experiência do desenraizamento torna-se um tema que impregna toda a arte moderna. Sendo assim, de modo paradoxal, o que antes era empecilho se converte em vantagem, e testemunhamos o surgimento de alguns grandes escritores judeus – de Proust a Kafka – na linha de frente da literatura mundial.)

A posição de *outsider* dos grandes filósofos judeus era duplamente acentuada. Em primeiro lugar, eles se encontravam em oposição necessária às suas comunidades nacionais discriminadoras e particularistas, que rejeitavam a ideia da emancipação judaica (por exemplo: "Principalmente o judeu <u>alemão</u> se defronta, de modo geral, com a falta de emancipação política e com o pronunciado caráter cristão do Estado"[12]). Mas, em segundo lugar, eles tinham de emancipar-se também do judaísmo, para que não ficassem paralisados, envolvendo-se nas mesmas contradições em um patamar diferente, isto é, a fim de escapar das posições particularistas e paroquiais do povo judeu, que difeririam apenas em alguns aspectos, mas não substancialmente, do objeto de sua oposição inicial. Conseguiram atingir a abrangência e o grau de universalidade que caracterizam os sistemas tanto de Spinoza quanto de Marx somente os filósofos judeus que foram capazes de apreender a questão da emancipação judaica em sua dualidade paradoxal, enquanto inextricavelmente entrelaçada com o desenvolvimento histórico do gênero humano. Muitos outros, de Moses Hess a Martin Buber, por causa do caráter particularista de suas perspectivas – ou, em outras palavras, em função de sua incapacidade de emancipar-se da "limitação judaica" – formularam suas visões em termos de utopias provincianas de segunda categoria.

É altamente significativo que no desenvolvimento intelectual de Marx um ponto de mutação da maior importância, ocorrido no outono de 1843, tenha coincidido com uma *prise de conscience* [tomada de consciência] filosófica em relação ao judaísmo. Seus artigos *Sobre a questão judaica*[13], escritos durante os últimos meses de 1843 e em janeiro de 1844,

---

[11] Ver Karl Marx, "On the Jewish Question", em *Early Writings* (trad. e ed. T. B. Bottomore, Londres, C. A. Watts & Co., 1963), p. 39 [ed. bras.: *Sobre a questão judaica*, trad. Nélio Schneider, São Paulo, Boitempo, 2010, p. 59].

[12] Ibidem, p. 5 [ed. bras.: ibidem, p. 35].

[13] Marx escreveu dois artigos sobre o tema, resenhando as obras de Bruno Bauer: *Die Judenfrage* [A questão judaica] e *Die Fähigkeit der heutigen Juden und Christen, frei zu werden* [A capacidade dos atuais judeus e

apresentavam uma crítica aguda não só do atraso e anacronismo político dos alemães que rejeitavam a emancipação judaica, mas ao mesmo tempo também da estrutura da sociedade capitalista em geral, bem como do papel do judaísmo no desenvolvimento do capitalismo.

A estrutura da sociedade burguesa moderna em relação ao judaísmo foi analisada por Marx tanto no plano social quanto no plano político em termos que seriam impensáveis se tomasse por base apenas sua familiaridade com a situação alemã – de maneira nenhuma típica. Nos últimos meses de 1842, Marx já tinha estudado os escritos dos socialistas utópicos franceses, como Fourier, Étienne Cabet, Pierre Leroux e Pierre Considérant. Em Paris, contudo, ele teve a oportunidade de observar detidamente a situação social e política da França e, até certo ponto, envolver-se pessoalmente com ela. Ele foi apresentado aos líderes da oposição democrática e socialista e muitas vezes frequentou as reuniões das sociedades secretas de trabalhadores. Além disso, estudou de forma intensiva a história da Revolução Francesa de 1789, porque desejava escrever uma história da Convenção. Tudo isso o ajudou a tornar-se extremamente familiarizado com os aspectos mais importantes da situação francesa, que ele estava tentando integrar, junto com seu conhecimento e sua experiência da Alemanha, a uma concepção histórica geral. O contraste que ele traçou, a partir do ponto de vista do "*outsider*", entre a situação alemã e a sociedade francesa – contra o pano de fundo do desenvolvimento histórico moderno como um todo – mostrou-se frutífero não só para enfrentar de modo realista a questão judaica, mas também, de modo geral, para elaborar seu célebre método histórico.

Tão somente nesse quadro de referência o conceito de *alienação* – um conceito eminentemente histórico, como vimos – poderia assumir um lugar central no pensamento de Marx, como o ponto de convergência de múltiplos problemas socioeconômicos e políticos, e só a noção de alienação poderia exercer tal papel dentro do seu quadro de referência conceitual. (Retornaremos a uma análise mais detalhada da estrutura conceitual da teoria da alienação de Marx no próximo capítulo.)

Em seus artigos *Sobre a questão judaica*, o ponto de partida de Marx é, de novo, o princípio do *bellum omnium contra omnes* conforme realizado na sociedade burguesa ("*bürgerliche Gesellschaft*"), que divide o ser humano em cidadão público e indivíduo privado e que o separa de seu "ser comunitário" (*Gemeinwesen*), de si mesmo e dos demais seres humanos. Mas então, Marx segue e estende essas considerações a virtualmente todos os aspectos dessa "*bürgerliche Gesellschaft*" extremamente complexa; desde as interconexões entre religião e Estado – descobrindo um denominador comum precisamente na referência mútua à alienação – até as relações econômicas, políticas e familiares que se manifestam, sem exceção, em alguma forma de alienação.

Ele utiliza uma grande variedade de termos para designar os vários aspectos da sociedade burguesa alienada, como "*Trennung*" (divórcio ou separação), "*Spaltung*" (divisão ou clivagem), "*Absonderung*" (separação ou retraimento), "*verderben*" (arruinar, corromper), "*sich selbst verlieren, veräussern*" (perder e alienar a si mesmo), "*sich isolieren und auf sich zurückziehen*" (isolar-se e retrair-se para dentro de si mesmo), "*äusserlich machen*" (exteriorizar, alienar), "*alle Gattungsbände des Menschen zerreissen*" (destruir ou romper todos os laços

cristãos de se tornarem livres]. Primeira publicação em *Deutsch-Französichen Jahrbücher* (editado por Marx e Arnold Ruge), em fevereiro de 1844.

do ser humano com seu gênero), *"die Menschenwelt in eine Welt atomistischer Individuen auflösen"* (dissolver o mundo do ser humano em um mundo de indivíduos atomizados) e assim por diante. E todos esses termos são discutidos em contextos específicos que estabelecem interconexões estreitas com *"Entäusserung"*, *"Entfremdung"* e *"Veräusserung"*[14].

Outro estudo importante desse período do desenvolvimento intelectual de Marx, escrito simultaneamente aos artigos *Sobre a questão judaica*, é intitulado: "Crítica da filosofia do direito de Hegel – Introdução"[15]. Nessa obra, a tarefa primeira da filosofia é definida como uma crítica radical das formas e manifestações "não sagradas" de autoalienação, em contraste com as visões dos contemporâneos de Marx – incluindo Feuerbach –, que restringiram sua atenção à crítica da alienação religiosa. Marx insiste, com grande veemência, que é com esse espírito que a filosofia deve transformar-se.

> Consequentemente, a <u>tarefa da história</u>, depois que o <u>outro mundo da verdade</u> se desvaneceu, é estabelecer a <u>verdade deste mundo</u>. A <u>tarefa</u> imediata <u>da filosofia</u>, que está a serviço da história, é *desmascarar a autoalienação humana nas suas <u>formas não sagradas</u>*, agora que ela foi desmascarada na sua <u>forma sagrada</u>. A crítica do céu transforma-se deste modo em crítica da terra, a <u>crítica da religião</u> em <u>crítica do direito</u>, e a <u>crítica da teologia</u> em <u>crítica da política</u>.[16]

Nesse estudo, não se pode deixar de perceber o ponto de vista do *"outsider"* em relação à situação alemã. Marx frisa que meramente contrapor-se e negar as circunstâncias políticas alemãs não resultaria em nada além de um anacronismo, por causa do enorme abismo que separa a Alemanha das nações modernas da Europa.

> Se quisermos nos ater ao *status quo* alemão, mesmo da maneira mais adequada, isto é, negativamente, o resultado seria ainda um <u>anacronismo</u>. A própria negação do nosso presente político é já um fato poeirento no quarto de arrumações histórico das nações modernas. Posso até negar as perucas empoadas, mas fico ainda com as perucas desempoadas. Se nego a situação alemã de 1843, dificilmente atinjo, segundo a cronologia francesa, o ano de 1789, e ainda menos o centro vital do período atual.[17]

O contraste entre o anacronismo alemão e as "nações historicamente modernas" da Europa aponta, na visão de Marx, para uma solução que, no que se refere à Alemanha, tem mais de "imperativo categórico" do que de realidade: o *proletariado* que ainda tem de desenvolver-se do outro lado do Reno[18].

Em pleno acordo com a linha de pensamento característica dos artigos *Sobre a questão judaica* – nos quais, como vimos, Marx enfatizou que a emancipação completa do judaísmo

---

[14] Ver Karl Marx e Friedrich Engels, MEW, v. I, p. 374-7 [ed. bras.: *Sobre a questão judaica*, cit., p. 57-60].

[15] Karl Marx, "Zur Kritik der Hegelschen Rechtsphilosophie. Einleitung", em ibidem, p. 378-91. Primeira publicação no mesmo número de *Deutsch-Französischen Jahrbüchern* em que foram divulgados os artigos *Sobre a questão judaica*. Para a tradução inglesa, ver Karl Marx e Friedrich Engels, *On Religion*, cit., p. 41-58, e Karl Marx, *Early Writings*, cit., p. 43-59 [ed. bras.: Karl Marx, "Crítica da filosofia do direito de Hegel – Introdução", em *Crítica da filosofia do direito de Hegel*, cit., p. 145-56].

[16] Ibidem, p. 44 [ed. bras.: ibidem, p. 146].

[17] Ibidem, p. 44-5 [ed. bras.: idem].

[18] Ibidem, p. 52 e 57-9 [ed. bras.: ibidem, p. 151 e 155-6].

é inconcebível sem a emancipação universal do gênero humano em relação às circunstâncias da autoalienação –, ele repetidamente ressalta o seguinte ponto: "A emancipação do alemão equivale, em última análise, à emancipação da humanidade"[19]. Além disso, ele salienta que: "O sonho utópico da Alemanha não é a revolução radical, a emancipação humana universal, mas a revolução *parcial, meramente política*, que deixa de pé os pilares do edifício"[20], e que, "na Alemanha, a emancipação total constitui uma *conditio sine qua non* para qualquer emancipação *parcial*"[21]. O mesmo se aplica a *Sobre a questão judaica*; com efeito, nenhum grau de emancipação *política* pode ser considerado uma resposta quando "a limitação judaica da sociedade" está em jogo.

A importância dessas percepções é enorme, não só metodologicamente – na medida em que elas oferecem uma chave para a compreensão da natureza do utopismo como a inflação da *parcialidade* em *pseudouniversalidade* –, mas também em termos práticos. Porque Marx claramente percebe que a suplantação prática da alienação é inconcebível unicamente em termos de política, diante do fato de que a política é apenas um aspecto *parcial* da totalidade dos processos sociais, independentemente da importância central que possa ter em situações históricas específicas (por exemplo, na França do fim do século XVIII).

Mas os limites também são evidentes nesses artigos. A contraposição entre "parcialidade" e "universalidade" é apreendida em sua generalidade um tanto abstrata, e só um dos seus aspectos é concretizado, negativamente, na rejeição de Marx da "parcialidade *política*" como uma possível candidata a viabilizar a suplantação da alienação. Sua contrapartida positiva permanece não especificada como um *postulado geral de "universalidade"* e, consequentemente, assume o caráter de um *"Sollen"* (deve). A identificação da "universalidade" com a esfera ontologicamente fundamental da *economia* é um feito posterior no pensamento de Marx. Nesse estágio, suas referências à economia política ainda são bastante vagas e genéricas. Embora ele veja de forma intuitiva que "a relação da indústria, do mundo da riqueza em geral, com o mundo político é um dos problemas fundamentais dos tempos modernos"[22], sua abordagem das contradições específicas do capitalismo ainda é bastante irrealista. Ele escreve:

> Enquanto na França e na Inglaterra o problema se põe assim: economia política ou o domínio da sociedade sobre a riqueza, na Alemanha apresenta-se deste modo: economia nacional ou o domínio da propriedade privada sobre a nacionalidade. Portanto, na Inglaterra e na França trata-se de abolir o monopólio, que se desenvolveu até às últimas consequências, ao passo que na Alemanha se trata de caminhar para as consequências finais do monopólio.[23]

Por conseguinte, não causa surpresa que o elemento do "deve" – na falta de uma demonstração concreta das tendências e contradições econômicas fundamentais que objetivamente apontam para a necessária suplantação da alienação – desempenhe um papel tão importante no pensamento de Marx nesse estágio do seu desenvolvimento. Em 1843,

---

[19] Karl Marx e Friedrich Engels, MEW, v. I, p. 391 [ed. bras.: *Sobre a questão judaica*, cit., p. 56].

[20] Karl Marx, *Early Writings*, cit., p. 55 [ed. bras.: "Crítica da filosofia do direito de Hegel – Introdução", em *Crítica da filosofia do direito de Hegel*, cit., p. 154].

[21] Ibidem, p. 57 [ed. bras.: ibidem, p. 155].

[22] Ibidem, p. 48 [ed. bras.: ibidem, p. 149].

[23] Ibidem, p. 49 [ed. bras.: idem].

Marx ainda se vê forçado a concluir que a crítica da religião termina "com o *imperativo categórico* de derrubar todas as condições em que o homem surge como um ser humilhado, escravizado, abandonado, desprezível"[24], e sua primeira abordagem do papel do proletariado concorda plenamente com essa visão. Nos *Manuscritos econômico-filosóficos*, contudo, Marx dá um passo crucial adiante, suplantando radicalmente a "parcialidade política" de sua própria orientação e as limitações de um quadro de referência conceitual que caracterizou seu desenvolvimento nessa fase do "democratismo revolucionário".

3. O encontro de Marx com a economia política

Os *Manuscritos econômico-filosóficos* evidentemente são obra de gênio; considerando a monumentalidade dessa síntese e a profundidade de suas percepções, é quase inacreditável que tenham sido escritos por um jovem de 26 anos. Pode parecer que há uma contradição aqui entre o reconhecimento da "obra de gênio" e o princípio marxista segundo o qual grandes homens, tanto quanto grandes ideias, surgem na história "quando o tempo está maduro para eles". De fato, "o gênio do dr. Marx" foi percebido por Moses Hess e outros bem antes da publicação de qualquer de suas obras principais.

E, no entanto, não estamos enredados em qualquer tipo de contradição. Pelo contrário, o desenvolvimento do próprio Marx confirma o princípio geral do marxismo. Porque o "gênio" nada mais é que uma potencialidade abstrata antes de ser articulada em relação a algum *conteúdo* específico em resposta às exigências objetivas de uma situação historicamente dada. No sentido abstrato – como "capacidade cerebral fenomenal" etc. –, o "gênio" está sempre "por aí", mas é desperdiçado, irrealizado ou minguado em atividades e produtos que não deixam marcas. O "gênio" irrealizado do dr. Marx que mesmerizou Moses Hess é mera curiosidade histórica quando comparado com sua realização plena nas imensas obras de Marx, que não só não causaram a mínima impressão no mesmo Moses Hess, como ainda acabaram estimulando sua hostilidade tacanha.

Na realização concreta da potencialidade do gênio de Marx, sua apreensão do conceito de "autoalienação do trabalho" representou o elemento crucial: o "ponto arquimédico" de sua grande síntese. A elaboração desse conceito em sua abrangência marxiana complexa – como o ponto filosófico sintetizador do dinamismo do desenvolvimento humano – era simplesmente inconcebível antes de certo tempo, isto é, antes da maturação relativa das contradições sociais nele refletidas. Sua concepção também exigiu o aperfeiçoamento das ferramentas e dos instrumentos intelectuais – principalmente por meio da elaboração das categorias da dialética – necessários para uma apreensão filosófica adequada dos fenômenos mistificadores da alienação, bem como, é claro, a capacidade intelectual de um indivíduo que pudesse usar apropriadamente esses instrumentos. E por último, mas não menos importante, o surgimento desse "conceito arquimédico" também pressupôs a intensa paixão moral e o caráter inabalável de alguém que estivesse preparado para declarar "guerra [...] por todos os meios"[25] às "condições em que o homem surge como

---

[24] Ibidem, p. 52 [ed. bras.: ibidem, p. 151].

[25] Ibidem, p. 46 [ed. bras.: ibidem, p. 147].

um ser humilhado, escravizado, abandonado, desprezível"; alguém que pudesse visualizar sua satisfação *pessoal*, a realização de seus objetivos intelectuais, na "realização por meio da abolição" da filosofia enquanto travava essa guerra. O preenchimento simultâneo de todas essas condições e pré-requisitos de fato foi necessário para a elaboração marxiana do conceito de "autoalienação do trabalho" – em um tempo em que as condições estavam "maduras para isso".

É de conhecimento geral que Marx começou a estudar os clássicos da economia política no fim de 1843, mas estes só contribuíram, tanto em *Sobre a questão judaica* quanto em "Crítica da filosofia do direito de Hegel – Introdução", com um pano de fundo carente de definição para uma exposição principalmente *política* no espírito de sua declaração programática, segundo a qual a crítica da religião e da teologia deveria ser convertida em crítica do direito e da política.

Muito importante para efetivar a transformação do pensamento de Marx mencionada anteriormente foi a influência de um trabalho intitulado "Esboço de uma crítica da Economia Política" (*Umrisse zu einer Kritik der Nationalökonomie*; escrito pelo jovem Engels em dezembro de 1843 e janeiro de 1844, e enviado a Marx em janeiro para publicação nos *Deutsch-Französischen Jahrbüchern* [*Anais franco-alemães*]). Ainda em 1859, Marx escreveu sobre tal esboço nos termos mais elogiosos possíveis.

De acordo com essa obra inicial de Engels, a alienação se deve a um modo particular de produção que "subverte todas as relações naturais e racionais". Ela pode ser chamada, por conseguinte, de "estado de inconsciência do gênero humano". A alternativa proposta por Engels a esse modo de produção é formulada em termos de um programa concreto de socialização da propriedade privada:

> Se prescindirmos da propriedade privada, todas essas separações artificiais desaparecem simultaneamente. A diferença entre juro e lucro desaparece; o capital não é nada sem trabalho, sem movimento. O lucro é função do capital por ocasião da determinação dos custos de produção, e assim ele se mantém inerente ao capital, tal como este retorna à sua unidade original com o trabalho.[26]

A solução concebida nesses termos também mostraria uma saída para as contradições dos "estados de inconsciência do gênero humano", definidos nesse contexto como crises econômicas:

> Produzam com consciência, como homens e não como *átomos dispersos, ignorantes da sua espécie*, e escaparão a todas essas *oposições artificiais e insustentáveis*. Mas por tanto tempo quanto continuarem a produzir como hoje, de forma inconsciente e irrefletida, *abandonada aos caprichos da sorte, as crises subsistirão* (196 [ed. bras.: Engels, *Esboço*, p. 20]).

Estimulado por essa obra do jovem Engels, Marx intensificou seu estudo dos clássicos da economia política. (Poucos meses depois, ele se encontrou com Engels, que acabava de retornar da Inglaterra e pôde evocar suas observações sobre o mais avançado dos países

---

[26] Citado de acordo com idem, "Appendix", em *Economic and Philosophic Manuscripts of 1844* (trad. Martin Milligan, Londres, Lawrence and Wishart, 1959), p. 175-209 [ed. bras.: "Esboço de uma crítica da Economia Política", trad. Maria Filomena Viegas, *Temas de Ciências Humanas*, v. 5, São Paulo, 1979, p. 1-29].

industrializados.) O resultado do estudo intensivo de Marx acerca da economia política foi sua grande obra, conhecida pelo título *Manuscritos econômico-filosóficos*. Esta mostra uma afinidade de abordagem fundamental com o trabalho do jovem Engels, mas seu escopo é incomparavelmente mais amplo. Os *Manuscritos* abarcam todos os problemas filosóficos básicos e os relacionam com o fato da autoalienação do trabalho, da questão da liberdade à do significado da vida (ver Capítulo VI), da gênese da sociedade moderna à relação entre individualidade e "existência comunal" do ser humano, da produção de "apetites artificiais" à "alienação dos sentidos", e da abordagem da natureza e função da filosofia, da arte, da religião e do direito aos problemas de uma possível "reintegração da vida humana" no mundo real, por meio de uma "transcendência positiva", em lugar da *"Aufhebung"* meramente conceitual da alienação.

O ponto de convergência dos aspectos heterogêneos da alienação é a noção de "trabalho" (*Arbeit*). Nos *Manuscritos de 1844*, considera-se que o trabalho, tanto em geral – como "atividade produtiva": a determinação ontológica fundamental da "humanidade" ("menschliches *Dasein*", isto é, modo de existência realmente *humano*) – quanto em particular, possui a forma da "divisão do trabalho" capitalista. É nesta última forma – a de atividade estruturada em termos capitalistas – que "trabalho" é a base de toda a alienação.

"Atividade" (*Tätigkeit*), "divisão do trabalho" (*Teilung der Arbeit*), "troca" (*Austausch*) e "propriedade privada" (*Privateigentum*) constituem os conceitos-chave dessa abordagem da problemática da alienação. O ideal de uma "transcendência positiva" da alienação é formulado como suplantação sócio-histórica necessária das *"mediações"*: PROPRIEDADE PRIVADA – TROCA – DIVISÃO DO TRABALHO, que se interpõem entre o ser humano e sua atividade e o impedem de encontrar satisfação no seu trabalho, no exercício de suas capacidades produtivas (criativas) e na apropriação humana dos produtos de sua atividade.

Consequentemente, a crítica marxiana da alienação é formulada como rejeição dessas *mediações*. Em conexão com isso, é vitalmente importante enfatizar que essa rejeição não implica de modo algum uma negação *de toda e qualquer* mediação. Pelo contrário: essa é a primeira apreensão verdadeiramente dialética da relação complexa entre mediação e imediaticidade na história da filosofia, incluindo as realizações em hipótese alguma negligenciáveis de Hegel.

A rejeição de toda e qualquer mediação se aproximaria de maneira perigosa do puro misticismo, com sua idealização da *"identidade* de Sujeito e Objeto". O que Marx repele enquanto alienação não é a mediação em geral, mas um conjunto de mediações de *segunda ordem* (PROPRIEDADE PRIVADA – TROCA – DIVISÃO DO TRABALHO), a "mediação da mediação", isto é, uma mediação *historicamente específica* da automediação *ontologicamente fundamental* do ser humano com a natureza. Essa "mediação de segunda ordem" só pode surgir com base na "mediação de primeira ordem" ontologicamente necessária – como a *forma alienada*, específica, desta. No entanto, a própria "mediação de primeira ordem" – a atividade produtiva como tal – constitui um fator ontológico absoluto da condição humana. (Logo retornaremos a essa problemática sob seus dois aspectos – isto é, como "mediação de primeira ordem" e como "mediação da mediação" alienada.)

O trabalho (a atividade produtiva) é o único e exclusivo fator absoluto em todo o complexo: TRABALHO – DIVISÃO DO TRABALHO – PROPRIEDADE PRIVADA – TROCA. (É absoluto porque o modo de existência humano é inconcebível sem as transformações da natureza levadas a cabo pela atividade produtiva.) Consequentemente, qualquer tentativa de superar a alienação deve definir-se em relação a esse absoluto como contraposta à sua manifestação na forma alienada. Porém, a fim de formular a questão de uma transcendência positiva da alienação no mundo real, é preciso perceber, a partir do ponto de vista do *"outsider"* mencionado anteriormente, que a *forma dada* do trabalho (TRABALHO ASSALARIADO) está relacionada com a *atividade humana* em geral tal qual o *particular* está relacionado com o *universal*. Se isso não é visto, se a "atividade produtiva" não é diferenciada nos seus aspectos radicalmente diferentes, se não se faz distinção entre o fator ontologicamente absoluto e a forma historicamente específica, isto é, se a atividade é concebida – por causa da absolutização de uma forma particular de atividade – como entidade homogênea, fica inviabilizado o surgimento da questão de uma transcendência (prática) real da alienação. Se PROPRIEDADE PRIVADA e TROCA são consideradas absolutas – de alguma maneira "inerentes à natureza humana" –, a DIVISÃO DO TRABALHO, a forma capitalista da atividade produtiva enquanto TRABALHO ASSALARIADO, igualmente tem de aparecer como absoluta, porque se implicam reciprocamente. Assim, a mediação de segunda ordem aparece como mediação de primeira ordem, isto é, como fator ontológico absoluto. Consequentemente, a negação das manifestações alienadas dessa mediação deve assumir a forma de postulados moralizantes nostálgicos (por exemplo, Rousseau).

O estudo da economia política proporcionou a Marx uma análise extremamente detalhada da natureza e do funcionamento da forma capitalista de atividade produtiva. Em seus escritos anteriores, a negação da alienação estava centrada, como vimos, na crítica das instituições e relações político-legais existentes, e o "trabalho" só apareceu *negativamente*, como uma determinação ausente da posição do indivíduo na *"bürgerliche Gesellschaft"* [sociedade burguesa]. Em outras palavras: ele apareceu como aspecto de uma sociedade na qual as esferas *política* e *social* estão divididas de tal maneira que a posição do indivíduo na sociedade não é *inerente ao seu trabalho*. Antes dos *Manuscritos de 1844*, o fator econômico apareceu somente como um aspecto vagamente definido das relações sociopolíticas. Nem mesmo o autor dos artigos *Sobre a questão judaica* e sobre a *Filosofia do direito de Hegel* tinha percebido a importância ontológica fundamental da esfera da *produção*, que apareceu em seus escritos na forma de referências um tanto genéricas a "necessidades" (*Bedürfnisse*) em geral. Consequentemente, Marx foi incapaz de apreender de modo abrangente a hierarquia complexa dos vários tipos e formas da atividade humana: suas *inter-relações* recíprocas dentro de um todo *estruturado*.

Tudo isso é bastante diferente nos *Manuscritos de 1844*. Neles, o ponto de partida ontológico de Marx é o fato autoevidente de que o ser humano, uma parte específica da *natureza* (isto é, um ser com necessidades *físicas* historicamente anteriores a todas as outras), precisa *produzir* a fim de sustentar-se, a fim de satisfazer essas necessidades. Contudo, ele só consegue satisfazer essas necessidades primitivas criando *necessariamente*, no decorrer da satisfação delas, mediante sua atividade produtiva, uma hierarquia complexa de necessidades *não físicas* que, consequentemente, se tornam condições necessárias para a satisfação também de suas necessidades físicas originais. Atividades e necessidades humanas do tipo "espiritual", assim, têm seu fundamento ontológico último na esfera da produção material enquanto expressões específicas do intercâmbio humano com a natureza, mediado de maneiras e formas complexas. Conforme Marx o formula: "*toda a assim denominada história mundial* nada mais é do que o engendramento do homem mediante o trabalho humano, enquanto o vir a ser [Werden] *da natureza para o homem*" (113 [114]). A atividade produtiva é, por conseguinte, *mediadora* na "relação sujeito-objeto" entre o ser humano e a natureza. Uma mediadora que capacita o ser humano para levar um modo de existência *humano*, assegurando que ele não retroceda para a natureza, que ele não se dissolva dentro do "objeto". Marx escreve:

> O homem <u>vive</u> da natureza significa: a natureza é o seu <u>corpo</u>, com o qual ele tem de ficar num processo contínuo para não morrer. Que a vida física *e mental* do homem está interconectada com a natureza não tem outro sentido senão que a natureza está interconectada consigo mesma, pois o homem é uma parte da natureza (74 [84]).

Daí que a atividade produtiva constitui a fonte da consciência, e a "consciência alienada" é o reflexo da atividade alienada ou da alienação da atividade, isto é, da autoalienação do trabalho.

Marx usa a expressão: "o corpo *inorgânico* do homem", que não é simplesmente aquele que está dado por natureza, mas a expressão e incorporação concretas de um estágio historicamente dado e de uma estrutura de atividade produtiva na forma dos seus produtos, que vão de bens materiais até obras de arte. Como resultado de uma alienação do trabalho, o "corpo inorgânico do homem" parece ser meramente exterior a ele e, por conseguinte, pode ser transformado em mercadoria. Tudo é "reificado", e as relações ontológicas fundamentais são viradas de cabeça para baixo. O indivíduo se confronta com meros objetos (coisas, mercadorias), uma vez que seu "corpo inorgânico" – "natureza aprimorada" e força produtiva exteriorizada – foi alienado dele. Ele não está consciente de que é um "ser genérico". (Um "*Gattungswesen*" – isto é, um ser que tem consciência do gênero a que pertence ou, formulando de outro modo, um ser cuja essência não coincide diretamente com sua individualidade. O homem é o único ser capaz de tal "consciência de gênero" – tanto subjetivamente, em seu estado consciente do gênero a que pertence, quanto nas formas objetivadas dessa "consciência do gênero", da indústria às instituições e às obras de arte – e, consequentemente, ele é o único "ser genérico".)

A atividade produtiva na forma dominada pelo isolamento capitalista – quando os homens produzem "como átomos dispersos, ignorantes da sua espécie" – não pode cumprir adequadamente a função de *mediação* entre ser humano e natureza porque ela "reifica" o ser humano e suas relações e o reduz ao estado da natureza animal. Em vez de o ser humano ter "consciência do seu gênero", deparamo-nos com um culto à privacidade e uma idealização do indivíduo abstrato. Assim, quando se identifica a essência humana com a mera individualidade, confunde-se a natureza biológica do ser humano com sua natureza própria, especificamente humana. Com efeito, a mera individualidade exige apenas *meios* para sua *subsistência*, mas não formas especificamente humanas – humanamente-naturais e naturalmente-humanas, isto é, *sociais* – de autorrealização que sejam, ao mesmo tempo, também manifestações adequadas da atividade vital de um "*Gattungswesen*", um "ser genérico".

> *O homem é um ser genérico*, não somente quando prática e teoricamente faz do gênero, tanto do seu próprio quanto do restante das coisas, o seu objeto, mas também – e isto é somente uma outra expressão da mesma coisa – quando se relaciona consigo mesmo como com o

gênero vivo, presente, *quando se relaciona consigo mesmo como com um ser* universal, *e por isso livre* (74 [83-4]).

O culto mistificador ao indivíduo abstrato, em contraposição, indica como natureza humana um atributo – a mera individualidade – que é uma categoria *universal* da natureza em geral e, de modo algum, algo *especificamente humano*. (Ver o elogio de Marx a Hobbes por ter reconhecido na natureza a predominância da individualidade em seu princípio do *bellum omnium contra omnes*.)

A atividade produtiva é, então, *atividade alienada* quando se desvia da função que lhe é própria, a saber, a de *mediar* humanamente a relação sujeito-objeto entre ser humano e natureza, e, em vez disso, tende a fazer com que o indivíduo isolado e reificado seja reabsorvido pela "natureza". Isso pode acontecer inclusive em um estágio altamente desenvolvido da civilização se o ser humano estiver sujeito, como diz o jovem Engels, a "uma lei natural que se baseia na ausência de consciência dos interessados" (195 [cf. Engels, *Esboço*, p. 19]). (Marx integrou tal ideia do jovem Engels em seu próprio sistema e mais de uma vez fez referência a essa "lei natural" do capitalismo, não só nos *Manuscritos de 1844*, mas igualmente em seu *O capital*[27].)

Assim, o protesto de Marx contra alienação, privatização e reificação não o envolve nas contradições da idealização de algum tipo de "estado natural". Não há traço de nostalgia sentimental ou romântica pela natureza em sua concepção. Quando faz referências críticas aos "apetites artificiais" etc., seu programa não advoga um retorno à "natureza", a um conjunto "natural" de necessidades primitivas ou "simples", mas defende a "realização plena da *natureza do ser humano*" por meio de uma *automediação* adequada da atividade humana. "A natureza do ser humano" (seu "ser específico") significa precisamente *distinção* da natureza em geral. A relação do ser humano com a natureza é "automediadora" em sentido duplo. Em primeiro lugar, porque é a própria natureza que faz a mediação consigo mesma no interior do ser humano. E, em segundo lugar, porque a própria atividade de mediação nada mais é que um atributo do ser humano, situado em uma parte específica da natureza. Assim, na atividade produtiva, sob o primeiro dos seus aspectos ontológicos duais, a *própria natureza faz a mediação com a natureza* e, sob o segundo aspecto ontológico – pelo fato de a atividade produtiva ser uma atividade intrinsecamente *social* –, *o ser humano faz a mediação dele mesmo com o ser humano*.

As mediações de segunda ordem mencionadas anteriormente (institucionalizadas na forma de DIVISÃO DO TRABALHO – PROPRIEDADE PRIVADA – TROCA capitalistas) rompem essa relação e subordinam a própria atividade produtiva, sob a regência de uma "lei natural" cega, às exigências da produção de mercadorias destinada a assegurar a reprodução do indivíduo isolado e reificado, que não passa de um apêndice desse sistema de "determinações econômicas".

A atividade produtiva do ser humano não é capaz de lhe proporcionar satisfação porque as mediações de segunda ordem institucionalizadas se interpõem entre o ser humano e sua atividade, entre o ser humano e a natureza, e entre ser humano e ser humano. (As duas

---

[27] Ver, por exemplo, idem, *Capital*, v. I (trad. Samuel Moore e Edward Aveling, Moscou, 1958), p. 75 [ed. bras.: *O capital: crítica da economia política. Livro I: O processo de produção do capital*, trad. Rubens Enderle, São Paulo, Boitempo, 2013, p. 150].

últimas interposições já estão implicadas na primeira, isto é, na interposição das mediações de segunda ordem capitalistas entre o ser humano e sua atividade, na subordinação da atividade produtiva a essas mediações. Com efeito, se a automediação humana continuar a ser mediada pela forma capitalisticamente institucionalizada da atividade produtiva, a natureza não pode fazer a sua própria mediação com a natureza, e o ser humano não pode fazer a sua própria mediação com o ser humano. Pelo contrário, o ser humano é confrontado pela natureza de modo hostil, sob a vigência de uma "lei natural" que prevalece de maneira cega por meio dos mecanismos do mercado (TROCA) e, por outro lado, o ser humano é confrontado pelo ser humano de modo hostil no antagonismo entre CAPITAL e TRABALHO. A inter-relação original do ser humano com a natureza é transformada na relação entre TRABALHO ASSALARIADO e CAPITAL e, no que concerne ao trabalhador individual, o propósito de sua atividade é necessariamente limitado à sua autorreprodução enquanto mero indivíduo em seu ser físico. Assim, os meios se convertem em fins últimos, ao passo que fins humanos são convertidos em meros meios subordinados aos fins reificados desse sistema institucionalizado de mediações de segunda ordem.)

Uma negação adequada da alienação é, por conseguinte, inseparável da negação radical das mediações capitalistas de segunda ordem. Contudo, se elas forem tidas como certas – tal qual, por exemplo, nos escritos dos economistas políticos, bem como nos de Hegel (e até na concepção rousseauniana como um todo) –, a crítica das várias manifestações da alienação estará fadada a permanecer parcial, ou ilusória, ou ambas. O "positivismo acrítico" dos economistas políticos não carece de nenhum comentário além da observação de que suas contradições foram de grande ajuda nas tentativas de Marx para esclarecer sua própria posição. Rousseau, a despeito de sua contraposição radical a certos fenômenos da alienação, não foi capaz de escapar do círculo vicioso porque inverteu as relações ontológicas reais, conferindo prioridade às mediações de segunda ordem em relação às de primeira ordem. Assim, ele se viu preso em uma contradição insolúvel que ele mesmo criou: a idealização de uma "troca justa" fictícia contraposta sentimentalmente às mediações de primeira ordem ontologicamente fundamentais, isto é, na terminologia de Rousseau, à "civilização". No que concerne a Hegel, ele identificou "objetivação" e "alienação", em parte, porque era demasiado realista para entregar-se a uma negação romântica da automediação (e autogênese) ontologicamente fundamental do ser humano por meio de sua atividade (pelo contrário, foi o primeiro a apreender essa relação ontológica, ainda que de maneira "abstrata, especulativa") e, em parte, porque, em virtude do seu ponto de vista social, ele não pôde objetar à forma capitalista das mediações de segunda ordem. Consequentemente, Hegel fundiu os dois conjuntos de mediações no conceito de "alienação objetivadora" e "objetivação alienante": um conceito que excluiu *a priori* do seu sistema a possibilidade de visualizar uma suplantação (prática) real da alienação.

A grande conquista histórica de Marx foi cortar o "nó górdio" representado por esses conjuntos mistificadoramente complexos de mediações, ao afirmar a validade absoluta da mediação de primeira ordem ontologicamente fundamental (em contraposição aos defensores românticos e utópicos de uma unidade *direta*) contra sua alienação na forma da DIVISÃO DO TRABALHO – PROPRIEDADE PRIVADA e TROCA capitalistas. Essa grande descoberta teórica abriu caminho para uma "desmistificação científica", bem como para uma negação prática, real, do modo de produção capitalista.

4. O materialismo monista

A elaboração de uma solução para as questões complexas da alienação depende muito do "ponto arquimédico" ou do denominador comum de cada sistema filosófico. Para Marx, em seus *Manuscritos econômico-filosóficos*, esse denominador comum é, como mencionado, o conceito de "alienação capitalista do trabalho". Ele enfatizou sua importância da seguinte maneira:

> A consideração da <u>divisão do trabalho</u> e da <u>troca</u> é do maior interesse, porque elas são as expressões <u>perceptivelmente alienadas</u> da <u>atividade</u> e <u>força essencial humanas</u> como uma atividade e força essencial <u>conformes ao gênero</u> (134 [155 modif.]).

Contudo, se o centro de referência de alguém é a "alienação religiosa", como no caso de Feuerbach, dele nada decorre no tocante a uma alienação prática, real. Porque o *"estranhamento religioso* enquanto tal somente se manifesta na região da <u>consciência</u>, do interior humano, mas o *estranhamento econômico* é o da <u>vida efetiva</u>; *sua transcendência abrange, por isso, ambos os lados"* (103 [106 modif.]). Feuerbach *quis* resolver os problemas da alienação no plano da vida real (essa afinidade programática explica o apego de Marx a Feuerbach em certo período do seu desenvolvimento), em contraposição à solução hegeliana, mas por causa do caráter abstrato do seu ponto de vista – "ser humano" idealizado ("essência humana" tomada genericamente, e não como "o conjunto das relações sociais"[28]) – sua posição permaneceu basicamente *dualista*, não oferecendo nenhuma solução real para os problemas analisados.

A importância principal dos clássicos da economia política para o desenvolvimento intelectual de Marx foi que, ao lançar luz sobre a esfera palpável da economia (que analisaram, no tocante ao estágio capitalista da produção, em termos sumamente concretos), eles o ajudaram a se concentrar nas "expressões perceptivelmente alienadas da atividade humana" (134 [155 modif.]). A consciência da importância da atividade produtiva capacitou Marx para identificar, com extrema clareza, as contradições de um "materialismo dualista" não mediado, não dialético.

É significativo que o estudo intenso da economia política feito por Marx aguçou sua crítica a Feuerbach e, ao mesmo tempo, trouxe para o primeiro plano as afinidades do pensamento marxiano com certas características da filosofia hegeliana. De início, pode parecer paradoxal que, a despeito da concepção *materialista* compartilhada por Marx e Feuerbach, e apesar da *afinidade política* muito maior entre eles do que entre Marx e Hegel, a relação entre o materialista histórico Marx e o *idealista* Hegel possua raízes incomparavelmente mais profundas do que a relação entre Marx e Feuerbach. Hegel abarca a totalidade do desenvolvimento de Marx, ao passo que Feuerbach se limita a um estágio inicial e transitório.

A razão para tal encontra-se no caráter basicamente *monista* da filosofia hegeliana em contraste com o *dualismo* de Feuerbach. Na famosa passagem em que Marx distingue sua posição da dialética hegeliana, ele também enfatiza a profunda afinidade, insistindo na necessidade de "voltar a colocar em pé" aquilo que, na filosofia hegeliana, está "de cabeça para baixo"[29]. Seria

---

[28] Ver a sexta tese de Marx sobre Feuerbach [ed. bras.: *A ideologia alemã*, cit., p. 534].

[29] É digno de nota aqui que Hegel criticou Solger – o único filósofo romântico com quem ele de resto simpatizou – precisamente porque este não logrou superar o *dualismo*. (*"Solger fängt mit einen* unversöhnten Dualismus *an, obwohl seine ausdrückliche Bestimmung der Philosophie ist, nicht in einem Dualismus befangen zu sein."* ["O

impossível, porém, "voltar a colocar em pé" a concepção hegeliana, visando incorporar seu "núcleo racional" no sistema de Marx, se não residissem na base de suas abordagens filosóficas "opostas" as características comuns de duas concepções *monistas* – ideologicamente diferentes e opostas de fato. Pois o dualismo permanece dualismo mesmo que seja virado "ao contrário".

Em contraste, podemos ver nas Teses sobre Feuerbach, de Marx, sua completa rejeição do *dualismo* ontológico e epistemológico de Feuerbach:

> O principal defeito de todo o materialismo existente até agora (o de Feuerbach incluído) é que o objeto (*Gegenstand*), a realidade, o sensível, só é apreendido sob a forma do objeto (*Objekt*) ou da contemplação (*Anschauung*), mas não como atividade humana sensível, como prática; não subjetivamente. Daí o lado ativo, em oposição ao materialismo, ter sido abstratamente desenvolvido pelo idealismo – que, naturalmente, não conhece a atividade real, sensível, como tal. Feuerbach quer objetos sensíveis, efetivamente diferenciados dos objetos do pensamento: mas ele não apreende a própria atividade humana como atividade objetiva (*gegenständliche Tätigkeit*). Razão pela qual ele enxerga, n'*A essência do cristianismo**, apenas o comportamento teórico como o autenticamente humano, enquanto a prática é apreendida e fixada apenas em sua forma de manifestação judaica, suja.[30]

Essa referência à "prática" é muito similar ao princípio de Goethe concernente a *Der Versuch als Vermittler von Objekt und Subjekt* [O experimento como mediador entre objeto e sujeito][31], e a segunda tese sobre Feuerbach enfatiza ainda mais essa similaridade. Ora, a falta de tal mediador na filosofia de Feuerbach significa que não há como superar seu dualismo. Pelo contrário, ele assume sua forma mais acentuada no nível da teoria social:

> A doutrina materialista sobre a modificação das circunstâncias e da educação esquece que as circunstâncias são modificadas pelos homens e que o próprio educador tem de ser educado. Ela tem, por isso, de dividir a sociedade em duas partes – a primeira das quais está colocada acima da sociedade.[32]

---

ponto de partida de Solger é um *dualismo irreconciliável*, embora tenha determinado expressamente que filosofia é não se prender a um dualismo."] G. W. F. Hegel, *Sämmtliche Werke. Jubiläumsausgabe*, v. 20, p. 169.)

*   Trad. José da Silva Brandão, Campinas, Papirus, 1997. (N. E.)

[30]   Karl Marx, *Theses on Feuerbach*, cit., p. 69 [ed. bras.: *A ideologia alemã*, cit., p. 533].

[31]   J. W. Goethe, *Sämtliche Werke*, v. 39 (Stuttgart/Berlim, Cottasche Jubiläums-Ausgabe, 1902-1903). Uma de suas passagens mais importantes tem o seguinte teor: "*In der lebendigen Natur geschieht nichts, was nicht in einer Verbindung mit dem Ganzen stehe, und wenn uns die Erfahrungen nur isoliert erscheinen, wenn wir die Versuche nur als isolierte Fakta anzusehen haben, so wird dadurch nicht gesagt, dass sie isoliert seien; [...] Da alles in der Natur, besonders aber die allgemeine Kräfte und Elemente in einer ewigen Wirkung und Gegenwirkung sind, so kann man von einem jeden Phänomene sagen, dass es mit unzähligen andern in Verbindung stehe, wie wir von einen frei schwebenden Punkte sagen, dass er seine Strahlen nach allen Seiten ausende*" ["Na natureza viva, nada acontece que não esteja em conexão com o todo, e se as experiências nos parecerem isoladas só por termos de considerar os experimentos como fatos isolados, isso ainda não quer dizer que eles são mesmo isolados; (...) Visto que tudo na natureza, especialmente as energias e os elementos universais, encontra-se em perene ação e reação, pode-se afirmar que todo e qualquer fenômeno está em conexão com inúmeros outros, como dizemos que um ponto pairando livremente no ar emite seus raios em todas as direções"] (ibidem, p. 23). Muitos filósofos, incluindo Feuerbach, por não terem logrado elaborar a categoria da *mediação* (*Vermittlung*) ou a do *mediador* (*Vermittler*), permaneceram presos no dualismo, não obstante seus esforços para superá-lo.

[32]   Karl Marx, *Theses on Feuerbach*, cit., p. 70 [ed. bras.: *A ideologia alemã*, cit., p. 533].

É por isso que o sistema de Feuerbach, a despeito da abordagem materialista desse filósofo, e apesar de ele partir "do fato da autoalienação religiosa"[33], não tem como entrar em um acordo duradouro com a filosofia marxiana. Com efeito, um tipo de "dualismo materialista" é manifesto em todos os níveis da filosofia de Feuerbach, com todas as contradições nele implicadas. (Conforme "pensamento abstrato" *versus* "intuição", "contemplação", "*Anschauung*"; "indivíduo isolado" *versus* "essência humana"; "indivíduo abstrato" *versus* "gênero humano" e assim por diante.)

O segredo do sucesso de Marx em transcender radicalmente as limitações do materialismo contemplativo, dualista, é sua apreensão dialética sem paralelo da categoria da mediação. Pois nenhum sistema filosófico pode ser monista sem dominar conceitualmente, de uma forma ou de outra, a inter-relação dialética complexa entre mediação e totalidade. Não é preciso dizer que isso também se aplica – *mutatis mutandis* – à filosofia hegeliana. O centro de referência do monismo idealista de Hegel é seu conceito de "atividade" como "mediador entre Sujeito e Objeto". Mas é claro que o conceito hegeliano de "atividade" é o da "atividade mental abstrata" que só consegue fazer a mediação entre "entidades mentais". (Na filosofia hegeliana, "Objeto" é "Sujeito alienado", "Espírito Universal exteriorizado" etc., ou seja, em última análise, é um pseudo-objeto.) Essa característica da filosofia hegeliana traz à tona as contradições internas do seu conceito de mediação. Porque Hegel não é um "mistificador" por ser "um idealista": dizer isso praticamente equivaleria a uma tautologia que não leva a nada. Antes, ele é um mistificador idealista por causa do caráter intrinsecamente contraditório do seu conceito de mediação, isto é, em razão dos tabus que impôs a si mesmo no tocante às mediações de segunda ordem, enquanto absolutiza essas formas – historicamente específicas – de "mediação da mediação" capitalista. As repercussões filosóficas de tal passo são de grande alcance, afetando todas as suas principais categorias, desde a identidade assumida de "alienação" e "objetivação" até a identidade última de "sujeito" e "objeto", bem como a concepção de "*Aufhebung*" enquanto "reconciliação" meramente conceitual do sujeito consigo mesmo. (Até a "*nostalgia*" pela unidade direta original aparece – ainda que em uma "forma abstrata, especulativa, lógica" – na contraposição conceitual entre "Ent-*äusserung*", alienação, e "Er-*innerung*", isto é, voltar-se "para dentro", relembrar um passado que necessariamente se foi para sempre.)

Somente no materialismo monista de Marx podemos encontrar uma compreensão coerente da "totalidade *objetiva*" enquanto "realidade sensível" e uma diferenciação correspondentemente válida entre sujeito e objeto, graças ao seu conceito de mediação como atividade produtiva ontologicamente fundamental e à sua apreensão das mediações de segunda ordem historicamente específicas, por meio das quais o fundamento ontológico da existência humana é alienado do ser humano na ordem capitalista da sociedade.

5. A transformação da ideia hegeliana de "atividade"

A atividade apareceu nos escritos dos clássicos de economia política como algo *concreto*, pertencente às manifestações palpáveis da vida real. Contudo, sua concepção estava

---

[33] Idem [ed. bras.: ibidem, p. 534].

limitada a uma *esfera particular*: à da manufatura e do comércio, considerada em termos completamente a-históricos. A grande conquista teórica de Hegel foi tornar *universal* a importância filosófica da atividade, ainda que ele o tenha feito de forma *abstrata*, por razões já mencionadas.

Marx escreveu em seus *Manuscritos de 1844* a respeito da grandeza, bem como das limitações, das conquistas hegelianas:

> Hegel se coloca no ponto de vista dos modernos economistas políticos. Ele apreende o trabalho como a essência, como a essência do homem que se confirma; ele vê somente o lado positivo do trabalho, não seu lado negativo. O trabalho é o vir a ser para si do homem no interior da alienação ou como homem alienado. O trabalho que Hegel unicamente conhece e reconhece é o *abstratamente espiritual* (152 [124 modif.]).

Assim, com Hegel, o termo "atividade" assume importância crucial, destinado a explicar a gênese humana e o desenvolvimento em geral. No entanto, o conceito hegeliano de "atividade" adquire esse caráter universal ao custo de perder a forma sensível que o "trabalho" tinha na economia política. (O fato de que a concepção de "trabalho" da economia política era unilateral, parcial e a-histórica não importa aqui, onde a questão é a relativa importância histórica dessa ideia.)

O conceito marxiano de "atividade" como *prática* ou "atividade produtiva" – identificada tanto no seu sentido *positivo* (como objetivação e "autodesenvolvimento" humanos, como automediação necessária do ser humano com a natureza) quanto no seu sentido *negativo* (como alienação ou mediação de segunda ordem) – assemelha-se à concepção dos economistas políticos no que se refere ao fato de ter sido concebido em uma forma sensível. Sua função teórica, contudo, é radicalmente diferente. Porque Marx percebe que o fundamento não alienado daquilo que se reflete em uma forma alienada na economia política como uma esfera *particular* é a *esfera ontológica fundamental* da existência humana e, por conseguinte, constitui o fundamento último de todos os tipos e formas de atividade. Assim, o *trabalho*, em sua "forma sensível", assume importância universal na filosofia de Marx. Ele se torna não só a chave para compreender as determinações inerentes a todas as formas da alienação, mas também o centro de referência de sua estratégia prática, visando à suplantação real da alienação capitalista.

Para completar a formulação marxiana das questões centrais da alienação, a incorporação crítica das conquistas de Hegel no pensamento de Marx foi da maior importância. Ao tomar consciência da relevância filosófica universal da atividade produtiva, Marx deu um passo decisivo adiante em relação aos escritos da economia política e, consequentemente, foi capaz de elaborar certas implicações objetivas destes últimos que os próprios economistas políticos não puderam perceber por causa do caráter parcial e a-histórico de sua abordagem. Podemos ver a expressão clara disso nas seguintes palavras de Marx:

> Afirmar que a divisão do trabalho e a troca assentam-se sobre a propriedade privada não é outra coisa senão a afirmação de que o trabalho é a essência da propriedade privada, uma afirmação que o economista político não pode demonstrar, e que nós queremos demonstrar para ele. Justamente nisto, no fato de divisão do trabalho e troca serem figuras da propriedade privada, repousa a dupla demonstração, tanto de que a vida humana necessitou da propriedade privada

para a sua efetivação como, por outro lado, de que ela agora necessita da suprassunção da propriedade privada (134 [155-6 modif.]).

É por isso que a economia política não é capaz de chegar às raízes da questão. Ela concebe uma forma *particular* de atividade (divisão capitalista do trabalho) como a forma *universal* e *absoluta* da atividade produtiva. Consequentemente, no raciocínio dos economistas políticos, o ponto de referência último não pode ser a *atividade mesma*, tendo em vista o fato de que a forma particular da atividade – prática socioeconômica historicamente estabelecida do capitalismo – é absolutizada por eles.

A economia política evidentemente não pôde assumir a atividade em geral (isto é, atividade produtiva como tal: essa condição absoluta da existência humana) como seu ponto de referência último porque tal passo teria impossibilitado a absolutização de uma *forma particular* da atividade. O único tipo de "absoluto" que os tornava capazes de tirar as conclusões desejadas era um tipo *circular*: a saber, a suposição das características básicas da forma específica de atividade, cuja absolutidade eles desejaram demonstrar como *necessariamente inerente à "natureza humana"*. Assim, o *fato* histórico da TROCA capitalista apareceu em uma forma idealizada no plano absoluto da "natureza humana" como uma "*propensão* para a troca e o escambo" (Adam Smith), do que facilmente pôde ser deduzido que a forma "comercial" da sociedade, baseada na divisão capitalista do trabalho, é também a forma "*natural*" da sociedade.

Se o fator absoluto é identificado com a propriedade privada (ou com alguma "propensão para a troca e o escambo" fictícia, que é apenas outro modo de dizer a mesma coisa), somos então confrontados com uma contradição insolúvel entre *natural* e *humano*, ainda que tal contradição esteja oculta sob a suposição retórica de uma relação harmoniosa entre "natureza humana" e modo de produção capitalista. Com efeito, quando se assume uma natureza humana fixa (por exemplo, uma "propensão para a troca e o escambo"), a necessidade realmente *natural* e *absoluta* (expressa na verdade autoevidente das palavras: "o ser humano tem de *produzir* para não morrer") é subordinada a uma ordem *pseudo-natural*. (A proposição equivalente à verdade autoevidente marxiana, de acordo com a suposta "ordem natural" da "natureza humana", deveria ser assim: "*o ser humano tem de trocar e escambar para não morrer*", que não é de modo algum verdadeira, muito menos obviamente verdadeira.) Assim, a dimensão ontologicamente fundamental da existência humana é deslocada de seu *status* natural e absoluto para um *status secundário*. É claro que isso está refletido na escala de valores da sociedade que toma como seu ponto de referência último o sistema de troca e escambo: se a ordem capitalista é contestada, aos olhos dos "economistas políticos", é como se a própria existência do gênero humano estivesse em perigo. Por isso, é inconcebível que a suplantação da alienação seja incluída no programa dos economistas políticos, a não ser talvez na forma de defender ilusoriamente a cura de alguns *efeitos parciais* da alienação capitalista do trabalho, que é idealizada por eles, enquanto um sistema, como modo de existência "necessário" e "natural" do ser humano[34]. E é por

---

[34]   Tal cura parcial é defendida, por exemplo, por Adam Smith, que idealiza a "propensão para a troca e o escambo" do ser humano e que deseja neutralizar os efeitos negativos do "espírito comercial" por meio da educação. (Para uma discussão mais aprofundada desses problemas, ver Capítulo X deste volume.)

isso que os economistas políticos têm de continuar assumindo para com a alienação, de modo geral, uma atitude que não se pode chamar senão de "positivismo acrítico".

Hegel suplanta, até certo ponto, essa contradição da economia política, concebendo a atividade em geral como a condição absoluta da gênese histórica. Paradoxalmente, contudo, ele destrói suas próprias realizações ao reproduzir as contradições da economia política em outro nível. Uma vez que considera a "atividade" como a condição absoluta da gênese histórica, logicamente anterior à forma de exteriorização, ele pode – e de fato *deve* – levantar a questão de uma "*Aufhebung*" da alienação; porque esta última surge em contraposição à unidade direta original do "Absoluto" consigo mesmo. No entanto, visto que ele não pode distinguir, como vimos, entre a forma "exteriorizada" da atividade e suas manifestações "alienadas", e já que é inconcebível negar a "exteriorização" sem negar a condição absoluta, ou seja, a própria atividade, seu conceito de "*Aufhebung*" não pode ser senão uma negação abstrata, *imaginária*, da alienação enquanto objetivação. Desse modo, Hegel acaba conferindo à forma alienada de objetivação a mesma característica de absolutidade e universalidade intranscendíveis que conferira à atividade mesma e, por conseguinte, anula conceitualmente a possibilidade de uma suplantação real da alienação. (Não é preciso dizer que a forma, ou *alguma* forma, de *exteriorização* – isto é, a própria objetivação – é uma condição tão absoluta do desenvolvimento quanto a própria atividade: uma atividade não exteriorizada, não objetivada, é uma não atividade. Nesse sentido, *algum tipo* de mediação da condição ontológica absoluta do intercâmbio humano com a natureza é uma necessidade igualmente absoluta. Contudo, a questão é se essa mediação está de *acordo* com o caráter ontológico objetivo da atividade produtiva enquanto condição fundamental da existência humana ou se é *estranha* a ele, como no caso das mediações capitalistas de segunda ordem.)

Marx traça a linha de demarcação conceitual entre TRABALHO enquanto "Lebens*äusserung*" (manifestação da vida) e enquanto "Lebens*entäusserung*" (alienação da vida). TRABALHO é "*Lebensentäusserung*" quando "eu trabalho para viver, para produzir um meio de vida, mas meu trabalho em si não é viver", isto é, minha atividade me é imposta "por uma necessidade exterior", em vez de ser motivada por uma necessidade que corresponde a uma "necessidade interior"[35].

Do mesmo modo, Marx faz a distinção entre uma mediação *adequada* do ser humano com o ser humano, por um lado, e uma "mediação *alienada*" da atividade humana por meio da intermediação de coisas, por outro lado. No segundo tipo de mediação – "na alienação da própria *atividade de mediação*" ("*indem der Mensch diese* vermittelnde Tätigkeit selbst *entäussert*") –, o ser humano atua como um "homem desumanizado" (*entmenschter Mensch*). Assim, a atividade humana produtiva obedece às regras de "um *mediador estranho*" (*fremder Mittler*) – "em vez do *próprio ser humano* ser o *mediador para o ser humano*" (*statt dass der Mensch selbst der Mittler für den Menschen sein sollte*) – e, consequentemente, o

---

[35]. Karl Marx e Friedrich Engels, MEW, suplemento I, p. 463. (Os comentários de Marx a *Elements of Political Economy*, de James Mill, foram escritos aproximadamente na mesma época dos seus *Manuscritos econômico-filosóficos*.) [A edição brasileira dos *Manuscritos econômico-filosóficos* não contém tais comentários. (N. T.)]

trabalho assume a forma de uma "*mediação alienada*" (*entäusserte Vermittlung*) da atividade humana produtiva[36].

Formulada nesses termos, a questão da "*Aufhebung*" deixa de ser um ato imaginário do "Sujeito" e se torna um assunto prático, concreto, para o ser humano real. Essa concepção visualiza a suplantação da alienação por meio da abolição da "mediação alienada" (isto é, da mediação de segunda ordem capitalisticamente institucionalizada), por meio da libertação do trabalho de sua sujeição reificada ao poder das coisas, à "necessidade exterior", e por meio da intensificação consciente da "necessidade interior" do ser humano, para que seja humanamente ativo e chegue à satisfação das capacidades que lhe são inerentes na sua própria atividade produtiva, bem como na fruição humana dos produtos não alienados de sua atividade[37].

Com a elaboração desses conceitos – que dão conta plenamente da complexidade mistificadora da alienação, que derrotou nada menos que um dialético do quilate de Hegel –, o sistema de Marx *in statu nascendi* está virtualmente completo. Suas ideias radicais concernentes ao mundo da alienação e às condições de sua suplantação estão agora sintetizadas de modo coerente dentro dos contornos gerais de uma visão abrangente, monumental. É claro que ainda há muito a ser elaborado em toda a sua complexidade, porque a tarefa empreendida é "titânica". No entanto, todas as concretizações e modificações subsequentes da concepção de Marx – incluindo algumas das principais descobertas do Marx mais maduro – são realizadas sobre a base conceitual das grandes conquistas filosóficas evidenciadas de maneira clara nos *Manuscritos econômico-filosóficos*.

---

[36]   Ibidem, p. 446.

[37]   "O sentido da propriedade privada – *livre de seu estranhamento* – é a <u>existência</u> dos <u>objetos essenciais</u> para o homem, tanto como *objeto da fruição* como *da atividade*" (137 [157]).

III

A ESTRUTURA CONCEITUAL DA TEORIA DA ALIENAÇÃO DE MARX

1. Os fundamentos do sistema marxiano

Lendas são fáceis de inventar e difíceis de descartar. Um balão vazio (pura ignorância de toda a evidência relevante) e bastante ar quente (mero pensamento desejoso) bastam para fazer com que decolem, enquanto a persistência do pensamento desejoso fornece amplamente o combustível necessário para impulsionar seu voo ilusório. No capítulo que aborda "A controvérsia em torno de Marx", discutiremos de modo mais extenso as principais lendas associadas com os *Manuscritos econômico-filosóficos*. Neste ponto, contudo, é preciso tratar brevemente de uma lenda que, de forma explícita, ocupa um lugar menos proeminente nas várias interpretações, mas que, não obstante, tem grande importância teórica para uma abordagem adequada da obra de Marx como um todo.

Os *Manuscritos de 1844*, como vimos, lançam os fundamentos do sistema marxiano, centrados no conceito de alienação. Ora, a lenda em questão alega que Lenin não tinha consciência desse conceito, e que este não teve nenhum papel na elaboração de suas próprias teorias. (É claro que, na visão de muitos dogmáticos, tal suposto fato constitui, por si só, uma justificativa ampla para rotular de "idealista" o conceito de alienação.)

Se Lenin realmente tivesse ignorado a crítica marxiana da alienação e reificação capitalistas – sua análise da "alienação do trabalho" e seus corolários necessários –, ele teria ignorado o núcleo da teoria de Marx: a ideia *básica* do sistema marxiano.

Desnecessário dizer que nada poderia estar mais distante da verdade do que esse suposto fato. Na realidade, ocorreu justamente o oposto: pois, no desenvolvimento de Lenin como marxista, sua apreensão da verdadeira relevância do conceito de alienação desempenhou um papel vital.

É fato irrefutável que *todas* as obras teóricas importantes de Lenin – incluindo sua crítica do romantismo econômico, bem como seu livro *O desenvolvimento do capitalismo na Rússia** – são posteriores ao seu detalhado *Conspectus of the Book* The Holy Family, *by Marx and Engels* [Conspecto do livro *A sagrada família***, de Marx e Engels], escrito em *1895*. As principais ideias expressas nesse conspecto na forma de comentários permaneceram no centro das concepções de Lenin em seus escritos subsequentes. Infelizmente, não há espaço aqui para acompanhar em detalhes o desenvolvimento de seu pensamento. Devemos contentar-nos com focar nossa atenção em alguns pontos que são diretamente relevantes ao tema em discussão.

Nesse contexto, é da maior importância constatar que, em seu conspecto de *A sagrada família*, Lenin cita uma extensa passagem dessa obra inicial e a comenta nos seguintes termos: "Essa passagem é sumamente característica, pois mostra como Marx abordou a *ideia básica de todo o seu 'sistema', sit venia verbo,* a saber, *o conceito das relações sociais de produção*"[1].

Pouco importa se, meio apologeticamente, colocamos ou não entre aspas a palavra "sistema". (Lenin compreensivelmente tinha de fazer isso por causa das costumeiras referências polêmicas à "construção do sistema", associada, na literatura marxista, à filosofia hegeliana. Além disso, ele estava escrevendo o conspecto de um livro sumamente crítico ao sistema hegeliano e aos usos a que este havia sido submetido pelos membros da "Sagrada Família".) Vitalmente importante em conexão com isso é o fato de que "a ideia básica de todo o sistema de Marx" – "o conceito das relações sociais de produção" – é precisamente seu conceito de alienação, isto é, a desmistificação crítica marxiana do sistema de "autoalienação do trabalho", de "autoalienação humana", da "relação praticamente alienada do ser humano com sua essência objetiva" etc., como Lenin a identifica de modo correto. Isso pode ser visto claramente quando lemos a passagem a que o comentário de Lenin se refere:

> O desejo de Proudhon de abolir a não posse e a velha forma de posse é exatamente idêntico ao seu desejo de abolir a *relação praticamente alienada do ser humano com sua essência objetiva*, de abolir a expressão econômico-política da *autoalienação humana*. Contudo, visto que sua crítica da economia política ainda está presa às premissas da economia política, a reapropriação do mundo objetivo ainda é concebida na forma econômico-política da posse. Proudhon de fato não contrapõe a posse à não posse, como a crítica o leva a fazer, mas posse à velha forma de posse, à propriedade privada. Ele declara que a posse é uma "função social". Em uma função, entretanto, o "interesse" não está voltado para a "exclusão" do outro, mas para pôr em operação e realizar minhas próprias capacidades, as capacidades do meu ser. Proudhon não logrou desenvolver apropriadamente esse pensamento. O conceito de "posse igual" é econômico-político e, por conseguinte, ele próprio já é uma *expressão alienada* do princípio de que o objeto enquanto existência para o ser humano, enquanto existência objetiva do ser humano, é ao mesmo tempo a existência do ser humano para outros seres humanos, *sua relação humana com outros seres humanos, o comportamento social do ser humano para com o ser humano.* Proudhon abole o *estranhamento* econômico-político no interior do *estranhamento* econômico-político.[2]

---

*   Trad. José Paulo Neto, São Paulo, Abril Cultural, 1982, Coleção Os Economistas. (N. E.)

** Trad. Marcelo Backes, São Paulo, Boitempo, 2003. (N. E.)

[1]   Vladimir I. U. Lenin, *Collected Works*, v. 38 (Moscou, Foreign Languages/Progress, 1960-1974), p. 30.

[2]   Ibidem, p. 29-30.

Quem está suficientemente familiarizado com os *Manuscritos econômico-filosóficos* não deixará de reconhecer que essas ideias provêm deles. De fato, não só essas páginas, mas muitas outras foram transferidas por Marx dos seus *Manuscritos de 1844* para *A sagrada família*. O Comitê Russo encarregado de publicar as obras reunidas de Marx, Engels e Lenin – o mesmo comitê que considerou os *Manuscritos de 1844* "idealistas" – reconheceu em uma nota ao conspecto de *A sagrada família*, de Lenin, que Marx "incrementou consideravelmente o tamanho inicial do livro, incorporando em seus capítulos partes de seus manuscritos econômicos e filosóficos, nos quais ele havia trabalhado durante a primavera e o verão de 1844"[3]. Lenin obviamente não pôde ler os *Manuscritos de 1844* de Marx, mas em seu conspecto de *A sagrada família* citou algumas passagens importantes, em adição àquela sobre Proudhon, que tiveram origem nos *Manuscritos econômico-filosóficos* e que tratam da problemática da alienação[4].

Se, então, os *Manuscritos de 1844* são idealistas, o mesmo deve ser dito do louvor de Lenin ao seu conceito central – incorporado a partir deles em *A sagrada família* – como "a ideia básica de todo o sistema de Marx". E essa ainda não é a pior parte da história. Porque Lenin segue enaltecendo essa obra (ver seus artigos sobre Engels) não só por conter "*os fundamentos do socialismo materialista revolucionário*", mas também por ter sido escrita "*em nome de uma pessoa humana, real*"[5]. Assim, Lenin parece "capitular" não só ao "idealismo", confundindo-o com o "socialismo materialista revolucionário", mas – *horribile dictu* [horrível de se dizer] – também com o "humanismo".

Não é preciso dizer que esse "humanismo" que escreve "em nome de uma pessoa humana, real" é simplesmente a expressão do "ponto de vista do trabalho" que caracteriza os *Manuscritos de 1844*. Ele adota – em polêmicas explícitas contra as entidades fictícias da filosofia idealista – o ponto de vista crítico do "trabalhador espezinhado pelas classes dominantes e pelo Estado"[6]; o ponto de vista do proletariado em sua oposição à "classe proprietária", que "se sente feliz e confirmada em sua autoalienação, reconhecida por ela como <u>seu próprio poder</u>", enquanto "a classe do proletariado se sente aniquilada em sua autoalienação, vendo nesta a sua própria impotência e *a realidade de uma existência inumana*"[7]. É isso que Lenin e Marx tinham em mente quando falaram da "pessoa humana, real". Contudo, por maior que seja a evidência textual, ela não será capaz de impressionar aqueles que, em vez de realmente "ler Marx" (ou Lenin, quanto a esse tema), preferem *introduzir* pela leitura suas próprias lendas nos clássicos do pensamento marxista, representando – debaixo do véu de um altissonante radicalismo verbal – o dogmatismo estéril de um pensamento desejoso burocrático-conservador.

Conforme percebido com brilhantismo por Lenin, a ideia central do sistema de Marx é sua crítica da reificação capitalista das relações sociais de produção, da alienação do

---

[3] Ibidem, p. 564.

[4] Ibidem, p. 27, 39, 40 e 48.

[5] Ambas as citações dessa frase são de ibidem, v. 2, p. 23.

[6] Idem.

[7] Citado por Vladimir I. U. Lenin em seu *Conspectus of the Book* The Holy Family, *by Marx and Engels*.

trabalho por meio das mediações reificadas de TRABALHO ASSALARIADO, PROPRIEDADE PRIVADA e TROCA.

De fato, a concepção geral de Marx da gênese histórica e da alienação das relações sociais de produção, aliada à sua análise das condições ontológicas objetivas de uma suplantação necessária da alienação e reificação, constitui um sistema no melhor sentido do termo. Esse sistema não é *menos*, mas *mais* rigoroso do que os sistemas filosóficos de seus predecessores, incluindo o de Hegel; isso significa que a omissão de qualquer uma de suas partes constituintes está fadada a distorcer a imagem *toda*, e não apenas um aspecto particular dela. Além disso, o sistema marxiano não é *menos*, mas muito *mais* complexo do que o hegeliano; com efeito, uma coisa é inventar engenhosamente as "mediações" logicamente apropriadas entre "entidades do pensamento", outra bem diferente é identificar na realidade os complexos elos intermediários dos fenômenos sociais multiformes, encontrar as leis que governam suas institucionalizações e transformações uns nos outros, as leis que determinam sua relativa "fixidez", bem como suas "mudanças dinâmicas", demonstrar tudo isso na realidade, em *todos* os níveis e esferas da atividade humana. Consequentemente, qualquer tentativa de ler Marx não nos termos de seu próprio sistema, mas de acordo com algum "modelo científico" trivial, preconcebido, em voga nos nossos dias, priva o sistema marxiano de seu significado revolucionário e o converte em uma coleção de borboletas mortas formada por conceitos pseudocientíficos inúteis.

É evidente que o sistema de Marx é radicalmente diferente do de Hegel. Isso não apenas no tocante à contraposição entre os fenômenos sociais reais descritos por Marx e as "entidades do pensamento" de Hegel, mas também porque o sistema hegeliano – devido às suas contradições internas – foi *fechado* e ossificado pelo próprio Hegel, enquanto o sistema marxiano permanece *aberto para diante*. Retornaremos à discussão dessa diferença vitalmente importante entre um sistema fechado e um sistema aberto na última seção deste capítulo. Antes disso, porém, temos de considerar a estrutura do sistema marxiano como um todo, a fim de obter uma compreensão mais clara de suas múltiplas complexidades.

Na superfície, os *Manuscritos econômico-filosóficos* são comentários críticos sobre Hegel e sobre as teorias dos economistas políticos. Um exame mais detido, contudo, revela muito mais do que isso. Com efeito, a crítica dessas teorias é um veículo usado por Marx para desenvolver suas próprias ideias sobre uma grande variedade de problemas estreitamente interconectados.

Como mencionado, o sistema que podemos observar nos *Manuscritos econômico-filosóficos* é um sistema *in statu nascendi*. Isso pode ser constatado, acima de tudo, no fato de que a dimensão ontológica básica da autoalienação do trabalho só aparecerá em sua universalidade no fim dessa obra, isto é, na seção sobre o *dinheiro*. Na verdade, essa seção foi escrita *após* o exame crítico que Marx fez da filosofia hegeliana no mesmo manuscrito, embora nas versões publicadas ela seja localizada no fim (a pedido de Marx). E esse detalhe cronológico de modo algum constitui um ponto negligenciável. De fato, a abordagem profunda de Marx da filosofia hegeliana como um todo – possibilitada por sua análise da economia política, que o tornou apto a reconhecer que "o ponto de vista de Hegel é o da moderna economia política" (152 [124 modif.]) – colocou em suas mãos a chave para decifrar o segredo ontológico último do "sistema do dinheiro" e, consequentemente, o capacitou para empreender a elaboração abrangente de uma teoria do valor dialética materialista. (Compare-se essa parte dos *Manuscritos de 1844*, em termos tanto de concretude quanto de abrangência, apesar do seu tamanho reduzido, com uma obra que trata da mesma problemática: os "Comentários" de Marx sobre *Elements of Political Economy* [Elementos de economia política], de James Mill, escritos pouco antes de sua "Crítica da dialética e da filosofia hegelianas em geral", provavelmente em maio ou junho de 1844[8].) De modo algum é acidental que parte relevante dessas páginas sobre "O poder do dinheiro" tenha sido subsequentemente incorporada por Marx em seu *O capital*.

Muito embora essa dimensão ontológica geral da autoalienação do trabalho só tenha sido explicitada no fim dos *Manuscritos econômico-filosóficos*, ela está presente de maneira implícita quase desde o começo, é claro que em um grau mais baixo de generalização. De início, ela está presente nesse sistema *in statu nascendi* apenas como intuição vaga e, em conformidade com isso, o método analítico de Marx é mais *reativo* do que *positivo* e autossustentado: ele se deixa guiar pela problemática do sujeito imediato de sua crítica, a saber, pelos escritos dos economistas políticos.

Conforme há um acúmulo de percepções (ao compreender gradualmente que os aspectos parciais: "trabalhador como mercadoria", "trabalho abstrato", "trabalho maquinal, unilateral", "terra estranhada do ser humano", "trabalho humano acumulado = capital morto" etc. apontam na mesma direção), o quadro de referência originalmente adotado se revela como irremediavelmente estreito, e Marx o descarta.

Da discussão do "Trabalho estranhado" (67 [79]) em diante, Marx segue um plano diferente: o centro de referência de cada uma das questões passa a ser o conceito de "trabalho alienado" na condição de "conexão essencial" entre toda a gama de estranhamentos "e o sistema do <u>dinheiro</u>" (68 [80 modif.]). E, no entanto, ainda que esse programa esteja presente na última seção do *primeiro* manuscrito, ele só é plenamente realizado no fim do *terceiro* manuscrito. Neste, Marx finalmente é capaz de desmistificar o "sistema do dinheiro" – esse mediador último de todas as mediações alienadas, esse "<u>alcoviteiro</u> entre a necessidade e o objeto, entre a vida e o meio de vida do homem" (137 [157]), essa "divindade visível" (139 [159]) – enquanto "a <u>capacidade</u> alienada <u>*da humanidade*</u>" (139 [159 modif.]), "o <u>meio</u> exterior, comum, e a <u>faculdade</u> de converter uma <u>imagem</u> em <u>realidade</u> e a <u>realidade</u> em mera <u>imagem</u> (uma faculdade não oriunda do homem como homem nem da sociedade humana como sociedade)" (140) [160 modif.]), enquanto "*conceito* existente *e atuante do valor* [...] a *confusão e a troca* universal de todas as coisas, portanto, o mundo invertido [...] a *confraternização das impossibilidades*" que "*obriga os contraditórios a se beijarem*" (141 [160-1]). E tudo isso no contexto explicativo das "afirmações verdadeiramente <u>*ontológicas*</u> do ser essencial (da natureza)" (136 [157 modif.]), da "essência *ontológica* da paixão humana" (136 [157]) e da "<u>existência</u> dos <u>objetos essenciais</u> para o homem como objetos tanto de *fruição* quanto de *atividade*" (137 [157 modif.]).

Assim, o sistema de Marx *in statu nascendi* se completa quando ele percebe claramente que, embora o sistema do dinheiro atinja seu clímax com o modo de produção capitalista, não é possível compreender sua natureza mais íntima em um contexto histórico limitado, mas sim no quadro de referência ontológico mais amplo possível do desenvolvimento do ser humano por meio do seu trabalho, isto é, por meio do

---

autodesenvolvimento ontológico do trabalho pela via dos intermediários necessários envolvidos em sua autoalienação e reificação indispensáveis em um determinado estágio (ou estágios) do seu processo de autorrealização.

2. Quadro de referência conceitual da teoria da alienação de Marx

As dificuldades do discurso de Marx em seus *Manuscritos de 1844* não se devem meramente ao fato de tratar-se de um sistema *in statu nascendi*, no qual os mesmos problemas são retomados repetidamente, em um nível de complexidade cada vez maior, de acordo com a emergência e a crescente concretização da visão marxiana como um todo – embora, é claro, esta seja uma das principais razões pelas quais as pessoas muitas vezes considerem essa obra proibitivamente complicada. Algumas de suas grandes dificuldades, contudo, são inerentes ao método marxiano em geral e às características objetivas do seu objeto de análise.

Marx investiga tanto os aspectos *históricos* quanto os aspectos *sistemático-estruturais* da problemática da alienação em relação às complexidades duais da "vida real" e seus "reflexos" nas várias formas de pensamento. Assim, ele analisa:

1) as manifestações da autoalienação do trabalho na realidade, junto com as várias institucionalizações, reificações e mediações envolvidas em tal autoalienação prática, isto é, TRABALHO ASSALARIADO, PROPRIEDADE PRIVADA, TROCA, DINHEIRO, RENDA, LUCRO, VALOR etc. etc.;

2) os reflexos dessas alienações por meio da religião, da filosofia, do direito, da economia política, da arte, da ciência "abstratamente material" etc.;

3) os intercâmbios e as reciprocidades entre (1) e (2); porque "os deuses são, originariamente, não a causa, mas o efeito do erro do entendimento humano. Mais tarde esta relação se transforma em ação recíproca" (80 [87-8]);

4) o dinamismo inerente a todo fenômeno particular ou a todo campo de investigação em seu desenvolvimento de uma complexidade menor para uma complexidade maior;

5) as inter-relações estruturais dos vários fenômenos sociais uns com os outros (das quais a reciprocidade entre (1) e (2) é apenas um tipo específico), bem como a gênese histórica e a transformação dialética renovada de todo esse sistema de inter-relações múltiplas.

6) Uma complicação adicional consiste no fato de que Marx analisa as teorias particulares em sua inserção histórica concreta, além de investigar suas inter-relações estruturais em um dado período de tempo (por exemplo, Adam Smith enquanto economista político comparado com Adam Smith enquanto filósofo moral; ao mesmo tempo, os tipos de respostas dadas por Adam Smith – tanto como economista quanto como moralista – são historicamente situados em relação ao desenvolvimento do capitalismo em geral).

Então, como podemos ver, as principais dificuldades que experimentamos na leitura dos *Manuscritos econômico-filosóficos*, excetuando as que se devem ao fato de tratar-se de um sistema *in statu nascendi*, são expressões dos esforços de Marx voltados a lidar adequadamente com as complexidades mistificadoras do seu objeto de análise com base na investigação empírica concreta, em vez da mera abstração filosófica.

No decorrer de sua análise das várias reflexões teóricas sobre a autoalienação humana real, Marx apresenta o seguinte argumento geral:

> Está fundado na essência do estranhamento que cada esfera me imputa um *critério distinto e oposto*: um, a moral; outro, a economia política, porque cada uma é um estranhamento determinado do homem e cada uma foca sua atenção em um *círculo particular da atividade essencial estranhada*; cada uma se *comporta estranhadamente* com relação à outra. [...] Assim, o senhor Michel Chevalier repreende Ricardo por este abstrair da moral. Mas Ricardo deixa a economia política falar a sua própria linguagem. Se esta não fala moralmente, então a culpa não é de Ricardo (121 [143 modif.]).

Assim, ele enfatiza que as contradições que encontramos nesses campos são necessariamente inerentes à relação estrutural das várias disciplinas do pensamento umas com as outras e com um determinante comum que paradoxalmente faz com que se contraponham entre si. Mas como é possível tal relação paradoxal? Como sucede essa dupla alienação?

Antes que possamos tentar elucidar as respostas enigmáticas de Marx a essas perguntas nada fáceis, temos de empreender uma jornada de volta a alguns elementos fundamentais do discurso marxiano.

O problema imediato de Marx é: por que existe tal abismo entre a filosofia e as ciências naturais? Por que a filosofia permanece tão estranha e hostil para elas quanto elas para a filosofia? Esse antagonismo é absurdo porque:

> quanto mais a ciência natural interveio de modo <u>prático</u> na vida humana mediante a indústria, reconfigurou-a e preparou a emancipação humana, tanto mais teve de completar, de maneira imediata, a desumanização. A <u>indústria</u> é a relação histórica <u>efetiva</u> da natureza e, portanto, da ciência natural com o homem; por isso, se ela é apreendida como revelação <u>exotérica</u> das <u>forças essenciais</u> humanas, então também a essência <u>humana</u> da natureza ou a essência <u>natural</u> do homem é compreendida dessa forma, e por isso a ciência natural perde a sua orientação *abstratamente material*, ou antes *idealista*, tornando-se a *base da ciência <u>humana</u>*, como agora já se tornou – ainda que em figura estranhada – a base da vida efetivamente humana; uma <u>outra</u> base para a vida, uma outra para a <u>ciência</u> é de antemão uma mentira. A natureza que vem a ser na história humana – no ato de surgimento da história humana – é a natureza <u>efetiva</u> do homem, por isso a *natureza*, assim como vem a ser *por intermédio da indústria*, ainda que em *figura <u>estranhada</u>*, é a *natureza <u>antropológica</u>* verdadeira (110-1 [111-2]).

A partir dessa citação fica claro que, na sua crítica à filosofia, Marx não se deixa guiar por algum ideal equivocado de remodelar a filosofia com base na ciência *natural*. Na verdade, ele critica duramente tanto a filosofia quanto as ciências naturais. Aquela, por ser "especulativa"; e esta, por ser "abstratamente material" e "idealista". Na visão de Marx, tanto a filosofia quanto as ciências naturais são manifestações do mesmo estranhamento. (Os termos "abstratamente material" e "idealista" indicam que a ciência natural passou a constituir, "em uma forma estranhada", a base da "vida humana real", pelo fato de estar necessariamente interconectada com uma forma alienada da indústria, que corresponde a um modo de produção alienado, a uma forma alienada da atividade produtiva.) É por isso que Marx contrapõe *tanto* à "filosofia especulativa" *quanto* à "ciência natural idealista, abstratamente material" seu ideal de uma "*ciência <u>humana</u>*".

O que Marx quer dizer com o termo "ciência <u>humana</u>" é uma ciência da síntese concreta, integrada na vida real. Seu ponto de vista é o ideal do ser humano não alienado, cujas necessidades *humanas reais* – contrapostas tanto às necessidades "especulativamente inventadas" quanto às desumanizadas na prática, "abstratamente materiais" – determinam a linha de pesquisa em cada campo particular. As conquistas de cada um dos campos – guiados desde o início pelo quadro de referência comum de uma "ciência humana" não fragmentada – são então reunidas em uma síntese mais elevada que, por seu turno, determina as linhas subsequentes de investigações nos vários campos.

Essa concepção de "ciência humana", em contraposição à de uma ciência natural "abstratamente material e idealista", volta-se obviamente contra a fragmentação e a determinação alienada, "inconsciente", da ciência. Muitos exemplos da história da ciência atestam que a dimensão à qual certas linhas fundamentais de pesquisa são levadas é largamente determinada por fatores que, a rigor, situam-se muito além das fronteiras da própria ciência natural. (Tomemos um caso atual: não pode haver qualquer dúvida de que a *automação* é, no mínimo, um problema tão fundamentalmente *social* quanto *científico*.) As linhas de pesquisa realmente levadas a termo em qualquer era particular são necessariamente *finitas*, ao passo que as linhas de pesquisa *possíveis* são sempre virtualmente *infinitas*. É de extrema importância o papel das necessidades e preferências sociais de reduzir o infinito ao finito. No entanto – e esse é o argumento de Marx –, em uma sociedade alienada, o próprio processo de redução, uma vez que é "inconscientemente" determinado por um conjunto de necessidades alienadas, está fadado a produzir ainda mais alienação: a sujeição do ser humano a instrumentos cada vez mais poderosos feitos por ele mesmo.

A estrutura da produção científica é basicamente a mesma que a da atividade produtiva fundamental em geral (ainda mais porque as duas se fundem em medida considerável): a falta de controle do processo produtivo como um todo; o modo "inconsciente" e fragmentado de atividade, determinado pela inércia do quadro de referência institucionalizado do modo de produção capitalista; o funcionamento da ciência "abstratamente material" como mero *meio* para fins predeterminados, exteriores, alienados. Tal ciência natural alienada encontra-se entre a Cila de sua "autonomia" (isto é, da idealização do seu caráter fragmentário, "inconsciente") e a Caríbdis de sua subordinação como mero *meio* para alcançar fins alheios, exteriores (isto é, programas militares e pseudomilitares gigantescos, como voos à lua). Desnecessário dizer que a sujeição da ciência natural enquanto mero meio para fins alheios de modo algum é acidental, mas está necessariamente em conexão com seu caráter "autônomo", fragmentado, e, é claro, com a estrutura da atividade produtiva alienada em geral. Visto que a ciência se desenvolve em um quadro de referência fragmentado, compartimentado, é inconcebível que ela tenha objetivos gerais, os quais, por conseguinte, devem ser impostos de fora.

A filosofia, em contrapartida, expressa uma alienação dupla da esfera do pensamento especulativo (1) em relação a toda e qualquer prática – incluindo a prática da ciência natural, ainda que alienada – e (2) em relação a outros campos teóricos, como a economia política. Na sua "universalidade" especulativa, a filosofia se torna um "fim em si" e "para si", contraposta de modo fictício ao domínio dos meios: um reflexo abstrato da alienação institucionalizada dos meios em relação aos fins. Separando-se radicalmente de todos os demais modos de atividade, a filosofia aparece para os seus representantes como a única forma de "atividade genérica", isto é, como a única forma de atividade digna do ser humano enquanto "ser universal". Assim, em vez de constituir uma dimensão universal de toda atividade, integrada na prática e em seus vários reflexos, ela funciona como uma "universalidade alienada", independente (*"verselbständigt"*), expondo a absurdidade de todo esse sistema de alienações pelo fato de tal "universalidade" fictícia ser percebida como a mais esotérica de todas as *especialidades* esotéricas, estritamente reservada para os "sumos sacerdotes" (os *"Eingeweihten"* [iniciados]) alienados dessa ocupação intelectual.

Se o caráter "abstratamente material" de cada uma das ciências naturais é vinculado a uma atividade produtiva fragmentada e desprovida de perspectivas, o caráter "abstratamente contemplativo" da filosofia expressa o divórcio radical de teoria e prática em sua universalidade alienada. Eles representam os dois lados da mesma moeda: autoalienação do trabalho manifesta em um modo de produção caracterizado por Marx e Engels como "o estado de inconsciência do gênero humano".

Isso nos leva de volta ao nosso problema original. Por que as diferentes esferas teóricas aplicam um "critério distinto e oposto" ao ser humano? Como é possível que, apesar de expressarem a mesma alienação, a "linguagem" da filosofia e a da economia política sejam tão diferentes que não conseguem se comunicar uma com a outra?

Visando simplificar esses temas em alguma medida, tentemos ilustrar, ainda que de maneira esquemática, a inter-relação estrutural dos principais conceitos implicados na teoria da alienação de Marx. (Esse tipo de esboço sempre é problemático porque tem de expressar em uma forma fixa, "bidimensional", a complexidade de intercâmbios dinâmicos. Por conseguinte, é preciso ressaltar que seu propósito não é substituir uma compreensão conceitual adequada, mas ser meramente um auxílio visual para ela.)

Os termos de referência fundamentais na teoria da alienação de Marx são "homem" (H), "natureza" (N) e "indústria" ou "atividade produtiva" (I). Para compreender "a essência <u>humana</u> da natureza ou a essência <u>natural</u> do homem" (110 [112]), o conceito de "atividade produtiva" (ou "indústria" – usado daqui por diante em função da brevidade) é de importância crucial. A "indústria" é tanto a *causa* da complexidade crescente da sociedade humana (ao criar novas necessidades, enquanto satisfaz as antigas: "essa *produção de novas necessidades* constitui o primeiro ato histórico"[9]) quanto o *meio* de afirmar a supremacia do ser humano – como "ser universal" que é ao mesmo tempo um "ser específico" único – sobre a natureza. Ao considerar os pontos de vista de Marx, devemos ter em mente que, quando ele usa o termo "real" (*wirklich*) para o ser humano, ele ou o iguala a "histórico" (110 [111]), ou simplesmente implica a historicidade como uma condição necessária da situação humana. Ele deseja explicar cada aspecto dos fenômenos analisados em termos intrinsecamente históricos, o que significa que nada pode ser tido como certo e simplesmente assumido como dado último. Pelo contrário, a teoria inteira depende da prova da *gênese* histórica de todos os seus constituintes básicos. De acordo com isso, Marx descreve a relação entre "homem" (H), "natureza" (N) e "indústria" (I) na forma de uma *interação tripla* entre suas partes constituintes. Isso pode ser ilustrado da seguinte maneira:

---

[9]   Idem, *The German Ideology* (Londres, Lawrence & Wishart, 1965), p. 40 [ed. bras.: *A ideologia alemã*, trad. Rubens Enderle, Nélio Schneider e Luciano Martorano, São Paulo, Boitempo, 2007, p. 33].

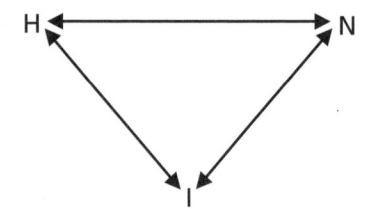

Como podemos ver, temos aqui uma *reciprocidade* dialética (indicada pelas setas de duas pontas) entre todos os três membros dessa relação, o que significa que o "homem" não só é o *criador* da indústria, mas também seu *produto*. (É claro que, de modo similar, ele é tanto o produto quanto o criador de uma "natureza verdadeiramente antropológica" – acima de tudo, dentro dele, mas também fora dele, na medida em que ele imprime sua marca na natureza. E visto que a relação do homem com a natureza é mediada por uma forma alienada de atividade produtiva, a "natureza antropológica" fora do ser humano carrega as marcas dessa alienação em uma forma que se expande permanentemente, demonstrada de maneira gráfica pela intensidade da *poluição* que ameaça a própria existência do gênero humano.)

Ao falar desse processo de interação recíproca, Marx o chama de a "gênese da sociedade humana". Ao mesmo tempo, ele nomeia os dois principais aspectos da função mediadora (de primeira ordem) fundamental da indústria com as expressões "essência natural do homem" e "essência humana da natureza" (110 [112]). A sua expressão: "natureza real do homem" – em oposição à natureza biológica ou animal do ser humano – tem o propósito de abarcar os dois aspectos e, consequentemente, definir a *natureza humana* nos termos de uma relação necessariamente *tripla* de reciprocidade dialética. A natureza biológica ou animal do ser humano, em contraposição, só pode ser definida nos termos de uma relação *dupla*, ou, invertendo a formulação, descrever a situação ontológica básica meramente nos termos de uma relação dupla, entre "Homem" e "Natureza", explicaria tão somente as características da natureza biológico-animal do ser humano. Pois consciência humana já implica uma relação humana específica com a "indústria" (compreendida em seu sentido mais geral como "atividade produtiva"). Uma das contradições básicas das teorias que idealizam a reciprocidade *não mediada* entre "Homem" e "Natureza" é que elas próprias se colocam no impasse dessa relação animal, da qual não se pode derivar uma única característica do dinamismo da história humana. Então, em uma tentativa de se livrar dessa contradição – para poder explicar as características especificamente humanas –, elas são forçadas a assumir uma "natureza humana já pronta", com todo o *apriorismo e teleologismo teológico* que necessariamente acompanham tal concepção filosófica.

A concepção de Rousseau, *mutatis mutandis*, pertence a esta última categoria, ainda que de modo paradoxal. Com efeito, nos termos mais genéricos, Rousseau tem consciência do caráter absurdo de uma idealização da natureza. Ele ressalta o seguinte:

Aquele que, na ordem civil, deseja preservar a primazia dos sentimentos naturais não sabe o que quer. Sempre em contradição consigo mesmo, hesitando entre suas inclinações e seus deveres, nunca será nem homem nem *cidadão*; não será bom nem para si nem para outrem. Será um dos homens de nossos dias; um francês, um inglês, um *burguês*; *não será nada*.[10]

E, no entanto, essa percepção nunca induz Rousseau a elaborar um relato genuinamente histórico do ser humano e de suas relações. Pelo contrário, a despeito de suas percepções, ele continua a operar com a noção fictícia de "preservar a constituição original do ser humano"[11]. (Deve ser enfatizado que sua idealização de uma *família* – hierárquica – como o *modelo antropológico* de relações "naturais" – contraposto ao sistema que produz um "ser artificial" – revela-se um estorvo considerável em suas análises.) Embora reconheça a irrevogável longinquidade da unidade direta "original" – em termos hegelianos, o caráter intrinsecamente *pretérito* da "Er-*innerung*" contraposto à realidade *presente* da "Ent-*-äusserung*" –, ele continua, diferentemente de Hegel, a postulá-la, muitas vezes de uma forma negativa, em sua negação sentimental da "civilização". Na concepção de Rousseau, a "indústria" (civilização) exerce uma função essencialmente *disruptiva*, ao pôr fim a uma relação "natural". Tal interpretação pode capacitar o filósofo para compreender certas contradições de um estágio dado da sociedade, mas não lhe permite indicar uma solução capaz de passar no teste do desenvolvimento histórico real. A "indústria" (civilização) entra em cena como algo "*mau*", embora Rousseau reconheça, nostalgicamente, a impossibilidade de eliminá-la. Assim, os próprios fundamentos do seu sistema são profundamente *a-históricos*. Em contraste com a concepção de Marx, ele pode ser ilustrado da seguinte maneira:

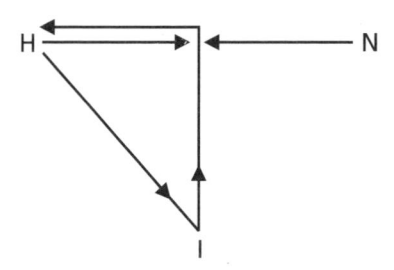

Como podemos ver, há uma espécie de "curto-circuito" em seu relato, e a interação unilateral entre ser humano e indústria resulta na trágica negatividade de divorciar ou alienar o ser humano da natureza. (Seria interessante investigar a relação entre a concepção rousseauniana de ser humano e natureza e a noção kantiana de "*das Böse*" – "o mal" – e, de modo geral, a filosofia kantiana da história, sua visão trágica do ser humano.) Visto que as relações ontológicas fundamentais são descritas por Rousseau nesses termos, seu ideal educacional de preservar a substância "original" da humanidade, mediante o cultivo do "naturalmente bom" no ser humano, está fadado a permanecer não só utópico, mas também tragicamente incorrigível. O "curto-circuito" produz um "círculo vicioso" que só pode ser rompido pela presunção injustificada de um educador "já pronto". O próprio

---

[10] Jean-Jacques Rousseau, *Émile ou de l'éducation* (Paris, Garnier-Flammarion, 1966), p. 40 [ed. bras.: *Emílio ou Da educação*, trad. Sérgio Milliet, 3. ed., Rio de Janeiro, Bertrand Brasil, 1995, p. 13 modif.].

[11] Ver, por exemplo, poucas páginas após tal crítica do "burguês [...] não é nada", ibidem, p. 51 [ed. bras.: ibidem, p. 24].

Rousseau tem consciência do caráter problemático de tal construção, mas, dados os seus conceitos fundamentais, nada pode fazer contra ele.

> Quanto mais se pensa nisso, tanto mais se depara com novas dificuldades. Fora *preciso* que o educador *tivesse sido* educado para o seu aluno; que os criados tivessem sido educados para seu senhor, de modo que todos os que estão nas proximidades do aluno lhe comunicassem as coisas certas; fora preciso de educação em educação remontar a não sei onde. Como esperar que uma criança seja educada por alguém que não o foi ele próprio? Encontrar-se-á esse mortal? [Um educador adequadamente educado.] Ignoro-o. Nesses tempos de aviltamento, quem sabe que ponto de virtude pode atingir uma alma humana? Mas *suponhamos* esse prodígio encontrado. É considerando o que *deve* fazer que veremos *o que deve ser.*[12]

O *ser* é, então, derivado do *deve*, a fim de servir de ponto de apoio de todo esse sistema de postulados contraposto à realidade da "civilização". Visto que se nega o fundamento de toda a historicidade – que também é o único fundamento possível de uma "educação do educador" –, o educador tem de ser assumido de modo fictício e incumbido da função irreal de proteger o "ser natural" das tentações da civilização, do dinheiro, da sofisticação etc., e, portanto, resgatá-lo educacionalmente das perspectivas de tornar-se um "ser artificial". O utopismo trágico de toda essa abordagem fica manifesto na contradição que a tudo impregna, a saber, que, enquanto Rousseau *nega* a mediação ontologicamente fundamental de ser humano e natureza pela "indústria" (não só em suas polêmicas explícitas contra a "civilização", mas principalmente ao postular o "homem natural"), ele *afirma* positivamente as mediações alienadas dessa mediação (1) ao idealizar a suposta primazia antropológica de uma família rigidamente hierárquica; (2) ao postular um sistema de educação – igualmente hierárquico – no qual "o criado é educado para o senhor" e "cada qual é educado para sua própria posição social" etc., e no qual o educador é milagrosamente "posto acima" do restante da sociedade; e (3) ao afirmar a natureza atemporal e a necessidade ideal das mediações de segunda ordem capitalisticamente institucionalizadas – "troca justa e vantajosa", a permanência eterna de "*meum*" e "*tuum*" etc. –, como vimos. Não é de se admirar, por conseguinte, que a impressão geral da concepção de Rousseau seja *estática*, adequadamente expressa no *páthos* trágico de uma revolta condenada à inércia e à impotência. Um *páthos* que expressa a configuração desfavorável de um conjunto de contradições, percebido e descrito a partir de um ponto de vista sócio-histórico específico por esse grande filósofo e escritor.

A abordagem de Marx é radicalmente diferente. Ele não está falando apenas da alienação do homem em relação à "natureza" como tal, mas da alienação do homem em relação à *sua própria* natureza, em relação à "natureza antropológica" (tanto dentro quanto fora do homem). O conceito mesmo de "natureza própria do homem" *necessariamente implica* a automediação ontologicamente fundamental do ser humano com a natureza por meio de sua própria atividade produtiva (e autoprodutiva). Consequentemente, a "indústria" (ou a "atividade produtiva") como tal adquire uma conotação essencialmente *positiva* na concepção marxiana, resgatando o ser humano do dilema teológico da "queda do homem".

Se, na concepção marxiana, tal papel essencialmente positivo é atribuído à "indústria", como se explica então a "alienação" enquanto "autoalienação", isto é, enquanto "alienação

---

[12]　Ibidem, p. 53 [ed. bras.: ibidem, p. 26 modif.].

do trabalho", enquanto "alienação das capacidades humanas em relação ao ser humano mediante sua própria atividade produtiva"?

Antecipando sucintamente o tópico central do próximo capítulo, na medida em que se faz necessário neste contexto, tracemos um diagrama comparativo. Digamos que (H) equivale a "homem", (P) a "propriedade privada e seu possuidor", (T) a "trabalho assalariado e o trabalhador", (NA) a "natureza alienada"[13] e (IA) a "indústria alienada" ou "atividade produtiva alienada"; com base nisso, podemos ilustrar as relações transformadas da seguinte maneira:

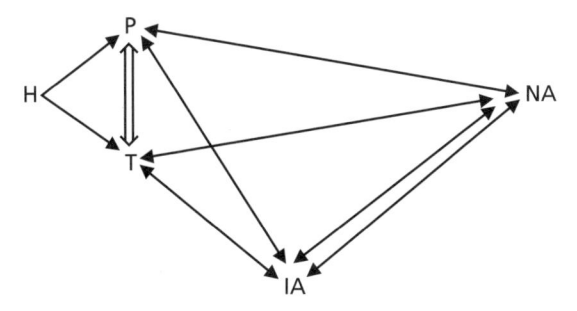

Aqui, como resultado da "autoalienação do trabalho" – a objetivação da atividade produtiva na forma de "trabalho alienado" (ou "atividade essencial estranhada", conforme outra expressão de Marx) –, temos uma multiplicidade de inter-relações básicas:

1) (H) é dividido em (P) e (T);

2) (P) e (T) são antagônicos;

3) a reciprocidade original (H) ↔ (I) ↔ (N) é transformada nas inter-relações alienadas entre:
   a) (P) ↔ (IA) ↔ (NA) e
   b) (T) ↔ (IA) ↔ (NA).

Ademais, visto que agora tudo está subordinado ao antagonismo básico entre (P) e (T), temos as seguintes inter-relações alienadas adicionais entre:

4) (P) ↔ (T) ↔ (IA) e

5) (P)↔ (T) ↔ (NA).

Nesses conjuntos de relações, nos quais as mediações de segunda ordem de (P) e (T) tomaram o lugar do "homem" (H), pode parecer que os conceitos de "homem" e "humanidade" são meras abstrações filosóficas para todos aqueles incapazes de ver além da imediaticidade direta das relações alienadas vigentes. (E eles de fato serão abstrações, se não forem considerados como formas sócio-historicamente concretas da alienação que

---

[13] Ver Karl Marx, *Economic and Philosophic Manuscripts of 1844* (trad. Martin Milligan, Londres, Lawrence and Wishart, 1959), p. 61-3 [ed. bras.: *Manuscritos econômico-filosóficos*, trad. Jesus Ranieri, São Paulo, Boitempo, 2004, p. 75-7].

assumem.) O desaparecimento do "homem" desse quadro, sua supressão prática por meio das mediações de segunda ordem de (P) e (T) – (tivemos de omitir as outras mediações de segunda ordem institucionalizadas, como, por exemplo, TROCA, DINHEIRO etc., em parte porque elas já estão implicadas em (P) e (T), em parte a fim de simplificar tanto quanto possível as inter-relações básicas) –, significa não só que passa a haver uma *ruptura* em cada vínculo dessas relações alienadas, mas também que o TRABALHO pode ser considerado como mero "*fato material*", em vez de ser apreciado como a ação *humana* de produção.

O problema do reflexo dessa "reificação" nos vários campos teóricos é inseparável dessa dupla mediação, isto é, da "mediação da mediação". O economista político faz uma exposição "reificada", "fetichista" das reais relações sociais de produção quando, do ponto de vista da PROPRIEDADE PRIVADA (P) idealizada, trata o TRABALHO (T) como mero fato de produção material e não consegue relacionar nem (P) nem (T) com o "homem" (H). (Marx observa que, quando Adam Smith começa a levar em conta o "homem", ele imediatamente abandona o terreno da economia política e adota o ponto de vista especulativo da ética.)

Agora estamos em uma posição mais propícia para compreender a afirmação de Marx, segundo a qual cada esfera teórica aplica um critério diferente e de fato antagônico ao ser humano, e "cada uma se encontra em uma relação estranhada com a outra". Com efeito, se a base das generalizações teóricas não for a relação ontológica fundamental de (H) ↔ (I) ↔ (N), mas sua *forma alienada*: a "mediação da mediação" reificada – isto é, (H) ↔ (P) ↔ (T) ↔ (IA) ↔ (NA) –, então, a economia política, por exemplo, que se identifica *diretamente* com o ponto de vista da propriedade privada, está fadada a formular seu discurso em termos de (P) e (T), enquanto que a ética, de acordo com sua própria posição, que só *indiretamente* coincide com "o ponto de vista da economia política" (isto é, o ponto de vista da propriedade privada), confrontará especulativamente o conceito abstrato do "Homem" com (P) e (T). O fato de as duas disciplinas abordarem, a partir de pontos de vista diferentes – embora só metodológica, mas não socialmente diferentes –, o mesmo fenômeno complexo permanece oculto aos representantes tanto da filosofia especulativa, moralizante, quanto da economia política empiricista.

Poderíamos ilustrar assim as respectivas posições da Ética, da Economia Política e das Ciências Naturais "abstratamente materiais" acerca das relações sociais de produção alienadas e reificadas:

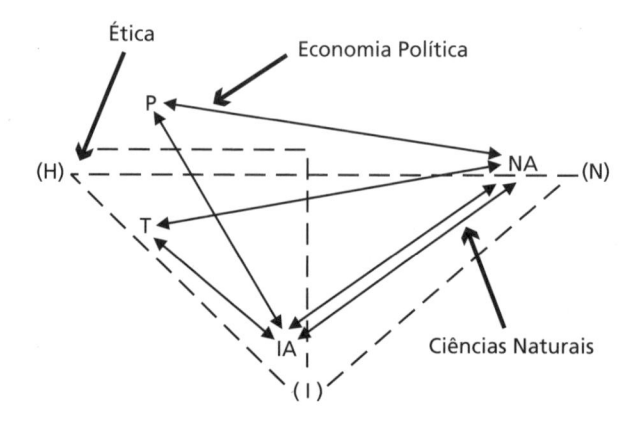

Como podemos ver, a "linguagem" da Economia Política e da Ética – sem mencionar as Ciências Naturais – não pode ser comum porque seus pontos de referência centrais estão longe de ser os mesmos[14]. Os pontos de referência da Economia Política são (P) ↔ (NA) ↔ (T) e (P) ↔ (IA) ↔ (NA), enquanto o centro de referência da Ética (e, *mutatis mutandis*, da filosofia especulativa em geral) é o "Homem" abstrato (ou suas versões ainda mais abstratas, como "Espírito do Mundo" etc.), representado em suas relações com a "Natureza" e a "Indústria" ou a "Civilização", na maioria das vezes, de modo rousseauniano, com todo o apriorismo e transcendentalismo nele implicados. (Os pontos de referência das Ciências Naturais são, obviamente, (NA) e (IA), com sua orientação dual para a natureza ou "pesquisa básica", por um lado, e para a tecnologia produtiva ou "ciência aplicada", por outro. A "alienação intensificada da natureza" – por exemplo, a *poluição* – é impensável sem a participação sumamente ativa das Ciências Naturais nesse processo. Elas recebem suas tarefas da "indústria alienada" na forma de "metas de produção" capitalistas – isto é, metas subordinadas às "leis naturais cegas" do mercado –, independentemente das implicações e repercussões humanas últimas da realização de tais incumbências.)

Marx enfatiza, além disso, que a idealização do "Homem" abstrato nada mais é que uma expressão especulativa, alienada, da relação (P) ↔ (T). A natureza das relações reais é tal que, para compreendê-las adequadamente, é necessário assumir uma atitude radicalmente crítica em relação ao sistema de alienações que "exterioriza" (ou "objetiva") o ser humano na forma de "trabalho alienado" e "propriedade privada reificada". O "ser humano real" – a "pessoa real, humana" – não existe de fato na sociedade capitalista, a não ser na forma alienada e reificada, na qual o encontramos como "Trabalho" e "Capital" (Propriedade Privada) antagonicamente relacionados entre si. Consequentemente, a "afirmação" do "homem" deve prosseguir pela via da *negação* das relações sociais de produção alienadas. A filosofia especulativa, contudo, não *nega* a relação (P) ↔ (T) ↔ (IA) ↔ (NA), mas apenas *abstrai* dela. E, por meio do seu conceito abstrato de "Homem", que ignora o antagonismo básico da sociedade: a realidade de (P) ↔ (T), a filosofia especulativa descreve as relações sociais de produção alienadas – de acordo com sua própria função ideológica específica – de um modo "sublimado", transformando a "realidade palpável" das contradições sociais reais em um antagonismo fictício e *a priori* insolúvel entre o "domínio do aqui e agora" e seu correlato "transcendental".

A partir da exposição marxiana fica claro que as várias esferas teóricas refletem – em uma forma necessariamente alienada, correspondendo a um conjunto de necessidades alienadas específicas – a alienação e reificação reais das relações sociais de produção. Todas elas focam sua atenção "em um círculo particular da atividade essencial estranhada" (isto é, a economia política na reprodução do ciclo econômico de produção; a filosofia especulativa na "atividade espiritual" e nas normas que regulam o comportamento humano em seus termos mais universais; e as ciências naturais "abstratamente materiais" nas condições de um intercâmbio direto entre ser humano e natureza), e cada uma "se comporta estranhamente com relação à outra".

Visto que nem a economia política nem a filosofia especulativa possuem consciência real do dinamismo social inerente ao antagonismo entre propriedade privada e trabalho – e

---

[14] Ibidem, p. 118-9 [ed. bras.: ibidem, p. 143].

precisamente por não serem capazes de reconhecer o caráter objetivo desse antagonismo como um antagonismo "que apressa a sua anulação" –, seus sistemas têm de permanecer *estáticos*, correspondendo ao ponto de vista necessariamente a-histórico da propriedade privada que direta ou indiretamente representam. A partir dessa perspectiva, elas só podem perceber – na melhor das hipóteses – o aspecto *subjetivo* de tal contradição básica: o choque direto dos indivíduos por "bens" ou "propriedade", mas não são capazes de apreender a *necessidade social* desses choques. Em vez disso, ou elas os interpretam como manifestações da "*natureza humana* egoísta" – o que equivale a uma defesa real da posição da propriedade privada sob a aparência de uma "condenação moral" do "egoísmo humano" –, ou, mais recentemente, tratam esses choques como problemas de "falta de comunicação", como tarefas para uma "engenharia humana", visando conceber métodos de minimização dos "conflitos em torno da propriedade", a fim de assegurar a existência continuada das relações sociais de produção alienadas.

Marx, em contraposição, apreende toda essa complexidade de conceitos inter-relacionados no seu centro estratégico: o dinamismo social *objetivo* da contradição entre PROPRIEDADE e TRABALHO. Ele reconhece que a "vida <u>humana</u> necessitou da <u>propriedade privada</u> para a sua efetivação" (134 [156]) porque "só mediante a indústria desenvolvida, ou seja, pela *mediação* da propriedade privada, vem a existir a *essência ontológica* da paixão humana, tanto na sua totalidade quanto na sua humanidade" (136 [157 modif.]). A alienação, a reificação e seus reflexos alienados são, por conseguinte, formas de expressão sócio-historicamente *necessárias* de uma relação ontológica fundamental. Esse é o "aspecto positivo" da autoalienação do trabalho.

Ao mesmo tempo, Marx enfatiza igualmente o aspecto negativo. Este está diretamente explicitado na contradição social entre PROPRIEDADE PRIVADA e TRABALHO: uma contradição que, no entanto, não pode ser percebida do ponto de vista da propriedade privada nem da perspectiva de uma identificação espontânea com a parcialidade do trabalho, mas apenas quando se adota o ponto de vista crítico da universalidade autotranscendente do trabalho. Na visão marxiana, a crescente evidência de um antagonismo social irreconciliável entre propriedade privada e trabalho é prova de que a fase ontologicamente necessária da autoalienação do trabalho e da automediação reificada – "por meio do *medium* da propriedade privada" etc. – aproxima-se do fim. A intensificação do antagonismo social entre propriedade privada e trabalho evidencia a mais profunda contradição do sistema produtivo dado e contribui muito para sua desintegração. Assim, a auto-objetivação humana na forma da autoalienação perde sua justificação histórica relativa e se torna um anacronismo social indefensável.

A necessidade ontológica só pode ser realisticamente contraposta por outra necessidade ontológica. A linha de raciocínio de Marx – ao ressaltar a necessidade (histórica) *relativa* da autoalienação, bem como o *anacronismo social* disruptivo da auto-objetivação enquanto autoalienação em um estágio posterior do desenvolvimento – estabelece a "*Aufhebung*" (a transcendência da alienação) como um conceito que denota *necessidade ontológica*. Marx argumenta que está em jogo a *necessidade* de uma suplantação *real* da reificação anteriormente indispensável, mas a essa altura cada vez mais paralisante (e, por conseguinte, historicamente insustentável), das relações sociais de produção. Também nesse aspecto sua teoria provoca um rompimento radical com as visões dos seus predecessores, que eram capazes de descrever a "transcendência" ou como mero *postulado moral* (um *"Sollen"*), ou como *requisito lógico* abstrato de um esquema especulativo desprovido de relevância prática.

Quanto à transcendência da alienação nos campos teóricos, deve ter ficado claro a partir do que foi dito até aqui que o ideal marxiano de uma "ciência humana" não tem o propósito de ser um programa de remodelagem da filosofia e das humanidades nas ciências naturais, não só porque estas últimas também são formas específicas da alienação, mas, acima de tudo, porque, nesse caso, estamos às voltas com uma questão prática, não teórica. Pois qualquer que seja o modelo que tenhamos em mente como nosso ideal de atividade filosófica, sua aplicabilidade dependerá da totalidade da prática social que gera, em toda e qualquer situação sócio-histórica, as necessidades praticáveis de cunho tanto intelectual quanto material. A realização do ideal marxiano de uma "ciência humana" pressupõe, por conseguinte, a existência (*"positiva"*) "autossustentável" dessas necessidades – não alienadas – no organismo social como um todo. A formulação de Marx do próprio ideal, em contraposição, corresponde à necessidade de *negar* – sob seus aspectos teóricos – a totalidade das relações sociais de produção existentes. Por conseguinte, a "ciência humana" torna-se realidade na medida em que a alienação é suplantada *na prática* e, consequentemente, a totalidade da prática social perde seu caráter fragmentado. (Nessa fragmentação, a teoria é contraposta à prática, e os campos particulares da "atividade essencial estranhada" – tanto teóricos quanto práticos – contrapõem-se reciprocamente.) Em outras palavras, a fim de realizar a "ciência humana", é preciso que a filosofia, a economia política, as ciências naturais "abstratamente materiais" etc. sejam *reciprocamente integradas* entre si, bem como à totalidade de uma prática social não mais caracterizada pela alienação e reificação das relações sociais de produção. Porque a "ciência humana" é precisamente essa *integração dual* – como transcendência da antes vista *alienação dual* – de cada um dos campos teóricos (1) entre si e (2) à totalidade de uma prática social não alienada.

O *"übergreifendes Moment"* (momento predominante) desse complexo é, obviamente, a suplantação da alienação na prática social mesma. Contudo, visto que a prática social alienada já está integrada, de forma "invertida" e alienada, à ciência "abstratamente material" e à filosofia especulativa, a transcendência real da alienação na prática social é inconcebível sem que se suplante, ao mesmo tempo, as alienações dos campos teóricos. Assim, Marx concebe o processo real da *"Aufhebung"* como um *intercâmbio dialético* entre esses dois polos – o teórico e o prático – no decorrer de sua *reintegração recíproca*.

3. Alienação e teleologia

Como vimos, tanto a "alienação" quanto sua *"Aufhebung"* denotam uma necessidade ontológica no sistema marxiano. O que temos de considerar agora é o tipo de *teleologia* que opera nos desenvolvimentos descritos por Marx.

Com frequência, Marx é acusado de "determinismo econômico". Presume-se que ele tenha sustentado a ideia ingênua de que a economia determina mecanicamente cada aspecto do desenvolvimento. Desnecessário dizer que tais imputações não podem ser levadas a sério. Pois – como já foi mencionado –, na visão de Marx, o ato histórico inicial do ser humano foi a *criação* de sua primeira nova necessidade, e não há como conceber uma determinação mecânica que seja responsável por isso. Na concepção dialética de Marx, o conceito-chave é "atividade humana produtiva", que *jamais* significa simplesmente "produção econômica". Desde o começo, ela é muito mais complexa do que isso, como de fato indicam as referências de Marx à *ontologia*. Estamos tratando aqui de uma estrutura extremamente complexa, e os enunciados de Marx sobre a importância ontológica da economia se tornam significativos apenas se formos capazes de apreender a ideia marxiana das múltiplas *mediações* específicas nos mais variados campos da atividade humana, que não são simplesmente "construídas sobre" uma base econômica, mas que também *estruturam* ativamente esta última mediante sua própria estrutura imensamente intrincada e relativamente *autônoma*. Somente se formos bem-sucedidos em apreender dialeticamente essa multiplicidade das mediações específicas, poderemos realmente entender a noção marxiana de economia. Com efeito, se a economia é o "determinante último", também é o "determinante determinado": ela não existe fora do complexo sempre concreto, historicamente cambiante das mediações concretas, incluindo as mais "espirituais". Mesmo que a "desmistificação" da sociedade capitalista, por causa do "caráter fetichista" do seu modo de produção e de troca, tome como ponto de partida a análise da economia, isso de modo algum significa que os resultados dessa investigação econômica possam simplesmente ser transferidos para as demais esferas e níveis. Até mesmo no tocante a cultura, política, direito, religião, arte, ética etc. da sociedade capitalista, ainda será preciso descobrir nos vários níveis da generalização histórico-filosófica as mediações complexas que nos capacitem para chegar a conclusões confiáveis tanto sobre as formas ideológicas específicas em questão quanto sobre a forma dada, historicamente concreta, da sociedade capitalista como um todo. E isso fica ainda mais evidente se tentarmos transferir a investigação para um nível mais geral, como de fato se torna necessário no decorrer da análise estrutural de qualquer forma particular da sociedade ou de qualquer forma específica da atividade humana. Não é possível apreender o "específico" sem identificar suas múltiplas interconexões com um sistema dado de mediações complexas. Em outras palavras, é preciso ser capaz de ver os elementos (sistemáticos) "atemporais" na temporalidade e os elementos temporais nos fatores sistemáticos.

É evidente que o "determinismo econômico" nega a inter-relação dialética entre temporalidade e atemporalidade, descontinuidade e continuidade, história e estrutura. Ele contrapõe à concepção dialética marxiana um modelo mecânico no qual predomina uma estrutura atemporal de determinações. (Alguns assim chamados "marxistas estruturalistas", com sua rejeição antidialética do "historicismo", são representantes do "determinismo econômico vulgar", em uma roupagem "estruturalista" culturalmente em voga. Foi essa velha tendência do "determinismo econômico vulgar" que fez Marx dizer, há muito tempo: "Não sou marxista".) O conceito das *mediações* complexas está ausente da visão dos deterministas econômicos que capitulam – ainda que inconscientemente – diante da "necessidade econômica cega" que parece prevalecer por meio do caráter fetichista do capitalismo, da alienação e reificação das relações sociais de produção sob o capitalismo. (As *Geisteswissenschaften* ["ciências do espírito"] e – *mutatis mutandis* – suas modernas versões estruturalistas são, na sua estrutura conceitual fundamental, uma forma mistificada de determinismo econômico "posto de cabeça para baixo", na medida em que o conceito crucial da *mediação* está ausente delas. Elas espelham a imediaticidade da reificação capitalista, ainda que de modo invertido, afirmando sob nomes "espiritualizados" o mesmo tipo de determinações mecânicas diretas. Consequentemente, ou elas apresentam uma negação rígida de toda a historicidade, ou inventam uma pseudo-história do "Espírito", destituída das transições e mediações dialéticas objetivas que caracterizam um relato histórico genuíno. É bastante significativo que alguns "estruturalistas marxistas" consigam alternar com a maior facilidade, de um lado para outro, entre as categorias das *Geisteswissenschaften* e seus próprios conceitos pseudomarxistas – isto é, deterministas econômicos vulgares.)

Visto que, de acordo com Marx, tanto a "alienação" quanto a "*Aufhebung*" devem ser entendidas em termos de necessidade ontológica, uma concepção histórica correta depende da interpretação dessa necessidade. O determinismo econômico enquanto hipótese histórica é uma contradição de termos, porque implica a negação última da história. Se história significa alguma coisa, ela deve ser "inconclusa". Por conseguinte, uma concepção histórica adequada deve estar aberta à ideia de uma ruptura da corrente das determinações econômicas – "reificadas", "fetichistas", "cegas" etc. (Na verdade, a transcendência da alienação é inconcebível sem a ruptura dessa corrente.) Desnecessário dizer que tal ideia é inadmissível do ponto de vista do determinismo econômico, que, por conseguinte, precisa negar a história, tomando como certo seu próprio ponto de vista – a-histórico – e convertendo-o em uma suposta "estrutura permanente".

Nesse ponto, o caráter paradoxal das realizações de Hegel se comprova como particularmente instrutivo. Em seu ensaio sobre *Moses Hess*, Lukács enfatiza o seguinte:

> A tremenda contribuição intelectual de Hegel consistiu no fato de ele ter posto *teoria* e *história* numa relação dialética, apreendendo-as numa compenetração recíproca, dialética. Em última análise, contudo, sua tentativa falhou. Ele nunca conseguiu chegar até a unidade genuína de teoria e prática; tudo o que ele logrou fazer foi ou *preencher a sequência lógica* das categorias com material histórico abundante, ou *racionalizar a história*, no formato de uma sucessão de formas, mudanças estruturais, épocas etc., as quais ele elevou ao nível de categorias, *sublimando-as e* abstraindo-as.[15]

O que Lukács não conseguiu ver na época em que escreveu *História e consciência de classe* foi que a concepção histórica hegeliana como um todo – concebida a partir do "ponto de vista da economia política", necessariamente a-histórico, que acarretou a identificação de "alienação" e "objetivação" – tinha de ser completamente a-histórica ou, mais exatamente, pseudo-histórica. Pois, independentemente da fineza e sensibilidade das percepções históricas particulares de Hegel, por causa de suas *assunções* a-históricas – isto é, "objetivação" = "alienação" etc. – ele teve de negar a história em sua totalidade, atribuindo-lhe um "fim" em conformidade com um "objetivo" *a priori*. Por conseguinte, não procede que – visando completar seu sistema – Hegel tenha abandonado de forma inconsistente o terreno de sua concepção histórica, mas desde o início sua concepção era intrinsecamente a-histórica. É por isso que ele *teve de* operar com o método de racionalização da história e de relativização da sequência lógica das categorias. E é por isso que ele teve de "deduzir" uma história humana sublimada das categorias do pensamento, em

---

[15] György Lukács, *Schriften zur Ideologie und Politik* (ed. Peter Ludz, Neuwied/Berlim, Luchterhand, 1967), p. 286. (Citação traduzida para o inglês por G. H. R. Parkinson.) [Nesta edição, tradução da versão inglesa. (N. T.)]

vez de elucidar estas nos termos daquela. (O reconhecimento de um agente "humanamente natural e naturalmente humano" da história – acarretando necessariamente uma objetividade específica que só pode ser apreendida nos termos de uma ontologia social dialética – teria impedido que ele convenientemente pusesse um fim à história no ponto da "reconciliação do Espírito do Mundo" com a realidade capitalista, antecipada pelo sistema hegeliano no próprio momento de sua concepção.) Assim – por mais paradoxal que isso possa soar –, a despeito de sua crítica programática (abstrata) da "imediaticidade", Hegel acabou idealizando a imediaticidade do fetichismo capitalista, manifesta na identidade *historicamente determinada* de objetivação capitalista e alienação capitalista.

As ações humanas não são inteligíveis fora de seu quadro de referência sócio-histórico. No entanto, a história humana, por seu turno, está longe de ser inteligível sem alguma espécie de *teleologia*. Contudo, se esta for de um tipo "fechado", *apriorístico* – isto é, como todas as variedades de *teleologia teológica* –, o sistema filosófico que faz uso de tal concepção de teleologia deverá ser, ele próprio, um "sistema fechado".

O sistema marxiano, em contraposição, é organizado nos termos de uma teleologia intrinsecamente histórica – "aberta" –, que não pode admitir a "fixidez" em nenhum dos seus estágios. Podemos ilustrá-lo, antecipando de modo sucinto alguns pontos principais dos capítulos subsequentes, com referência a dois enunciados marxianos em particular:

1) De acordo com Marx, toda necessidade é "necessidade *histórica*", a saber, "uma necessidade *evanescente*" ("*eine* verschwindende *Notwendigkeit*"[16]). Esse conceito não só torna inteligíveis as múltiplas transformações e transições dos fenômenos sociais em termos de *necessidade* histórica, mas, ao mesmo tempo, deixa as portas bem abertas no tocante ao desenvolvimento futuro da sociedade humana. (Mais sobre isso no Capítulo VIII.)

2) O "objetivo" da história humana é definido por Marx em termos da *imanência* do desenvolvimento humano (em contraposição ao *transcendentalismo* apriorístico da teleologia teológica), a saber, enquanto a realização da "essência humana", da "humanidade", do elemento "especificamente humano", da "universalidade e liberdade do ser humano" etc. pelo "autoestabelecimento humano mediante a atividade prática" (136 [157 modif.]), primeiramente em uma forma alienada e, depois, em uma forma positiva, autossustentada da atividade vital estabelecida como "necessidade interior". O ser humano como o "ser automediador da natureza" tem de desenvolver-se – por meio da dialética objetiva de complexidade cada vez maior das necessidades e das metas humanas – de acordo com as leis objetivas mais fundamentais da ontologia, da qual – e isto é vitalmente importante – o papel mediador ativo do próprio ser humano é parte essencial. Assim, o sistema marxiano permanece aberto porque nessa exposição o próprio "objetivo" da história é definido em termos intrinsecamente históricos, e não como uma meta já fixada. Na exposição de Marx, a história permanece aberta de acordo com a necessidade ontológica específica, da qual a teleologia humana automediadora é parte integrante: pois não pode haver maneira de predeterminar as formas e modalidades da "*auto*mediação" humana (cujas condições

---

[16]   Karl Marx, *Grundrisse der Kritik der politischen Ökonomie (Rohentwurf, 1857-1858)* (Berlim, Dietz, 1953), p. 716 [ed. bras.: *Grundrisse. Manuscritos econômicos de 1857-1858: esboços da crítica da economia política*, trad. Mario Duayer e Nélio Schneider, São Paulo, Boitempo, 2011, p. 706].

teleológicas complexas só podem ser satisfeitas no decorrer dessa automediação mesma), a não ser pela redução arbitrária da complexidade das ações humanas à simplicidade bruta das determinações mecânicas. Tampouco pode haver um ponto na história no qual pudéssemos dizer: "agora a substância humana foi plenamente realizada". Porque uma fixação desse tipo privaria o ser humano de seu atributo essencial: sua capacidade de "automediação" e "autodesenvolvimento"[17].

---

[17] Sobre esses pontos, ver Capítulos VI a X deste volume.

ASPECTS DA ALIENAÇÃO

Mas a força de trabalho em ação, o trabalho, é a própria atividade vital do trabalhador, a própria manifestação da sua vida. E é essa atividade vital que ele vende a um terceiro para se assegurar dos meios de vida necessários. A sua atividade vital é para ele, portanto, apenas um meio para poder existir. Trabalha para viver. Ele nem sequer considera o trabalho como parte da sua vida, sendo antes um sacrifício da sua vida. É uma mercadoria que adjudicou a um terceiro. Por isso, o produto da sua atividade tampouco é o objetivo da sua atividade. O que o trabalhador produz para si próprio não é a seda que tece, não é o ouro que extrai das minas, não é o palácio que constrói. O que ele produz para si próprio é o salário; e a seda, o ouro, o palácio reduzem-se para ele a uma determinada quantidade de meios de vida, talvez a uma camisola de algodão, a uns cobres, a um quarto em um porão. E o trabalhador, que, durante doze horas tece, fia, perfura, torneia, constrói, cava, talha a pedra e a transporta etc. – valerão para ele essas doze horas de tecelagem, fiação, perfuração, torneamento, construção, cavação, talhamento como manifestação da sua vida, como vida? Bem pelo contrário. Para ele, quando termina essa atividade é que começa a sua vida, à mesa, na taberna, na cama. As doze horas de trabalho não têm de modo algum para ele o sentido de tecer, de fiar, de perfurar etc., mas representam unicamente o meio de ganhar o dinheiro que lhe permitirá sentar-se à mesa, ir à taberna, deitar-se na cama. Se o bicho-da-seda fiasse para manter a sua existência de lagarta, ele seria um autêntico trabalhador assalariado.

– Karl Marx, *Trabalho assalariado e capital**

* Trad. José Barata-Moira e Álvaro Pina, Lisboa, Avante!, 1982. Disponível em <http://www.marxists.org/portugues/marx/1849/04/05.htm>. Adaptado para o português do Brasil por este tradutor. (N. T.)

IV

ASPECTOS ECONÔMICOS

1. A crítica marxiana da economia política

O caráter geral de uma obra é determinado pelo ponto de vista do seu autor. Por conseguinte, é importante perguntar qual é a perspectiva de Marx quando ele analisa os vários aspectos da alienação. Quanto a isso, adquire relevância o fato de Marx ter repreendido Proudhon por este ter criticado a economia política do ponto de vista da economia política, o que o fez incorrer na contradição de abolir o estranhamento econômico-político *dentro* do estranhamento econômico-político[1]. Na mesma linha, Marx caracterizou Hegel como autor que adotou o ponto de vista da economia política moderna (152 [124]).

O problema do ponto de vista do filósofo no tocante à alienação, em última análise, é idêntico ao problema de sua atitude para com a *suplantação* (*Aufhebung*) da alienação. Compartilhar "do ponto de vista da economia política" significa ser incapaz de elaborar em termos concretos as condições de uma suplantação real. E suplantar a alienação "<u>dentro da alienação econômico-política</u>" significa não suplantá-la de modo algum.

Quando escreve sobre a alienação, Marx tem o cuidado de distinguir sua posição da crítica utópica da economia política. De fato, ele havia criticado Proudhon, já na década de 1840, por sua incapacidade de distanciar-se da abordagem utópica da categoria da propriedade típica dos socialistas franceses, como Saint-Simon e Fourier[2]. Logo veremos os problemas econômicos concretos envolvidos no utopismo de Proudhon conforme criticados nos *Manuscritos de 1844*, de Marx. Foi a inaptidão de Proudhon para resolver

---

[1] Ver, em particular, Karl Marx e Friedrich Engels, *Werke* (doravante abreviado como MEW), v. II, p. 32, 34 e 44 [ed. bras.: *A sagrada família*, trad. Marcelo Backes, São Paulo, Boitempo, 2003, p. 43, 45 e 54-5].

[2] Para uma apreciação geral da relação de Marx com Proudhon, ver sua carta a J. B. von Schweitzer, em 24 de janeiro de 1865 (ibidem, v. XVI, p. 25).

esses problemas que o levou a adotar contraditoriamente, a despeito de suas intenções programáticas explícitas, o ponto de vista da economia política "de modo sinuoso"[3].

Por que Marx teve de se contrapor ao ponto de vista da economia política?

Basicamente porque tal perspectiva estava em contradição com a abordagem histórica que poderia visualizar a suplantação da alienação.

Marx caracteriza a posição da economia política como uma posição baseada no "estado primitivo imaginário". Essa condição primordial fictícia constitui um raciocínio falacioso: nesse caso, ela exibe a característica de uma *petitio principii* [petição de princípio]. O economista político

> *supõe* na forma do fato, do acontecimento, aquilo que deve *deduzir*, notadamente a relação necessária entre duas coisas, por exemplo entre divisão do trabalho e troca. Assim o teólogo explica a origem do mal pela queda em pecado, isto é, *supõe como um fato dado e acabado*, na forma da história, *o que deve explicar* (68-69 [80 modif.]).

A história do pensamento está repleta desse tipo de falácia. Suas variedades são determinadas pelo caráter particular das interconexões históricas concretas desconsideradas. (Alguns negligenciam ou ignoram as relações existentes; outros enunciam conexões inexistentes; outros ainda invertem a ordem das inter-relações reais etc.)

Vemos aqui um bom exemplo de uma das características básicas do pensamento marxiano, a saber, que a abordagem histórica de qualquer coisa é, ao mesmo tempo, a substanciação das categorias da lógica em termos históricos, concretos. Nesse sentido, a *petitio principii* nada mais é que a *determinação relacional* que exclui a questão do *devir* (*Werden*) histórico concreto, *assumindo* um *ser* (*Sein*) *a priori* a fim de eliminar por meio da explicação as dificuldades e contradições de uma *existência determinada* (*bestimmtes Dasein*).

Nessa exposição, nenhuma relação ou fato social – que é, por definição, uma relação – pode ser aceito como dado. Tudo que é específico, tudo que possui uma forma (visto que toda forma particular expressa uma *relação* específica com seu *conteúdo*), deve ser explicado em termos de *devir* e, assim, nenhum estado primitivo pode ser suposto. É por isso que Marx começa definindo a relação historicamente primária entre o ser humano e a natureza como *relação da natureza consigo mesma*, baseado no fato de que o ser humano é uma parte específica da natureza. Inclusive no tocante à própria natureza, sem uma referência histórica concreta, nada pode ser afirmado além de que ela é idêntica a si mesma, ao passo que a afirmação da relação entre a parte e o todo (o ser humano como parte específica da totalidade da natureza) exige uma concepção intrinsecamente histórica.

Para definir o ser humano como uma parte específica da natureza, é preciso não só uma concepção histórica abrangente da própria natureza, responsável pela possibilidade, de fato, necessidade, de diferenciação dentro da natureza (uma necessidade que depende da criação de condições incompatíveis com um estado de coisas prévio), mas também um fator particular que requer uma *forma peculiar de diferenciação*, resultando na relação intrínseca ser humano-natureza.

---

[3]   Ibidem, p. 28.

O fator que envolve essa forma peculiar de diferenciação (aquela que reformula a relação "parte-todo" da seguinte maneira: o ser humano enquanto parte específica da natureza) é a "indústria", a "atividade com propósito", a "atividade vital essencial". Nesse sentido, o conceito de atividade (trabalho) é logicamente (e historicamente) *anterior* ao conceito de ser humano. Contudo, é claro que essa prioridade é *relativa*, pois todos os três membros dessa relação dialética pertencem à mesma totalidade complexa, e nenhum deles pode ser abstraído dela sem destruir essa relação específica como tal.

Marx se opõe à abordagem do economista político[4], que tem como ponto de partida a estrutura lógica de uma *petitio principii*, um método que parte "de um fato econômico real". E tal fato é este: o "trabalho não produz somente mercadorias; *ele produz a si mesmo e ao trabalhador como uma <u>mercadoria</u>*, e isto na medida em que produz, de fato, mercadorias em geral" (69 [80]).

Esse ponto sobre o trabalho que produz a si mesmo e o trabalhador como mercadoria é de suma importância para a compreensão da posição de Marx sobre a questão da suplantação. Visto que o fundamento mesmo da existência humana e de todos os atributos humanos é a atividade produtiva com propósito, que, como vimos, tem relativa prioridade sobre o conceito de ser humano, não há razão para visualizar uma suplantação quando não se é capaz de apresentar o trabalho dentro de um quadro de referência histórico, mostrando o processo real por meio do qual a atividade produtiva com propósito se *converte em* trabalho assalariado (ou "trabalho alienado").

Marx formula esse ponto com muita clareza em *O capital*, quando escreve:

> Está claro que capital pressupõe trabalho na forma de trabalho assalariado. No entanto, da mesma forma está claro que *se o trabalho na forma de trabalho assalariado é tomado como ponto de partida*, de modo que a identidade do trabalho em geral com o trabalho assalariado apareça como autoevidente, então capital e terra monopolizada também devem aparecer como a forma *natural* das condições do trabalho em relação ao trabalho em geral. Ser capital aparece, então, como a forma natural dos meios de trabalho e, desse modo, como o caráter pura e simplesmente real que surge de sua função no processo do trabalho em geral. *Capital e meios de produção produzidos consequentemente se tornam termos idênticos.* [...] O trabalho como tal, em sua simples capacidade como *atividade produtiva com propósito, tem relação com os meios de*

---

[4] Marx com frequência compara os economistas políticos com os teólogos. Em *O capital*, por exemplo, ele cita a seguinte passagem da edição francesa original de sua obra *Misère de la philosophie* (Paris, 1847): "*Les économistes ont une singulière manière de procéder. Il n'y a pour eux que deux sortes d'institutions, celles de l'art et celles de la nature. Les institutions de la féodalité sont des institutions artificielles, celles de la bourgeoisie sont des institutions naturelles. Ils ressemblent en ceci aux théologiens, qui eux aussi établissent deux sortes de réligions. Toute réligion qui n'est pas la leur, est une invention des hommes, tandis que leur propre réligion est une émanation de Dieu – Ainsi il y a eu de l'histoire, mais il n'y en a plus*" [Os economistas procedem de um modo curioso. Para eles, há apenas dois tipos de instituições, as artificiais e as naturais. As instituições do feudalismo seriam artificiais, ao passo que as da burguesia seriam naturais. Nisso, eles são iguais aos teólogos, que também distinguem entre dois tipos de religiões. Toda religião que não a deles é uma invenção dos homens, ao passo que sua própria religião é uma relação de Deus. – Desse modo, houve uma história, mas agora não há mais]. Karl Marx, *Capital*, v. I (trad. Samuel Moore e Edward Aveling, Moscou, 1958), p. 81 [ed. bras.: *O capital: crítica da economia política. Livro I: O processo de produção do capital*, trad. Rubens Enderle, São Paulo, Boitempo, 2013, p. 156, n. 33].

produção, não em sua forma social determinada, mas, antes, em sua substância concreta, como material e meios do trabalho.[5]

Como vemos, o conceito marxiano de "trabalho alienado" (ou trabalho assalariado) é inseparável de sua ideia de que a *forma social determinada* da atividade produtiva, que traz a "valorização do mundo das coisas" ao preço da "desvalorização do mundo dos homens", é uma forma que pode ser suplantada.

O interesse de Marx por problemas da economia política está diretamente relacionado com essa questão da suplantação. Ele enfatiza que "no movimento da propriedade privada, precisamente da *Economia*, o movimento revolucionário inteiro encontra *tanto a sua base empírica quanto teórica*" (102 [106]), e a maior parte da crítica que o jovem Marx dirige aos seus camaradas políticos diz respeito à relação destes com o problema de uma transcendência prática da alienação humana.

Uma das passagens mais importantes sobre esse ponto nos *Manuscritos de 1844* tem o seguinte teor:

> A propriedade privada material, imediatamente sensível, é a expressão material-sensível da vida humana estranhada. Seu movimento – a produção e o consumo – é a manifestação sensível do movimento de toda produção até aqui, isto é, realização ou realidade do homem. Religião, família, Estado, direito, moral, ciência, arte etc. são apenas formas particulares da produção e caem sob a sua lei geral. A transcendência positiva da propriedade privada enquanto apropriação da vida humana é, por conseguinte, a transcendência positiva de todo estranhamento, portanto o retorno do homem da religião, família, Estado etc. à sua existência humana, isto é, social. O estranhamento religioso enquanto tal somente se manifesta na região da consciência, do interior humano, mas o estranhamento econômico é o da vida real – sua transcendência abrange, por isso, ambos os lados (102-3 [106 modif.]).

É autoevidente que não se pode combater o estranhamento da vida real – isto é, o estranhamento econômico – sem dominar na teoria os complexos problemas socioeconômicos implicados nele. No entanto, o tipo de investigação econômica previsto por Marx perde inteiramente o sentido, a menos que se tenha, em relação à questão da "prática", essencialmente a mesma atitude que ele. Assim, a crítica que Marx faz aqui é direcionada não só aos representantes da filosofia especulativa, mas também àqueles que, como Feuerbach, só conseguem conceber a prática "em sua forma de manifestação judaica, suja"[6].

Em contrapartida, as tentativas dos *"reformadores en détail"* (30 [30]) de articular suas visões em uma forma econômico-institucional também estão condenadas a cair no vazio, porque o reformador visa ao melhoramento *no interior da* estrutura dada com os meios desta e está, por conseguinte, sujeito às próprias contradições que ele pretende contrabalançar ou neutralizar.

---

[5]   Ibidem, v. III, p. 804.

[6]   Ver idem, *Economic and Philosophic Manuscripts of 1844* (trad. Martin Milligan, Londres, Lawrence and Wishart, 1959), p. 109-10 [ed. bras.: *Manuscritos econômico-filosóficos*, trad. Jesus Ranieri, São Paulo, Boitempo, 2004, p. 110-1]. Embora o nome de Feuerbach não seja mencionado, a crítica implícita se aplica também à sua obra.

Para Marx, em contraste com os reformadores, as investigações econômicas não servem de base teórica para uma ação *econômica*, mas para uma ação *política*. Ele está interessado em problemas da economia só na medida em que estes revelam a hierarquia complexa da estrutura que ele deseja ver positivamente transcendida. Ele não quer revelar os pontos "*fracos*" do sistema capitalista (que, de qualquer modo, eram bastante óbvios para muitos críticos moralistas bem antes de Marx, devido às suas notórias repercussões humanas), mas seus pontos *fortes*. Aqueles que convergem para o resultado que ele chama de "*triunfo civilizado da propriedade móvel*" (91 [97]), isto é, o triunfo do pré-capitalismo sobre o feudalismo.

As investigações econômicas de Marx ajudaram-no a descobrir as contradições internas da força econômica que resultou nesse "triunfo civilizado" e, assim, limpar o terreno para um tipo bem diferente de ação. Diferente porque uma *ação econômica* só poderia amenizar as contradições de uma força dinâmica – a que está por trás do triunfo civilizado da propriedade móvel – que possui, ela própria, um caráter *econômico*.

É por isso que Marx levanta objeções tão fortes, já nos *Manuscritos de 1844*, à abordagem de Proudhon do assunto. Ele escreve:

> A diminuição do juro monetário – que Proudhon considera como a supressão do capital e enquanto tendência para a socialização do capital – é [...] antes de tudo, imediatamente apenas um sintoma do completo triunfo do capital que trabalha sobre a riqueza esbanjadora, ou seja, a transformação de toda a propriedade privada em capital industrial – o completo triunfo da propriedade privada sobre a aparência de todas as qualidades ainda humanas da mesma e a completa sujeição do proprietário privado pela essência da propriedade privada – o trabalho. [...] O decréscimo dos juros é, por isso, apenas um sintoma da supressão do capital, na medida em que é um sintoma de sua plena dominação, estranhamento que se completa e, por isso, avança para sua abolição. Este é, em geral, o único modo em que o existente confirma o seu contrário (127-8 [148]).

Como vemos, o ponto de vista dessa análise econômica não é econômico, mas *político*, e tudo culmina na referência ao "processo de tornar-se plenamente desenvolvido", interpretado como o avanço acelerado do estranhamento até o ponto em que é abolido.

Na verdade, a questão de uma transcendência positiva só pode ser formulada em termos *políticos*, já que ainda está por nascer a sociedade que se tem em mente como suplantação real daquela que está sendo criticada. É característico da política (e, naturalmente, da estética, da ética etc.) *antecipar* (e, consequentemente, promover) futuros desenvolvimentos sociais e econômicos. A política poderia ser definida como a *mediação* (e, com suas instituições, como um meio dessa mediação) entre o estado *presente* e o estado *futuro* da sociedade. De acordo com isso, suas categorias exibem o caráter apropriado para essa função mediadora, e referências ao futuro são, por conseguinte, parte integrante de suas categorias. (A política conservadora exibe, tanto quanto a política radical, as características dessa função mediadora. Apenas suas categorias são menos explícitas, e a ênfase positiva recai, obviamente, sobre definir sua relação com o presente. O tipo conservador de mediação política procura maximizar o elemento da continuidade em suas tentativas de vincular o presente ao futuro, enquanto a política radical, é claro, põe ênfase na descontinuidade.)

A economia, em contraposição, não possui tal função de mediação e, por conseguinte, não pode operar com categorias do futuro. Se o fizer, ela necessariamente se torna *política utópica* (ou filosofia social utópica) disfarçada de economia política.

Disso decorre que a "suplantação" não pode ser visualizada em termos puramente econômicos, mas tem de sê-lo em categorias qualificadas em termos *políticos, morais, estéticos* etc. O modo como Marx trata esse assunto não constitui exceção nesse tocante. Ele só pode usar categorias econômicas quando analisa a forma social existente da atividade produtiva. No que se refere à questão da "transcendência positiva", da "suplantação" etc., ele utiliza expressões como "a emancipação completa de todas as qualidades e sentidos humanos" (106 [109]). Podemos notar não só que o argumento tem fortes matizes *morais*, mas também que a palavra-chave – *emancipação* –, destacada pelo próprio Marx, é um termo especificamente político.

O termo – empregado por Marx para caracterizar a "suplantação" – que mais se aproxima das categorias da economia é "associação" (63-64 [76]). Contudo, precisamente por causa do seu caráter englobante, oniabrangente, não há como ele ser outra coisa senão um princípio político geral, visualizado como o centro de referência para uma futura economia socialista. E, para que se possa defini-lo como um princípio econômico de caráter *socialista*, ele deve ser relacionado com questões especificamente políticas e morais. (Tais como "igualdade", "emancipação de todas as qualidades e sentidos humanos", "terra como propriedade pessoal do ser humano" etc.). A "associação" pode ser de vários tipos e, quanto às suas referências econômicas conforme usadas por Marx, indicam somente:

1) algo que já pertence à estrutura econômica existente (por exemplo, "vantagens econômicas da propriedade fundiária em grande escala");

2) uma *negatividade* (isto é, que a "associação" é uma garantia contra crises econômicas).

É por meio das referências a questões políticas e morais que a categoria da "associação" adquire seu significado marxiano – em nítido contraste com as possíveis interpretação e aplicação corporativas do termo –, que a torna adequada para vir a ser o princípio básico da economia socialista. (Essa é uma das principais razões por trás do método marxiano de análise, que relaciona estreitamente as questões econômicas com as políticas, morais etc. Até mesmo os problemas estéticos, como veremos no Capítulo VII, são analisados de maneira a pôr em relevo suas interconexões com as questões econômicas e políticas mais gerais e, consequentemente, respaldar o caráter especificamente socialista das soluções visualizadas para essas formulações gerais.) No entanto, quando se rompe o elo entre os aspectos políticos, morais e econômicos dessas questões, tendo em vista as razões anteriormente mencionadas, elas perdem seu caráter socialista marxiano, e sua relevância para uma transcendência positiva da alienação se torna extremamente duvidosa.

O procedimento de Marx, em consequência, consiste em partir de uma *análise econômica* concebida como a base teórica de uma *ação política* visada. Isso não significa, contudo, que ele identifique a "transcendência" com essa ação política. Pelo contrário, muitas vezes ele enfatiza que a alienação da atividade produtiva só pode ser superada definitivamente na *esfera da produção*. A ação política só pode criar as condições gerais que não são idênticas à suplantação real da alienação, mas são um *pré-requisito* necessário dela. O processo concreto de suplantação reside no futuro, bem adiante do período da ação política que estabelece as condições necessárias para dar início ao processo da transcendência positiva.

Não há como dizer quão distante no futuro está esse processo, porque ele depende de muitas condições, incluindo a do desenvolvimento científico. De qualquer maneira, não há dúvida de que o Marx maduro situou esse processo da transcendência positiva em um futuro ainda mais distante do que o jovem Marx o tinha situado[7].

Se compararmos essa concepção com a de Proudhon, fica claro que o que falta a este último é o *elo intermediário* necessário para criar os pré-requisitos de uma transcendência positiva. O caráter *utópico* da filosofia de Proudhon é determinado pela falta desse elo intermediário, da mesma forma que o caráter teológico do conceito rousseauniano de ser humano é determinado por sua atitude negativa para com a mediação necessária (indústria, ou "civilização") entre ser humano e natureza, isto é, pela falta desse elo mediador em seu conceito de "estado natural".

Proudhon visualiza uma *medida econômica* direta para lidar com os aspectos negativos da situação dada e, consequentemente, em última análise, ele dissolve a política em economia utópica. Por causa dessa identificação da política com a ação econômica, ele precisa situar o processo de suplantação no presente ou no futuro imediato, além de ter de operar com as categorias da economia política.

É isso que Marx chama de "abolir o estranhamento econômico-político <u>dentro</u> do estranhamento econômico-político". Visto que, no salário do trabalho, "o trabalho aparece não como fim em si, mas como servidor do salário", a ideia de Proudhon de "forçar o aumento do salário" não resolve nada, argumenta Marx. Porque:

> mesmo a <u>igualdade de salários</u>, como quer Proudhon, transforma somente a relação do trabalhador contemporâneo com o seu trabalho na relação de todos os homens com o trabalho. *A sociedade é, nesse caso, compreendida como um capitalista abstrato.* Salário é uma consequência imediata do trabalho estranhado, e o trabalho estranhado é a causa imediata da propriedade privada. Consequentemente, com um dos lados tem também de cair o outro (81 [88]).

Toda essa crítica levaria mais tarde à conclusão de que a apropriação do capital pela comunidade não significa o fim da alienação. Com efeito, mesmo que a comunidade possua capital e o princípio da igualdade do salário seja implementado, na medida em que a comunidade nada é além de comunidade do *trabalho* (isto é, trabalho assalariado), toda a relação de estranhamento sobrevive em uma forma diferente. Nessa nova forma, o trabalho é elevado a uma "universalidade <u>representada</u>" (100 [104]), mas não conquista o *status* e a dignidade humanos, "aparece não como fim em si", porque se confronta com outra universalidade representada: "a <u>comunidade</u> como o capitalista universal". Somente quando for suplantada essa relação de confronto com um poder fora de si mesmo, que é a mesma coisa que não ser um fim em si, pode-se falar de uma transcendência positiva da alienação.

2. Da alienação parcial à alienação universal

Como já foi mencionado, o jovem Marx quer desvendar o segredo do "triunfo civilizado da propriedade móvel". A economia política o guia nessa empreitada. Muitas vezes ele

---

[7] Ver idem, *Capital*, cit., v. III, p. 799-800.

reconhece e enaltece os méritos da economia política clássica, porque vê nela uma tentativa exitosa de investigar as relações reais de produção na sociedade moderna. Em *O capital*, Marx chama as categorias da economia política de "formas de pensamento que expressam de modo socialmente válido as condições e relações de um modo de produção definido, historicamente determinado, a saber, a produção de mercadorias"[8], e essa avaliação está plenamente de acordo com sua abordagem da economia política nos *Manuscritos econômico-filosóficos*.

O argumento relativo ao triunfo civilizado da propriedade móvel se refere tanto ao desenvolvimento socioeconômico real quanto à economia política, na medida em que esta conceitualiza as leis daquele. De acordo com Marx, a conquista importante foi tratar o *trabalho humano* como "fonte de riqueza" (91 [97]). Ele descreve o desenvolvimento da economia política em termos do seu grau de consciência do fato de que o trabalho é a fonte da riqueza. Nesse sentido, distingue quatro estágios no desenvolvimento da economia política, sendo que os dois primeiros estão estreitamente conectados:

1) sistema monetário;

2) sistema mercantil;

3) fisiocracia;

4) economia política liberal.

Acompanhando o jovem Engels, ele chama Adam Smith de "o Lutero da economia política" (93-4 [99 modif.]); em contraste, os adeptos dos sistemas monetário e mercantil são chamados de "idólatras, fetichistas, católicos" (93 [99]) e, em outra passagem, de "adoradores do fetiche 'dinheiro metálico'" (123 [144 modif.]). A fisiocracia fornece um elo entre os primeiros dois estágios e o quarto no desenvolvimento da economia política, na medida em que ela atinge "a dissolução econômico-política da propriedade feudal", realizando ao mesmo tempo sua "transformação e recomposição econômico-política, agora com uma linguagem que se torna econômica, e não mais feudal" (95-96 [101 modif.]).

O quarto estágio, originalmente identificado com a obra de Adam Smith, não só desvela o fetichismo dos sistemas monetário e mercantil, mas também suplanta as inconsistências e a unilateralidade da fisiocracia, estendendo a todo o campo da economia o princípio do trabalho como a fonte universal da riqueza. Recorrendo às palavras de Marx para caracterizar a conquista da economia política liberal em contraste com a fisiocracia, o trabalho "aparece em primeiro lugar somente enquanto trabalho de cultivo da terra, mas se faz valer depois como trabalho em geral" (97 [102]).

O que significa tudo isso no que se refere à alienação?

A resposta é dada no mesmo momento em que consideramos que não é possível sequer discutir a alienação se permanecermos no domínio do fetichismo. O fetichismo, no uso marxiano do termo, significa, nesse contexto, simplesmente ver a riqueza como algo fora do ser humano e independente dele: como algo que possui o caráter da objetividade absoluta.

Possuindo tal caráter, ela obviamente é "sacrossanta". Aqui, é importante lembrar que as primeiras grandes questões controversas em conexão com a alienação, no fim da Idade

---

[8] Ibidem, v. I, p. 76 [ed. bras.: ibidem, Livro I, p. 151 modif.].

Média, foram a "alienabilidade da terra" e o juro obtido mediante empréstimo de dinheiro sem a "alienação do capital". Se a fonte de riqueza – nesse caso, a terra – possui tal objetividade absoluta, então obviamente ela não pode ser alienada, e o "triunfo civilizado da propriedade móvel" não poderia tornar-se real sem anular essa visão. Em contrapartida, a propriedade móvel também precisou de um tipo de estabilidade, embora um inteiramente diferente da "inalienabilidade da terra". Esse novo tipo de estabilidade *dinâmica* foi posto em vigor mediante a pressão pela legitimidade do lucro "*sem* a alienação do capital": condição essencial da acumulação. Em consequência disso, muitos hereges foram condenados ou até queimados pela Igreja católica por sustentarem que o lucro auferido do empréstimo sem a alienação do capital não era pecado, muito menos um pecado capital. É bastante significativo que um representante da fisiocracia, o político e economista francês Turgot, ainda na década de 1760, tenha sido obrigado a sair em defesa dos adeptos dessa visão "herética"[9].

Considerar a riqueza tão somente como um objeto exterior, e não como uma manifestação específica das relações humanas, significa que o problema da alienação nem mesmo pode ser abordado para além da generalidade – e, ao mesmo tempo, da absolutidade – da "queda do ser humano". Uma vez que a riqueza (o produto dos esforços humanos) tenha adquirido esse caráter de objetividade absoluta, não deixa de ser apropriado que o outro lado da relação – a natureza humana conforme sua manifestação nos vários tipos de atividade humana – também apareça sob o aspecto da absolutidade e eternidade metafísica. Isso está expresso de modo vívido no conceito da queda do ser humano em pecado, muitas vezes implicitamente assumido como o fundamento das explicações teóricas relativas a esse tema.

A fisiocracia representa um estágio no desenvolvimento da economia política em que essa aparência de absolutidade é questionada no que se refere aos dois lados da relação. A atividade humana é considerada como a fonte da riqueza, pois se reconhece que a terra não possui valor em si e por si só, mas tão somente em conexão com o trabalho humano. (É isso que quer dizer a expressão marxiana um tanto obscura de que a "essência subjetiva da riqueza já foi transferida para o trabalho" (96 [101]).) Em contrapartida, a atividade é definida em termos concretos, como *agricultura*, e só nessa forma específica é reconhecida como fonte de valor.

Embora na definição da atividade produtora de riqueza nessa forma específica, como diz Marx,

> *o trabalho não é ainda apreendido em sua universalidade e abstração*, ainda está ligado a um <u>elemento natural</u> particular <u>como sua matéria</u>, portanto ele também ainda é reconhecido apenas em um <u>modo de existência particular determinado pela natureza</u>. O trabalho é, por isso, primeiramente uma *alienação <u>específica</u>, particular,* do homem, da mesma maneira que o seu produto também é apreendido como um produto determinado – riqueza que cabe mais ainda à natureza que a ele próprio. A terra ainda é, aqui, reconhecida como um fenômeno da natureza

---

[9]   "*C'est d'après ce point de vue que je hasarde d'entrer ici dans une discussion assez étendue, pour faire voir le peu de fondement des opinions de ceux qui ont* condemné l'intérêt du prêt fait sans aliénation du capital, *et la fixation de cet intérêt par la seule convention.*" ["Foi a partir desse ponto de vista que arrisquei entrar em uma discussão bastante extensa para evidenciar o pouco fundamento que têm as opiniões daqueles que *condenaram o juro auferido sobre o preço sem alienação do capital* e a fixação desse juro por mera convenção."] A. R. J. Turgot, *Oeuvres*, v. I (Paris, Guillaumin, 1844), p. 118.

independente do homem, ainda não como capital, isto é, como um fator do trabalho mesmo. O trabalho aparece antes como fator <u>dela</u>. Mas enquanto o *fetichismo* da velha riqueza externa, existente apenas como objeto, se reduz a um elemento natural muito simples, e sua essência já é reconhecida dentro de sua existência subjetiva, mesmo que parcialmente e de uma forma particular, o necessário passo à frente é que a <u>*natureza geral da riqueza foi reconhecida*</u> e, portanto, o <u>trabalho</u>, em sua completa absolutidade, isto é, abstração, foi elevado a e estabelecido como <u>princípio.</u> (96 [101 modif.])

Essa revelação da natureza geral da riqueza e o estabelecimento do trabalho "em sua absolutidade e abstração totais" (ou seja, independentemente de suas formas específicas dentro do modo de produção dado) como o princípio universal de produção e desenvolvimento, não obstante, não foram concretizados pelos representantes da fisiocracia, mas por aqueles do estágio seguinte: os da economia política liberal.

A fisiocracia não foi capaz de perceber que a *agricultura*, como forma particular, tem de ser subsumida na forma universal: a *indústria* (isto é, a atividade produtiva em geral), e em sua manifestação abrangente no estágio histórico dado, o *trabalho assalariado*. É por isso que a fisiocracia, diferentemente da economia política liberal, não conseguiu separar-se por completo do velho fetichismo.

Obviamente, o fato de que os principais representantes da fisiocracia estivessem na França, e não na Inglaterra, é inseparável do estado geral da economia francesa no século XVIII, caracterizado pelo jovem Marx como a economia de uma "nação do dinheiro ainda não consumada". E aqui podemos ver novamente um exemplo concreto do método marxiano de apreender em uma unidade os elementos sócio-históricos e sistemático-estruturais.

É no contexto do fetichismo – tomado como exemplo para ilustrar um ponto geral – que Marx enfatiza a íntima inter-relação entre teoria e prática social. Após contrastar a França "ainda fascinada pelo brilho sensível dos metais nobres" com a nação do dinheiro plenamente desenvolvida, a Inglaterra, ele escreve: "Em que medida a solução dos enigmas teóricos é uma tarefa da práxis e está praticamente mediada, assim como a verdadeira práxis é a condição de uma teoria efetiva e positiva, mostra-se, por exemplo, no <u>fetichismo</u>" (123 [144]). No mesmo espírito, ele analisa os estágios anteriores do desenvolvimento socioeconômico e teórico.

Em sua exposição, a alienação já é inerente às relações feudais, porque a propriedade fundiária é a base do domínio da propriedade privada. A propriedade fundiária em moldes feudais é considerada como manifestação particular da alienação, porque o fato de a terra se encontrar em poder de poucos grandes lordes significa que foi estranhada do ser humano em geral e se confronta com ele como poder alheio.

Uma vez que a terra é monopolizada, a grande questão, do ponto de vista da indústria em desenvolvimento, obviamente é a da alienabilidade da terra. No entanto, nesse sentido geral em que a terra é a condição primeira da existência do ser humano, é claro que ela é absolutamente *inalienável* do *ser humano*. De fato, a ideologia feudal (contemporânea de condições em que a terra já fora alienada por um *grupo* de pessoas) não pôde afirmar o seu ponto de vista em termos de "ser humano", mas só em termos de sua própria *parcialidade*. Tal parcialidade tinha de ser elevada, então, acima do restante da sociedade mediante a alegação da hegemonia *divina*. Esta conferiu-lhe uma forma de legitimidade, mesmo que fictícia. Contudo, visto que a alegação de hegemonia divina justificou diretamente o governo absoluto de uma posição *parcial*, não havia necessidade de apelar para o conceito de "ser humano" na ideologia feudal. Tampouco havia espaço para ele.

O conceito de "ser humano" foi popularizado por aqueles que combateram o poder feudal e sua ideologia. Paradoxal, contudo, é que nos escritos desses pensadores antifeudais o conceito de ser humano não é apresentado com o fim de *negar* a alienação, mas para *confirmá-la* e dar-lhe suporte, embora em uma forma diferente. Eles confirmaram e sustentaram o princípio da alienação e alienabilidade em uma forma *universal*, estendendo seu domínio sobre cada aspecto da vida humana, incluindo a "*autoalienação*" e a "*autoalienabilidade*". E fizeram-no em nome do "ser humano".

Essa universalização do princípio da alienação e alienabilidade naturalmente traz consigo a noção de *igualdade*, no sentido que se segue.

Temos de lembrar aqui que, de acordo com Marx, a tendência original inerente à divisão da terra é a igualdade (64 [76]). Em outra passagem, ele diz: "O economista político – tão bem quanto a política nos seus *direitos humanos* – reduz tudo ao homem, isto é, ao indivíduo, do qual retira toda determinidade, para fixá-lo como capitalista ou trabalhador" (129 [149 modif.]). É claro que, em sua forma política ou econômica, esse conceito de ser humano não deixa de afirmar o princípio da igualdade, mesmo que só o faça abstratamente. A terra é alienável porque todos nós pertencemos à classe geral do "ser humano" e, nesse sentido, somos todos iguais. (Contudo, se a posse da terra tivesse a hegemonia divina, ninguém poderia defender sua alienabilidade. Tampouco se poderia contestar a hierarquia social que acompanha o dogma da inalienabilidade da terra.)

No entanto, no mesmo momento em que é afirmada, essa igualdade já é negada, porque os conceitos de alienação e alienabilidade implicam *exclusão*. De fato, a forma em que a terra pode ser alienada é necessariamente do tipo que transfere os *direitos de posse* – ainda que não o faça em princípio, como na ideologia feudal, mas *de facto* – para um número limitado de pessoas. Ao mesmo tempo – novamente não em princípio, mas na prática necessariamente implicada na noção de alienabilidade –, o restante da população é *excluído* da posse da terra.

Assim, a forma concreta em que se realiza o princípio da igualdade é formal-legalista: a posse de direitos iguais de se ter os Direitos Humanos. Isso quer dizer que, estando a ideia de igualdade relacionada com o *direito de posse*, ela é necessariamente transformada em um princípio formal abstrato de *posse de direitos*. Em outras palavras, é privada do seu conteúdo.

A abstratividade e o caráter formal-legalista dos "Direitos Humanos" são determinados pela contradição irreconciliável entre conteúdo e forma: a nova *parcialidade* do conteúdo motivador e a *universalidade* formal do apelo ideológico. Não se trata de uma abstratividade conceitual que pode ser removida ou melhorada. Trata-se de uma abstratividade objetivamente necessária, determinada pelas contradições internas de uma situação histórica concreta. É praticamente impossível "desmistificar" essa estrutura abstrata sem expor a contradição entre o conteúdo parcial real e o apelo ideológico formalmente universal. Para fazê-lo, porém, é necessário um ponto de vista sócio-histórico bastante diferente do adotado por quem originalmente defendeu os "Direitos Humanos".

É por isso que a afirmação da igualdade enquanto conteúdo (isto é, a teoria que pretende ir além do ponto estabelecido pelo formalismo abstrato dos Direitos Humanos) deve começar negando a alienação e a alienabilidade. E, pela mesma razão, essa afirmação da igualdade deve opor-se também a todas as formas de posse individualista que possam implicar exclusão.

3. Da alienação política à alienação econômica

Na propriedade fundiária de molde feudal, os laços entre a terra e seu proprietário ainda não haviam sido reduzidos ao *status* de mera riqueza material. Marx formula isso da seguinte forma:

> A propriedade rural *individualiza-se* com o senhor; ela tem o seu lugar, é baronial ou condal com ele, tem os seus privilégios, sua jurisdição, sua relação política etc. Ela aparece na condição de *corpo inorgânico* do seu senhor. Daí o provérbio: nenhuma terra sem dono (*nulle terre sans maître*), no que está expressa a fusão de nobreza e posse fundiária. Ao mesmo tempo, a dominação da propriedade fundiária não aparece imediatamente como dominação do mero capital. Os que lhe pertencem estão mais em relação com ela do que com sua pátria. É *uma espécie estreita de nacionalidade* (61 [74 modif.]).

Esse tipo de individualização e personificação também significa que a relação entre o possuidor de terra e os que trabalham na propriedade rural – seus servos – é predominantemente *política*. Em consequência, sua negação também precisa assumir, primeiro, uma forma essencialmente política. De acordo com isso, no início do seu desenvolvimento, o pensamento econômico moderno ainda é parte integrante da política. Somente mais tarde, quando a propriedade fundiária feudal é destruída e o novo modo de produção está bem estabelecido, o pensamento econômico adquire a forma de uma ciência independente. Então, ele descobre um equivalente *especificamente econômico* ao que foi formulado *politicamente* nos manifestos pelos Direitos Humanos.

O desenvolvimento da economia política, em sua referência ao conceito de ser humano, opta por negar essa "espécie estreita de nacionalidade". Torna-se cada vez mais claro que a meta da economia política é a universalidade, primeiro, em escala nacional e, depois, em escala cosmopolita. O mercantilismo ainda tem um caráter predominantemente nacional. A economia política liberal, contudo, deixa muito claro que suas leis mais universais não conhecem fronteiras e não estão sujeitas a limitações.

Nesse desenvolvimento da parcialidade à universalidade, da personificação à despersonalização, das limitações e mediações políticas à liberdade e imediaticidade econômicas, a economia política gradualmente suplanta o velho fetichismo e formula com clareza as condições da alienação desenfreada. Assim, o desenvolvimento da parcialidade política à universalidade econômica significa que a alienação particular ou "específica" é convertida em alienação universal.

No início desse desenvolvimento, encontramos a propriedade feudal, que oculta o fato de que a unidade original, o Homem (H), dividiu-se no decorrer do desenvolvimento histórico em Propriedade (P) e Trabalho (T). As relações de propriedade feudais escondem tal divisão por meio da mediação *política*. Esta cria a falsa aparência de uma unidade que desapareceu historicamente eras antes.

Após analisar a individualização e personificação feudais como contrapostas ao estado posterior, no qual "somente os cordões da bolsa ligam o homem à propriedade, não o seu caráter", Marx diz ser necessário que a falsa aparência de unidade seja abolida,

> que a propriedade fundiária, a raiz da propriedade privada, seja completamente arrastada para dentro do movimento da propriedade privada e se torne *mercadoria*; que a dominação do proprietário apareça como a *pura* dominação da propriedade privada, do *capital, dissociado de toda a coloração política* (62 [75 modif.]).

Quando isso é consumado, o provérbio medieval *"nulle terre sans maître"* [nenhuma terra sem dono] automaticamente perde sua validade e, consequentemente, as relações básicas passam a ser caracterizadas, como diz Marx, pelo provérbio mais recente: *"l'argent n'a pas de maître"* [o dinheiro não tem dono]. É bastante óbvio que o provérbio *"nulle terre sans maître"* expressa uma relação diretamente política, em contraste com o estágio posterior, em que a relação entre (P) e (T) é essencialmente *econômica*. É dissociada não só de toda *coloração política*, mas também de todos os resquícios de *personificação*.

Contudo, no início desses desenvolvimentos, os fatos de que, por um lado, a terra era *individualizada* e de que, por outro, o servo (T) *pertencia* ao senhor feudal (P) faziam parecer que havia uma *unidade* entre os dois. No entanto, essa "unidade" é apenas exterior. Sua existência não é sustentada por uma força de coesão interna de natureza econômica positiva, mas pelo vigor de uma instituição política e pela ausência (ou debilidade) de uma força econômica que efetivamente pudesse desafiá-la.

Mais tarde, quando essa força econômica se fortalece dentro do sistema feudal, a divisão aparece cada vez mais demarcada, e a distância relativamente curta de (P) e (T) em relação ao "eixo político", que originalmente criou a impressão de uma unidade real, aumenta consideravelmente. Isso pode ser ilustrado da seguinte maneira:

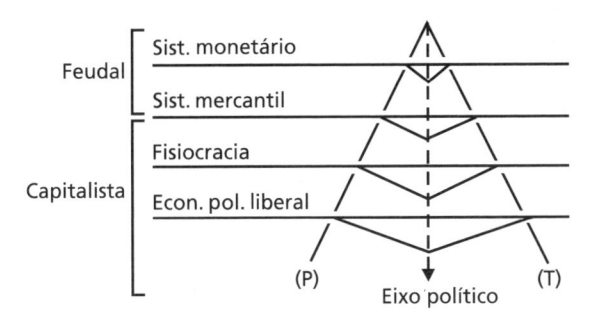

Quanto mais essa distância aumenta, tanto mais a velha política perde sua capacidade mediadora e repassa essa função para o *dinheiro*. Ou, formulando de outro modo: quanto mais o dinheiro assume a função mediadora da política, tanto mais evidente se torna a divisão entre propriedade e trabalho, e tanto mais diminuem o poder e o alcance da política direta. (É claro que estamos falando de uma *tendência* e, por conseguinte, é preciso enfatizar que a política direta *nunca* perde completamente sua capacidade e função mediadoras.)

Nesse processo de transferência da capacidade mediadora da política para um fator econômico, a propriedade fundiária é contraposta à propriedade privada móvel, e a libertação do trabalhador de seus laços políticos é consumada mediante uma aliança entre trabalho e capital industrial. Quando apresenta essa ideia, Marx também indica que a oposição entre propriedade fundiária e propriedade móvel não é uma contraposição básica, porque elas pertencem à mesma categoria. A propriedade fundiária em sua contínua oposição ao capital nada mais é que

> *a propriedade privada, o capital* ainda acometido por preconceitos <u>locais</u> e políticos, [o capital] ainda não regressado totalmente a si a partir de seu enredamento com o mundo, *o capital ainda <u>incompleto</u>*. Ele tem, na marcha de sua <u>formação mundial</u>, de chegar à sua *expressão* abstrata, isto é, <u>*pura*</u> (91 [97]).

Como vemos, a análise de Marx começa definindo a propriedade privada como capital e, a partir desse ponto de vista, contrasta uma forma de propriedade privada (propriedade fundiária) com outra (propriedade móvel ou capital industrial). Apenas se o capital industrial for entendido como a "expressão pura" do capital, a propriedade privada pode ser definida como capital e a propriedade fundiária – em seu contraste com o capital industrial –, como "capital ainda incompleto". Nesse ponto, uma vez mais, podemos notar que os graus de complexidade e abstração *lógicas* (da validade limitada da forma localmente acometida à validade universal da "expressão pura") correspondem a graus de maturidade *histórica*.

Mas por que o desenvolvimento do capital (propriedade privada) segue esse curso, caracterizado pela bem conhecida contradição entre propriedade móvel e propriedade fundiária, que, por fim, leva ao triunfo civilizado da propriedade móvel? O que torna necessário o desenvolvimento do trabalho como trabalho alienado nessa forma?

Procuraríamos em vão uma resposta para essa questão nos *Manuscritos de 1844*. Não obstante, a chave para a solução pode ser encontrada em uma passagem de *O capital*, em que Marx diz que a *base natural* de toda produção de mais-valor é a produtividade do *trabalho agrícola*[10].

É autoevidente que nenhuma sociedade, mesmo sendo de complexidade limitada, pode passar a existir sem a produção de gêneros alimentícios básicos que exceda as exigências individuais dos trabalhadores. Mas é igualmente autoevidente que a existência do mais-produto agrícola não contém nenhuma determinação *econômica* quanto à maneira de sua apropriação. Ele pode ser apropriado por um grupo limitado de pessoas, mas também pode ser distribuído com base na mais estrita igualdade. Ora, a questão é que os requisitos mais elementares do modo de produção capitalista (concorrência, crescimento, acumulação etc.) prescrevem por necessidade *econômica* uma relação *fixa* entre produção e apropriação (isto é, propriedade privada).

Para tornar estável a relação entre produção e apropriação quando o mais-produto agrícola se tornou disponível pela primeira vez e assegurar, desse modo, a acumulação da riqueza, bem como aumentar o poder da sociedade dada, é preciso ter uma determinação *política* como princípio regulador fundamental da sociedade em questão. É claro que o que traz à existência essa determinação política pode variar enormemente, desde um desafio exterior que ameaça a vida de uma comunidade até a localização geográfica favorável

---

[10] Ver Karl Marx, *Capital*, cit., v. III, p. 766.

a uma acumulação mais rápida de riqueza, e não é aqui o lugar dessa discussão. O que importa, em conexão com isso, é:

1) que o primeiro estágio no desenvolvimento da alienação do trabalho deve ter uma forma *política*;

2) que um pré-requisito absoluto da gênese da sociedade capitalista baseada em um princípio *econômico* inerente é a existência prévia de uma *relação politicamente fixada* entre propriedade e trabalho, regulando a distribuição ou alocação de todo o mais-produto e possibilitando a acumulação. (Sem a existência de tal relação – como no caso das sociedades naturais igualitárias – não pode haver acumulação, e a sociedade está fadada a permanecer estagnada.) Em outras palavras: um pré-requisito essencial da alienação (econômica) *universal* é a realização de uma alienação *específica* (politicamente acometida). A alienação universal logicamente implica a alienação parcial e, como vemos, também historicamente a alienação precisa primeiro ser político-parcial antes de tornar-se econômico-universal.

4. Divisão e alienação do trabalho, concorrência e reificação

A questão da alienação está diretamente relacionada com a questão do mais-produto e do mais-valor, e as várias fases no desenvolvimento da economia política são caracterizadas por Marx de acordo com suas posições no tocante à origem e natureza do mais-valor. Segue um quadro comparativo capaz de ilustrar suas inter-relações e seu desenvolvimento:

Forma predominante da propriedade	Forma predominante do trabalho	Estágio correspondente da economia política	Sua esfera de referência e sua visão de mais-valor
Propriedade fundiária que atingiu um grau relativamente elevado de acumulação de riqueza	*Servidão*	Sistema *monetário*	*Circulação*; não possui visão definida de mais-valor
Propriedade fundiária comercialmente vantajosa e *colonialmente* expansiva – por conseguinte, *nacionalmente* cônscia	*Trabalho vinculado ao feudo*, dando os primeiros passos rumo à emancipação política	Sistema *mercantil*	*Circulação*; o mais-valor é identificado com mais-dinheiro, *o saldo do superávit comercial*
Propriedade fundiária modernizada, profundamente afetada pelo avanço do capital comercial e pelas realizações do sistema manufatureiro	*Trabalho agrícola*, ainda submetido a determinações políticas	*Fisiocracia*	*Produção agrícola*; o mais-valor é apreendido como o produto do *trabalho agrícola* posto em movimento pela *renda* da propriedade
Capital industrial, destituído de todas as determinações políticas e naturais	*Trabalho industrial* politicamente emancipado (trabalho diário, trabalho assalariado)	*Economia política liberal*	*Produção em geral*; o mais-valor é definido como produzido pelo *trabalho em geral*, posto em movimento pelo *capital*

Assim, o desenvolvimento da economia política, do sistema monetário até a economia política liberal, corresponde ao desenvolvimento histórico da propriedade fundiária feudal ao capital industrial e da dependência política completa do trabalho (servidão) ao trabalho industrial politicamente emancipado.

Como podemos ver, a economia política liberal é a culminação desse desenvolvimento. Sua superioridade é reconhecida por Marx em razão das seguintes considerações:

1) ela define capital como "trabalho acumulado" (38 [28]);

2) ela indica que a acumulação do capital cresce com a divisão do trabalho e que a divisão do trabalho aumenta com a acumulação do capital (131 [152]);

3) ela desenvolve de modo exato e consistente – embora unilateral – a ideia de que o trabalho é a única essência da riqueza (95 [101]);

4) ela derruba o misticismo associado à renda[11];

5) ela prova que o poder que governa a sociedade moderna não é político, mas econômico: o poder de compra do capital (37-38 [40]); e, por fim:

6) ela estabelece a si mesma como a única política e a única universalidade, deixando claro o caráter cosmopolita que lhe é próprio (94-95 [100]).

Desnecessário dizer que, em todas as características acima, o problema da alienação do trabalho está implicado direta ou indiretamente.

E agora chegamos a um ponto de inflexão da análise.

Já vimos que a economia política liberal distancia-se do velho fetichismo. Contudo, de acordo com Marx, ela se torna impotente quando se depara com uma nova forma de fetichismo, chamada de fetichismo das mercadorias. Esse é o ponto em que vêm à tona as limitações históricas da economia política liberal.

Os principais problemas que temos de considerar nesse contexto dizem respeito à divisão do trabalho e sua relação com a propriedade privada, o sistema do dinheiro e a forma de valor, concorrência e monopólio.

A principal objeção de Marx à economia política liberal é esta: ela é incapaz de provar a afirmação de que a essência da propriedade privada é o trabalho (134 [155]). E essa questão está inseparavelmente ligada à abordagem da natureza da divisão do trabalho. A abordagem correta é vital para toda a questão da alienação. É por isso que Marx dedica tanto tempo à análise da divisão do trabalho.

De acordo com Marx, todos os economistas políticos concordam não só em afirmar a inter-relação entre divisão do trabalho e acumulação de capital, mas também em indicar que só a propriedade privada liberada poderia levar a cabo uma divisão do trabalho realmente abrangente e economicamente compensadora. O ponto fraco, porém, reside em suas tentativas de fundar a divisão do trabalho na *natureza humana* ("propensão para a troca e o escambo", Adam Smith). Nesse ponto, eles contradizem um ao outro[12],

---

[11] A economia política "desfere o golpe de morte à última existência individual, natural, da propriedade privada e fonte da riqueza, existente independentemente do movimento do trabalho – [desfere o golpe de morte] à renda da terra, essa expressão da propriedade feudal tornada inteiramente econômico-política e, por isso, incapaz de resistência à economia nacional (Escola de Ricardo)". Idem, *Economic and Philosophic Manuscripts of 1844*, cit., p. 95 [ed. bras.: *Manuscritos econômico-filosóficos*, cit., p. 100 modif.].

[12] Ibidem, p. 133 [ed. bras.: ibidem, p. 156].

embora, em última análise, todos sustentem que a divisão do trabalho, baseada na troca, é absolutamente indispensável à sociedade civilizada.

Marx não aceita esse tipo de abordagem da relação "propriedade privada – troca – divisão do trabalho", porque aceitá-lo equivaleria a admitir que a alienação não pode ser suplantada na realidade. Ele define a divisão do trabalho como uma expressão econômica que só se aplica às condições da alienação. Na visão de Marx, os economistas políticos confundem "o caráter social do trabalho" (129 [149 modif.]) – uma condição absoluta da sociedade – com a divisão do trabalho. Pode-se pensar em suplantar a alienação precisamente porque é possível contrapor o caráter social do trabalho à condição histórica alienante da divisão do trabalho. De acordo com Marx, quando a atividade vital deixar de ser regulamentada com base na propriedade privada e na troca, ela adquirirá o caráter de atividade do ser humano enquanto ser genérico. Em outras palavras: o caráter social do trabalho se manifestará diretamente, sem a mediação alienante da divisão do trabalho. Do jeito que as coisas estão, contudo, a divisão do trabalho faz com que as condições e as energias da vida se tornem independentes do ser humano e o governem[13].

A gênese da divisão do trabalho, na forma em que é concebida pelos economistas políticos, poderia ser ilustrada da seguinte maneira:

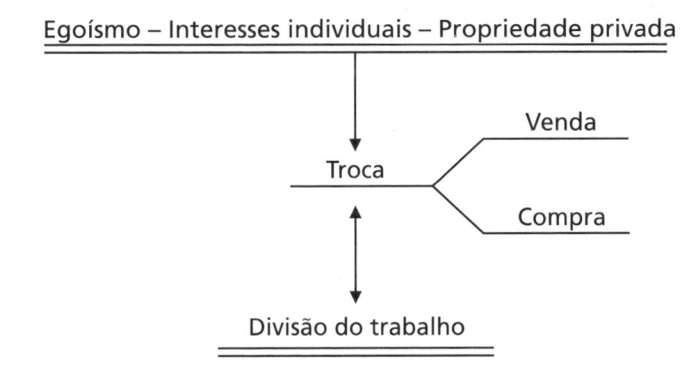

Nessa visão, o egoísmo é uma condição absoluta, não um produto histórico. Ademais, é identificado com a propriedade privada[14]. Ao mesmo tempo, a interação mútua é limitada à esfera da troca e da divisão do trabalho. Reconhece-se que o valor é produzido na

---

[13] "*Die Individuen sind immer von sich ausgegangen, gehen immer von sich aus. Ihre Verhältnisse sind Verhältnisse ihres wirklichen Lebensprozesses. Woher kömmt es, dass* ihre Verhältnisse sich gegen sie verselbständigen? dass die Mächte ihres eignen Lebens übermächtig gegen sie werden? *Mit einem Wort: die Teilung der Arbeit, deren Stufe von der jedesmal entwickelten Produktivkraft abhängt.*" ["Os indivíduos sempre tomaram a si mesmos como ponto de partida, sempre tomam a si mesmos como ponto de partida. Suas relações são relações do processo vital real. Como as *suas relações podem se tornar independentes deles?* Como *as energias de suas próprias vidas conseguem ganhar tanto poder contra eles?* Em uma palavra: a divisão do trabalho, cujo estágio depende da força produtiva que lhe corresponde."] Karl Marx e Friedrich Engels, MEW, v. III, p. 540. (Extraído de um bloco de anotações do jovem Marx.)

[14] Ver Karl Marx, *Economic and Philosophic Manuscripts of 1844*, cit., p. 133-4 [ed. bras.: *Manuscritos econômico-filosóficos*, cit., p. 156].

esfera dessa interação mútua, mas o egoísmo (propriedade privada) é concebido como a condição absoluta, indispensável para pôr em movimento as outras duas.

Em contraste, a concepção de Marx poderia ser esquematizada assim:

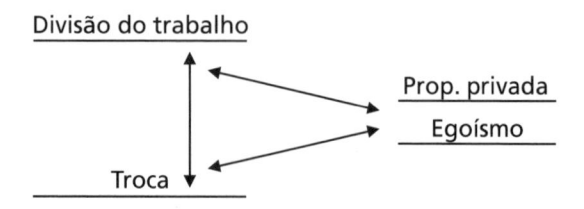

Temos aqui uma interação de via tripla, sendo o egoísmo resultado, mais do que causa, dessa ação recíproca.

Uma das mais importantes categorias da economia política liberal é a *concorrência*, em contraposição radical ao monopólio. O jovem Marx e Engels, contudo, indicam que essa contraposição é vazia. É vazia porque a concorrência pressupõe o monopólio: o monopólio básico da propriedade privada. Em contrapartida, eles também mostram que o fato de a concorrência pressupor o monopólio é apenas um dos lados da moeda. O outro é que o monopólio gera a concorrência, e a concorrência se converte em monopólio. Eles distinguem dois tipos de concorrência. A concorrência *subjetiva* entre trabalhadores e trabalhadores, de um lado, e entre capitalistas e capitalistas, de outro. A concorrência *objetiva* ou fundamental ocorre entre trabalhadores e proprietários.

A concorrência baseada no monopólio da propriedade privada[15] está associada a um modo de produção que parece ser governado por um *direito natural*, e não pela vontade das pessoas envolvidas. Nessa característica pode-se reconhecer o novo tipo de *fetichismo*. (O termo "fetichismo" é usado no mesmo sentido de antes, significando que o fenômeno em questão aparece como algo fora do ser humano, confrontando-o como um poder estranho.)

Os aspectos mais importantes desse modo de produção, diretamente relevantes para o nosso problema, são "reificação", "trabalho abstrato" e "apetites imaginários".

Marx cita, com aprovação, as seguintes palavras do economista francês E. Buret: "Não é tanto dos homens que procede a miséria, mas da *potência das coisas*" (49 [57]). No entanto, a potência que as coisas têm de causar miséria constitui só um dos aspectos da reificação. O mais importante deles é o trabalhador convertido em *mercadoria* (69 [79]). Marx também

---

[15] Em contraposição a tal sistema, o jovem Engels escreve sobre uma futura sociedade socialista: "A verdade da relação concorrencial é a *relação da capacidade de consumo com a capacidade de produção*. Em uma situação digna da humanidade, não haverá outra concorrência senão esta. A comunidade terá de calcular aquilo que pode fabricar com os meios de que dispõe e, segundo a relação dessa força produtiva com a massa dos consumidores, terá de determinar em que medida deve aumentar ou reduzir a produção, em que medida deve entregar-se ao luxo ou limitá-lo". "Outlines of a Critique of Political Economy", em Karl Marx, *Manuscripts of 1844* (Moscou, Progress, 1959), p. 197 [ed. bras.: "Esboço de uma crítica da Economia Política", trad. Maria Filomena Viegas, *Temas de Ciências Humanas*, v. 5, São Paulo, 1979, p. 15]. Apenas alguns elementos dessa concepção são defensáveis. É possível detectar a influência dos socialistas utópicos ingleses e franceses nessa abordagem da concorrência, e o próprio Engels convida o leitor, na mesma página, a "recorrer às obras socialistas inglesas e, em parte, também a Fourier", a fim de constatar "o crescimento da força produtiva que podemos esperar de um estado da comunidade em conformidade com a razão".

indica que a lei da oferta e da procura regula a produção de homens tanto quanto a de qualquer outra mercadoria (22 [24]), e que o trabalhador enquanto "capital <u>vivo</u>" é um tipo especial de *mercadoria*, que tem a infelicidade de ser "um capital <u>carente</u>". Mas o resultado da lei da oferta e da procura para o trabalhador é que "suas propriedades humanas o são apenas na medida em que o são para o capital, que lhe é <u>estranho</u>" (84 [91]). Isso significa que as necessidades humanas só podem ser satisfeitas na medida em que contribuem para a acumulação da riqueza. O trabalhador é uma mercadoria porque se reproduz tão somente como *trabalhador*, e sua reprodução acontece de acordo com as necessidades da propriedade privada – necessidades afirmadas na forma da "lei natural" citada anteriormente.

O *trabalho abstrato* é unilateral, maquinal e, obviamente, é o resultado da divisão do trabalho sob as condições da concorrência. Marx define o sistema fabril como "a essência desenvolvida da <u>indústria</u>, isto é, do trabalho" (97 [102]). No entanto, o preço dessa maturidade é a "redução da maior parte dela [da humanidade] ao trabalho abstrato" (30 [30]), porque as condições da concorrência sob as quais essa maturidade é alcançada estão alienadas. A concorrência traz consigo uma racionalização do processo de produção – no sentido de decompor processos complexos nos seus elementos mais simples, de modo que possam ser facilmente executados mediante a produção em larga escala competitivamente vantajosa –, independentemente de suas consequências humanas. O resultado é a difusão da maquinaria industrial e a mecanização do trabalho humano[16]. Para o trabalhador, isso significa não só que ele não encontra satisfação humana no seu trabalho, porque está "corpórea e espiritualmente reduzido à máquina – e de um homem[, ele] é reduzido a uma *atividade abstrata e uma barriga*" (25 [26]), mas também que, por ter caído "à condição de máquina, *a máquina pode enfrentá-lo como concorrente*" (26 [27]). Paradoxalmente, quanto maior o poder de barganha do trabalho e quanto mais alto seu preço, tanto mais profundamente ele é afetado pelo poder competitivo da máquina. Na difusão da automação, isso é tão importante quanto as vantagens tecnológicas das descobertas científicas que tornaram a automação possível. Embora este último ponto não seja formulado por Marx, oferece claramente um suporte tópico à sua ideia de que é impossível suplantar "a alienação econômico-política dentro da alienação econômico-política", isto é, simplesmente incrementando o poder competitivo do trabalho ao "forçar o aumento dos salários" etc.

É claro que a questão dos "*apetites imaginários*" está estreitamente ligada às duas anteriores. Com efeito, estando tudo subordinado à necessidade da acumulação de riqueza, é irrelevante se as necessidades criadas em consequência disso são propriamente humanas, ou indiferentes, ou mesmo desumanizantes. Marx escreve que "cada homem especula sobre como criar no outro uma <u>nova carência</u>, a fim de forçá-lo a um novo sacrifício, colocá-lo em *nova sujeição*", e que "a expansão dos produtos e das carências o torna escravo <u>inventivo</u> e continuamente <u>calculista</u> de *apetites imaginários* não humanos, requintados, não naturais" (115-116 [139 modif.]).

Assim, a divisão do trabalho se transforma no oposto de seu sentido e função originais. Em vez de libertar o ser humano de sua dependência da natureza, ela continua a criar limitações novas e artificiais, desnecessárias. Em consequência, paradoxalmente, por causa

---

[16] Ver Karl Marx, *Economic and Philosophic Manuscripts of 1844*, cit., p. 132 [ed. bras.: *Manuscritos econômico-filosóficos*, cit., p. 154].

do "direito natural baseado na inconsciência dos participantes", quanto mais a propriedade privada – obedecendo à lei da concorrência – estende seu poder e domínio, suprindo o homem-mercadoria com grande abundância de mercadorias, tanto mais tudo se torna sujeito a um poder fora do ser humano. E, para tornar a contradição ainda mais nítida, isso se aplica não só ao trabalhador, mas também ao possuidor da propriedade privada (126 [147]).

5. Trabalho alienado e "natureza humana"

Todo o argumento econômico culmina em um novo conceito de ser humano. Com efeito, ao discutir os problemas cruciais da divisão do trabalho, Marx contesta radicalmente a explicação com base na *natureza humana* dada pelos economistas políticos.

Lembremo-nos de que ele enalteceu a economia política liberal por ter abstraído das aparências individuais das inter-relações humanas, por ter desenvolvido precisa e consistentemente, ainda que unilateralmente, a ideia do trabalho como a única essência da riqueza e por ter incorporado a propriedade privada ao próprio ser humano. Marx louvou seus representantes porque, mediante tais conquistas, eles efetivamente superaram as limitações dos "idólatras, fetichistas, católicos". Contudo, essas conquistas também têm um outro lado. Abstrair consistentemente das aparências individuais acarretou um estranhamento a mais do ser humano. E incorporar a propriedade privada ao próprio ser humano equivaleu a trazer o ser humano para dentro da órbita da propriedade privada e da alienação (94 [99-100]).

Marx se contrapõe com veemência à atitude da economia política, que não considera o trabalhador "como *homem* no seu tempo livre de trabalho, mas deixa, antes, essa consideração para a justiça criminal, os médicos, a religião, as tabelas estatísticas, a política e o curador da miséria social" (30 [30]). Ele levanta objeção à aceitação da reificação pela economia política sob a forma de considerar o trabalho "abstratamente *como uma coisa*" (34 [35]). Ele levanta objeção à prática de levar ao extremo uma virtude que, de início, resultou na suplantação do velho fetichismo, mas na sequência necessariamente implicou a submissão a um novo tipo de fetichismo: ao fetichismo levado à maturidade em sua forma mais elevada, abstrata e universal (95 [101]).

Os economistas políticos muitas vezes enfatizam que há uma interação mútua entre a divisão do trabalho e a acumulação de capital. No entanto, por não se interessarem pelo trabalhador enquanto ser humano, são incapazes de apreender a complexidade dessa inter-relação. Em vez de considerar todos os seus aspectos principais:

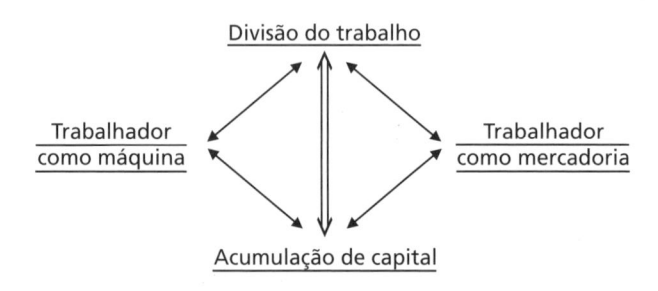

eles limitam sua atenção à relação entre divisão do trabalho e acumulação de capital. De modo similar, não consideram que o trabalho não só produz simplesmente mercadorias e valor, mas também produz a si mesmo como mercadoria (84-85 [91]) e gera a desvalorização do mundo humano (69 [80]).

Essa abstração do aspecto humano de tais inter-relações decorre da concepção básica da economia política, que *admite* a propriedade privada como um atributo essencial da natureza humana. Consequentemente, a economia política não é capaz de compreender a

interconexão essencial entre a propriedade privada, a ganância, a separação de trabalho, capital e propriedade da terra, de troca e concorrência, de valor e desvalorização do homem, de monopólio e concorrência etc., de todo este estranhamento com o sistema do <u>dinheiro</u> (68 [80]).

Marx indica o *trabalho alienado* como a conexão essencial entre a totalidade do estranhamento e o sistema do dinheiro. A propriedade privada é considerada apenas o *produto*, a consequência necessária do trabalho alienado, isto é, da "relação exterior do trabalhador com a natureza e consigo mesmo" (80 [87 modif.]).

Chega-se a essa conclusão com base no fato de que o trabalhador não poderia deparar-se com o produto de sua própria atividade como um estranho se não tivesse se alienado de si mesmo no próprio *ato da produção*. A atividade não pode ser atividade não alienada se seu produto for a alienação; porque o produto nada mais é que a suma da atividade, da produção (72 [82]).

A economia política não é capaz de chegar a essa conclusão. Do ponto de vista da economia como ciência especial, o que importa, naturalmente, não é a abordagem das implicações *humanas* de um processo econômico objetivo, mas a análise das condições necessárias para um funcionamento e uma reprodução sem percalços do processo dado. É por isso que o economista político se interessa pelas condições do trabalhador só na medida em que elas são necessárias à produção em geral, ou seja, uma vez que são as condições do *trabalhador*. O economista político, por conseguinte, só se interessa por reformas sociais, seja porque elas são necessárias ao funcionamento imperturbado do ciclo de reprodução, seja porque, como faz, por exemplo, Adam Smith em algumas de suas obras, ele escreve do ponto de vista da filosofia moral, desde que este não entre em conflito com o ponto de vista da economia. (A ideia de que o egoísmo é, em última instância, o fator decisivo nas interações humanas obviamente é um ponto comum à economia política liberal e à tendência principal da filosofia moral da época.)

Toda a abordagem de Marx caracteriza-se pela referência constante ao ser humano em contraposição ao trabalhador assalariado. Isso só se torna possível porque sua abordagem se baseia em uma concepção de natureza humana radicalmente contraposta à da economia política. Ele nega que o ser humano seja um ser essencialmente *egoísta*, pois não aceita algo como uma natureza humana *fixa* (ou, de fato, qualquer coisa fixa). Na visão de Marx, o ser humano por natureza não é nem egoísta nem altruísta. Ele é *feito*, por sua própria atividade, naquilo que ele é a qualquer tempo. Assim sendo, se essa atividade for transformada, a natureza humana egoísta de hoje mudará no devido tempo.

Podemos ver aqui como é crucialmente importante o fato de, na teoria de Marx, não haver elemento estático. As complexas manifestações da vida humana, incluindo suas formas objetivadas e institucionais, são explicadas tendo como ponto de referência último um princípio dinâmico: a própria *atividade*. Isso se encontra em nítido contraste com as concepções que tentaram *deduzir* as várias características de uma forma dada de sociedade, incluindo a propriedade privada, de uma concepção estática arbitrariamente *suposta* de uma natureza humana fixa. Na visão de Marx, a propriedade privada e suas consequências humanas têm de ser explicadas historicamente, e não assumidas ou deduzidas de uma suposição. De acordo com ele, a propriedade privada ganha existência por meio da atividade alienada e, por sua vez, é claro que passa a afetar profundamente as aspirações humanas. Nas palavras de Marx:

> A propriedade privada nos fez tão cretinos e unilaterais que um objeto somente é o <u>nosso</u> [objeto] se o temos, portanto, quando existe para nós como capital ou é por nós *imediatamente possuído*, comido, bebido, trazido em nosso corpo, habitado por nós etc., enfim, <u>usado</u> (106 [108]).

Obviamente, Marx não foi o primeiro a verbalizar essa reprovação do "ter" como contraposto ao "ser". Sua abordagem foi diretamente influenciada pelos socialistas utópicos, por Proudhon e Moses Hess. No entanto, a novidade que ele trouxe foi uma insistência coerente nos fundamentos últimos das inter-relações humanas, desenvolvendo em detalhes as implicações de uma abordagem experimentada pela primeira vez pelo jovem Engels em seu "Esboço de uma crítica da Economia Política"[17].

Essa abordagem – cujo centro de referência é a atividade ou *práxis* produtiva – implica que aquilo que emerge como a "essência da natureza humana" não é o *egoísmo*, mas a *socialidade* (isto é, "o *conjunto* das relações sociais", como formula Marx na sua sexta tese sobre Feuerbach). A "socialidade" como característica definidora da natureza humana é radicalmente diferente da socialidade criticada por Marx. Diferentemente do "egoísmo", ela não pode ser uma qualidade abstrata inerente ao indivíduo singularizado. Ela só pode existir nas relações entre os indivíduos.

Por conseguinte, a realização adequada da natureza humana não pode ser a *concorrência* – esse "estado de inconsciência do gênero humano" que corresponde ao egoísmo e ao *bellum omnium contra omnes* de Hobbes –, mas a *associação consciente*. Marx escreve:

---

[17] Uma das passagens mais importantes dessa obra tem o seguinte teor: "A primeira consequência da propriedade privada era *a divisão da produção em termos opostos, o aspecto natural e o aspecto humano*: a terra, morta e estéril se o homem não a fertiliza, e a atividade humana, cuja primeira condição é justamente a terra. Já vimos, algures, a atividade humana dissolver-se também em capital e trabalho, e estes dois aspectos entrarem em confronto. Tínhamos a luta dos três elementos entre si, em vez de vê-los concorrer para o mesmo fim; a isto vem juntar-se a propriedade privada, trazendo com ela a agudização do enfrentamento desses três elementos. Uma *parcela de terreno* opõe-se à outra, um *capital* ao outro, uma *força de trabalho* à outra. Em outros termos: *do fato de que a propriedade privada isola brutalmente cada um na sua singularidade*, e cada um, apesar de tudo, tem interesse idêntico ao do seu vizinho, resulta que um proprietário fundiário opõe-se a outro, um capitalista a outro, um trabalhador a outro trabalhador. A imoralidade da situação da humanidade até agora encontra sua conclusão nesse desentendimento de interesses semelhantes precisamente em nome da sua semelhança – esta conclusão é a concorrência. O <u>monopólio</u> constitui o oposto da <u>concorrência</u>. O monopólio foi o brado de reconhecimento dos mercantilistas; a concorrência é o brado de guerra dos economistas liberais. É fácil compreender que esse *antagonismo* é também absolutamente *vazio*. [...] A concorrência assenta no lucro, e o lucro origina, em troca, o monopólio; em breve, a concorrência se transforma em monopólio. [...] De fato, a concorrência pressupõe o monopólio, isto é: o *monopólio da propriedade* – e aqui *a hipocrisia dos liberais* aparece de novo". "Outlines of a Critique of Political Economy", cit., p. 193-4 [ed. bras.: "Esboço de uma crítica da Economia Política", cit., p. 13-4].

A atividade e a fruição, tanto pelo seu conteúdo quanto pelos seus modos de existência, são sociais, atividade social e fruição social. A essência humana da natureza só passa a existir para o homem social; pois aqui, pela primeira vez, ela existe para ele na condição de elo com o homem, na condição de existência sua para o outro e do outro para ele; é aqui que, pela primeira vez, ela existe como fundamento da sua própria existência humana, assim como também *sua existência natural se tornou para ele a sua existência humana*, e a natureza se tornou para ele o homem. Portanto, a sociedade é a unidade essencial completada do homem com a natureza, a verdadeira ressurreição da natureza, o naturalismo realizado do homem e o humanismo da natureza levado a efeito (103-104 [106-7 modif.]).

Assim, espera-se que a natureza humana ("socialidade") liberta do egoísmo institucionalizado (a negação da socialidade) suplante a "reificação", o "trabalho abstrato" e os "apetites imaginários". Não é difícil perceber que, enquanto a concorrência for a força que rege a produção ou, em outras palavras, enquanto a "relação custo-benefício" for o princípio supremo da atividade produtiva, será praticamente impossível considerar o trabalhador *como ser humano* nos vários estágios e fases do ciclo da produção. A atividade humana sob as condições da concorrência está fadada a permanecer trabalho assalariado, uma mercadoria submetida à "lei natural" das necessidades independentes e objetivas da concorrência. De modo similar, é fácil perceber a relevância da suplantação da concorrência para o alcance das exigências humanas da atividade que se autocompleta (enquanto contraposta ao "trabalho abstrato", a negação da socialidade) e para a eliminação dos "apetites imaginários".

Nesse ponto, vários problemas poderiam ser levantados no tocante à natureza dos desenvolvimentos visualizados por Marx. Contudo, visto que os aspectos morais e políticos, bem como os estéticos, da teoria da alienação de Marx precisam ser sistematicamente explorados antes que possamos enfrentar esses problemas, sua análise deve ser deixada para capítulos posteriores.

V

ASPECTOS POLÍTICOS

1. Relações de propriedade

Como vimos no capítulo anterior, o primeiro estágio no desenvolvimento da alienação do trabalho tinha de ter uma forma *política*, porque a existência de um mais-produto agrícola não contém nenhuma determinação *econômica* quanto ao modo de sua apropriação. Um princípio econômico de apropriação e redistribuição só pode operar em um nível bastante avançado de desenvolvimento e pressupõe uma relação, já fixada em termos políticos, entre produção e apropriação.

Surge a seguinte questão: se o mais-produto não é distribuído com base na mais estrita igualdade, quais medidas têm de ser tomadas para assegurar o funcionamento normal da sociedade vigente? É preciso ter em mente duas condições:

1) quanto menor a quantidade de mais-produto, tanto mais *exclusivo* tem de ser o grupo ou a classe que dele se apropria para que o propósito da *acumulação* possa ser alcançado, isso quando se quer evitar que uma sociedade fique estagnada, como as sociedades naturais igualitárias;

2) quando, por razões similares, se deseja evitar conflitos violentos (e o desperdício de bens necessariamente associado com eles) ao determinar qual grupo se apropriará do mais-produto disponível em qualquer ocasião particular, é preciso encontrar um princípio ou instituição regulador capaz de implementar e salvaguardar a continuidade.

Mas onde se pode encontrar tal princípio regulador? Se fosse apenas para salvaguardar a continuidade em uma base estabelecida, poderíamos enumerar de imediato uma série de possíveis candidatos. No entanto, a questão fundamental é esta: como se *estabelece* essa continuidade, em primeiro lugar? O ponto de partida deve ser a própria apropriação discriminadora. Qualquer outra abordagem pressuporia alguma espécie de suposição totalmente injustificada e a-histórica. Partir da própria apropriação discriminadora não implica suposições não comprovadas e, ainda assim, consegue prover um quadro de referência para a exposição. Com efeito, a apropriação original de um mais-produto dado, sob as condições que ela gera, está fadada a funcionar como um poder autoafirmativo e autoperpetuador.

E, no entanto, a seguinte questão permaneceu sem resposta: como ocorreu a mudança que resultou no estabelecimento de uma apropriação politicamente fixada – a propriedade privada? Pudemos mostrar tão somente que há uma relação necessária entre a apropriação original e a apropriação contínua, mais tarde politicamente fixada.

Obviamente, a resposta à nossa pergunta só pode ser fornecida por uma análise histórica extremamente detalhada, que está bastante prejudicada pela escassez de dados disponíveis. Contudo, o que nos interessa aqui é que não se pode simplesmente assumir uma propriedade privada original estereotipada, tendo em vista que a pesquisa histórica registrou uma grande variedade de formas.

Toda forma de propriedade privada original é *sui generis*, e não há razão para pressupor que esse caráter específico nada tenha a ver com a forma específica da propriedade prévia, sobre cuja base ela se originou. Diferenciações em estágios posteriores de desenvolvimento são determinadas, pelo menos até certo ponto, pelo conjunto particular de condições que caracteriza os estágios anteriores. Isso significa que temos de dispensar a ideia ingênua de uma propriedade comunal original, idílica e homogênea. A própria propriedade comunal tem de ser concebida em seus tipos bem diferentes. Isso ajudará a explicar o caráter específico da propriedade privada original que resultou dela[1].

É claro que isso não resolve o problema de como se originaram as várias formas da propriedade comunal primitiva. É de fato duvidoso se tais questões poderão algum dia ser resolvidas. Para o nosso propósito, é suficiente enfatizar o caráter *específico* de *todas* as relações de propriedade, sejam elas comunais ou privadas.

Isso se aplica não só ao passado remoto, mas também ao presente e ao futuro. Postular a propriedade comunal homogênea como a suplantação das relações de propriedade capitalistas alienantes é a-histórico. Obviamente, "relações de propriedade" é um conceito-chave na análise da alienação; mas seria ingenuidade supor que a negação direta daquelas relações de propriedade específicas não produziria algo igualmente específico. Assim, a questão da alienação não está resolvida de uma vez por todas pela simples negação das relações capitalistas de propriedade. Não devemos esquecer que estamos lidando com um conjunto complexo de inter-relações, do qual as "relações de propriedade" são apenas uma parte.

Ainda assim, a análise das relações de propriedade é muito importante em conexão com a alienação, porque os problemas fundamentais da *liberdade* humana estão estreitamente ligados a elas. Marx faz a seguinte pergunta: como o ser humano emancipa a si mesmo da sujeição às forças cegas da necessidade natural? A resposta "por meio de sua atividade produtiva" implica diretamente as relações de propriedade. Com efeito, é necessário que toda produção – primitiva e feudal, capitalista e socialista – seja regulamentada no quadro de referência das relações de propriedade específicas.

---

[1]   Ver Karl Marx, *Capital*, v. I (trad. Samuel Moore e Edward Aveling, Moscou, 1958), p. 77-8 [ed. bras.: *O capital: crítica da economia política. Livro I: O processo de produção do capital*, trad. Rubens Enderle, São Paulo, Boitempo, 2013, p. 152-3].

Dessa forma, o problema original da liberdade – a relação entre ser humano e natureza – se modifica. Agora é preciso perguntar: de que modo e até que ponto uma forma específica de propriedade impõe limitações à liberdade humana? Uma complicação adicional é que essas limitações podem ou não aparecer como restrições político-legais diretas. Por essa razão, o problema da liberdade tem de ser discutido em uma relação *tripla*:

1) o grau de *liberdade em relação à necessidade natural* alcançado por um determinado estágio do desenvolvimento humano. As relações de propriedade devem ser avaliadas aqui quanto à sua contribuição para essa conquista;

2) as formas de propriedade são expressões de relações humanas bem determinadas. Por isso, a seguinte questão deve ser levantada: como o grau de liberdade alcançado no sentido (1) – isto é, liberdade em relação à necessidade natural – é *distribuído* entre os vários grupos reunidos nas relações de propriedade existentes? Sob certas condições, pode ocorrer que a condição de *qualquer* grau de liberdade no sentido (1) prive a vasta maioria da população de qualquer fruição dela, reservada a diminutas parcelas da sociedade. A liberdade nesse sentido essencialmente *negativo*, quando contrastada com o caráter positivo do sentido (1), não se refere diretamente à relação entre ser humano e natureza, mas entre *ser humano e ser humano*. É a liberdade do poder de interferência de outros seres humanos. (Contudo, é preciso enfatizar que há uma inter-relação inerente entre os sentidos negativo e positivo da liberdade. Assim, o sentido (2) – esse sentido essencialmente negativo – da liberdade já contém um aspecto positivo, na medida em que necessariamente contém uma referência ao sentido (1).);

3) a terceira relação diz respeito à "liberdade de exercer as capacidades humanas essenciais". É de caráter *positivo* e, por conseguinte, necessita de algo diferente das sanções legais para se realizar. (Não é preciso dizer que não é possível legislar sobre a liberdade no sentido [1].) De fato, a legalidade é completamente impotente quando se trata de ir além do ponto de prover um quadro de referência favorável para desenvolvimentos positivos. Só se pode legislar sobre o sentido essencialmente negativo (2), visando remover anacronismos e estabelecer salvaguardas contra seu restabelecimento.

Ainda que a liberdade seja realizada no sentido (2) – isto é, se for legalmente distribuída de acordo com o princípio da igualdade –, permanece a seguinte questão: até que ponto o ser humano é livre no sentido positivo? Marx descreveu esse sentido como liberdade para exercer as "capacidades essenciais" do ser humano. A restrição político-legal obviamente pode interferir nesse livre exercício das capacidades essenciais do ser humano. Contudo, mesmo que essa interferência seja removida, a liberdade positiva não chegará à sua realização enquanto existirem outros fatores que intervenham nela. Nem se pode esperar por uma solução legislativa para o problema: as dificuldades inerentes à liberdade positiva devem ser resolvidas no mesmo nível em que surgem. Nesse tocante, as relações de propriedade devem ser avaliadas de acordo com o critério de quanto (ou quão pouco) promovem o livre exercício das capacidades essenciais do ser humano.

Assim, os aspectos políticos da teoria da alienação de Marx podem ser resumidos nessa tripla relação entre a liberdade e as relações de propriedade existentes. Logo, a questão central é esta: quanto uma forma dada das relações de propriedade contribui para tornar o ser humano mais livre:

1) da necessidade natural;

2) do poder de interferência de outros seres humanos; e

3) para o exercício mais pleno de suas próprias capacidades essenciais.

A questão da alienação, nesse contexto, diz respeito a um processo que afeta negativamente a liberdade nessas relações triplas do ser humano com a *natureza*, com os *"outros seres humanos"* e *"consigo mesmo"*, isto é, com suas próprias capacidades essenciais. Em outras palavras: nesse tocante, a alienação é a negação da liberdade humana em seus sentidos negativo e positivo.

2. Objetivação capitalista e liberdade

A resposta de Marx à pergunta "as relações de propriedade capitalistas tornam o ser humano mais livre nos sentidos acima?" é um não historicamente qualificado e fundamentado.

À primeira vista, pode parecer que sua resposta aos dois aspectos iniciais foi "sim", enquanto no que se refere à relação entre o ser humano e suas próprias capacidades essenciais disse um categórico "não". Contudo, um exame mais detido revela que não pode ter sido isso. Marx concebe esses três aspectos como inseparáveis um do outro. Inseparáveis não só em um sentido conceitual, em que as características negativas não podem ser definidas sem alguma referência às positivas. Ou melhor: essa inseparabilidade conceitual é interpretada como um reflexo de sua inter-relacionalidade necessária na realidade.

Consequentemente, se a análise das relações de propriedade capitalistas revelar um avanço no sentido (1), isto é, se descobrirmos que, como resultado das forças produtivas inerentes a essas relações, o ser humano está menos dependente da necessidade natural do que antes, isso trará consigo implicações positivas para os sentidos (2) e (3). Do mesmo modo, a ampliação da liberdade no sentido (2) liberará algumas capacidades e energias humanas que antes estavam subjugadas e que passarão a contribuir para o avanço da liberdade enquanto relação do ser humano com a natureza. Assim, não é difícil ver que, para Marx, o exercício desimpedido das capacidades essenciais do ser humano também deve significar que o problema da liberdade nos sentidos (1) e (2) foi resolvido de modo adequado ao alto grau de desenvolvimento da sociedade em questão.

Esse estágio pode ser postulado apenas por Marx. Falando sobre o futuro, ele o define como a *"transcendência positiva da propriedade privada"*, como "naturalismo plenamente desenvolvido" e "humanismo plenamente desenvolvido". Esse estágio do desenvolvimento, em que as capacidades essenciais do ser humano são plenamente exercidas – é por isso que é chamado de "humanismo plenamente desenvolvido" –, é descrito como "a verdadeira resolução do conflito entre existência e essência, entre objetivação e autoafirmação, entre liberdade e necessidade, entre indivíduo e gênero" (102 [105]). Tudo isso requer duas qualificações:

1) A liberdade humana em relação à necessidade natural deve sempre permanecer uma conquista relativa, por mais elevado que seja o grau alcançado.

2) Por conseguinte, as capacidades essenciais do ser humano só podem ser exercidas na medida em que isso é viabilizado pela maior ou menor extensão das limitações impostas pelo grau dado de liberdade humana em relação à natureza.

Os vários aspectos da liberdade são elementos de uma reciprocidade dialética. Por essa razão, retornando à questão original, se a análise das relações de propriedade capitalistas mostrar que o ser humano não pode exercer suas capacidades essenciais, as restrições e limitações desse tipo estarão fadadas a ter repercussões negativas sobre o grau de liberdade alcançado pela sociedade capitalista nos sentidos (1) e (2). E isso vale para a inter-relação de todos os três membros dessa reciprocidade.

Assim, considerando o primeiro aspecto da liberdade, ao contrastar as relações de propriedade capitalistas com as feudais, torna-se óbvio que o tremendo crescimento das forças produtivas da sociedade potencialmente promove um avanço muito grande da liberdade humana. E, no entanto, Marx argumenta que essa grande potencialidade positiva é contrariada por dois fatores principais:

Primeiro: as forças produtivas sempre em crescimento não são regidas pelo princípio da "associação consciente", mas estão sujeitas a uma "lei natural" que prevalece cegamente sobre os indivíduos envolvidos.

Segundo: enquanto as forças produtivas em crescimento poderiam de fato satisfazer as necessidades humanas reais, por causa do caráter irracional do processo como um todo (denominado pelo jovem Engels de "o estado de inconsciência do gênero humano"), as necessidades *parciais* da propriedade privada – as necessidades abstratas da produção e do lucro em expansão – prevalecem sobre as necessidades humanas reais. Reproduzindo as palavras do próprio Marx: "Com a massa dos objetos *cresce*, por isso, o império do ser estranho ao qual o homem está submetido, e cada novo produto é uma nova <u>potência</u> da recíproca fraude e da recíproca pilhagem" (115 [139]).

Desse modo, a potencial energia liberadora das novas forças produtivas se dissipa. Segundo a formulação de Marx, o domínio das forças alheias às quais o ser humano está sujeito *expande*-se em vez de reduzir-se.

Já na filosofia da história de Kant aparecera a questão: qual é a relação entre satisfação das necessidades humanas e moralidade, e o tom moral da análise de Marx é autoevidente. No próximo capítulo, trataremos dos aspectos morais desses problemas. O que temos de sublinhar aqui é que, por causa da artificialidade da grande quantidade de necessidades criadas pelas relações de propriedade capitalistas, a questão se o ser humano avançou na sua liberdade em relação à natureza teve de ser respondida por Marx de modo negativo.

No que diz respeito ao segundo aspecto da liberdade, o resultado paradoxal dos desenvolvimentos capitalistas já foi mencionado no capítulo anterior, em conexão com a crítica de Marx aos "Direitos Humanos". Vimos que a liberdade em relação a vínculos políticos e a certo tipo de restrições foi condição elementar do novo desenvolvimento social: tanto no sentido de libertar todas as pessoas, visando capacitá-las para estabelecer relações *contratuais*, quanto no tocante à "alienabilidade da terra" e à legitimidade do lucro sem a "alienação do capital". No entanto, no momento em que foi aplicado à aquisição e à posse, o direito à igualdade necessariamente se tornou abstrato (igualdade como mera posse de direitos), porque é impossível possuir algo individualisticamente (exclusivamente) e, ao mesmo tempo, compartilhar esse algo em igual medida com outra pessoa.

Por esse motivo, no momento em que foi alcançada a liberdade negativa (em cima das ruínas da legalidade feudal), o novo sistema legal teve de começar a legislar a fim de codificar as desigualdades reais, mantendo sua flexibilidade só no nível abstrato mencionado anteriormente.

Sancionada em termos político-legais, a falta de liberdade nesse sentido se manifesta diretamente como "a oposição entre sem propriedade e propriedade" (98 [103]). Marx, contudo, vai além. Ele enfatiza que, enquanto essa oposição não for compreendida como um *antagonismo* entre *trabalho* e *capital*, ela permanecerá "ainda mais indiferente, não tomada em sua relação ativa, em sua relação interna, nem tomada como contradição" (98 [103]).

Esta última consideração nos leva ao terceiro e mais complexo aspecto da liberdade. Antes de começar a discuti-lo, porém, temos de mencionar que, de acordo com Marx, no interior do quadro de referência geral do Estado e sistema legal capitalistas, a atividade humana é levada a cabo como "atividade estranha, forçada" (78 [86]), como "*trabalho obrigatório*" (72 [83]), como atividade que está "sob o domínio, a violência e o jugo de um outro homem" (79 [87]). Assim, ainda que o princípio fundamental que governa a nova sociedade seja *econômico* (enquanto oposto ao princípio essencialmente *político* que regulava a sociedade feudal), ele não pode ser dissociado do quadro de referência político no qual opera. Por essa razão, a tarefa da "emancipação humana universal" tem de ser formulada "na *forma política* da emancipação dos trabalhadores" (82 [88]), o que implica, na prática, uma "atitude crítica" em relação ao Estado. Em outras palavras[2], uma transformação radical e, em última análise, a abolição do Estado são condição essencial da realização do programa marxiano.

O terceiro aspecto da liberdade pode ser descrito como a síntese dos dois primeiros. Pois a relação do ser humano com suas próprias capacidades essenciais é, ao mesmo tempo, sua relação com a natureza e com o "outro ser humano".

A primeira pergunta, então, é esta: o que são as "capacidades essenciais" do ser humano? Somente após respondê-la é possível formular a segunda questão, que tem a ver especificamente com as relações de propriedade capitalistas: como a alienação afeta o exercício das capacidades essenciais do ser humano?

Na visão de Marx, as capacidades essenciais do ser humano são capacidades e características especificamente humanas, isto é, aquelas que distinguem o ser humano de outras partes da natureza.

"O *trabalho* é a propriedade ativa" do ser humano (28 [29]) e, como tal, deveria ser uma propriedade interior que teria de manifestar-se em uma "atividade voluntária" (73 [83]). Consequentemente, o trabalho é específico do ser humano enquanto atividade livre e é

---

[2]   Lembremos que Marx levanta objeção a Hegel por causa do "positivismo acrítico e do idealismo igualmente acrítico" de suas obras posteriores, encontrando elementos dessa atitude acrítica já na *Fenomenologia do espírito* [Bragança Paulista, São Francisco, 2011]. (Ver p. 149 [122] dos *Manuscritos de 1844*.) No que se refere à *Fenomenologia*, a crítica de Marx diz respeito principalmente ao método hegeliano de tratar os problemas como "entidades do pensamento", enquanto que na crítica às obras posteriores de Hegel está implicada diretamente a avaliação do Estado.

contrastado com as "funções animais, comer, beber e procriar" (73 [83]), que pertencem ao domínio da necessidade.

A capacidade do ser humano de *objetivar-se* por meio do seu trabalho também é uma capacidade especificamente humana. Uma vez mais, ela deveria manifestar-se como a "objetivação da vida genérica do homem": como objetivação que traz as características intrinsecamente humanas, na medida em que capacita o ser humano para contemplar "a si mesmo, num mundo criado por ele" (76 [85]), e não só em pensamento.

Marx descreve o ser humano como "um ser *universal*, e por isso livre" (74 [84]), e a força que capacita o ser humano para sê-lo é derivada da *socialidade*. Isso significa que há uma conexão direta entre a liberdade enquanto universalidade humana e a socialidade. Como sabemos, de acordo com Marx, "a essência humana da natureza está, em primeiro lugar, para o homem social" (103 [106]), e ele acrescenta que não há como compreender a verdadeira individualidade em abstração da socialidade. Nem mesmo se a forma da individualidade que se tem em mente for uma atividade criativa científica[3] ou mesmo artística.

Sem dúvida, Hegel está certo ao dizer que "duplicar a si mesmo intelectualmente" é uma capacidade essencial do ser humano. Contudo, na visão de Marx, isso só se dá com base nas capacidades humanas essenciais anteriormente mencionadas. Essa segunda duplicação – intelectual – está estreitamente relacionada com as capacidades humanas objetivadas na realidade, quer o indivíduo afetado esteja consciente dessa inter-relação, quer não esteja.

O denominador comum de todas essas capacidades humanas é a socialidade. Nem mesmo os nossos cinco sentidos são simplesmente parte da nossa herança animal. Eles foram humanamente desenvolvidos e refinados como resultado de processos e atividades sociais. Por essa razão, a questão crucial é esta: as novas relações de propriedade favorecem ou impedem o avanço da socialidade como a base de todas as capacidades especificamente humanas?

O jovem Engels responde a essa pergunta com um veemente "não", nos seguintes termos: "a propriedade privada isola brutalmente cada um na sua singularidade"[4], e a resposta de Marx é um "não" igualmente enfático.

O trabalho, que deveria ser uma propriedade *interior*, ativa, do ser humano, torna-se *exterior* ao trabalhador como resultado da alienação capitalista ("o trabalho é exterior ao trabalhador, isto é, não pertence ao seu ser; [...] o trabalhador só se sente, por conseguinte e em primeiro lugar, junto a si quando fora do trabalho e fora de si quando no trabalho" 72 [82-3 modif.]). Não é "atividade vital", na qual o ser humano "afirma a si mesmo", mas mero "meio para sua existência individual", autonegação que "mortifica sua *physis* e arruína seu espírito". A alienação transforma a atividade voluntária em "trabalho obrigatório", em atividade que é mero meio para atingir fins essencialmente animais (comer, beber, procriar) e, consequentemente, "o animal se torna humano e o humano, animal" (72-77 [81-85]). Para piorar as coisas, até mesmo essa forma alienada de atividade – necessária, ainda que para a mera sobrevivência – é muitas vezes negada ao trabalhador, porque "o

---

3   Ver Karl Marx, *Economic and Philosophic Manuscripts of 1844* (trad. Martin Milligan, Londres, Lawrence and Wishart, 1959), p. 104-5 [ed. bras.: *Manuscritos econômico-filosóficos*, trad. Jesus Ranieri, São Paulo, Boitempo, 2004, p. 107].

4   Friedrich Engels, "Outlines of a Critique of Political Economy", em Karl Marx, *Manuscripts of 1844* (Moscou, Progress, 1959), p. 193 [ed. bras.: "Esboço de uma crítica da Economia Política", trad. Maria Filomena Viegas, *Temas de Ciências Humanas*, v. 5, São Paulo, 1979, p. 13].

trabalho mesmo se torna um objeto, do qual o trabalhador só pode se apossar com os maiores esforços e com as mais extraordinárias interrupções" (69 [81]). (Para corrigir isso, há uma cláusula nas constituições socialistas que confere ao ser humano o direito legal de trabalhar. Pode parecer que isso contradiz o ponto de vista exposto por mim de que os critérios positivos da liberdade não podem ser realizados por meios legislativos. Contudo, esse direito socialista só pode se referir ao trabalho como *exterior* ao ser humano e como um *meio* para sua existência. A legislação jamais conseguiria fazer do trabalho uma *necessidade interior* do ser humano. Para atingir esse resultado, são necessários processos sociais – e morais – positivos.)

A objetivação sob as condições em que o trabalho se torna exterior ao ser humano assume a forma de um poder estranho que confronta o ser humano de maneira hostil. Esse poder exterior, a propriedade privada, é "o produto, o resultado, a consequência necessária do <u>trabalho exteriorizado</u>, da relação externa do trabalhador com a natureza e consigo mesmo" (80 [87]). Portanto, sendo o resultado desse tipo de objetivação a produção de um poder hostil, na realidade, o ser humano não pode "contemplar a si mesmo em um mundo criado por ele", mas, sujeito a um poder externo e privado do sentido de sua própria atividade, ele inventa um mundo irreal, sujeita-se a ele e, consequentemente, restringe cada vez mais a sua própria liberdade.

Se o ser humano é alienado dos demais seres humanos e da natureza, as capacidades que ele possui como "ser universal" obviamente não podem ser exercidas. A universalidade é abstraída do ser humano e transformada em um poder impessoal que se defronta com ele na forma de dinheiro; esse "vínculo de todos os <u>vínculos</u>", "o <u>agente</u> universal de <u>separação</u>", "o verdadeiro <u>agente de união</u> – a força <u>galvano-química</u> universal da sociedade" (139 [159 modif.]).

3. A "negação da negação" e a emancipação políticas

O quadro que emerge dos detalhes da crítica de Marx é o de uma sociedade fragmentada e de um indivíduo enfraquecido. Como tal estado de coisas pode ser positivamente transcendido? Essa é uma questão que deve estar na base da análise de Marx. Pois, sem tentar respondê-la, a própria crítica permaneceria, no mínimo, irremediavelmente abstrata, se não totalmente desprovida de significado.

A destruição do Estado capitalista e a eliminação das restrições legais impostas por ele resolveriam o problema? Obviamente não, porque, de acordo com Marx, até mesmo *a supressão do Estado* (de qualquer Estado) ainda deixaria partes da tarefa por cumprir (101 [105]).

Conceber a tarefa da transcendência simplesmente em termos políticos poderia resultar em "fixar mais uma vez a 'sociedade' como abstração frente ao indivíduo" (104 [107]), e Marx advertiu contra isso. Fazê-lo restabeleceria a alienação em uma forma diferente.

A grande dificuldade reside em que a transcendência positiva deve começar com medidas políticas, porque em uma sociedade alienada não há instâncias sociais que possam efetivamente restringir, muito menos suplantar, a alienação.

Contudo, se o processo começar com uma entidade política que tem de estabelecer as precondições da transcendência, seu êxito dependerá da autoconsciência dessa entidade.

Em outras palavras, se essa entidade, por uma razão ou outra, não conseguir reconhecer seus próprios limites e, ao mesmo tempo, restringir suas próprias ações a esses limites, o perigo de "fixar mais uma vez a 'sociedade' como abstração frente ao indivíduo" será agudo.

Nesse sentido, a política tem de ser concebida como uma atividade cuja finalidade última é *sua própria supressão* por meio do cumprimento de sua função bem determinada como um estágio necessário no processo complexo da transcendência positiva. É assim que Marx descreve o comunismo enquanto princípio *político*. Ele enfatiza sua função como a *negação da negação* e, por conseguinte, restringe-o ao "*próximo estágio* do desenvolvimento histórico*", chamando-o de "o princípio dinâmico do *futuro próximo*" (114 [114 modif.]).

De acordo com alguns intérpretes, "Marx se refere aqui ao comunismo igualitário rude, como proposto por Babeuf e seus seguidores" (114)*. No entanto, essa interpretação não é de modo algum convincente. Não só porque Marx fala com aprovação desse "comunismo igualitário rude", mas principalmente porque podemos encontrar várias outras passagens dos *Manuscritos de Paris* em que Marx, em diferentes contextos (98-99, 101, 103, 123-124, 164 [103-4, 105, 132, 145]), afirma o mesmo ponto de vista.

Sua posição é que o comunismo "de natureza política" (101 [105]) ainda é afetado pelo estranhamento do ser humano. Enquanto negação da propriedade privada, é uma forma de *mediação*. (Ou seja, ele sustenta sua posição mediante a negação do seu oposto. Ele é a "negação de uma negação" porque nega a propriedade privada, que é, ela própria, uma "negação da essência humana".) Ele ainda não é uma "posição *por si mesma*, mas antes começando a partir da propriedade privada" (124 [145]), o que significa que, enquanto permanecer essa mediação, algum tipo de alienação o acompanhará.

A passagem mais importante dos *Manuscritos* com relevância para esse ponto tem o seguinte teor:

> o ateísmo é o humanismo mediado consigo pela supressão da religião, o comunismo é o humanismo mediado consigo mediante a anulação da propriedade privada. Somente por meio da *anulação dessa mediação* – que é, porém, um *pressuposto necessário* – vem a ser o *humanismo positivo*, que positivamente *parte de si mesmo* (164 [132 modif.]).

Ora, como poderia esse "humanismo mediado consigo" ser um "pressuposto necessário do humanismo positivo, que positivamente parte de si mesmo", isto é, algo sumamente objetivo, se ele fosse um "comunismo igualitário rude", que é uma imagem voluntarista e subjetiva? Essa interpretação obviamente não pode ser mantida sem contradizer Marx.

Quando se transforma em "humanismo positivo, que positivamente parte de si mesmo", o comunismo necessariamente deixa de ser político. A distinção marxiana crucial é entre comunismo como *movimento político* – que é restrito a um estágio histórico particular do desenvolvimento humano – e comunismo como *prática social* abrangente. É a esse segundo sentido que Marx se refere quando escreve que "este comunismo é, enquanto naturalismo consumado = humanismo, e enquanto humanismo consumado = naturalismo" (102 [105]).

Toda política está fadada, em maior ou menor grau, à parcialidade. Isso é claramente sugerido por Marx quando diz que a emancipação da sociedade da propriedade privada

---

* Citação da nota explicativa da edição inglesa dos *Manuscritos econômico-filosóficos* à passagem recém-mencionada, referente ao comunismo. (N. T.)

se expressa na forma *política* da *emancipação dos trabalhadores* (82 [88]). Por conseguinte, esperar que a *parcialidade* leve a cabo a *universalidade* da transcendência positiva seria, no mínimo, uma atitude prática ingênua e uma teoria autocontraditória.

Em consequência, a transcendência positiva simplesmente não pode ser visualizada como a "negação da negação", isto é, em termos meramente políticos. Sua realização só pode ser concebida na universalidade da prática social como um todo. Ao mesmo tempo, contudo, convém enfatizar que, como elo intermediário necessário, o papel de uma política cônscia dos seus limites, bem como de suas funções estratégicas na totalidade da prática social, é crucial para o êxito de uma transformação socialista da sociedade.

VI

ASPECTOS ONTOLÓGICOS E MORAIS

1. O "ser automediador da natureza"

O tema central da teoria moral de Marx é este: como realizar a *liberdade humana*. Isso significa que ele tem de investigar não só os obstáculos criados pelo ser humano – isto é, autoimpostos – à liberdade na forma dada da sociedade, mas também a questão geral da natureza e das limitações da liberdade como liberdade *humana*. O problema da liberdade emerge na forma de tarefas práticas no decorrer do desenvolvimento humano, e só mais tarde, de fato, bem mais tarde, os filósofos conseguem extrair disso uma abstração.

Assim, a questão real é a liberdade *humana*, e não um princípio abstrato chamado "liberdade". E dado que o caráter *específico* de tudo é, ao mesmo tempo, tanto a "*essência*" (poder, potencial, função) da coisa dada quanto seu *limite*, descobriremos que a liberdade humana não consiste na *transcendência* das limitações (caráter específico) da natureza humana, mas na *coincidência* com elas. Em outras palavras: liberdade humana não é a *negação* do especificamente natural no ser humano – uma negação em função do que parece ser um *ideal transcendental* –, mas, pelo contrário, sua *afirmação*.

Ideais transcendentais – tomando-se transcendental no sentido de suplantação das limitações intrinsecamente humanas – não têm lugar no sistema de Marx. Ele explica sua aparição em sistemas filosóficos mais antigos como resultado da aceitação a-histórica socialmente motivada de certos absolutos. Tomemos um exemplo: se o economista político do século XVIII funda suas teorias na "natureza humana", identificada com o *egoísmo*, seu filósofo moral congênere (que, como no caso de Adam Smith, pode ser a mesma pessoa) completará o quadro sobrepondo a esse "ser humano egoísta" a imagem de um ideal transcendental. Não é irrelevante o fato de Kant ter sido influenciado por Adam Smith. (Ver o ensaio de Kant intitulado *A paz perpétua**, no qual o "*Handelsgeist*" – o "espírito comercial" – constitui um conceito-chave.)

---

* Trad. e org. J. Guinsburg, São Paulo, Perspectiva, 2004. (N. E.)

Ao criticar esse tipo de abordagem, Marx não só levanta objeção ao transcendentalismo. Ele também rejeita o quadro ao qual o ideal transcendental é sobreposto, isto é, a concepção do ser humano egoísta *por natureza*. Na visão de Marx, esse tipo de sobreposição é possível apenas porque vivemos em uma sociedade alienada, em que o ser humano é egoísta *de facto*. Identificar o ser humano egoísta (alienado) de uma situação histórica dada com o ser humano em geral e, em consequência, concluir que o ser humano é egoísta por natureza significa cometer a "falácia ideológica" de igualar a-historicamente a *parte* (isto é, aquilo que corresponde a um interesse *parcial*) com o *todo*. É inevitável que o resultado disso seja um ser humano fictício que prontamente se presta a essa sobreposição transcendental.

Assim, na visão de Marx, a crítica do transcendentalismo moral só tem sentido se for combinada com o desmantelamento da concepção segundo a qual "o ser humano é egoísta por natureza". Se isso não for efetuado, o transcendentalismo – ou alguma outra forma de dualismo ético – necessariamente reaparecerá no sistema do filósofo incapaz de apreender o "egoísmo" de maneira histórica, nas contradições de uma situação que produz o "homem-mercadoria" alienado. A crítica do transcendentalismo tem de revelar a interdependência da distorção dupla, que consiste em inventar *ideais abstratos* para o ser humano enquanto o priva não só de toda a idealidade, mas também de toda a humanidade. Ela tem de mostrar que, nessa justaposição dos domínios do "é" e do "deve" (na oposição entre o ser humano reduzido ao estado bestial e um ser espiritual abstrato, ou na oposição entre o "si mesmo [*self*] inferior" do ser humano e seu "si mesmo superior"), o que desaparece é precisamente o ser humano real.

Para Marx, esse ser humano real existe tanto como *realidade* ("homem-mercadoria" alienado) quanto como *potencialidade* (o que Marx chama de "o homem rico"). Consequentemente, podemos ver que a rejeição do transcendentalismo e do dualismo ético não acarreta a dispensa da *idealidade*, sem a qual é impossível conceber um sistema moral digno do nome. Essa rejeição implica, contudo, que é preciso encontrar uma base natural para toda idealidade.

O ponto de partida ontológico de Marx é este: o ser humano constitui uma parte específica da natureza e, por conseguinte, ele não pode ser identificado com algo abstratamente espiritual. Marx escreve: "Um <u>ser</u> se considera primeiramente como independente tão logo se sustente sobre os próprios pés, e só se sustenta primeiramente sobre os próprios pés tão logo deva a sua <u>existência</u> a si mesmo" (112 [113]). A questão ontológica da existência e sua origem é uma questão tradicional tanto da teologia quanto da filosofia. O quadro de referência no qual Marx levanta essa questão – isto é, a definição do ser humano como parte específica da natureza, como "o ser automediado da natureza" (112 [113 modif.]) – transforma-a radicalmente.

Quando ela é formulada em um quadro de referência *teológico*, que pressupõe um ser totalmente espiritual como criador do ser humano, isso traz consigo um conjunto de ideais morais (e regras correspondentes) que visa libertar o ser humano de sua "natureza animal". Assim, a dignidade humana é concebida como a *negação* da natureza humana, inspirada pelo *dever* (associado com o sentimento de *gratidão* etc.) para com o ser ao qual o ser humano *deve* sua própria existência. E dado que nesse quadro de referência a *liberdade* está, por definição, separada de qualquer coisa natural – a natureza aparece somente como obstáculo –, e dado que o ser humano, igualmente por definição, não pode separar a si mesmo da natureza, não é possível que a liberdade humana se manifeste como *humana*, mas tão somente na forma de *generalidade abstrata* ("livre-arbítrio"[1] etc.), como uma *entidade* misteriosa ou fictícia. Desnecessário dizer que esse tipo de liberdade só existe pela graça do ser transcendente.

Na formulação marxiana, o que existe pela graça de outro ser (o que eu *devo* a ele) não é liberdade, mas a *negação* dela. Apenas um "ser independente" pode ser chamado de ser livre, e vínculos de "dívida" necessariamente implicam dependência, isto é, a negação da liberdade. Contudo, se o ser humano "deve" à natureza e a si mesmo (o que, em última instância, é a mesma coisa: é isso que Marx chama um tanto obscuramente de "o ser automediado da natureza e do ser humano") a sua própria existência, ele não deve nada a ninguém. Nesse sentido marxiano, "dever sua existência" significa simplesmente que "há uma *relação causal* particular em virtude da qual o ser humano é uma parte *específica* da natureza". Assim, rejeita-se o "dever" no outro sentido – aquele que carrega consigo a ideia abstrata do dever. E com essa rejeição, os ideais abstratos e os deveres que poderiam ser externamente impostos ao ser humano são excluídos do sistema moral de Marx.

O "ser automediado da natureza e do ser humano" de Marx – o ser humano que não é a contrapartida animal de um conjunto de ideais morais abstratos – não é bom nem mau por natureza; nem benevolente nem malevolente; nem altruísta nem egoísta; nem sublime nem bestial etc., mas simplesmente um ser natural cujo atributo é a "automediação". Isso significa que ele pode *fazer* de si mesmo o que ele é a qualquer tempo – de acordo com as circunstâncias predominantes –, seja egoísta ou outra coisa.

Termos como malevolência, egoísmo, maldade etc. não se sustentam por si sós, isto é, sem sua contrapartida positiva. No entanto, isso é igualmente verdadeiro para os termos positivos desse par de opostos. Por isso, não importa qual lado é assumido por um filósofo moral particular em sua definição da natureza humana como intrinsecamente egoísta e malevolente ou altruísta e benevolente: ele necessariamente terminará com um sistema filosófico completamente *dualista*. Não há como evitá-lo sem negar que qualquer lado desses dois opostos é intrínseco à própria natureza humana.

2. Os limites da liberdade

Isso significa que devemos considerar esses opostos como abstrações sem valor, das quais podemos livrar-nos por meio de uma reclassificação conceitual? Certamente, não. Porque eles não são apenas abstrações, mas, diferentemente do "livre-arbítrio", também fatos da vida humana como os conhecemos até agora. Se o ser "automediado" pode fazer de si mesmo o que ele é sob determinadas circunstâncias e em conformidade com elas, e se descobrirmos que o egoísmo é um fato da vida humana tanto quanto a benevolência,

---

[1] A rigor, "livre-arbítrio" é uma contradição de termos. Esse conceito *postula* um objeto (definindo-se como "arbítrio", ao qual algum objeto necessariamente tem de estar relacionado) e ao mesmo tempo *nega* essa relação necessária (chamando o arbítrio de "livre"), para ser capaz de visualizar o exercício – fictício – desse "livre-arbítrio".

então a tarefa é descobrir quais são as razões por que o ser humano fez de si mesmo um ser que se comporta egoisticamente.

O objetivo prático de tal investigação é, obviamente, verificar de que maneira se poderia reverter o processo que resulta na criação de seres humanos egoístas. Insistir em que o ser humano é egoísta "por natureza" necessariamente implica a rejeição desse propósito, qualquer que seja a motivação por trás dessa atitude negativa. Em contrapartida, insistir em que o ser humano é benevolente "por natureza" equivale a atribuir nada menos que poderes míticos a "influências más" – sejam estas identificadas com a imagem teológica do "mal" ou com a suposta "irracionalidade do ser humano" etc. – de maneira a poder responsabilizá-las pelos feitos moralmente condenados dos seres humanos. Esta última abordagem coloca seus defensores de saída em uma posição de derrota, mesmo que isso não esteja claro para eles próprios, e ainda que eles ocultem a derrota sob o manto da vitória do pensamento desejoso utópico. (O dualismo fica evidente em concepções utópicas: a solução idealizada é rigidamente contraposta à realidade rejeitada. E dado que idealidade e realidade não são apreendidas como membros de uma inter-relação dialética, a ponte sobre o abismo da oposição dualista, não dialética, precisa ser feita com alguma suposição arbitrária, como, por exemplo, a pretensa natureza benevolente do ser humano.)

A única maneira de evitar o transcendentalismo e o dualismo (considerados por Marx como abdicações da liberdade humana) é tomar o ser humano, sem prejulgamentos, simplesmente como um ser natural que não é tingido de cor-de-rosa nem de preto pelos vários sistemas da filosofia moral. Desse modo, Marx também pode se livrar da noção de "pecado original", dizendo que o ser humano jamais perdeu sua "inocência" simplesmente porque nunca a teve. Tampouco foi "culpado" de qualquer coisa. Culpa e inocência são termos relativos e *históricos*, que só podem ser aplicados sob certas condições e a partir de um ponto de vista específico, isto é, sua abordagem está sujeita a mudanças.

Marx ridiculariza os teólogos que tentam explicar a origem do mal mediante a queda do ser humano (69 [80]), isto é, na forma de uma suposição a-histórica. Ele também desdenha dos filósofos morais que não explicam a gênese histórica das características conhecidas do comportamento humano, mas simplesmente as *atribuem* à natureza humana, o que significa que eles pressupõem como dado e fixado a priori aquilo que são incapazes de explicar. Marx poderia descrever negativamente o "ser humano natural" em uma polêmica contra essa prática de assunções como o ser humano que não foi deturpado pelos filósofos morais.

Positivamente, no entanto, o ser humano deve ser descrito em termos de suas necessidades e capacidades. E ambas estão igualmente sujeitas a mudança e desenvolvimento. Consequentemente, nada pode haver de fixo a respeito dele, exceto o que decorre necessariamente de sua determinação como ser natural, a saber, que ele é um ser com *necessidades* – caso contrário, ele não poderia ser chamado de ser natural – e *capacidades* para satisfazê-las, sem as quais um ser natural não poderia sobreviver.

O problema da liberdade só pode ser formulado nesses contextos, o que significa que não pode haver outra forma de liberdade a não ser a *humana*. Se, na alienação religiosa, atribuímos liberdade absoluta a um ser, apenas projetamos em um plano metafísico e de forma invertida nosso próprio atributo: a liberdade humana natural e socialmente limitada. Em outras palavras: ao dotar um ser não natural de liberdade absoluta, fechamos os olhos para o fato de que a liberdade está enraizada na natureza. "Liberdade absoluta" é a negação absoluta da liberdade e só pode ser concebida como caos absoluto. Para escapar das contradições envolvidas no conceito de liberdade absoluta que se manifesta na forma de uma ordem estrita, a teologia ou se refugia no misticismo, ou adiciona outros atributos humanos à imagem do absoluto – por exemplo, bondade e amor pelo ser humano –, determinando contraditoriamente o ser que, por definição, não pode possuir determinações sem ser privado de sua liberdade absoluta[2].

Na visão de Marx, só é possível "deixar a alienação religiosa" se reconhecermos o caráter fictício da "liberdade absoluta" e *confirmarmos* as limitações humanas específicas, em vez de tentar em vão *transcendê-las* em prol de uma ficção. Assim, se o ser humano é um ser natural com uma multiplicidade de necessidades, a satisfação humana – a realização da liberdade humana – não pode ser concebida como abnegação ou subjugação dessas necessidades, mas tão somente como sua gratificação propriamente humana. A única condição é que elas devem ser necessidades intrinsecamente humanas.

Em contrapartida, o ser humano como parte da natureza precisa trabalhar "para não morrer" e, consequentemente, nesse tocante, ele está sob o domínio da necessidade; sendo assim, a liberdade humana não pode ser realizada dando as costas para as realidades dessa situação. As referências transcendentes de nada ajudarão, porque elas apenas transferem o problema para um plano diferente, atribuindo, ao mesmo tempo, um *status* inferior ao "domínio da necessidade" (ou ao "mundo fenomênico" enquanto oposto ao "mundo numênico" etc.).

Uma vez mais, a solução reside em *confirmar* essa limitação como fonte da liberdade humana. Consequentemente, a atividade produtiva, imposta ao ser humano pela necessidade natural enquanto condição fundamental da sobrevivência e do desenvolvimento humanos, torna-se idêntica à satisfação humana, isto é, à realização da liberdade humana. Por necessidade lógica, a satisfação implica limitações, porque somente o que de alguma maneira ou de algumas maneiras é limitado pode ser satisfeito. Se um filósofo adotar uma visão diferente nesse tocante, ele acabará obtendo algo como a noção kantiana de

---

[2] Alguns teólogos modernos, sob o impacto da "revolução científica", introduziram em suas obras um conceito de razão ambiguamente "reabilitado". Segue uma citação para mostrar essa tendência: "*Nicht die* Vernunft als solche *steht in Gegensatz zum Glauben, sondern nur die in sich geschlossene Vernunft, die sich an die Stelle Gottes setzt, die Vernunft, die Gott in sich statt* sich in Gott verstehen *will, die anmasslich-selbstherrliche Vernunft. Nicht zwischen Glauben und Vernunft, sondern zwischen Glauben und Rationalismus besteht der Krieg auf Leben und Tod, wobei unter Rationalismus nicht bloss das flache Denken des* 18. Jahrhunderts *verstanden wird, sondern ebensogut das titanische Vernunftdenken, das* deutscher Idealismus *heisst, und jenes, das wir aus der* griechischen Philosophie *als Erbe übernommen haben*" ["Não é a *razão como tal* que se encontra em contraposição à fé, mas tão somente a razão fechada em si mesma, que se coloca no lugar de Deus, a razão que quer entender Deus em si mesma em vez de *entender a si mesma em Deus*, a razão prepotente e autocrática. Não é entre fé e razão que se trava a luta de vida ou morte, mas entre fé e racionalismo, entendendo-se por racionalismo não só o pensamento raso do *século XVIII*, mas da mesma forma o pensamento racional titânico chamado de *idealismo alemão* e aquele que assumimos como legado da *filosofia grega*"] (Emil Brunner, *Gott und sein Rebell*, Hamburgo, Rowohlt, 1958, p. 61-2). É de se perguntar: o que fica em pé depois que tudo isso é posto abaixo? A "razão" dos místicos? A circularidade desse tipo de argumento é impressionante. Com efeito, quando a "*razão como tal*" (*Vernunft als solche*) é definida como "*entender a si mesma em Deus*" (*sich in Gott verstehen*), tudo o que não está em conformidade com essa ideia é excluído da "razão", não por meio de argumentos concretos, mas por meio de uma assunção definitória não estabelecida.

satisfação em um infinito transcendental, isto é, ele terminará com uma estrutura teológica da moralidade, quer queira, quer não[3].

Esses problemas indicam por que foi necessário que Marx introduzisse fortes polêmicas antiteológicas em sua abordagem da moralidade. As referências antiteológicas nas obras filosóficas de Marx não podem ser explicadas pela menção ao impacto inquestionavelmente significativo do livro *A essência do cristianismo*, de Feuerbach, sobre os jovens hegelianos radicais. (Até porque Marx logo se deu conta do abismo que o separava de Feuerbach.) A razão principal por que Marx teve de dedicar tanto esforço às polêmicas antiteológicas foi que, se ele quisesse descrever o ser humano como um "ser independente", como o "ser automediado da natureza e do ser humano", ou, em outras palavras, se ele quisesse produzir um sistema coerente de moralidade, baseado em uma ontologia monista, não poderia furtar-se de contestar o quadro teológico dualista, que é a *negação* direta do que ele chama de a "essencialidade" e a "universalidade" do ser humano.

É necessário enfatizar, contudo, que essa afirmação antiteológica das limitações humanas, a fim de derivar dela o quadro do ser humano como um ser "essencial" e "universal", é a "negação da negação". E, dado que a negação da negação ainda é dependente daquilo que ela nega, não se pode falar de uma moralidade positiva, verdadeiramente natural, enquanto as referências teológicas forem parte integrante dela. Essa situação apresenta um paralelismo com a negação da propriedade privada. (Ver seção 3 do capítulo anterior.) Tanto a teologia quanto a propriedade privada são definidas como negações da essencialidade do ser humano em sua relação "automediadora" com a natureza. Definir o ser humano como um ser essencial pela negação da teologia e da propriedade privada, isto é, em termos de referências antiteológicas e anticapitalistas, é uma negação da negação. Tal negação da negação de modo algum é "automediadora", porque ela afirma a essencialidade e universalidade do ser humano ao negar sua negação tanto pela teologia quanto pela propriedade privada. Assim, a relação automediadora entre ser humano e natureza não será restabelecida enquanto propriedade privada e teologia permanecerem no quadro, mesmo que em uma forma negada. Consequentemente, não há como visualizar na realidade uma moralidade verdadeiramente natural antes que todas as referências à teologia e à propriedade privada – incluindo as referências negativas – tenham desaparecido da definição do ser humano como um ser essencial e universal.

3. Os atributos humanos

Como vimos, ao delinear a imagem do agente moral, não se pode supor como dadas *a priori* quaisquer características humanas (como "egoísmo" etc.) sem comprometer-se, ao mesmo tempo, com um sistema moral dualista. Não se pode tomar como certo nada além do fato de que o ser humano é uma parte da natureza, e apenas sobre essa base se formulará a questão: o que há de *específico* no ser humano como parte da natureza? Nesse contexto, é preciso fazer duas perguntas importantes:

---

[3] Ver, em particular, as opiniões de Kant sobre nosso "dever de promover o *summum bonum*", que o levam a postular a existência de Deus etc.

1) Quais são as características *gerais* de um *ser natural*?

2) Quais são as características *específicas* de um ser natural *humano*?

Marx escreve o seguinte:

> O <u>homem</u> é imediatamente <u>ser natural</u>. Como ser natural, e como ser natural vivo, está, por um lado, munido de <u>forças naturais, de forças vitais</u>, é um ser natural <u>ativo</u>; estas forças existem nele como possibilidades e capacidades, como <u>pulsões</u>; por outro, enquanto ser natural, corpóreo, sensível, objetivo, ele é um ser que <u>sofre</u>, dependente e limitado, assim como o animal e a planta, isto é, os <u>objetos</u> de suas pulsões existem fora dele, como <u>objetos</u> independentes dele. Mas esses objetos são <u>objetos</u> de seu <u>carecimento</u>, <u>objetos</u> essenciais, indispensáveis para a atuação e confirmação de suas <u>forças essenciais</u> (156 [127]).

Marx prossegue dizendo que o conceito de um *ser objetivo* necessariamente implica *outro ser*, que é o *objeto* desse ser objetivo. Essa relação, contudo, de modo algum é unilateral: o *objeto*, por seu turno, tem o ser objetivo como *seu objeto*. "Tão logo eu tenha um objeto, esse objeto tem a mim como objeto" (157 [127-8]). Isso significa que sou afetado por esse objeto ou, em outras palavras, estou sujeito a ele de algum modo específico. Considerada nesse nível, minha relação com os meus objetos é a mesma que a existente entre objetos naturais não humanos. "O sol é o <u>objeto</u> da planta, um objeto para ela imprescindível, confirmador de sua vida, assim como a planta é <u>objeto</u> do sol, {enquanto <u>externação</u> da força evocadora de vida do sol,}* da força essencial <u>objetiva</u> do sol" (157 [127]).

No entanto, Marx vai ainda mais longe nessa linha de pensamento e enfatiza que *todo* ser natural tem sua natureza *fora de si*:

> Um ser que não tenha sua natureza fora de si não é nenhum ser <u>natural</u>, não toma parte na essência da natureza. Um ser que não tenha nenhum objeto fora de si não é nenhum ser objetivo. Um ser que não seja ele mesmo objeto para um terceiro ser não tem nenhum ser para seu <u>objeto</u>, isto é, não se comporta objetivamente, seu ser não é nenhum ser objetivo. *Um ser não objetivo é uma <u>nulidade</u> – um <u>não ser</u>* (157 [127 modif.]).

Daí decorrem duas conclusões importantes:

1) que a "natureza" de *qualquer* ser objetivo não é alguma "essência" misteriosamente oculta, mas algo que naturalmente se define como a relação necessária entre o ser objetivo e seus objetos, isto é, trata-se de uma relação objetiva específica (só "não seres" ou "nulidades" precisam ser "definidos" mediante referências mistificadoras a essências misteriosas);

2) que "ter sua natureza fora de si" é o modo de existência necessário de *todo* ser natural e de maneira alguma é específico do *ser humano*. Assim, se alguém desejar identificar *exteriorização* com *alienação humana* (como fez Hegel, por exemplo), só poderá fazê-lo confundindo a totalidade com uma *parte* específica. Consequentemente, "objetivação" e "exteriorização" são relevantes para a alienação só na medida em que elas acontecem de

---

* No texto original em inglês, o trecho entre chaves foi omitido, provavelmente por engano, já que logo a seguir é retomado pelo autor. (N. T.)

forma *não humana*. (Como se a "força evocadora de vida" do sol se voltasse *contra* este sob condições em que o sol poderia, em princípio, impedir que isso acontecesse.)

Com relação ao *status* do ser humano como uma parte *específica* da natureza, Marx escreve:

> Mas o homem não é apenas ser natural, mas ser natural <u>humano</u>, isto é, ser *existente para si mesmo*, por isso, <u>*ser genérico*</u>, que, enquanto tal, tem de atuar e confirmar-se tanto em seu ser quanto em seu saber. Consequentemente, nem os objetos <u>humanos</u> são os objetos naturais assim como estes se oferecem *imediatamente*, nem o <u>sentido humano</u>, tal como é imediata e objetivamente, é sensibilidade <u>humana</u>, objetividade humana. A natureza não está, nem objetiva nem subjetivamente, imediatamente disponível ao ser <u>humano</u> de modo adequado. E como tudo o que é natural tem de <u>começar</u>, assim também o <u>homem</u> tem como seu ato de gênese a <u>história</u>, que é, porém, para ele, uma história sabida e, por isso, enquanto *ato de gênese com consciência, é ato de gênese que se suprassume*. A história é a verdadeira história natural do homem (158 [128]).

Para tornar mais clara essa passagem, contrastemos as visões expressas nela com a afirmação de Hume, segundo a qual "um afeto entre os sexos é uma paixão evidentemente implantada na natureza humana"[4]. Essa afirmação, mesmo que reivindique o valor de verdade de uma autoevidência, nada mais é que uma *suposição* a-histórica que, em um exame acurado, revela-se falsa em dois aspectos:

1) na medida em que essa paixão está "implantada na natureza", ela não está limitada aos seres humanos, isto é, ela não é uma paixão *humana*;

2) na medida em que ela é uma paixão especificamente humana, ela não está de modo algum "*implantada* na natureza humana", mas é uma *realização humana*. A característica essencial dessa paixão como paixão *humana* é que ela é inseparável da consciência de que o "outro sexo" é um *ser humano* particular e, ao mesmo tempo, é também inseparável da consciência do si mesmo como de um ser *humanamente* apaixonado. Essa realização humana é o que Marx chama um tanto obscuramente de "ato de gênese com consciência [...] que se suprassume", no qual *a natureza transcende a si mesma* (ou "faz a mediação de si consigo mesma") e se torna *ser humano*, permanecendo nessa "autotranscendência", obviamente, um ser natural.

Nada, por conseguinte, é "implantado na natureza *humana*". A natureza humana não é algo *fixo por natureza*, mas, pelo contrário, uma "natureza" que *é feita pelo ser humano* em seus atos de "autotranscendência" como um ser natural. Nem é preciso dizer que os seres humanos – devido à sua constituição natural-biológica – têm *apetites* e várias propensões naturais. Contudo, no "ato de gênese com consciência que se suprassume", estes têm de tornar-se apetites e propensões *humanos*, mudando fundamentalmente seu caráter ao serem transformados em algo *intrinsecamente histórico*. (Sem essa transformação, tanto a cultura quanto a moralidade seriam desconhecidas do ser humano: elas só são possíveis porque o ser humano é o criador dos seus apetites *humanos*. E tanto a cultura quanto a moralidade – ambas intrinsecamente históricas – têm a ver com os apetites e as propensões propriamente humanos do ser humano, e não com as determinações diretas, inalteráveis,

---

[4]   David Hume, *A Treatise of Human Nature*, livro III, parte II, seção I [ed. bras.: *Tratado sobre a natureza humana*, trad. Déborah Danowski, São Paulo, Editora Unesp, 2009].

do ser natural. Onde não há alternativa – intrinsecamente histórica –, não há espaço nem para a cultura nem para a moralidade.) Por essa razão, em um único sentido se pode falar de "natureza humana": naquele que tem como centro de referência a mudança histórica e seu fundamento, a sociedade humana. Nas palavras de Marx:

> A natureza que vem a ser na história humana – no ato de surgimento da sociedade humana – é a natureza efetiva do homem, por isso a natureza, assim como vem a ser por intermédio da indústria, ainda que em figura estranhada, é a natureza *antropológica* verdadeira (111 [112]).

É claro que pôr em relevo o especificamente humano de todas as necessidades naturais do ser humano não significa argumentar a favor de uma nova espécie de "si mesmo superior" como instância julgadora dessas necessidades naturais. Não há nada errado com os apetites naturais humanos, desde que eles sejam satisfeitos de *modo humano*. Esse modo humano de satisfazer os apetites naturais – que, como necessidades e apetites, são transformados no processo de "autotranscendência" e "automediação" – dependerá do nível real de civilização e da correspondente prática social a que se pertence[5]. E quando se diz que as necessidades e os apetites naturais primitivos se tornaram humanos, isso acontece apenas para ressaltar que eles passaram a ser *especificamente naturais*.

É por isso que a satisfação humana não pode ser concebida em abstração nem em contraposição à natureza. Dissociar-se da "natureza antropológica" a fim de buscar satisfação no domínio das ideias e ideais abstratos é tão inumano quanto viver a vida em submissão cega às necessidades naturais brutas. De modo algum é acidental que muitas das piores imoralidades na história do gênero humano tenham sido cometidas em nome de ideais morais altissonantes completamente divorciados da realidade do ser humano[6].

---

[5]   Marx escreve mais tarde: "*Hunger ist Hunger, aber Hunger der sich durch gekochtes, mit Gabeln und Messer gegessnes Fleisch befriedigt, ist ein andrer Hunger als der rohes Fleisch mit Hilfe von Hand, Nagel und Zahn verschlingt. Nicht nur der Gegenstand der Konsumtion, sondern auch die Weise der Konsumtion wird daher durch die Produktion produziert, nicht nur objektiv, sondern auch subjektiv. Die Produktion schafft also den Konsumenten. Die Produktion liefert dem Bedürfnis nicht nur ein Material, sondern sie liefert dem Material auch ein Bedürfnis. Wenn die Konsumtion aus ihrer ersten Naturrohheit und Unmittelbarkeit heraustritt – und das Verweilen in derselben wäre selbst noch das Resultat einer in der Naturrohheit steckenden Produktion – so ist sie selbst als Trieb vermittelt durch den Gegenstand. Das Bedürfnis, das sie nach ihm fühlt, ist durch die Wahrnehmung desselben geschaffen. Der Kunstgegenstand – ebenso jedes andre Produkt – schafft ein kunstsinniges und schönheitsgenussfähiges Publikum. Die Produktion produziert daher nicht nur einen* Gegenstand für das Subjekt, *sondern auch ein* Subjekt für den Gegenstand*"* ["Fome é fome, mas a fome que se sacia com carne cozida, comida com garfo e faca, é uma fome diversa da fome que devora carne crua com mão, unha e dente. Por essa razão, não é somente o objeto do consumo que é produzido pela produção, *mas também o modo do consumo*, não apenas objetiva, mas também subjetivamente. *A produção cria, portanto, o consumidor.* A produção não apenas fornece à necessidade um material, mas também uma necessidade ao material. O próprio consumo, quando sai de sua rudeza e imediaticidade originais – e a permanência nessa fase seria ela própria o resultado de uma produção aprisionada na rudeza natural –, é *mediado*, enquanto impulso, pelo objeto. A necessidade que o consumo sente do objeto é criada pela própria percepção do objeto. O objeto de arte – como qualquer outro produto – cria um público capaz de apreciar a arte e de sentir prazer com a beleza. A produção, por conseguinte, produz não somente *um objeto para o sujeito*, mas também *um sujeito para o objeto*"] (*Grundrisse der Kritik der politischen Ökonomie (Rohentwurf, 1857-1858)*, Berlim, Dietz, 1953, p. 13-4 [ed. bras.: *Grundrisse. Manuscritos econômicos de 1857-1858: esboços da crítica da economia política*, trad. Mario Duayer e Nélio Schneider, São Paulo, Boitempo, 2011, p. 47]).

[6]   Anatole France, em sua novela *Os deuses têm sede*, apresenta "*Évariste Gamelin, peintre, élève de David*", que, como "*citoyen d'un peuple libre, il charbonnait d'un trait vigoureux des Libertés, des Droits de l'Homme,*

Do mesmo modo, o fato de a "autoconsciência" ser uma característica essencial da satisfação humana não pode significar que a autoconsciência por si só seja contraposta ao "mundo do estranhamento", que é, por fim, o mundo dos objetos. A "autoconsciência" que se dissocia do mundo dos objetos (isto é, a consciência cujo centro de referência é o si mesmo abstrato sem objeto) não se *contrapõe* à alienação, mas, pelo contrário, *confirma*-a. É por isso que Marx desdenha do filósofo abstrato que "– portanto, ele mesmo *uma figura abstrata do homem estranhado* – se coloca como a medida do mundo estranhado" (149 [121]). A objetividade desse filósofo é falsa objetividade, porque ele se priva de todos os objetos reais.

Não somos livres para escolher nossa autoconsciência. A autoconsciência humana – a consciência de um ser natural específico – deve ser "consciência sensível" porque é a consciência de um ser natural sensível. Contudo, "consciência <u>sensível</u> não é nenhuma consciência <u>abstratamente</u> sensível, mas uma *consciência <u>humanamente</u> sensível*" (150 [122]). E, visto que as atividades desse ser natural específico são necessariamente exibidas em um quadro de referência *social*, a verdadeira autoconsciência desse ser tem de ser sua consciência de ser um ente *social*. Qualquer abstração dessas características básicas só poderia resultar em uma autoconsciência *alienada*.

Nesse ponto, podemos ver por que Marx teve de corrigir da maneira como o fez as ideias hegelianas que ele havia incorporado em sua imagem do ser humano:

1) Partindo do fato de que o ser humano é uma parte específica da natureza, ele não pôde limitar o *trabalho* – em sua tentativa de explicar a *gênese* humana – ao "trabalho abstratamente mental". Aquilo que é abstratamente mental não é capaz de gerar por si só algo intrinsecamente natural, enquanto que sobre a base natural da realidade pode-se explicar a gênese do "trabalho abstratamente mental".

2) Pela mesma razão, ele não pôde aceitar a identificação de "objetivação" com "alienação". Em relação a um *ser natural objetivo*, o que é chamado de "objetivação" não pode simplesmente ser declarado como "alienação" (ou "estranhamento"), porque essa objetivação é seu modo de existência *natural* e necessário. Em contrapartida, se concebêssemos um "ser abstratamente espiritual", seu modo de existência adequado seria, obviamente, apenas espiritual; em relação a esse ser, "objetivação" e "estranhamento" se tornariam idênticos. Porém, exceto nesse caso – no qual tanto "natural" quanto "objetivo" estão excluídos da definição desse ser meramente espiritual –, só duas possibilidades se abrem para o filósofo:

a) renunciar à *objetividade* do ser *natural* (a fim de aceitar a necessidade da alienação) e, consequentemente, acabar em uma contradição de termos;

---

des Constitutions Françaises, des Vertues républicaines, des Hercules populaires terrassant l'Hydre de la Tyrannie, et mettait dans toutes ces compositions toute l'ardeur de son patriotisme" ["Évariste Gamelin, pintor, aluno de David", que, como "cidadão de um povo livre, traçava com vigor Liberdades, Direitos do Homem, Constituições Francesas, Virtudes Republicanas, Hércules populares destruindo a Hidra da Tirania, e punha nessas composições todo o ardor de seu patriotismo"]. France mostra com muita intensidade não só que esse pintor se tornou um dos líderes mais sedentos de sangue do Terror, mas também que esse resultado prático está organicamente ligado à *abstratividade inumana* dos ideais de Gamelin, com "*l'irrémédiable chasteté du peintre*" [a irremediável castidade do pintor]. A quantidade de exemplos similares na história moderna é virtualmente infinita, desde a Inquisição até os nossos tempos. [Ed. bras.: *Os deuses têm sede*, trad. Daniela Jinkings e Cristina Murachco, São Paulo, Boitempo, 2007, p. 17 e 26. (N. T.)]

b) insistir em que a *objetivação* é o único modo possível de existência de um ser natural (como vimos, o sol também "se objetiva" na planta viva; é claro que o sol não pode pensar por si mesmo, mas isso não é razão para privá-lo de seu si mesmo objetivo – "força evocadora de vida" etc. – nem para negar sua objetivação), mas que *algumas formas* de objetivação são *inadequadas* à "essência" = "natureza fora dela" = "modo social de existência" do ser humano.

3) Consequentemente: se for a *inadequação* de algumas formas de objetivação que pode ser propriamente chamada de alienação, não é verdade que a objetividade equivale a "relações humanas estranhadas", embora possa ser verdade que a objetividade da sociedade civilizada como a conhecemos *até aqui* trouxe consigo relações humanas estranhadas. Em contraste, uma forma adequada de objetivação humana produziria objetividade social enquanto relações humanas *objetivadas*, mas *não alienadas*.

4) Dos pontos anteriores necessariamente decorre que a "suplantação" da alienação deve ser visualizada em termos de *realidade social* real, isto é, como transcendência da alienação na prática social enquanto oposta à mera imaginação.

4. A alienação das capacidades humanas

As considerações precedentes são essenciais para decidir "o que é humano" e o que deveria ser rejeitado como alienação. Elas não só recusam a "medida" fornecida pelo filósofo abstrato, caracterizando-a como uma corporificação particular da atividade alienada, mas também oferecem uma nova referência ao dizer que não pode haver outra *medida de humanidade* senão *o próprio ser humano*.

De nada adiantaria formular a questão que surge nesse ponto, a saber: "qual ser humano?", e respondê-la, dizendo: "o ser humano não alienado". Tal resposta equivaleria a raciocinar em círculo. O que estamos tentando descobrir é precisamente o que é "não alienado". Os fatos a que podemos nos referir como elementos e estágios de uma possível definição são os seguintes:

1) o ser humano é um ser *natural*;

2) enquanto ser natural, ele tem *necessidades* naturais e *capacidades* naturais para satisfazer essas necessidades;

3) ele é um ser que vive em *sociedade* e *produz* as condições necessárias para sua existência de um modo intrinsecamente *social*;

4) enquanto ser social produtivo, ele adquire *novas necessidades* ("necessidades criadas por meio de parceria social"[7]) e *novas capacidades* para sua satisfação;

5) enquanto ser social produtivo, ele transforma de modo específico o mundo que o cerca, deixando nele a *sua* marca; consequentemente, nessa relação "ser humano-natureza",

---

[7] "*Durch die Sozietät geschaffene Bedürfnisse.*" ["Necessidades socialmente criadas."] *Grundrisse der Kritik der politischen Ökonomie*, cit., p. 15 [ed. bras.: *Grundrisse*, cit., p. 48].

a natureza se torna "*natureza antropológica*" (111 [112]); tudo passa a ser, pelo menos potencialmente, uma parte das relações humanas (nessas relações, a natureza aparece em uma grande variedade de formas, desde elementos materiais de utilidade até objetos de hipótese científica e de prazer estético);

6) ao estabelecer suas próprias condições de vida sobre uma base natural na forma de instituições socioeconômicas e seus produtos, o ser humano "duplica a si mesmo" *na prática*, lançando, consequentemente, os alicerces para "contemplar a si mesmo em um mundo criado por ele";

7) por meio de suas novas capacidades, que, assim como suas novas necessidades, são "criadas por meio de parceria social" e interação social, e com base na "duplicação prática" recém-mencionada, ele também "*se duplica intelectualmente*".

Se considerarmos essas características não isoladamente, mas em sua inter-relacionalidade múltipla, veremos que a satisfação das necessidades humanas acontece de forma alienada, se isso significar ou submissão aos apetites naturais *brutos*, ou o *culto ao si mesmo* — quer esse si mesmo seja descrito como uma criatura que é egocêntrica por natureza, quer seja descrito como autoconsciência abstrata.

O modo abstrato como o filósofo aborda o problema da alienação é, ele próprio, alienado. Não só porque se limita à habilidade humana de "se duplicar intelectualmente", ignorando que só as condições enumeradas nos pontos (1) a (6) tornam possível essa duplicação. E não só porque ele não distingue entre autoduplicação intelectual *alienada* e autoduplicação intelectual *verdadeira*, mas também porque ele contrapõe uma autoduplicação intelectual alienada como autoafirmação verdadeira a essas condições (isto é, à realidade social objetivada), sem as quais nenhuma autoafirmação pode ser concebida para um ser natural (social) humano.

Em contrapartida, a submissão à naturalidade bruta de um dado apetite é alienação porque ela se contrapõe, mesmo que inconscientemente, ao desenvolvimento *humano*[8]. Ela nega (de modo prático ou teórico) as mudanças sociais, em virtude das quais as necessidades que em sua origem são meramente naturais também passam a ser *mediadas* de modo complexo, perdendo seu caráter primitivo. De maneira alguma é mera coincidência histórica que o século que atingiu o mais elevado grau de *sofisticação* em todas as esferas igualmente produziu o mais notável *culto ao primitivo*[9], desde teorias filosóficas e psicológicas até práticas sociais e artísticas.

Quando passamos a considerar a "privatização" à luz das características anteriormente enumeradas, sua natureza alienada se torna transparente, porque "privatização" significa abstrair (na prática) do *aspecto social* da atividade humana. Contudo, sendo a atividade

---

[8]   Mas não *necessariamente* inconsciente. Sob certas condições, essa contraposição pode muito bem se tornar consciente, afirmando-se na forma do culto aos sentidos, como "a única coisa sensível a fazer". Contudo, isso não mudaria o fato de que essa autoconsciência alienada está "junto de si na não razão enquanto não razão" [130]. (Todos nós estamos familiarizados com atitudes desse tipo em nossa própria sociedade.) Se o desenvolvimento humano tem lugar de forma alienada, isso não é capaz de alterar o caráter alienado da negação do desenvolvimento humano como tal. Isso só é capaz de fornecer uma explicação para o surgimento de formas específicas de oposição alienada à alienação.

[9]   As raízes desse desenvolvimento remontam, pelo menos, ao século XVIII.

produtiva social uma condição elementar da existência *humana* do indivíduo (com suas necessidades cada vez mais complexas e socialmente incorporadas), esse ato de abstrair – não importando a forma que assuma – é necessariamente alienação, porque restringe o indivíduo ao seu "isolamento bruto". A sociedade é a "segunda natureza" do ser humano, no sentido de que as necessidades naturais originais são transformadas por ela e, ao mesmo tempo, integradas em uma rede imensamente mais extensa de necessidades que, todas juntas, constituem o produto do ser humano socialmente ativo. Por conseguinte, abstrair desse aspecto do ser humano no *culto ao si mesmo* como contraposto ao ser humano social equivale a cultuar um si mesmo alienado supersimplificado, porque o verdadeiro si mesmo do ser humano é necessariamente um *si mesmo social*, cuja "natureza está fora dele", isto é, ele se define em termos de relações sociais e interpessoais específicas e imensamente complexas. Até mesmo as *potencialidades* do indivíduo só podem ser definidas em termos de relações, das quais o indivíduo é apenas uma parte. Para que alguém seja um "pianista potencialmente grande", faz-se necessária não só a existência de um instrumento musical – socialmente produzido –, mas em grau ainda maior a atividade social sumamente complexa da fruição musical criteriosa.

Em todos esses casos, a alienação aparece *dissociando* o individual do social, o natural do autoconsciente. Por contraposição, segue-se que, em uma relação humana não alienada, o individual e o social, o natural e o autoconsciente fazem parte um do outro – e formam uma *unidade complexa*. Isso nos leva a outra questão importante: qual é a conexão entre alienação e aquelas necessidades e capacidades que são o resultado do intercâmbio social, isto é, o produto da sociedade?

Aqui, temos de distinguir primeiramente entre dois sentidos do *natural* e do *artificial* conforme usados por Marx. No primeiro sentido, natural significa simplesmente "aquilo que é produto direto da natureza"; e, em contraposição a ele, artificial significa "produzido por mão humana". No segundo sentido, porém, o "natural" não é um produto direto da natureza, mas algo gerado através de um *intermediário social*; ele é "natural" na medida em que é idêntico à "segunda natureza" do ser humano, isto é, sua natureza enquanto criada mediante o funcionamento da socialidade. (É importante distinguir entre "socialidade" e "sociedade". Esta, contrastada com a imediaticidade "sensual" (sensível) dos indivíduos particulares, é uma abstração: para apreendê-la é preciso transcender essa imediaticidade dos indivíduos. A "socialidade", contudo, é realmente inerente a todo indivíduo. É por isso que a sociedade jamais poderá ser chamada justificadamente de "natural", enquanto a socialidade é corretamente definida como a segunda natureza do ser humano.) O oposto desse segundo sentido de natural claramente não é o "produzido por mão humana" – pois esse natural *é* produzido por mão humana –, mas é "aquilo que se contrapõe à natureza humana enquanto socialidade". Somente esse segundo sentido de "artificial" é moralmente relevante. Necessidades e apetites produzidos pelo ser humano não são artificiais no segundo sentido, desde que estejam em *harmonia* com o funcionamento do ser humano enquanto ser natural *social*. Contudo, se eles estiverem em desarmonia com este ou puderem até arruiná-lo, deverão ser rejeitados como *necessidades artificiais*.

Vale a pena comparar a visão marxiana com a classificação de Hume das necessidades e capacidades humanas:

Somos possuidores de três espécies diferentes de bens; a satisfação interior de nossas mentes; as vantagens exteriores do nosso corpo; e a fruição de posses do tipo que adquirimos pela nossa industriosidade e boa sorte. A fruição dos bens da primeira espécie nos está perfeitamente assegurada. Os da segunda espécie podem até ser tirados de nós à força, mas de nada servirão a quem nos priva deles. Só os da última espécie tanto estão expostos à violência de outros quanto podem ser transferidos sem sofrer qualquer perda ou alteração; ao mesmo tempo, não há quantidade suficiente deles para atender os desejos e as necessidades de cada um. Por conseguinte, como o incremento desses bens é a principal vantagem da sociedade, a instabilidade de sua posse, junto com sua escassez, constitui o principal impedimento.[10]

Devemos notar, antes de tudo, que Hume atribui os adjetivos "interior" à primeira classe e "exterior" à segunda classe, mas é incapaz de atribuir qualquer adjetivo qualificador à terceira classe. Isso não surpreende: além do "interior" e do "exterior", só há o domínio da abstração. À "fruição abstrata" só pode corresponder uma *necessidade abstrata*, como, por exemplo, a necessidade de abstrair do fato de que o que, para mim, é só uma necessidade abstrata de posse, sem qualquer conexão com minhas reais necessidades humanas, para outras pessoas pode muito bem ser algo essencial ("necessidades") para a satisfação de suas reais necessidades humanas. (Essa consideração apresenta, no mínimo, um caso *prima facie* para lidar com o problema da justiça e da injustiça em termos opostos aos de Hume.)

Ademais, a questão da necessária *escassez* surge aqui apenas em relação à minha necessidade abstrata de posse. Necessidades e apetites humanos reais, sejam eles interiores ou exteriores, podem ser satisfeitos de fato, ao passo que não há nada que limite uma necessidade *abstrata* – por exemplo, se os objetos do meu apetite não forem comida ou poesia, mas a multiplicação do meu dinheiro –, exceto a escassez dos objetos a que se refere. Contudo, apetites abstratos são *intrinsecamente* insaciáveis – isto é, não há nada na sua natureza que os limite "a partir de dentro", em contraste com meus apetites mentais e corporais – e, por conseguinte, seus objetos são tão "escassos" em relação a *uma* pessoa quanto em relação a *qualquer número* delas. Em outras palavras, escassez não é argumento para excluir outras pessoas da posse, muito menos para estabelecer a "justiça natural" em razão de tal exclusão. Tanto menos porque o único sentido em que se pode falar propriamente de um problema de escassez é simplesmente a correlação entre as reais necessidades humanas existentes e os recursos, bens etc. disponíveis para a sua satisfação. É óbvio, porém, que se trata de uma relação *contingente* que se modifica historicamente, e não questão de alguma *necessidade a priori* sobre cuja base se possa erigir uma estrutura de moralidade humiana ou mesmo kantiana[11].

Como vemos, Hume, paradoxalmente, ajuda a confirmar a alegação de Marx de que a "necessidade de posse" é uma necessidade *abstrata* e *artificial*. Toda necessidade abstrata – dado que abstrai do ser humano – é, por implicação, artificial. E, consequentemente, "abstrato", "artificial" e "alienado" se tornam equivalentes, em relação tanto às *necessidades*

---

[10] David Hume, *A Treatise of Human Nature*, cit., livro III, parte II, seção II.

[11] A incorporação da noção de escassez no sistema filosófico de Kant não é menos problemática. Em suas reflexões sobre filosofia da história, ele faz o aprimoramento moral da humanidade depender da expectativa fictícia de que o ser humano se voltará para a moralidade, já que, por causa da escassez, as necessidades naturais humanas cada vez mais complexas e em expansão não podem ser satisfeitas.

quanto às *capacidades*. A razão para tal é que necessidades abstratas (artificiais) não são capazes de gerar capacidades que correspondam à natureza essencial (social) do ser humano. Elas só podem gerar *capacidades abstratas*, que estão dissociadas do ser humano e até dispostas contra ele. Ou, ao contrário: capacidades abstratas só podem gerar necessidades abstratas, artificiais.

De acordo com Marx, no decorrer da autoalienação o ser humano "é reduzido a uma *atividade abstrata* e uma *barriga*" (25 [26]). Suas funções naturais: comer, beber, procriar – que são *"funções genuinamente humanas"* – passam a ser *animais*, porque, *"na abstração* que as separa da esfera restante da atividade humana, e faz delas finalidades últimas e exclusivas, [elas] são funções animais" (73 [83]). Ou, para expressar essa contradição em termos mais contundentes, como resultado da alienação, "o homem (o trabalhador) só se sente como ser livre e ativo em suas funções animais, comer, beber e procriar [...] e em suas funções humanas só se sente como animal. O animal se torna humano, e o humano, animal" (73 [83]). (O fato de Marx mencionar aqui – por causa do contexto particular – apenas o trabalhador não significa, é claro, que essa alienação afeta só o trabalhador, e não o possuidor do capital. Ele muitas vezes enfatiza que se trata dos dois lados da *mesma* alienação humana. O trabalho é *"sujeito sem objeto"*, enquanto o capital é *"objeto sem sujeito"*.)

Contudo, a "existência <u>abstrata</u> do homem como um puro <u>homem que trabalha</u>" (86 [93]) significa que, embora o trabalho permaneça um "sujeito", ele não pode ser o "sujeito humano", porque nenhum "sujeito sem objeto" pode ser chamado propriamente de humano. (Como vimos, a "essência" ou a "natureza" do ser humano não pode ser encontrada *dentro* do sujeito, mas *fora* dele, em suas relações objetivadas.) Esse "sujeito sem objeto", por conseguinte, na medida em que é um ser natural com necessidades reais, só pode ser um *"sujeito físico"*: "O auge desta servidão é que somente como <u>trabalhador</u> ele pode se manter como <u>sujeito físico</u> e apenas como <u>sujeito físico</u> ele é <u>trabalhador</u>" (71 [82]).

Em contrapartida, "a produção do objeto da atividade humana como <u>capital</u>, no qual toda determinidade natural e social do objeto está <u>extinta</u>, em que a propriedade privada perdeu sua qualidade natural e social" (86 [93] – isto é, ela perdeu sua "essência subjetiva" ou seu sujeito), constitui, ao mesmo tempo, a produção de uma *necessidade*, por mais abstrata que seja. Essa necessidade, "a carência de *dinheiro* é [...] a verdadeira carência produzida pelo moderno sistema econômico e a *única carência* que ele produz" (116 [139 modif.]). Essa é uma observação muito importante, porque indica que, se meramente destituirmos os capitalistas existentes e transformarmos a sociedade no que Marx chama de o "capitalista universal", nenhuma mudança básica terá ocorrido no tocante à substância da alienação. A sociedade em que essa "necessidade de dinheiro" alienada se manifesta com o propósito de aumentar a "riqueza pública" pode ser outra forma de sociedade alienada, se comparada com aquela na qual esse propósito está limitado à "riqueza privada". Não há nada intrinsecamente humano no que se refere à acumulação de riqueza. De acordo com Marx, o propósito deveria ser o "enriquecimento do ser humano", de sua *riqueza interior*" (106 [109]), e não simplesmente o enriquecimento do *"sujeito físico"*.

Desnecessário dizer que isso não significa que o problema do bem-estar material deva ser ignorado, mas que ele não deveria ser formulado *abstraindo do indivíduo real*. O princípio da "acumulação da riqueza pública em primeiro lugar", entre outras coisas, provê o político de uma desculpa para postergar medidas voltadas a satisfazer necessidades humanas importantes. Além disso, se a necessidade abstrata de "possuir" deve ser responsabilizada, em grande medida, pela alienação, a reformulação desse princípio do "possuir" é incapaz de cumprir o programa de suplantar a alienação. Contudo, o que ela poderá lograr é a transformação indesejada de uma prática alienada em uma aspiração alienada. Porém, ainda que uma fatia muito maior da riqueza pública seja distribuída entre os indivíduos, isso não toca no cerne da questão. O propósito real é a "riqueza interior", que não é uma espécie de contemplação abstrata, mas autoafirmação na plenitude da atividade vital da pessoa. Isso significa que toda a estrutura da atividade vital necessita transformação – do trabalho cotidiano até a participação real nos níveis mais altos da elaboração de políticas que influenciam na nossa vida –, e não só o potencial de produtividade material de um país.

O enriquecimento apenas do sujeito físico é o enriquecimento do "homem-<u>mercadoria</u>", que é um "ser <u>desumanizado</u> tanto <u>espiritual</u> quanto corporalmente" (85 [92-3]). Aos olhos de Marx, a luta contra a alienação é, por conseguinte, uma batalha para resgatar o ser humano de um estado em que "a expansão dos produtos e das carências o torna escravo <u>inventivo</u> e continuamente <u>calculista</u> de *apetites imaginários*, não humanos, requintados, não naturais" (115-6 [139 modif.]). Esse estado alienado, caracterizado não só pela artificialidade do "refinamento das necessidades", mas também por sua "crueza artificialmente gerada" (122 [144 modif.]), zomba dos desejos do ser humano de expandir suas forças a fim de capacitar-se para chegar à satisfação humana, porque esse crescimento de poder equivale à "expansão do domínio dos poderes estranhos aos quais o ser humano está sujeito" (115 [139 modif.]). Assim, o ser humano *frustra seu próprio propósito*.

O que aconteceu nesse processo de alienação com as necessidades e os sentidos genuinamente humanos? A resposta de Marx é que seu lugar foi ocupado pelo "puro estranhamento" de *todos* os sentidos físicos e mentais – pelo "*sentido do ter*" (106 [108]). Esse sentido alienado encontra corporificação universal no *dinheiro*: essa "<u>capacidade</u> alienada <u>da humanidade</u>" (139 [159 modif.]), o que significa que a "<u>essência genérica</u>" do ser humano passa a manifestar-se em uma forma alienada: como a universalidade do dinheiro.

Graças à dominação do sentido do ter sobre todo o resto, o dinheiro se interpõe entre o ser humano e seu objeto.

> O <u>dinheiro</u>, na medida em que possui o <u>atributo</u> de tudo comprar, na medida em que possui o atributo de se apropriar de todos os objetos, é, portanto, o <u>objeto</u> enquanto possessão eminente. A universalidade de seu <u>atributo</u> é a onipotência de seu ser; ele vale, por isso, como ser onipotente. [...] O dinheiro é o <u>alcoviteiro</u> entre a necessidade e o objeto, entre a vida e o meio de vida do homem (137 [157]).

Nessa *mediação*, o dinheiro substitui o objeto real e domina o sujeito. Nele, *necessidades* e *capacidades* coincidem de modo abstrato: só são reconhecidas pela sociedade alienada como necessidades reais aquelas que podem ser compradas com dinheiro, isto é, aquelas que estão ao alcance e sujeitas ao poder do dinheiro.

Sob essas condições, as características e qualidades pessoais do indivíduo são secundárias. "Tão grande quanto a força do dinheiro é a minha força. As qualidades do dinheiro são minhas – de seu possuidor – qualidades e forças essenciais. O que eu <u>sou</u> e <u>consigo</u> não é determinado de modo algum, portanto, pela minha individualidade" (138 [159]).

Por meio de sua capacidade de ser a *medida comum* de tudo, "ele permuta, portanto – considerado do ponto de vista do seu possuidor –, cada qualidade por outra – *inclusive* atributo e objeto *contraditórios* para ele; ele é a confraternização das impossibilidades"[12]. "Ele transforma a fidelidade em infidelidade, o amor em ódio, o ódio em amor, a virtude em vício, o vício em virtude, o servo em senhor, o senhor em servo, a estupidez em entendimento, o entendimento em estupidez" (141 [160]).

Que estado de coisas poderia ser mais imoral do que essas condições de uma sociedade alienada? Em tais condições, que trabalho de Sísifo é esse do filósofo abstrato que restringe sua atenção às "ambiguidades" dos conceitos de "vício" e "virtude", sem perceber que as dificuldades não surgem do *pensamento*, mas do "poder inversor" *prático* do dinheiro. Antes de levar a cabo a tarefa autoimposta de encontrar exemplificações para a nossa própria definição de virtude, ela é convertida na prática em seu oposto, e incontáveis exemplos contraditórios podem ser encontrados para refutar qualquer definição desse tipo. Nesses assuntos, nada se resolve apenas com definições. No modo de ver de Marx, a tarefa é *prática*: ela consiste em estabelecer uma sociedade em que as capacidades humanas não são alienadas do ser humano, não podendo, consequentemente, voltar-se contra ele.

5. Meios e fins, necessidade e liberdade: o programa prático da emancipação humana

Visto que a tarefa é prática, as soluções devem ser visualizadas em termos práticos, isto é, indicando a força prática capaz de encarar a tarefa. Quando Kant ilusoriamente apelou para a "escassez natural" ao visualizar a realização do seu ideal transcendental de moralidade, ele estava esperando um milagre da natureza, ainda que especulativamente estivesse, é óbvio, bem consciente da "cadeia da causalidade natural". Por isso, se alguém quiser evitar uma contradição similar, é preciso dar-se conta de que a única força capaz de suplantar na prática ("positivamente") a alienação da atividade humana é a própria atividade humana autoconsciente.

Isso pode parecer um círculo vicioso. Se a "alienação da autoconsciência" se deve à atividade alienada ("alienação do trabalho"), como se pode esperar a suplantação da atividade alienada por *meio* da "atividade humana autoconsciente", que é o "fim em si", e não simplesmente um "meio para um fim"? A contradição é óbvia e, no entanto, só aparente. Ela emerge de uma concepção rígida e mecanicista das relações entre "meios e fins" e de uma visão igualmente mecanicista da causalidade como mera sucessão.

Esse problema é similar em mais de um aspecto ao dilema expresso em uma das teses de Marx sobre Feuerbach: *como educar o educador*. Em uma explicação mecanicista da causalidade, se os homens, enquanto produtos de uma sociedade alienada, precisam ser educados, isso não pode ser feito a não ser por aqueles que se encontram "fora da sociedade alienada". Contudo, aqueles que se encontram "fora da sociedade alienada" ou "fora da

---

[12] Karl Marx, *Economic and Philosophic Manuscripts of 1844* (trad. Martin Milligan, Londres, Lawrence and Wishart, 1959), p. 141 [ed. bras.: *Manuscritos econômico-filosóficos,* trad. Jesus Ranieri, São Paulo, Boitempo, 2004, p. 161]. Ver também a p. 140 [ed. bras.: p. 160] sobre a capacidade do dinheiro de transformar as coisas em seus opostos.

alienação" encontram-se em lugar nenhum. Nesse sentido, o tão propagandeado *"outsider"* é, na realidade, uma caricatura não intencional do "educador" feuerbachiano.

Assim, se alguém enfrentar o problema da autoalienação humana, não deve começar com a suposição contraproducente de que alienação é uma totalidade inerte homogênea. Se alguém retratar a realidade (ou o "ser") como uma totalidade inerte homogênea, a única coisa que se pode contrapor a esse pesadelo conceitual é um "movimento" e uma "negação" igualmente apavorantes na forma de "nulidade" [*nothingness*]. Tal descrição da realidade como "totalidade inerte", qualquer que seja a forma em que se expressa, é contraproducente. Ela emerge da suposição de opostos dualistas abstratos e rígidos – tais como "necessidade absoluta" e "liberdade absoluta" – que, por sua própria definição, de modo algum podem se comunicar ou interagir. Não há possibilidade genuína de movimento em tal quadro da realidade.

Se a sociedade fosse uma "totalidade inerte da alienação", nada poderia ser feito em relação a ela. Nem poderia haver qualquer problema de alienação ou consciência dele, pois se existisse consciência dessa "totalidade inerte", seria uma consciência com alienação. Em outras palavras: ela seria simplesmente a "consciência da totalidade inerte" – se pudesse haver tal coisa (a rigor, "a consciência da totalidade inerte" é uma contradição de termos) –, e não a "consciência de que a totalidade inerte é alienação", isto é, não a consciência que revela e contesta – ainda que de forma abstrata – a natureza alienada dessa totalidade inerte.

Alienação é um conceito intrinsecamente *dinâmico*: um conceito que necessariamente implica mudança. A atividade alienada produz não só a "consciência alienada", mas também a "consciência de ser alienado". Essa consciência da alienação, por mais alienada que seja a forma em que se apresente – por exemplo, visualizando a autoafirmação em estar "junto de si na não razão enquanto não razão" (161 [130]) –, tanto contradiz a ideia de uma totalidade inerte alienada quanto indica o aparecimento de uma *necessidade* de suplantação da alienação.

As necessidades produzem capacidades tanto quanto as capacidades produzem necessidades. Ainda que na mente do filósofo abstrato essa necessidade humana genuína esteja refletida, como deve ser, em uma forma alienada, isso não altera o fato de que a própria necessidade é genuinamente humana no sentido de estar enraizada na realidade cambiante. O "educador", que também precisa ser educado, é tão parte da sociedade alienada como qualquer outra pessoa. Sua atividade, que consiste em uma conceitualização mais ou menos adequada do processo real, não é "atividade não alienada", em virtude do fato de que ele, a seu modo, está consciente da alienação. Na medida em que ele é parte da alienação, ele também tem necessidade de ser educado. Contudo, ele não é uma porção inerte de uma totalidade inerte, mas um ser humano, uma parte específica de uma *totalidade interpessoal* imensamente complexa e intrinsecamente dinâmica, por mais ou menos alienada que sua autoconsciência possa ser. Hegel não é meramente um "educador alienado" – o que ele certamente é, não menos que Feuerbach –, mas é ao mesmo tempo também um "educador antialienação" (isto é, um negador prático, e não meramente conceitual, da alienação), ainda que esse efeito de sua atividade, o qual foi realizado por meio de Feuerbach, Marx e outros, não tenha sido intencional. (Pelo contrário, ele pressupôs a *negação* direta de suas soluções.)

Essas considerações se aplicam, *mutatis mutandis*, também a Marx. Como ele mesmo diz, quando eu possuo um objeto, o objeto me possui como objeto. Consequentemente, quando eu possuo um objeto alienado, este me possui como objeto e, assim, estou necessariamente sujeito à alienação. Enquanto educador, Marx é tanto produto quanto negador de uma sociedade alienada: seu ensino expressa uma relação específica com um objeto alienado específico, historicamente concreto. A proposição segundo a qual "um reflexo alienado da autoalienação não é autoconsciência, mas autoconsciência alienada" implica sua extrapolação: "um reflexo verdadeiro da autoalienação, por mais verdadeiro que seja, não é a autoconsciência de um ser não alienado, mas a verdadeira autoconsciência de um ser em estado de alienação". É por isso que Marx, sendo uma parte específica da teia complexa de uma sociedade alienada, tem de definir-se como um ser *prático* em oposição prática às tendências reais da alienação na sociedade existente. Como homem não alienado, ele é a "autoconsciência verdadeira enquanto *programa prático*" de suplantação do conteúdo e da forma historicamente concretos da alienação. Mas esse *programa* não deve ser confundido com realidade não alienada. Ele de fato é um "reflexo verdadeiro de uma realidade alienada". (Não se deve esquecer a visão marxiana sobre a "negação da negação".) Quando o programa se torna realidade, no processo da suplantação prática, ele deixa de ser um programa, um reflexo de uma relação histórica específica, isto é, ele deixa de estar vinculado ao quadro de referência marxiano da negação da negação. "Autoconsciência verdadeira" de uma realidade da qual a alienação desapareceu *inteiramente* não deve ser confundida com o programa original de Marx, porque este se define em uma relação específica com a alienação (como sua negação), que não se encontra mais naquela. Então, não é possível que a autoconsciência verdadeira de tal sociedade seja a consciência de uma "sociedade não alienada", mas simplesmente a consciência de uma "sociedade humana". Isso significa que tal consciência não é a consciência de uma *negação* – condicionada por seu objeto negado –, mas a consciência da *positividade*. Por conseguinte, quando concebemos uma sociedade em que a alienação foi *totalmente* suplantada, não há lugar para Marx nela. É claro que não haveria absolutamente nenhuma necessidade de "educadores". Contudo, antecipar uma sociedade *totalmente* não alienada como realização *final* seria bastante problemático. O quadro de referência de uma abordagem correta desse problema do desenvolvimento humano deve ser a concepção dialética da relação entre continuidade e descontinuidade – isto é, "descontinuidade na continuidade" e "continuidade na descontinuidade" –, mesmo que a ênfase mais forte possível seja posta nas diferenças *qualitativas* entre os estágios em contraste.

A suplantação da atividade alienada mediante a prática humana autoconsciente não constitui uma relação estática entre um *meio* e um *fim*, sem possibilidade de interação. Nem se trata de uma *cadeia causal mecanicista* que pressupõe partes já prontas sem possibilidade de serem alteradas na relação – apenas sua respectiva posição está sujeita a mudança, como a de duas bolas de bilhar após colidirem. Assim como a alienação não é um *ato singular* (seja uma "queda" misteriosa ou um resultado mecanicista), o seu oposto, a suplantação da atividade alienada mediante o empreendimento autoconsciente, só pode ser concebido como um *processo* complexo de *interação* que produz mudanças *estruturais* em *todas* as partes da totalidade humana.

A atividade é atividade alienada quando assume a forma de cisma ou oposição entre "meio" e "fim", entre "vida pública" e "vida privada", entre "ser" e "ter", e entre "fazer" e "pensar". Nessa oposição alienada, "vida pública", "ser" e "fazer" se tornam subordinados como meros meios ao fim alienado de "vida privada" ("fruição privada"), "ter" e "pensar"[13]. A autoconsciência humana, em vez de atingir o nível da verdadeira "consciência genérica", converte-se nessa relação – na qual a vida pública (a atividade vital do ser humano como ser genérico) é subordinada, como meio a um fim, à mera existência privada – em consciência atomizada, em consciência abstrato-alienada do mero "ter" enquanto identificada com a fruição privada. E, por essa via, dado que a marca da *atividade livre* que distingue o ser humano do mundo animal é a *consciência prática* (não abstrata) do ser humano enquanto ser humano "automediador" (isto é, criativo, que não só "desfruta" passivamente)[14], a realização da liberdade humana enquanto propósito humano se torna impossível porque seu fundamento – a atividade vital humana – converteu-se em mero meio para um fim abstrato.

Para chegar a uma solução, não é preciso ir ao domínio da abstração, porque ela está dada como *realidade potencial* – uma potencialidade *real* – na *unidade potencial* dos membros dessa oposição ou contradição prática. Assim, a *negação* da alienação não é uma negatividade (vazia) "absoluta", mas, pelo contrário, é a *afirmação positiva* de uma relação de unidade, cujos membros realmente existem em uma *oposição real* entre si.

Disso decorre que, se alguém tentar se livrar de *um* só lado da oposição, sua "solução" necessariamente permanecerá fictícia e alienada. E isso se aplica, obviamente, aos *dois* lados tomados *separadamente*. A mera abolição do "privado" é tão artificial e alienada quanto a "fragmentação", "atomização", "privatização" do "público". A absolutização de qualquer um dos dois lados significa ou que o ser humano foi privado de sua *individualidade* e se tornou um "produtor público" abstrato, ou que ele foi privado de sua *socialidade* e transformado em um "consumidor privado" igualmente abstrato. Ambos são "mercadoria humana", com a seguinte diferença: ao passo que um define sua própria essência como "produtor de mercadorias", o outro busca sua autoafirmação na existência como "consumidor de mercadorias" autônomo.

Quando Marx fala da "riqueza interior" do ser humano em contraposição à alienação, ele se refere ao "homem rico" e à "necessidade humana rica". Esse homem é rico porque é "o homem carente de uma totalidade da manifestação humana de vida. O homem no qual *a sua realização própria existe como necessidade interior, como falta*" (111-2 [112-3 modif.]). Esse é o critério que deveria ser aplicado à abordagem moral de toda relação humana, e não há outros critérios ao lado dele. Qualquer acréscimo só poderia ser de um tipo "exterior", isto é, abstratamente sobreposto ao ser humano real. Assim, se alguém quiser descobrir se a forma particular da relação entre *homem* e *mulher* é ou não "moral" (humana), Marx lhe responderá:

> Nesta relação fica sensivelmente claro [...], e reduzido a um *factum* intuível, até que ponto a essência humana veio a ser para o homem natureza ou a natureza [veio a ser] essência humana do

---

[13] "A diferença entre *demanda* efetiva, baseada no dinheiro, e a carente de efeito, baseada na minha carência, minha paixão, meu desejo etc., é a diferença entre ser e pensar, entre a pura representação existindo em mim e a representação tal como ela é para mim enquanto objeto efetivo fora de mim." Ibidem, p. 140 [ed. bras.: ibidem, p. 160 modif.].

[14] "O homem faz *da sua atividade vital mesma um objeto da sua vontade e da sua consciência*. Ele tem atividade vital consciente. [...] ele somente é um *ser consciente*, isto é, a sua própria vida lhe é objeto, precisamente porque é um *ser genérico*. Eis por que a *sua* atividade é *atividade livre*." Ibidem, p. 74 [ed. bras.: ibidem, p. 84].

homem. A partir desta relação pode-se julgar, portanto, o completo nível de formação do homem. [...] Nesta relação também se mostra *até que ponto a carência do ser humano se tornou carência humana para ele*, portanto, até que ponto o *outro ser humano como ser humano* se tornou uma carência para ele, até que ponto ele, em sua existência mais *individual*, é ao mesmo tempo *coletividade* (101 [104-5]).

Consequentemente, se a outra pessoa for apenas uma cozinheira, uma empregada e uma prostituta para o homem, a relação satisfará somente suas necessidades animais desumanizadas.

O mesmo critério de humanidade – como necessidade interior de uma totalidade de atividades vitais – decidirá que espécie de relações deve ser moralmente rejeitada e contestada na prática. O tom de indignação moral é muito forte quando Marx fala sobre o capital como o "poder de governo sobre o trabalho". Contudo, seu fundamento não é um apelo abstrato a um conceito abstrato de "justiça", mas uma referência ao fato de que "o capitalista possui esse poder, não por causa de suas qualidades pessoais ou humanas, mas na medida em que ele é proprietário do capital. O poder de compra do seu capital, a que nada pode se opor, é o seu poder"[15].

O que está em jogo aqui não é o tratamento do tipo humiano (ou do tipo "economista político") dado à justiça (embora o contraste seja autoevidente), mas a moralidade em geral. Na visão de Marx, nada é digno de aprovação moral a menos que ajude na realização da atividade vital humana enquanto necessidade interior. Por conseguinte, se a satisfação é dissociada da atividade e, em consequência, as qualidades individuais do ser humano perdem sua importância, o veredito óbvio é a condenação moral. Esse princípio permanece válido mesmo que nenhum capitalista aponte para ele. Se for a *posição* que determina a importância (ou a significância) do indivíduo, e não o contrário, a relação possuirá um caráter alienado e, consequentemente, deverá ser contestada.

A satisfação humana é inconcebível quando abstraída do *indivíduo real*. Em outras palavras: "apropriação humana sensível" ou "autoafirmação" é inconcebível sem a fruição humana individual. Somente o indivíduo humano real é capaz de realizar a *unidade de opostos* (vida pública – vida privada; produção – consumo; fazer – pensar; meios – fins), sem a qual é injustificável falar de suplantação da alienação. Essa unidade significa não só que a vida privada tem de adquirir a consciência prática de seu enraizamento social [*social embeddedness*]*, mas também que a vida pública precisa ser personalizada, isto é, precisa tornar-se o modo de existência natural do indivíduo real; significa não só que o consumo passivo deve converter-se em consumo criativo (produtivo, enriquecedor do ser humano), mas também que a produção deve converter-se em fruição; significa não só que o "ter" abstrato destituído de sujeito deve adquirir um ser concreto, mas também

---

[15] Ibidem, p. 38 [ed. bras.: ibidem, p. 40]. Em outras passagens, ele diz: "Enquanto o trabalho é sua propriedade ativa, [...] o proprietário fundiário e o capitalista – que, enquanto proprietário fundiário e capitalista, são meramente deuses privilegiados e ociosos – sobrepujam por toda parte o trabalhador e lhe ditam leis" (ibidem, p. 28 [ed. bras.: ibidem, p. 29]); "No trabalho, toda a diversidade natural, espiritual e social da atividade individual sobressai e é paga diferentemente, enquanto o capital morto caminha sempre no mesmo passo e *é indiferente perante a atividade individual efetiva*" (ibidem, p. 23 [ed. bras.: ibidem, p. 25]).

* Na bibliografia especializada, o termo *"embeddedness"* costuma ser traduzido por "enraizamento" ou "imersão". Optou-se aqui pelo termo mais frequente. (N. T.)

que o "sujeito físico" ou o ser físico não conseguirá transformar-se em ser humano real sem "ter", sem adquirir a "habilidade não alienada do gênero humano"[16]; significa não só que o pensar a partir da abstração deve converter-se em pensar prático, diretamente relacionado com as necessidades reais – e não as imaginárias ou alienadas – do ser humano, mas também que o fazer deve perder seu caráter coercivo inconsciente e tornar-se atividade livre autoconsciente.

Tudo isso leva diretamente à questão da resolução da contradição entre *meios* e *fins*, entre *necessidade* e *liberdade*, como formulada por Engels: "a reconciliação do gênero humano com a natureza e consigo mesmo". É óbvio que quando a atividade vital humana é só um meio para um fim, não se pode falar de liberdade, porque as capacidades humanas que se manifestam nessa espécie de atividade são *dominadas* por uma necessidade *exterior* a elas. Essa contradição não pode ser superada, a menos que o trabalho – que, na presente relação, é um mero *meio* – se converta em um *fim em si*. Em outras palavras: só quando o trabalho se tornar uma *necessidade interior* para o ser humano será possível referir-se a ele como "atividade livre".

É isso que Marx quer dizer quando fala do "homem rico", para quem "sua realização própria existe *como necessidade interior, como falta*". Sua definição de *liberdade como "necessidade interior"* não requer um "reconhecimento da necessidade" de cunho conceitual abstrato[17], mas uma *necessidade positiva*. Somente quando existir essa necessidade positiva como necessidade *interior* de trabalhar, o trabalho poderá perder seu caráter de necessidade *exterior* ao ser humano.

Só como necessidade positiva, como necessidade interior, o trabalho é *fruição*; por conseguinte, a autorrealização, a satisfação humana, é inseparável do surgimento dessa necessidade positiva. *Liberdade*, consequentemente, é a realização do propósito do próprio ser humano: *a autorrealização no exercício autodeterminado e exteriormente desimpedido das capacidades humanas*. Como autodeterminação, o fundamento desse livre exercício das capacidades do ser humano não é um "imperativo categórico" abstrato que permanece *exterior* ao ser humano real, mas uma necessidade positiva realmente existente de trabalho *humano* autorrealizador. Assim, nesse *processo* de humanização, meio (trabalho) e fim (necessidade) transformam um ao outro em atividade verdadeiramente humana como fruição e autorrealização, sendo que capacidade e propósito, meios e fins, aparecem em uma unidade (humana) natural.

---

[16] Marx só apresenta objeção à "fruição imediata, unilateral" [108]; ao mero "ter" como "*posse*" abstrata, isto é, a uma relação em que um objeto é "*nosso*" só quando se trata de um objeto de consumo imediato, de mera *utilização*. Nesse tipo de fruição (unilateral), as múltiplas relações do ser humano com os objetos de sua experiência ficam extremamente *depauperadas*: retém-se tão somente aquelas relações que se mostram adequadas para servir a esse tipo de fruição estreito, utilitarista, capitalisticamente motivado.

[17] O "reconhecimento da necessidade" em sua forma abstrata pode ser facilmente contraposto às necessidades reais do indivíduo real e, consequentemente, pode se transformar em fachada para as piores violações da liberdade, na medida em que a ideia de "liberdade" é postulada como aceitação "consciente" de uma necessidade (burocrática) que é totalmente exterior ao "indivíduo humano real".

6. Legalidade, moralidade e educação

Em tudo isso, a moralidade tem importância central. No sentido marxiano, a moralidade não é uma coletânea de prescrições e proibições abstratas, mas uma *função positiva* da sociedade dos indivíduos reais. A "legalidade" é feita sob medida para o "*homem médio*", isto é, o "homem público" abstrato; a moralidade, para o *indivíduo social* particular. Ambas correspondem a necessidades específicas da sociedade humana, e nenhuma delas consegue preencher as funções da outra como as conhecemos atualmente.

Legalidade institucionalizada só pode relacionar-se exteriormente com o homem enquanto homem abstratamente público, mas jamais *interiormente* com o indivíduo real. Sua função se cumpre na:

1) *formulação* de certos *requisitos* (por exemplo, educacionais) em conexão com *posições* estabelecidas e, consequentemente, na regulação das atividades do indivíduo em um quadro de referência meramente institucional (isto é, o indivíduo como empregado, pagador de impostos etc.);

2) *imposição* de regras e normas estabelecidas para o funcionamento normal das instituições sociais existentes por meio de *sanções punitivas*. Mas a legalidade não elabora suas próprias *normas*; ela se limita a codificá-las e, consequentemente, constitui uma relação exterior até mesmo com o seu próprio conteúdo. A legalidade pode, por conseguinte, ser definida como a codificação e a imposição de normas previamente estabelecidas. (Essa definição não entra em conflito com a competência da legalidade para extrapolar algumas normas básicas e, assim, formular seus corolários por conta própria, bem como para eliminar inconsistências existentes dentro dos limites bem demarcados por tais normas básicas.)

As normas mesmas existem, muito antes de qualquer codificação legal, como *necessidades* que são essenciais para o funcionamento da sociedade. Se elas fossem "necessidades interiores" do ser humano, não haveria qualquer necessidade de *impô-las exteriormente* (se todos pagassem seus impostos de bom grado – por causa de uma "necessidade interior" que não deve ser confundida com um apelo abstrato à ideia de "dever moral" imposta a partir de fora para que o façam –, não haveria necessidade de leis contra a evasão fiscal etc.). A existência da legalidade, consequentemente, é a prova prática da impotência da moralidade nesse tocante. Ela prova que as necessidades sociais do ser humano como membro particular da sociedade não se tornaram necessidades interiores para o indivíduo real, mas permaneceram exteriores a ele como "necessidades da sociedade". (A noção de "dever moral", como usada nas várias formas da "*Individualethik*" [ética individual], é uma expressão abstrata e alienada dessa contradição.) No entanto, a existência continuada da legalidade é, ao mesmo tempo, também uma prova da sua própria impotência nesse aspecto fundamental: ela é totalmente incapaz de transformar essas "necessidades sociais" exteriores em necessidades interiores do indivíduo real. (A legalidade nem mesmo consegue criar "necessidades artificiais" no ser humano, como aquela de "acompanhar o padrão de vida das outras pessoas". A propaganda comercial cumpre essa função, apelando para uma "moralidade de *status*" alienada, criando, consequentemente, uma nova necessidade artificial mediante a associação com aquelas já estabelecidas.)

Contudo, essa impotência reciprocamente condicionante não deve nos levar a tirar conclusões pessimistas. Pelo contrário: ela só evidencia que é absurdo esperar de qualquer uma das duas o que elas não são capazes de fazer e, portanto, torna-nos mais conscientes das reais potencialidades de *ambas*. A existência da legalidade é um constante desafio à moralidade para livrar-se de sua própria impotência. A moralidade jamais poderá alcançar isso em um sentido *absoluto* sem abolir completamente a si mesma. Em contrapartida, da mesma forma que a moralidade completamente dissociada da legalidade é privada de sua real tarefa desafiadora e é reduzida a uma abstração empoeirada nos livros filosóficos, a legalidade separada da moralidade é completamente desprovida de conteúdo e justificação e, em consequência, constitui, pelo menos potencialmente, um instrumento fácil das mais arbitrárias determinações. Não é suficiente apontar na legalidade a aparência "reificada" daqueles "ideais morais" que, mediante o funcionamento complexo dos múltiplos órgãos da moralidade, tornaram-se possibilidades *práticas* para a *vasta maioria* da sociedade – o que torna possível sua codificação. É preciso sublinhar também que essa "fixação", por mais reificada que seja, capacita a moralidade a não voltar à estaca zero, mas tomar esse termo médio codificado como novo ponto de partida.

Não poderia haver avanço humano sem essa interação mutuamente condicionante entre as duas. Enquanto a moralidade sem legalidade é fantasia quixotesca ou uma suposição transcendental abstrata, a legalidade sem seu conteúdo dinâmico não passa de um quadro de referência arbitrário que possibilita a substituição das necessidades parciais, voluntaristas, por aquelas da sociedade existente. O que se deve contestar não é a salvaguarda legal de certo nível de realização moral, mas sua dissociação do ser humano, que resulta em uma forma reificada de "fixação". (Pode haver muitas formas de instituições legais, cujas potencialidades devem ser constantemente exploradas, tendo em vista uma humanização crescente da legalidade. Uma dessas formas é a que se chama "democracia direta": virtualmente, "terra virgem" para esforços teóricos e práticos desse tipo.)

Aqueles que defendem a abolição de *todas* as normas e sanções confundem "medida" com medida *exterior*. Eles esquecem a medida humana natural e, por conseguinte, *interior*: o próprio ser humano. Somente em relação a essa medida se pode definir o *progresso* humano como uma redução sempre insuficiente da legalidade exterior e um correspondente aumento da autodeterminação interior ou moralidade adequada.

Nunca é demais repetir: nesses assuntos, nada se alcança com meras mudanças institucionais, porque a abolição de instituições existentes deixa para trás um vazio que tem de ser preenchido de alguma maneira; e ele certamente não é preenchido pelo estabelecimento legal de novas instituições, que não passam de um quadro de referência oco, carente de conteúdo. Na mudança institucional formalizada, não há nenhuma garantia contra a reprodução, em uma forma nova, das contradições das instituições antigas.

Nenhuma instituição formalizada é capaz de alcançar o ideal do ser humano, "para o qual sua realização própria existe como necessidade interior, como <u>falta</u>", porque isso implicaria a contradição de tornar *exterior* ao ser humano sua própria realização. Para que seja autorrealização de fato, não se pode conceber tal tarefa como exterior, mas só como *interior*. Essa tarefa não pode ser feita para o ser humano, mas apenas pelo próprio ser humano. Moralidade é uma função positiva da sociedade: do ser humano empenhando-se na tarefa de sua própria realização. A moralidade, por conseguinte, não é exterior ao ser humano só quando e na medida em que está relacionada com essa tarefa, mas ela se torna imediatamente exterior ao ser humano quando abstrai deste. (Sobreposições dualistas.)

O órgão da moralidade enquanto automediação do ser humano em seu esforço por autorrealização é a *educação*. E esta é o *único órgão possível* da automediação humana, porque a educação – não em um sentido institucional estreito – engloba todas as atividades que podem se tornar uma necessidade interior para o ser humano, desde as funções humanas mais naturais até as funções intelectuais mais sofisticadas. A educação é uma questão *interior*, intrinsecamente pessoal: ninguém pode nos educar sem nossa própria participação *ativa* no processo. O bom educador é alguém que *inspira o autodidatismo*. Somente nessa relação é possível conceber a suplantação da mera exterioridade na totalidade das atividades vitais do ser humano – incluindo não a abolição total, mas a crescente transcendência da legalidade exterior. Contudo, devido às condições necessárias para essa suplantação, ela não pode ser concebida simplesmente como um *ponto* estático na história, para além do qual começa a "era áurea"; ela só pode ser concebida como um *processo* contínuo, que logra realizações *qualitativamente* diferentes em seus vários estágios.

VII

ASPECTOS ESTÉTICOS

1. Significado, valor e necessidade: um quadro de referência antropomórfico de avaliação

A alienação afetou profundamente, e continua afetando, tanto a criação artística quanto a fruição estética. Poucos artistas hoje deixariam de reconhecer isso, ainda que suas atitudes em relação a esse fato possam diferir bastante. A influência contemporânea de Marx sobre os escritores está estreitamente vinculada a esse fato. Ele foi o primeiro a soar o alarme no tocante à alienação artística em sua sólida análise das condições que subjugam o artista. Ele focou sua atenção em certas características do desenvolvimento capitalista que para os artistas do século XX são fatos inevitáveis da vida, e ele o fez em uma época em que os sinais da tendência subjacente eram pouco perceptíveis. Uma das grandes realizações de Marx foi transferir a abordagem dessa tendência do "*Urnebel*" (da névoa primitiva) da abstração filosófica para a clara luz do dia da análise social concreta, elaborando ao mesmo tempo um programa prático para sua reversão.

Outros antes dele – especialmente Schiller e Hegel – já tinham discutido a oposição entre o "racionalismo" da sociedade capitalista e os requisitos da arte. Contudo, Schiller quis eliminar os efeitos negativos dessa oposição por meio de uma "educação estética do gênero humano" como mero apelo educacional limitado à consciência dos indivíduos – e Hegel, embora tenha evitado as ilusões de Schiller, aceitou essa tendência como necessariamente inerente ao desenvolvimento histórico do "*Weltgeist*" (espírito do mundo).

Marx levantou a questão de um modo qualitativamente diferente. Ele apresentou essa tendência antiartística como uma denúncia contra o capitalismo, visualizando medidas – uma transformação radical da sociedade – que pudessem detê-lo.

Considerações estéticas ocupam um lugar muito importante na teoria de Marx. Elas estão tão estreitamente entrelaçadas com outros aspectos do seu pensamento que é impossível entender de maneira adequada até mesmo sua concepção econômica sem compreender seus vínculos estéticos. Isso pode soar estranho para ouvidos sintonizados com o utilitarismo. Para Marx, contudo, a arte não é o tipo de coisa que possa ser relegado ao domínio ocioso do "lazer" e, por conseguinte, ser tratado como assunto de menor relevância filosófica, se é que tem alguma; para ele, trata-se de algo da maior importância humana e, consequentemente, também teórica.

Desnecessário dizer que, assim como não é possível apreciar o pensamento econômico de Marx e ignorar suas visões sobre a arte, é igualmente impossível compreender o significado de suas manifestações sobre questões estéticas sem ter sempre em mente as interconexões econômicas. Trata-se, porém, de *interconexões*, e não de *determinações mecanicistas* unilaterais. O quadro de referência *comum* é o ser humano enquanto *ser natural* que se torna *ativo* a fim de satisfazer suas necessidades, em termos não só econômicos, mas também artísticos. Em consequência, o que temos de discutir antes de qualquer outra coisa é a concepção marxiana de antropologia.

Juízos estéticos estão vinculados – direta ou indiretamente, explícita ou implicitamente – à questão avaliativa crucial do "deve". Mas como se justificam as afirmações de valor? Se alguém deseja evitar a arbitrariedade e sua pseudojustificação por meio de uma suposição igualmente arbitrária – isto é, por meio de uma referência categórica à suposta dicotomia e ao fosso intransponível entre o "é" e o "deve" –, é preciso encontrar alguma base para os valores afirmados.

Na visão de Marx, essa base é o próprio ser humano. Todo conceito singular pertence a um sistema antropocêntrico. Esse fato muitas vezes é encoberto por diferentes padrões e graus de mediação, por força dos quais os conceitos instrumentais podem parecer totalmente livres de vínculos e determinações antropocêntricos. Em contrapartida, conceitos como "onipotência", "onisciência" etc. parecerão sem sentido ou autocontraditórios se não forem considerados dentro de um quadro de referência antropocêntrico. E há, é claro, inúmeros conceitos cujo caráter antropocêntrico fica imediatamente óbvio. Por mais mediados que sejam seus vínculos com a realidade humana, todos os conceitos adquirem seu significado, em última instância, por meio desses vínculos.

Há, contudo, mais uma conexão que devemos ter em mente: a interconexão entre *significado* e *valor*. Para entendê-la necessita-se, uma vez mais, de um quadro de referência antropocêntrico. A estrutura de significado, com todos os seus padrões e graus de mediação, está estreitamente vinculada à estrutura de valores humana, que, por seu turno, está fundada na constituição do ser humano como um *ser natural "automediador"* (autoconstituinte).

Assim, os valores que afirmamos com um simples gesto ou por meio de argumentos filosóficos complexos têm seu fundamento *último* e sua base *natural* nas *necessidades* humanas. Não pode haver valores sem as necessidades que lhes correspondem. Até mesmo um valor alienado deve estar baseado em uma necessidade – correspondentemente alienada. Ouro é um metal sem valor caso não exista a necessidade que o transforme em algo bastante apreciado. A mesma consideração se aplica a todas as espécies e formas de valor. A arte também só representa valor na medida em que há uma necessidade humana que encontra satisfação na criação e fruição de obras de arte.

Por conseguinte, *valores necessariamente* estão vinculados a seres que têm *necessidades*, e a natureza dessas necessidades determina o caráter dos valores. Os valores de um ser natural, por mais sofisticados que possam ser, precisam estar enraizados na natureza. Os assim chamados valores espirituais do ser humano são de fato aspectos da plena realização de sua personalidade como ser natural.

A interconexão dialética entre significado, valor e necessidade – que será discutida mais tarde sob um aspecto diferente – só pode ser apreendida dentro do conceito intrinsecamente *histórico* de "autoconstituição automediadora" do ser natural humano. Ao explicar a *gênese* dos valores humanos, tal concepção dissolve a falsa dicotomia de "é" e "deve". Dito de outra maneira: essa dicotomia tem de ser *postulada* pelos filósofos abstratos por causa de sua incapacidade historicamente condicionada de explicar a *gênese* dos valores humanos. Eles simplesmente *presumem* os valores em uma forma metafísica e fogem do desafio de justificá-los, *postulando* uma dicotomia, bem como uma estrutura dualista da realidade que necessariamente a acompanha. Assim, eles "solucionam" a *petitio principii* mediante uma petição de princípio.

Em contraste com isso, a abordagem de Marx, que explica o surgimento dos valores mediante o desenvolvimento histórico das necessidades humanas, está isenta de suposições e postulados arbitrários. Ela parte de um fato irrefutável: a constituição do ser humano como um ser natural. Marx, porém, compreende esse fato em sua complexidade dialética e, por conseguinte, ele não é forçado a terminar na contradição de uma sobreposição dualista. Considerado em termos mecanicistas, não há nada do "deve" no fato de o ser humano, um ser natural, ter necessidades. A concepção dialética, contudo – que identifica o ser humano como uma parte *específica* da natureza: o "ser natural *automediador*" –, traz à tona a *gênese do valor* enquanto "*autoconstituição*" humana. A constituição primitiva do ser humano é um "fato natural bruto" e, *como tal*, não tem nada a ver com valor. No entanto, esse "como tal" é mera abstração, vinculada seja a uma suposição transcendental (por exemplo, a "primazia da razão prática" kantiana), seja à desconsideração mecanicista do *específico* na natureza enquanto ser humano, seja mesmo a ambas. Com efeito, a assim chamada "facticidade natural bruta" na constituição primitiva do ser humano também é, *ao mesmo tempo*, em *qualquer* estágio do desenvolvimento humano, uma constituição como "autoconstituição": uma "autoconstituição automediadoramente natural" ou uma "autoconstituição naturalmente automediadora" do ser humano. A "autoconstituição" existe simultaneamente como *necessidade* ("é") e como *valor* ("deve") no ser humano. (É claro que ela também existe como um fato observável, vinculado às leis complexas da natureza e da história humana.) A autorrealização autoconstituidora do ser humano no decorrer de sua confrontação histórica com a natureza e consigo mesmo é tanto necessidade quanto valor do ser humano: e não pode haver qualquer outro valor além desse. Todos os valores e desvalores que foram produzidos no desenvolvimento histórico do gênero humano são tanto *derivativos* quanto *constitutivos* desse valor fundamental da humanidade. O valor é uma dimensão inseparável da realidade ("é", "fato"), mas – desnecessário dizer – só da realidade *humana*. E as potencialidades do ser humano – tanto para o "bem" quanto para o "mal", isto é, tanto para a autorrealização quanto para a autodestruição – não podem ser projetadas de volta a algum "estado original", porque elas também são constituídas no curso interminável da "autoconstituição humanamente automediadora".

É preciso enfatizar, contudo, que essa autoconstituição é intrinsecamente condicionada pela natureza. O ser humano é livre só na medida em que as condições do desenvolvimento forem o resultado da própria autoconstituição. Isso não significa, contudo, que a liberdade possa ser contraposta à natureza no interior do ser humano. Seria um equívoco compartilhar a posição adotada por muitos filósofos de que *liberdade* e *valor* não são dimensões da natureza. De acordo com Marx, eles são; mas têm de ser compreendidos como dimensões da "natureza *humanamente automediadora*". É preciso retornar sempre à base natural do desenvolvimento humano, senão nos perderemos na névoa da abstração e do relativismo filosóficos.

Se há épocas em que a filosofia postula uma oposição entre natureza e liberdade, fato e valor, "é" e "deve", o aparecimento de tais oposições deve ser explicado nos termos de uma análise histórica concreta que chega às raízes dessas dicotomias. Como veremos, o princípio marxiano que afirma o fundamento natural da autorrealização humana é crucialmente importante para a compreensão da natureza da experiência artística – no que se refere tanto ao artista quanto ao seu público – e de sua crescente alienação com o avanço do capitalismo.

De forma característica, paralelamente à expansão do "racionalismo" inerente ao desenvolvimento capitalista – ou, em uma descrição mais precisa, a crescente abstração das necessidades humanas em favor das "necessidades" do mercado –, "natureza" e "realismo" se tornam termos pejorativos em todas as esferas. Em um primeiro momento – quando essa tendência ainda não era predominante –, a "natureza" foi encarada como um ideal romântico e contraposta ao "racionalismo da civilização" humanamente empobrecedor (Rousseau, Schiller). Mais tarde, a tendência, antes criticada, foi aceita e até idealizada. Enquanto Adam Smith ainda tinha consciência do empobrecimento humano implicado no sistema vantajoso da "racionalização" capitalista, seus seguidores acabaram perdendo toda a sensibilidade para esse lado da questão. Quanto mais a indústria se desenvolve, tanto mais unilateral é a descrição que os economistas políticos fazem da redução da atividade humana ao *movimento mecânico* como o estado de coisas ideal. Em seus *Manuscritos de 1844*, Marx cita uma passagem significativa de *Elements of Political Economy*, de James Mill, com o seguinte teor:

> A atividade do homem pode ser reduzida a elementos muito simples. Na verdade, ela nada mais pode fazer além de *produzir movimento*; pode mover as coisas, para as afastar ou [para] aproximá-las umas das outras; *as propriedades da matéria fazem o resto*. [...] Posto que, em geral, os homens não podem executar muitas operações diferentes com a mesma rapidez e habilidade que o hábito lhes proporciona para a prática de um pequeno número – é sempre *vantajoso*, assim, restringir tanto quanto possível o número de operações confiadas a cada indivíduo. – Para a divisão do trabalho e a distribuição das forças dos homens e das máquinas *do modo mais vantajoso* é necessário, num grande número de casos, operar em larga escala ou, por outras palavras, produzir as riquezas em grandes massas. Esta *vantagem* é o fundamento da formação das grandes manufaturas (132 [153-4]).

Nem mesmo ocorre a James Mill que "vantagem" poderia – e deveria – significar algo além da vantagem competitiva das fábricas capitalistas que produzem em grande escala para o mercado. Uma vantagem que é, de fato, reduzida a nada pela "lei natural" da concorrência cega, deixando para trás uma desumanização maximizada inerente à maximização da mecanização e da fragmentação "racionalizantes" (isto é, irracionais, descontroladas).

Foi então que a "racionalidade" do capitalismo se impôs, suprimindo a consciência dos vínculos com a natureza inerentes ao ser humano. Não é de se admirar, por conseguinte, que a natureza a ser acomodada a esse quadro revisado seja natureza degradada, desumanizada. O utilitarismo que reflete filosoficamente esse estado de coisas opera de modo característico com o conceito de "prazer" como categoria central: ele tenta explicar a moralidade humana com referência a um fenômeno que está longe de ser especificamente humano. Assim, o "naturalismo" dos utilitaristas expressa uma concepção de natureza dissociada e alienada do ser humano. Que tal concepção leva a uma sobreposição dualista, na forma de uma classificação aristocrática e arbitrária das "qualidades do prazer" expressa no lema desdenhoso: "melhor um Sócrates insatisfeito do que um porco satisfeito", é um fato que surpreende apenas quem é incapaz de entender a tendência de desumanização a ele subjacente.

Em contrapartida, as críticas "antinaturalistas" do utilitarismo não são nem um pouco melhores. Elas não contestam a natureza no ser humano, mas uma concepção *alienada* de natureza – sem ter a menor consciência dessa distinção, é claro. Sua crítica de que "não se pode derivar valores das características naturais" só se aplica a uma concepção de "natural" que é dissociada do *especificamente natural*, isto é, do humano. O quadro de referência desse discurso está crivado de suposições arbitrárias, bem como de asserções e declarações intuitivas. E a estrutura, uma vez mais, é caracterizada por uma sobreposição dualista de "valores intrínsecos" arbitrariamente assumidos sobre a bruta naturalidade do mundo do ser humano. Assim, as tendências "naturalistas" e "antinaturalistas" da filosofia – diferindo umas das outras apenas na forma – são expressões igualmente alienadas da crescente desumanização. Ambas são incapazes de apreender o especificamente natural como o fundamento humano dos valores afirmados.

2. O conceito marxiano de realismo

Na arte, testemunhamos desenvolvimentos similares. Sendo o utilitarismo uma filosofia trivial e superficial, seu congênere artístico, o "naturalismo", é uma corporificação gráfica da trivialidade desconexa e da superficialidade flagrante. Isso é assim porque a natureza retratada pelos artistas naturalistas, muitas vezes de maneira "fidedigna" com entediante detalhamento, é natureza desumanizada.

Há apenas um sentido em que a "fidedignidade" é relevante para a arte: é a fidedignidade na representação da realidade do ser humano. A natureza só importa na medida em que já está compreendida na realidade do ser humano. Esta última, contudo, não está dada em uma imediaticidade (fenomênica) natural direta, mas só em uma totalidade humana dialeticamente estruturada e imensamente complexa. Dessa forma, há um mundo de diferença entre a fidedignidade do naturalismo superficial e a do *realismo* que visa à compreensão dessa totalidade dialética do ser humano.

Na obra de arte realista, cada objeto natural ou feito por mão humana representado tem de ser *humanizado*, isto é, a atenção tem de ser focada em sua importância humana a partir de um ponto de vista histórica e socialmente específico. (*A cadeira de Van Gogh* é de grande importância artística precisamente por causa da potente humanização conferida pelo artista a um objeto cotidiano que, de outro modo, seria insignificante.) O realismo está necessariamente sujeito a alterações no tocante a seus meios, métodos, elementos formais e estilísticos, porque reflete uma realidade em constante mudança, e não uma realidade estática.

O que permanece inalterado no realismo e, consequentemente, nos capacita a aplicar esse termo geral à avaliação estética de obras de muitas épocas é isto: o realismo revela, de modo artisticamente adequado, as tendências fundamentais e as conexões necessárias que estão muitas vezes profundamente ocultas sob aparências enganadoras, mas que são de vital importância para uma compreensão real das motivações e ações humanas em situações históricas variadas. É por isso que meros meios e aptidões estilísticas jamais poderiam fazer de alguém um artista realista. Com efeito, todos esses meios etc. mudam de acordo com os requisitos e as características gerais da época em particular, e de acordo com as necessidades concretas do tema dado, moldado pelo artista em uma situação concreta. O que determinará se ele é ou não realista é aquilo que ele *seleciona* dentre a massa de experiências particulares para representar a realidade dada, histórica e socialmente específica. Se ele não for capaz de selecionar elementos particulares *humanamente significativos* que revelem as tendências e características fundamentais da realidade humana em mudança, mas – por alguma razão – ficar satisfeito com pintar a realidade da maneira como esta *aparece* a ele em sua *imediaticidade*, não há "fidedignidade ao detalhe" que o elevará acima do nível do naturalismo superficial.

O erro do naturalismo é precisamente a reprodução que ele faz das aparências enganadoras. O naturalismo toma como certo que o significado humano da realidade está dado na imediaticidade das aparências, ao passo que ele de fato está sempre, e em particular em uma época tão dilacerada por contradições como a nossa, encoberto por falsos valores e estabilidades efêmeras. A violenta rejeição da pintura naturalista por tantos artistas modernos é, por conseguinte, bastante compreensível. Mas em vários outros "ismos" constatamos a adoção formalmente diferente da prática de tomar as coisas em sua imediaticidade, agora associada com a forte insinuação de que a realidade do ser humano é desprovida de qualquer significado.

Assim, os vários "ismos" (imagismo, expressionismo, dadaísmo, cubismo analítico e sintético, futurismo, surrealismo, construtivismo etc.), tal como as escolas filosóficas antinaturalistas, não tornam a situação nem um pouco melhor. Eles não conseguem fazer a distinção entre natureza humanizada e desumanizada, rejeitando, em consequência, a natureza em sua totalidade, apenas para serem compelidos, no fim das contas, a readaptá-la em uma forma abstrata igualmente desumanizada. Eles frustram a si próprios ao aceitarem a falsa alternativa entre abstração e naturalismo como a única oposição possível. Dessa forma, ironicamente, capitulam diante da alienação artística que se propuseram a contestar.

Seria errado dizer que essas tendências se contrapõem ao *realismo*. Todavia, seria pior não ver que elas se opõem, muitas vezes até programaticamente, ao que *supõem* ser o realismo. Seu denominador comum é, de fato, essa oposição indireta ou mesmo explícita. (Explícita em designações como "surrealismo", "construtivismo" etc.) Elas assumem como realismo aquilo que se coaduna com sua necessidade de estabelecer sua própria identidade mediante a adoção de características puramente formais e estilísticas. Nesse quadro de referência, o realismo é arbitrariamente identificado com uma coletânea de características formais e estilísticas bastante prosaicas, que, de fato, não passam de naturalismo superficial. (De maneira significativa, a investigação das diferenças fundamentais entre realismo e naturalismo não encontra espaço nos escritos teóricos que simpatizam com uma concepção formalista tanto do realismo quanto da "vanguarda" enquanto contrapostas uma à outra.)

E apontar o caráter sumamente anacrônico desse "realismo" prosaico serve para estabelecer o caráter "vanguardista" dos seus próprios esforços.

Essa crise artística está profundamente enraizada na força oniabrangente da alienação. À proporção que essa força se intensifica, nega-se cada vez mais ao artista a possibilidade de identificar-se com as tendências fundamentais da realidade humana historicamente dada. E o que poderia ser mais danoso para a arte do que isso? Porque, como escreveu Keats:

> Um poeta é a coisa mais não poética que existe; porque ele não tem Identidade – ele está continuamente preenchendo algum outro Corpo. O Sol, a Lua, o Mar, Homens e Mulheres, todos criaturas que agem por impulso, são poéticos e têm nesse tocante um atributo imutável – o poeta não tem nenhum; não tem Identidade – ele certamente é a mais não poética de todas as criaturas de Deus.[1]

Visto que o verdadeiro caráter artístico nasce da relação entre o poeta da "não Identidade" e a realidade dos "atributos permanentes" – permanentes, é claro, só no sentido dialético de "continuidade na descontinuidade" –, o enfraquecimento progressivo dessa relação torna cada vez mais problemáticos o caráter e o valor artísticos das obras de arte modernas. Os artistas se enroscam cada vez mais em preocupações formais abstratas. Na tentativa contraditória de encontrar uma solução *formal* para as suas dificuldades, eles só agravam a situação, contribuindo, eles próprios, para o crescente enfraquecimento e um rompimento final da relação que constitui a única força capaz de conferir valor à obra de arte.

Conforme se intensifica o isolamento do artista, multiplicam-se as dificuldades do protesto efetivo contra ele. Visto que são enormes as dificuldades para estabelecer uma identidade artística por meio de uma relação íntima com a realidade humana dada, por mais complexa que esta seja (isto é, as dificuldades para criar uma identidade por meio de um *conteúdo socialmente significativo*), muitos artistas tentam desesperadamente resolver esse problema, contrapondo-se à forma "tradicional" da autoidentificação artística ("tradição" acaba se tornando uma palavra suja), e se limitam a características formais exteriores. No entanto, ao definirem sua própria identidade em termos puramente formais, eles se tornam seus próprios carcereiros, impondo a toda experiência particular o mesmo esquema abstrato. Sua prisão é construída com regras formais e padrões estilísticos autoimpostos e muitas vezes extremamente intelectualizados. Apenas os maiores dentre eles são capazes de escapar dessa prisão autoconstruída, para quem, a exemplo de Picasso, pertencer a um "ismo" nunca é mais do que um estágio transitório no trajeto rumo a grandes conquistas realistas.

O realismo é a noção central da estética marxiana, como Lukács deixou claro em vários de seus escritos[2]. E não é de se admirar que esse conceito ocupe tal posição-chave. Não poderia ser diferente, tendo em vista que, para Marx, o realismo não é apenas uma entre inumeráveis tendências artísticas, limitadas a um ou outro período (como "romantismo", "imagismo" etc.), mas o único modo de reflexão da realidade adequado às capacidades

---

[1]   John Keats, carta a Richard Woodhouse, 27 out. 1818.

[2]   Ver dois volumes em particular: *K. Marx und F. Engels als Literaturhistoriker* (Berlim, Aufbau, 1952) [ed. bras.: *Marx e Engels como historiadores da literatura*, trad. Nélio Schneider, São Paulo, Boitempo, no prelo] e *Probleme des Realismus* (Berlim, Aufbau, 1955).

e aos meios específicos à disposição do artista. Os mestres inimitáveis da arte grega são grandes realistas, assim como Balzac. Estes não têm absolutamente nada em comum *em termos estilísticos*. Contudo, a despeito dos séculos e das barreiras sociais, culturais, linguísticas etc. que os separam, eles podem ser reduzidos a um denominador comum porque, de acordo com os traços específicos de suas situações históricas, conseguiram retratar de modo artisticamente adequado as relações humanas fundamentais de suas épocas. É em virtude disso que eles podem ser chamados de grandes realistas.

Assim, o "realismo" equivale à "adequação artística", isto é, a representação artisticamente apropriada das relações múltiplas e em constante mudança em que o próprio ser humano se encontra. Em consequência, qualquer forma de "*antirrealismo*" – seja um esforço programático ou simplesmente uma prática inconsciente – necessariamente constitui uma expressão da alienação. (É óbvio que o "racionalismo" e a "abstração" da sociedade capitalista anteriormente mencionados nutrem essas tendências e esforços antirrealistas. É bem característico que as manchetes artísticas do nosso século sejam capturadas por tais tendências.)

A visão marxiana de realismo implica que:

1) *há* algo significativo – com características *próprias* – a ser representado, e não conseguir apreender tais características mediante as potencialidades e os meios específicos da arte é tido como representação equivocada ou distorção, e como tal é esteticamente inaceitável;

2) é preciso ser capaz de aplicar certos padrões aos *órgãos* da *representação*, senão seria impossível levantar a questão da representação equivocada e da distorção;

3) de modo similar, é preciso ser capaz de aplicar certos padrões aos *órgãos* da *experiência* estética, senão não poderia haver juízo estético;

4) os padrões da representação criativa, da experiência estética e do juízo crítico precisam ter algum denominador *comum*, senão não haverá garantia contra a contradição interna que inevitavelmente esvaziaria o conceito de realismo.

Em outras palavras: tanto o objeto da representação quanto a forma artística em que ele aparece, assim como a própria experiência estética sob seus vários aspectos, precisam ter critérios objetivos de abordagem.

Mas por que representar? A resposta simples é esta: por causa do modo como o ser humano, enquanto um ser natural, "sensível", é constituído. De acordo com Marx:

> Ser sensível é ser <u>padecente</u>. O homem enquanto ser objetivo sensível é, por conseguinte, um <u>padecedor</u>, e, porque é um ser que sente o seu tormento, um ser <u>apaixonado</u>. A paixão é a força humana essencial energicamente inclinada para o seu objeto (158 [128 modif.] – em alemão: "*Sinnlich sein ist <u>leidend</u> sein*").

Temos aqui toda a dialética da "mimese", identificada como antropomorficamente enraizada na constituição objetiva do ser humano. Enquanto ser natural, o ser humano "padece" (sente) sua própria constituição (necessidades e capacidades em suas inter-relações), bem como os múltiplos efeitos da natureza e da sociedade sobre seu ser social-individual. Assim – dando continuidade a um ponto anteriormente discutido –, todo *significado* está "*ligado a um valor*", porque ele se origina por meio dessa relação padecente complexa entre o sujeito humano e seus objetos. No entanto, essa relação é qualitativamente diferente do *registro passivo*. Esse é um processo mecânico, absolutamente incapaz de originar um significado, qualquer que seja ele. O significado só é possível porque o "ser humano sente o que padece" (ou sente), diferentemente de uma chapa fotográfica, que é totalmente indiferente aos objetos cujos reflexos a afetam.

Nesse "sentir o que o ser humano sente" estão estabelecidos os *valores* primitivos do ser humano, e cada objeto que o afeta, não importa de que modo e forma, ocupa um lugar definitivo no sistema de valores humano, no qual significado e valor estão inseparavelmente inter-relacionados. Assim, o "padecer" como discutido por Marx é criador de valor e, por conseguinte, *ativo* – por mais paradoxal que isso possa soar para alguns. Não há "padecimento" sem sentimento; o que há é registro mecânico. E também não há "sentimento" sem "paixão" no sentido marxiano, porque o ser humano, para estar em relação com os seus objetos, deve estar "energicamente inclinado para eles", o que implica a presença de paixão – ainda que de intensidade variada – em todas as relações humanas, incluindo as mais mediadas.

Padecimento, sentimento e paixão constituem, por conseguinte, uma unidade dialética que é intrinsecamente ativa. O utilitarismo não consegue captar essa unidade e acaba identificando a satisfação humana com a fruição passiva do "prazer". A situação real é bem mais complexa, "pois *o sofrimento, humanamente apreendido, é uma autofruição do ser humano*" (106 [108]). A fruição, por conseguinte, é a apreensão pelo indivíduo da adequação das capacidades humanas aos seus objetos, mesmo que, em muitos casos, essa relação assuma a forma de um padecimento intenso. Tal visão permite a Marx evitar a circularidade do utilitarismo, que explica prazer em termos de fruição e fruição em termos de prazer.

O caráter intrinsecamente ativo da relação entre padecimento, sentimento e paixão faz com que as objeções levantadas contra a mimese – que de fato a confundem com o registro passivo – sejam totalmente descabidas. A mimese artisticamente específica e adequada é condição *sine qua non* da arte, porque só por meio dela as obras de arte conseguem adquirir significado. (Aqueles que rejeitam a mimese têm de optar, ao mesmo tempo, pela falta de sentido da arte.) E a unidade dialética anteriormente mencionada de padecimento-sentimento-paixão garante o caráter ativo, criativo da mimese própria da arte. Isso mostra, uma vez mais, que a alternativa entre *desumanização naturalista da mimese* e o *abstracionismo* sem sentido é uma alternativa falsa, trazida à existência pelo avanço da alienação no campo da arte.

3. A "emancipação dos sentidos humanos"

Marx fala da "*emancipação completa de todas as qualidades e sentidos humanos*" (106 [109]), e isso resume talvez melhor do que qualquer outra coisa o seu programa filosófico. A ênfase está no adjetivo "*humano*", que lança nova luz sobre a questão filosófica interminavelmente debatida acerca do lugar que o sensível ocupa e deve ocupar na escala humana de valores. Desnecessário dizer que essa questão é crucial também para a abordagem da importância da arte. Basta pensar nas visões de numerosos filósofos, de Platão a Hegel e para além dele, para ver a relevância desse tema.

Marx se contrapõe com veemência à tradição idealista que atribui um lugar inferior ao sensível e, consequentemente, também à arte. Ele escreve o seguinte:

Ao <u>olho</u> um objeto se torna diferente do que ao <u>ouvido</u>, e o objeto do olho <u>é</u> um outro que o do <u>ouvido</u>. A peculiaridade de cada força essencial é precisamente a sua <u>essência peculiar</u>, portanto também o modo peculiar da sua objetivação, do seu <u>ser</u> vivo <u>objetivo-efetivo</u>. Não só no pensar, portanto, mas *com <u>todos</u> os sentidos o homem é afirmado no mundo objetivo* (108 [110])[3].

Como podemos ver, a tarefa da emancipação de todos os sentidos e atributos humanos em termos filosóficos é, antes de tudo, a reabilitação dos sentidos e seu resgate do lugar inferior atribuído a eles pelo preconceito idealista. Isso pode ser feito porque eles não são só sentidos, mas sentidos *humanos*. "Compreende-se que o olho *<u>humano</u> frui de forma diversa da que o olho rude, não humano frui*; o <u>ouvido</u> humano diferentemente do do ouvido rude etc." (107 [109]).

O *<u>sentido</u>* constrangido à carência prática rude também tem apenas um sentido <u>tacanho</u>. Para o *homem faminto* não existe a *forma humana* da comida, mas somente a sua *existência abstrata como alimento*; poderia ela justamente existir muito bem na forma mais rudimentar, e não há como dizer em que esta atividade de se alimentar se distingue da atividade <u>animal</u> de alimentar-se. O *homem carente, cheio de preocupações, não tem nenhum <u>sentido</u> para o mais belo espetáculo*; o *comerciante* de minerais vê apenas o *valor mercantil*, mas não a *beleza* e a natureza peculiar do mineral; ele não tem *sentido mineralógico* algum; portanto, a *objetivação* da essência humana, tanto do ponto de vista *teórico* quanto *prático*, é necessária tanto *para fazer <u>humanos</u> os <u>sentidos</u> do homem* quanto para criar <u>sentido humano</u> correspondente à riqueza inteira do ser *humano e natural* (108-9 [110]).

Assim, os sentidos humanos não podem ser considerados como simplesmente dados por natureza. O especificamente *humano* neles é uma criação do próprio ser humano. Conforme o mundo da natureza se torna humanizado – mostrando as marcas da atividade humana –, também os sentidos, relacionados com objetos cada vez mais afetados pelo homem, tornam-se especificamente humanos e cada vez mais refinados[4].

Esse processo histórico de refinamento e humanização dos sentidos é um processo intrinsecamente *social*.

O olho se tornou olho <u>humano</u>, da mesma forma como o seu <u>objeto</u> se tornou um *objeto social*, *<u>humano</u>*, proveniente do homem para o homem. Por isso, imediatamente em sua práxis, os <u>sentidos</u>

---

[3] Outro aspecto desse problema aparece na seguinte crítica a Hegel: "Minha verdadeira existência religiosa é minha existência <u>filosófico-religiosa</u>, minha verdadeira existência política é minha existência <u>filosófico--jurídica</u>, minha verdadeira existência natural é a existência <u>filosófico-natural</u>, minha verdadeira existência artística é a existência <u>filosófico-artística</u>, minha verdadeira existência <u>humana</u> é a minha existência <u>filosófica</u>. Igualmente, a verdadeira existência da religião, Estado, natureza, arte = a <u>filosofia</u> da religião, natureza, Estado, arte" (*Economic and Philosophic Manuscripts of 1844*, trad. Martin Milligan, Londres, Lawrence and Wishart, 1959, p. 162 [ed. bras.: *Manuscritos econômico-filosóficos,* trad. Jesus Ranieri, São Paulo, Boitempo, 2004, p. 130-1]).

[4] "É apenas pela riqueza objetivamente desdobrada da essência humana que a riqueza da sensibilidade <u>humana</u> subjetiva, que um ouvido musical, um olho para a beleza da forma, em suma as fruições humanas todas se tornam <u>sentidos</u> capazes, sentidos que se confirmam como forças essenciais <u>humanas</u>, em parte recém--cultivados, em parte recém-engendrados. Pois não só os cinco sentidos, mas também os assim chamados sentidos espirituais, os sentidos práticos (vontade, amor etc.), numa palavra o sentido <u>humano</u>, a humanidade dos sentidos, vem a ser primeiramente pela existência do <u>seu</u> objeto, pela natureza <u>humanizada</u>. A <u>formação</u> dos cinco sentidos é um trabalho de toda a história do mundo até aqui." Ibidem, p. 108 [ed. bras.: ibidem, p. 110].

se tornaram *teoréticos*. Relacionam-se com a <u>coisa</u> por querer a coisa, mas a coisa mesma é um *comportamento humano* <u>objetivo</u> consigo própria e com o homem, e vice-versa. Eu só posso, em termos práticos, relacionar-me humanamente com a coisa se a coisa se *relaciona humanamente* com o homem. A *carência ou a fruição* perderam, assim, a sua natureza *egoísta* e a natureza a sua *mera* <u>utilidade</u>, na medida em que a utilidade se tornou *utilidade* <u>humana</u> (106-7 [109]).

Os sentidos humanos, por conseguinte, têm uma imensa variedade e riqueza. Eles são *inumeráveis*: sua quantidade corresponde à infinita riqueza dos objetos com os quais se relacionam. Exemplos como "ouvido musical" e "sentido mineralógico" indicam o caráter diversificado dos objetos aos quais se referem. O mesmo objeto ostenta muitas características – por exemplo, a beleza do mineral quando contrastada com suas propriedades físicas a serem exploradas ou seu valor mercantil –, que se tornarão reais para o indivíduo só se ele possuir a sensibilidade (isto é, o "sentido mineralógico", o "ouvido musical" etc.) para captá-las.

Os sentidos verdadeiramente humanos são caracterizados pela mais alta complexidade. A posse dos olhos não é suficiente para captar a beleza visual. Para isso, é preciso ter o sentido da beleza. Os sentidos humanos estão entrelaçados não só entre si, mas também cada um deles com todas as demais capacidades humanas, incluindo, é claro, a capacidade de raciocinar. São essas interconexões que tornam possível o sentido da beleza. "O homem se apropria de toda a sua essência de uma maneira total, portanto como um homem total" (106 [108 modif.]). Separar os sentidos – "imediatamente em sua práxis, os <u>sentidos</u> se tornaram <u>teoréticos</u>" [109] – do raciocínio a fim de subordinar aqueles a este é, por conseguinte, um procedimento artificial e arbitrário. É por isso que a representação idealista dos sentidos tem de ser rejeitada.

Contudo, a tarefa de "emancipar todas as qualidades e sentidos humanos" está longe de ser cumprida pela apreensão correta das inter-relações complexas entre as capacidades humanas. O problema, segundo Marx, é que, por causa da alienação, o ser humano *não* se apropria "de toda a sua essência como um *homem total*", mas limita sua atenção à esfera da mera *utilidade*. Isso traz consigo um empobrecimento extremo dos sentidos humanos.

Se "a essência <u>humana</u> da natureza existe, em primeiro lugar, para o homem <u>social</u>" (103 [106 modif.]), a *privatização* inerente ao desenvolvimento capitalista significa que a natureza perde seu caráter *humanizado*, tornando-se alienada do ser humano. Os objetos com que o indivíduo isolado se defronta aparecem a ele apenas em seus aspectos utilitaristas (por exemplo, o valor comercial, e não a beleza mineralógica), e essa utilidade não possui uso humano – social –, mas uso estreitamente individual. Assim, necessidade e fruição, em uma inversão direta do processo original de humanização automediadora, adquirem uma nova "natureza egoísta" no mundo da fragmentação capitalista. E dado que os sentidos só podem ser chamados de "teoréticos" em virtude da sua "distância" em relação à imediaticidade da necessidade natural-animal – isto é, em virtude do fato de que a necessidade primitiva tornou-se "necessidade automediada"; necessidade humanamente mediada, humanamente transformada –, visto que agora a mediação *humana* da necessidade está sendo suprimida no processo de privatização e fragmentação egoístas, os sentidos perdem seu caráter "teorético".

A "fruição *humana*" implica um nível de satisfação mais elevado do que o estreitamente individual na espontaneidade da experiência. Esse nível só é alcançável porque o sentido *humanamente* satisfeito está inter-relacionado com todos os demais sentidos e capacidades humanos no próprio ato da fruição. (O fundamento dessa inter-relacionalidade é a *gênese* histórica – isto é, a socialização e humanização automediadoras – desses sentidos e capacidades.) Por conseguinte, se a inter-relacionalidade social complexa dos sentidos particulares for rompida pelo "isolamento brutal" da autossatisfação egoísta, isso significa inevitavelmente que a própria fruição perde sua importância humana geral – deixa de ser fruição *humana*, tornando-se mera autossatisfação do indivíduo isolado – e seu nível baixa até a rude *imediaticidade*, à qual nenhum *padrão* é aplicável.

Bastante significativo é que esse desenvolvimento caminha lado a lado com uma crise geral dos valores e padrões estéticos. E não é de se admirar, pois se a importância geral da fruição humana é substituída pela imediaticidade bruta da autossatisfação privada, não pode haver *medida ou padrão comum* de avaliação. Seu lugar é tomado ou por uma descrição superficial dos constituintes mecânicos e das respostas de dado processo, ou por um monólogo introspectivo pretensioso e muitas vezes irracionalista concernente à "experiência estética" do próprio indivíduo isolado. Ambos estão a uma distância astronômica até mesmo das precondições da avaliação estética.

Os dois fenômenos observados – o empobrecimento dos sentidos e de sua satisfação, de um lado, e os ataques incessantes à objetividade dos padrões e valores estéticos, de outro – estão, por conseguinte, estreitamente interligados. Esses ataques, em sua pura negatividade e repetitividade, tornam-se substitutos do pensamento estético, defendendo ou até glorificando os tipos de experiência estética que caracterizam as condições da privatização, da fragmentação, do "isolamento brutal" e da autossatisfação egoísta.

Tudo isso pode ser resumido da seguinte maneira: o lugar de todos os sentidos físicos e mentais foi ocupado pelo "simples estranhamento de todos esses sentidos – *pelo sentido do ter*" (106 [108]). As necessidades desenvolvidas nessas condições são aquelas que correspondem diretamente à imediaticidade da utilidade privada e da apropriação privada. O resultado geral é o empobrecimento humano em escala maciça, correndo paralelamente ao enriquecimento material do indivíduo isolado.

Como podemos ver, a situação real se assemelha assombrosamente à sua representação idealista, que foi rejeitada com veemência por Marx. Contudo, a diferença vital que tornou essa rejeição necessária ficará evidente se lembrarmos que, enquanto os idealistas descreveram aquelas características questionáveis como inerentes *aos próprios sentidos* – excluindo, por conseguinte, a possibilidade de mudanças significativas –, Marx enfatizou que estamos lidando com um fenômeno *histórico*: um estado de coisas desumanizado devido à alienação capitalista. Nessa definição histórica concreta do problema, ele foi capaz não só de afirmar a possibilidade de transcender a desumanização capitalista dos sentidos, mas também de identificar positivamente na "emancipação completa de todas as qualidades e sentidos humanos" a *raison d'être* [razão de ser] do socialismo.

Os efeitos negativos que o desenvolvimento anteriormente descrito teve sobre a arte devem ser considerados em relação ao: 1) próprio artista; 2) tema da sua obra; 3) "público" da arte moderna.

1)　Com o avanço da alienação, cresce o isolamento do artista. Ele foi libertado de todas as amarras contra as quais os artistas da Renascença tiveram de lutar, mas só o conseguiu

ao preço de submeter-se ao poder impessoal do mercado da arte. Nas sociedades pré-
-capitalistas, os artistas, de modo geral, estavam integrados ao organismo social ao qual
pertenciam. Em contraste, os artistas sob o capitalismo têm de carregar o fardo de serem
"*outsiders*" ou até "párias". E o fato de a "força galvano-química universal da sociedade" (o
dinheiro) governar o seu trabalho significa que este perde seu sentido direto e, submetido
às leis gerais da comercialização, converte-se em simples meio para um fim estranho. Para
reconquistar o sentido do seu trabalho, o artista precisa romper a intermediação paralisante
do mercado da arte e estabelecer uma relação intrinsecamente artística com seu público.
O próprio público é afetado pela comercialização generalizada tanto quanto o artista, o
que torna a tarefa deste último duplamente difícil.

2) O artista tornou-se livre para escolher o tema de suas obras em todos os aspectos, mas ao
preço de ter de suportar constantes dúvidas quanto à sua relevância. Um dos temas centrais
da arte moderna é, de fato, o caráter problemático de obras que são criadas em uma situação em que o artista é "o ômega e o alfa" – e "toma a si próprio como medida". Por isso,
ironicamente, a liberdade que o artista tem para escolher o tema de sua obra acaba sendo
uma restrição extrema que traz consigo temas e problemas interminavelmente recorrentes.
E, para piorar a situação, o caráter "prosaico" da experiência cotidiana induz muitos artistas
a procurar artifícios de todos os tipos, desde o slogan "*l'art pour l'art*"[5] até várias formas
de "arte abstrata". Isso, uma vez mais, faz a liberdade temática do artista moderno parecer
uma conquista extremamente problemática, estando mais para uma vitória de Pirro.

3) Quanto ao público, o principal efeito da alienação nesse tocante é o aparecimento de
um "público" que é barrado de participar dos processos de criação artística. O moderno
artista "livre" apresenta a esse público um *produto* pronto – na verdade, uma mercadoria
vendável. Tudo o que resta ao público é assumir o papel de um *consumidor passivo*. Nessa
relação impessoal – na qual o "Público" recebedor é uma entidade abstrata –, pode haver
uma única medida de aprovação e sucesso: o dinheiro. O termo "best-seller" expressa de
modo revelador a relação da qual desapareceu totalmente a pessoalidade – de ambos os
lados. Tudo que restou foi uma "palavra-valor" vazia, que pode ser igualmente aplicada à
obra de um grande gênio artístico e à de um esperto vendedor de farsas. Em consequência,
a despersonalização dessa relação inevitavelmente carrega consigo o desaparecimento do
valor estético, cujo lugar passa a ser ocupado por pseudovalores do tipo "best-seller".

4. Produção, consumo e sua relação com a arte

Como vimos, Marx critica a propriedade privada porque ela "nos fez tão cretinos e unilaterais que um objeto somente é o <u>nosso</u> [objeto] se o temos, portanto, quando existe
para nós como capital ou é por nós imediatamente possuído, comido, bebido, trazido
em nosso corpo, habitado por nós etc., enfim, <u>*usado*</u>" (106 [108]). Em outra passagem,
ele argumenta que "aí, onde a afirmação sensível consistir na anulação direta do objeto

---

[5] O jovem Lukács deu forte ênfase ao caráter contraditório desse programa: "Os admiradores da 'forma'
acabaram com a forma; os sumos sacerdotes do '*l'art pour l'art*' paralisaram a arte" (*Aesthetic Culture*, 1910).

na sua forma independente (comer, beber, processar o objeto etc.), dá-se a afirmação do objeto" (136 [157 modif.]).

Esses pontos são muito importantes para a abordagem da alienação na arte. A arte, tanto quanto qualquer outra atividade, envolve consumo, e a natureza de cada forma particular de consumo revela o caráter específico da atividade em questão. Por conseguinte, se a obra de arte é consumida como mero objeto de utilidade, isso mostra que há algo errado com seu ser específico como obra de arte. Como diz Marx, o *"consumo cria o estímulo da produção"*[6]. Isso põe em relevo uma relação de interação muitas vezes esquecida. Tendo em vista tal interação, fica claro que, se a obra de arte for consumida como um objeto comercial, o "estímulo à produção" criado por esse tipo de consumo é um estímulo que produz objetos comerciais (isto é, produz mercadorias).

Nesse contexto, é vital ter em mente a enorme complexidade do problema do consumo, e é preciso contrapô-la às visões unilaterais com que nos deparamos. Costuma-se tratar o consumo como algo *passivo* e meramente *individualista*. Nesse quadro, o ser humano é representado como um indivíduo isolado que se defronta com os objetos prontos para o seu consumo, seja nas árvores ou nas cestas dos supermercados. Duas atitudes práticas diferentes, mas igualmente danosas, decorrem dessa concepção.

A primeira subordina todas as principais funções da sociedade – desde a produção industrial até a educação e a arte – à tarefa de preencher aquelas cestas, ignorando os efeitos anti-humanos desse processo. O tão propagandeado "indivíduo" dessa relação é "o homem-mercadoria", que é escravo do seu consumo e das instituições intrincadas que o capacitam para ser um homem-mercadoria passivo.

Em contraste, a segunda atitude prática *minimiza* a importância do consumo individual e cria instituições capazes de impor as leis que regulam o funcionamento de um sistema de produção com consumo individual restrito. Ironicamente, porém, essa abordagem do consumo individual restrito transforma a visão anteriormente crítica do homem-mercadoria alienado em sua idealização (não intencional). (Ver a medida problemática das realizações socialistas: "ultrapassar o país capitalista líder em produção *per capita*".)

As contradições de ambas as abordagens derivam de uma fonte comum: a negligência das implicações estruturais profundas advindas de tratar o consumo como uma entidade passiva a ser manipulada. (É claro que as causas históricas dessa negligência são bem diferentes nos dois casos.) No primeiro caso, as contradições se tornam manifestas na forma de *"fartura crônica"*; no segundo, na de *"escassez crônica"*. As relações humanas da primeira atitude se caracterizam pela enxurrada paralisante de *impessoalização*, e as da segunda, pela burocratização e *interferência administrativa* direta em todos os organismos e processos de tomada de decisão. E uma característica comum a ambas é o tremendo desperdício de energias humanas criativas que só podem ser ativadas mediante a compreensão da relação própria entre consumo e produção em todas as esferas da atividade humana, da economia à arte.

O consumo não é meramente individualista nem passivo, ainda que essa falsa aparência possa ter sido criada pelo sucesso temporário dos esforços de manipulação mencionados. (As

---

[6] *"Die Konsumtion schafft den Trieb der Produktion." Grundrisse der Kritik der politischen Ökonomie (Rohentwurf, 1857-1858)* (Berlim, Dietz, 1953), p. 13 [ed. bras.: *Grundrisse. Manuscritos econômicos de 1857-1858: esboços da crítica da economia política*, trad. Mario Duayer e Nélio Schneider, São Paulo, Boitempo, 2011, p. 46].

consequências desses esforços são de longo alcance e, é claro, autoperpetuantes: isto é, elas tornam a adoção da abordagem correta cada vez mais difícil.) O aspecto individual do consumo é ressaltado por Marx desta maneira: *"no consumo os produtos devêm objetos do desfrute, da apropriação individual"*[7]. Não haveria produção sem a necessidade de consumo. (Essa necessidade está relacionada tanto com os produtos existentes quanto com as capacidades e energias vitais do ser humano – um ser da natureza. As capacidades do ser humano só podem ser experimentadas no ato de produção autoprodutivo, autoconsumidor e autorreprodutivo. Assim, a necessidade de consumo é, ao mesmo tempo, também a necessidade de produção e, inversamente, a necessidade de produção é simultaneamente a necessidade de consumo.)

Ademais, é preciso enfatizar que a produção também é uma forma de *consumo social*, no decorrer do qual o ser humano é "consumido" enquanto mero indivíduo (as capacidades que lhe foram dadas por natureza) e reproduzido como *indivíduo social*, com todas as capacidades que lhe permitem estar engajado em uma forma *humana* de produção e consumo. Assim, os fatores sociais e individuais estão estreitamente entrelaçados tanto no consumo quanto na produção. E é precisamente essa inter-relação dialética que preserva o consumo de ser passivo e faz com que se torne algo criativo, mesmo que – tomando o caso extremo – seja produzido um sistema alienado de atividades humanas. Não se deve esquecer que com tal sistema são criadas também as condições para a sua suplantação.

Quanto mais a produção for concebida e levada a cabo como subordinada ao consumo individual, tanto mais pobre está fadada a tornar-se (movendo-se no círculo estreito de talvez meia dúzia de "bens de consumo em massa"). Em contrapartida, quanto mais pobre se torna a produção, tanto maior o empobrecimento humano, que, por seu turno, volta a ter um efeito empobrecedor na produção – e assim por diante.

Parece não haver saída desse círculo vicioso, por causa da interação extremamente complexa de causa e efeito nessa inter-relação dialética. Não há como introduzir melhorias no lado da produção sem ao mesmo tempo enriquecer (mesmo que não simplesmente em termos de dinheiro) o indivíduo consumidor. Mas como se pode ser bem-sucedido nesta última tarefa sem levar a cabo mudanças estruturais (não meramente mudanças legais e institucionais) no complexo de produção como um todo?

Obviamente, nenhum lado pode ser simplesmente subordinado ao outro sem causar distorções a ambos, acarretando o já mencionado desperdício inevitável de energias humanas criativas. E este é o ponto em que podemos ver claramente a importância predominante dos *ideais* nos esforços que visam aprimorar um estado de coisas vigente. Visto que para chegar a uma mudança dinâmica na estrutura de produção não se pode recorrer às necessidades depauperadas do homem-mercadoria alienado, é preciso voltar-se para o ideal de um *"indivíduo social rico"* (Marx), cujas necessidades são capazes de prover um novo escopo para a produção. Esse ideal, porém, deve estar firmemente enraizado na realidade – diferentemente do "herói positivo" do "romantismo revolucionário", cuja característica distintiva não é uma rica gama de necessidades humanas, mas uma superação *fictícia* das necessidades de consumo individual –, caso contrário, ele permanece uma abstração tão incapaz de resolver os problemas em jogo quanto o "indivíduo-consumidor" facilmente

---

[7] *"In der Konsumtion werden die Produkte Gegenstände des Genusses, der individuellen Aneignung."* Ibidem, p. 10 [ed. bras.: ibidem, p. 44].

manipulado. Não são só as necessidades que criam ideais; os ideais também criam necessidades. Contudo, só têm chance de ser bem-sucedidos nisso os ideais que estão latentes nas relações humanas dadas, a saber, que já existem *potencialmente*. Apenas da realização desses ideais pode-se esperar uma solução da contradição entre produção e consumo.

O caso da arte é particularmente esclarecedor nesse tocante. Por causa do seu caráter específico, a obra de arte requer um modo de consumo específico. A principal razão pela qual a arte sofre na sociedade capitalista é esta: nas circunstâncias vigentes, é difícil, se não impossível, assegurar as condições necessárias para o modo de consumo adequado à verdadeira natureza da obra de arte. Temos de ter em mente que:

1) a obra de arte não pode ser consumida simplesmente como um *objeto de utilidade*, ainda que como objeto natural ela possa ter uma finalidade útil (por exemplo, arquitetura, cerâmica etc.);

2) a *posse* de uma obra de arte como propriedade exclusiva de alguém é completamente irrelevante para seu consumo estético: a apropriação de uma obra de arte meramente como propriedade privada de alguém é pseudoconsumo;

3) no decorrer da criação artística, o próprio objeto natural que está refletido na obra de arte não mudou; não há "elaboração" do objeto enquanto objeto *natural*;

4) enquanto consumidores de objetos de utilidade básicos, somos motivados por necessidades naturais diretas (necessidade de alimento e abrigo etc.). Em contraste, é uma *precondição* da arte que o ser humano ganhe certa *distância* (liberdade) em relação às suas necessidades naturais diretas. Marx escreve:

> É verdade que também o animal produz. Constrói para si um ninho, habitações, como a abelha, o castor, a formiga etc. No entanto, produz apenas aquilo de que necessita *imediatamente* para si ou sua cria; produz *unilateralmente*, enquanto o homem produz universalmente; o animal produz apenas *sob o domínio da carência física imediata*, enquanto o homem produz mesmo *livre da carência física*, e só produz primeira e verdadeiramente quando está livre dela. [...] O animal forma apenas segundo a medida e a carência da *species* à qual pertence, enquanto o homem sabe produzir segundo a medida de qualquer *species*, e sabe considerar, por toda a parte, a *medida inerente* ao objeto; o homem também forma, por isso, *segundo as leis da beleza*. (75-6 [85 modif.])

Por isso, já que o consumo da obra de arte não pode ser motivado por uma necessidade natural direta, ele só terá lugar se houver algum outro tipo de necessidade;

5) após o consumo, a obra de arte permanece como estava antes dele – mas só em seu ser físico; sua substância estética é constantemente recriada *na atividade de consumo*. A obra de arte não possui um ser estético estritamente "independente". Veneno é veneno – em virtude dos efeitos constatáveis de sua composição química –, mesmo que ninguém esteja disposto a ingeri-lo. Porém, a obra de arte se torna um objeto meramente natural ou utilitário se não houver um consumidor artisticamente adequado para ela.

Considerando os pontos (1) e (2), fica claro que, nas circunstâncias em que um objeto só é nosso quando é "imediatamente possuído, comido, bebido, trazido em nosso corpo, habitado por nós etc., enfim, <u>usado</u>", a obra de arte não pode ser consumida como obra de arte, mas só como objeto de utilidade. Em consequência, a relação humana apropriada subjacente à produção artística se rompe, e o artista é forçado a pensar que ele próprio é "o ômega e o alfa" – ou *produtor e consumidor* – da sua própria obra.

Essa situação se agrava ainda mais pelas características mencionadas nos pontos (3), (4) e (5). O fato de que, na produção artística, não há "elaboração" dos objetos naturais refletidos nela pode criar – sob certas circunstâncias: quando o artista está socialmente isolado – a ilusão de que a relação do artista com o mundo exterior fica limitada à pedra, ao metal, à madeira, à tinta, ao som e à palavra, ao passo que, em todos os demais aspectos, o artista é absolutamente livre para fazer o que quiser. Essa pode ser a origem tanto do desprezo pela mimese quanto da preocupação excessiva com a manipulação da matéria inanimada. "*A natureza* [...], *fixada na separação do homem, é <u>nada</u> para o homem*" (169 [135]): isso permanece verdadeiro, não importa quão alto seja o preço alcançado no mercado da arte por esse nada falsificado – matéria inanimada fixada em sua imediaticidade e em seu isolamento do ser humano.

Nesse contexto, a questão crucial concerne ao *órgão* do consumo artístico. A natureza cuida da reprodução da nossa necessidade de alimento, abrigo etc. Quando isso não acontece, chamamos o médico ou o psiquiatra. Mas não podemos recorrer a essa ajuda quando a necessidade de consumo artístico está ausente ou, pior, quando ela é substituída pela necessidade de produção de obras de arte como objetos comerciais: mercadorias negociáveis no mercado. E obviamente, na ausência da necessidade de consumo artístico, não pode ter lugar a necessária recriação da obra de arte em seu ser estético – a que se refere o ponto (5).

5. A importância da educação estética

A solução é indicada quando Marx escreve o seguinte:

> *A música desperta primeiramente o sentido musical do homem* [...] para o ouvido não musical a mais bela música não tem <u>nenhum</u> sentido, é nenhum objeto, porque o meu objeto só pode ser a confirmação de uma das minhas forças essenciais, portanto só pode ser para mim da maneira como a minha força essencial é para si como capacidade subjetiva, porque *o sentido de um objeto para mim* [...] *vai precisamente tão longe quanto vai o <u>meu</u> sentido* (108 [110]).

Isso aponta para a grande importância da "educação estética", sem a qual não se pode criar o órgão do consumo artístico no ser humano.

Como já vimos, Marx levanta objeção à "satisfação imediata, unilateral", ao mero "ter" enquanto "posse" abstrata, porque nele as múltiplas relações do ser humano com seus objetos são depauperadas em dois sentidos:

1) são mantidas apenas as relações que servem adequadamente a esse tipo de satisfação;

2) mesmo essas relações restritas são mantidas apenas na medida em que podem servir *diretamente* à satisfação unilateral. Em outras palavras: o empobrecimento significa tanto a redução da *gama* de objetos de fruição humana quanto a perda da riqueza e da *intensidade* particulares do leque estreito de objetos mantidos.

Não é difícil perceber que particularmente a arte sofre como resultado desses desenvolvimentos, porque as obras de arte não são adequadas para uma satisfação unilateral. O dano causado à arte equivale a mais do que simplesmente riscar um dos itens da lista de objetos de satisfação. Gama e intensidade – ou, em outras palavras, "totalidade extensiva e intensiva" – são conceitos dialeticamente inter-relacionados. Quanto mais reduzida a gama, tanto mais pobre será a intensidade da satisfação, que, por seu turno, resulta em uma redução ainda maior da gama. Assim, a falta de um consumo estético adequado revela um empobrecimento humano em geral, que se manifesta na pobreza extrema da satisfação restrita à gama estreita unilateralmente apropriada dos objetos de fruição.

A educação estética é crucial para mudar essa situação: para converter a satisfação estreita e unilateral em fruição autossatisfatória da "totalidade extensiva e intensiva" do mundo humano. Sem educação estética não pode haver consumidor real – só agente comercial – de obras de arte. E, dado que a obra de arte não pode existir de modo apropriado sem ser constantemente recriada na atividade de consumo – a consciência disso tem de estar incorporada na própria criação –, a educação estética, enquanto criadora do órgão do consumo estético, é condição vital para o desenvolvimento da arte em geral.

Sob as circunstâncias adequadas, a criação artística é considerada por Marx como atividade livre, como realização adequada do ser humano rico. Somente em relação a um ser natural pode ser levantada a questão da liberdade como realização que está em harmonia com a determinação interior desse ser, e só nessa relação a liberdade pode ser definida em termos positivos.

Nesse sentido, a arte é um "fim em si", e não um meio para um fim exterior a ela. Contudo, a arte concebida nesses termos não é uma especialidade entre muitas, reservada para poucos afortunados, mas é uma dimensão essencial da vida humana em geral. Na forma como a conhecemos, a arte é profundamente afetada pela alienação, porque a "concentração exclusiva do talento artístico em alguns indivíduos" está inseparavelmente ligada à "sua permanente asfixia em meio às grandes massas" em "consequência da divisão do trabalho". Marx o formula assim:

> Logo que o trabalho começa a ser distribuído, cada um passa a ter um campo de atividade exclusivo e determinado, que lhe é imposto e ao qual não pode escapar; o indivíduo é caçador, pescador, pastor ou crítico, e assim deve permanecer se não quiser perder seu meio de vida – ao passo que, na sociedade comunista, onde cada um não tem um campo de atividade exclusivo, mas pode aperfeiçoar-se em todos os ramos que lhe agradam, a sociedade regula a produção geral e me confere, assim, a possibilidade de hoje fazer isto, amanhã aquilo, de caçar pela manhã, pescar à tarde, à noite dedicar-me à criação de gado, criticar após o jantar, exatamente de acordo com a minha vontade, sem que eu jamais me torne caçador, pescador, pastor ou crítico.[8]

O que importa aqui é indicar que a arte precisa ser suplantada na medida em que é negativamente afetada pela divisão do trabalho. Visto que "religião, família, Estado, direito,

---

8   Karl Marx e Friedrich Engels, *The German Ideology* (Nova York, International Publishers Co., 1947), p. 22 [ed. bras.: *A ideologia alemã*, trad. Rubens Enderle, Nélio Schneider e Luciano Martorano, São Paulo, Boitempo, 2007, p. 37-8].

moral, ciência, arte etc. são apenas formas <u>particulares</u> da produção", e, dado que a produção em geral está sob o signo da alienação, a transcendência positiva do autoestranhamento humano só pode ser realizada por meio de um "retorno do homem da religião, família, Estado etc. à sua existência <u>humana</u>, isto é, <u>social</u>" (102-3 [106]; aqui, o "etc." claramente inclui a arte, que consta na enumeração anterior à qual esta se refere).

Essa passagem não significa que arte, ciência etc. devam ser abolidas – embora essa impressão possa ter sido criada pelas referências à religião, ao Estado e ao direito. Desnecessário dizer que, na visão de Marx, o gênero humano sem arte e ciência seria uma humanidade imensamente depauperada, se é que isso pode ser concebido em termos históricos concretos. Porém, assim como ele insiste em que a ciência *alienada* deve ser transformada em uma "*ciência humana*", insiste em que a arte também deve perder seu caráter *alienado*.

A questão, por conseguinte, não é a da "diversificação do emprego". Mesmo uma sociedade capitalista deveria ser capaz de produzir esta última em uma escala incomparavelmente maior do que temos experimentado até agora. (É claro que sob o capitalismo tais programas só podem ser realizados dentro dos limites estreitos da estrutura social dada; isto é, continuando a estender as operações lucrativas da "indústria do entretenimento" para cobrir todas as assim chamadas "atividades artísticas" que são adequadas à comercialização em alguma forma de pacotes convenientemente montados.) Não é preciso dizer que o que Marx tinha em mente nada tem a ver com esse tipo de abordagem. Ele não estava em busca de uma coletânea mais extensa de funções hierarquicamente arranjadas para substituir sua quantidade atual mais limitada. Porque é simplesmente inconcebível que os indivíduos possam dar conta até mesmo de uma pequena porção das atividades que caracterizam a sociedade contemporânea, muito menos de todas elas. E de modo algum é autoevidente que o exercício de meia dúzia ou mais de funções seria *por si só* intrinsecamente mais recompensador do que uma quantidade menor delas.

Se, como é óbvio, não se pode visar, nesse tocante, à realização da "totalidade extensiva", é preciso encontrar critérios diferentes dos simples números para evidenciar a superioridade qualitativa de um sistema sobre o outro. O que Marx enfatizou repetidamente foi a necessidade de liberar as atividades vitais – não importa se muitas ou poucas – das leis férreas da economia capitalista, que afetam a arte tanto quanto tudo o mais. A limitação manifesta nos aspectos numéricos dessa questão – isto é, a distribuição exclusivista de funções: arte para uns poucos privilegiados e trabalho mecânico degradante para a vasta maioria – é simplesmente a *forma* na qual apareceu uma contradição básica da sociedade produtora de mercadorias, mas não é a causa mesma. É preciso acabar com a causa – a própria produção de mercadorias –, porque ela desumaniza *toda* atividade – incluindo, é claro, a atividade artística –, degradando-a ao *status* de mero *meio* subordinado aos fins da economia de mercado capitalista.

Assim, a apologia utópica de uma "redistribuição" de atividades e funções que seja reconhecida pela sociedade capitalista não poderia estar mais distante da questão real, que é a do reconhecimento crítico da falta de sentido inerente de toda atividade que se acomoda aos limites estreitos da produção de mercadorias. E a "diversificação de empregos" com "*hobbies*" pré-fabricados – subordinados às necessidades do capitalismo em geral e da "indústria do entretenimento" em particular – só intensificaria a sensação de falta de sentido que as pessoas já experimentam. O verdadeiro desenvolvimento das capacidades e inclinações de alguém – em um quadro de referência social livre dos requisitos paralisantes da produção de mercadorias, que determina *a priori* os números admissíveis para o exercício de qualquer atividade particular, reprimindo a demanda *humana* em prol da necessidade *comercial* – necessariamente implica um *significado* inerente a *todas* as funções e atividades do indivíduo afetado. Se não fosse assim, por que ele quereria aumentar a lista de suas atividades? É precisamente essa problemática da plenitude de sentido das atividades humanas – deixando de ser meros meios para fins alienados – que está em jogo quando Marx condena a divisão social hierárquica do trabalho.

No que diz respeito diretamente à arte, a mensagem de Marx significa que, em última instância, a criação artística tem de ser transformada em uma atividade em que os indivíduos sociais se engajem tão prontamente quanto na produção dos bens necessários para a reprodução de suas condições de vida. Significa, acima de tudo, que a relação – alienada – existente entre produção e consumo deve ser radicalmente alterada, de modo que o aspecto criativo do consumo aprimore e intensifique a criatividade inerente à produção artística. A única forma em que isso pode acontecer é a da *participação recíproca* de ambos os lados nos vários processos de produção e de consumo da arte.

Tal transformação da criação e da fruição artísticas – que implica, é claro, uma mudança radical em *todas* as relações humanas – não é concebível sem uma educação estética do ser humano. (Tampouco é preciso dizer que os problemas da educação estética são inseparáveis dos vários outros aspectos da educação.) A concepção marxiana de arte visa adicionar uma nova dimensão à vida humana, a fim de transformá-la em sua totalidade mediante a fusão dessa nova dimensão com todas as demais atividades vitais humanas. Nessa concepção, a produção e o consumo artísticos se tornam aspectos inseparáveis da mesma atividade vital, que também pode ser descrita como a *autoeducação* estética *prática* do ser humano.

A IMPORTÂNCIA CONTEMPORÂNEA DA TEORIA DA ALIENAÇÃO DE MARX

O domínio da liberdade só começa de fato onde cessa o trabalho, que é determinado pela necessidade e pela conveniência exterior; portanto, por sua natureza, ele se situa além da esfera da produção material propriamente dita. O selvagem tem de bater-se com a Natureza para satisfazer suas necessidades, preservar e reproduzir sua vida; o mesmo tem de fazer o civilizado, e tem de fazê-lo em todas as formas sociais e sob todos os modos de produção possíveis. Com seu desenvolvimento se expande esse domínio da necessidade física por causa das carências; mas ao mesmo tempo se expandem as forças produtivas que as satisfazem. Nessa esfera, a liberdade só pode consistir em que o ser humano socializado, em que os produtores associados regulem racionalmente esse seu metabolismo com a Natureza, em que o submetam ao controle comunitário, em vez de se deixarem dominar por ele como se fosse um poder cego; em que o levem a cabo com o menor dispêndio possível de energia e sob as condições mais dignas e adequadas à sua natureza humana. Contudo, ele sempre permanecerá um domínio da necessidade. Para além dele começa o desenvolvimento da energia humana, que é tido como fim em si, o verdadeiro domínio da liberdade, que, no entanto, só poderá florescer sobre a base daquele domínio da necessidade. A redução da jornada de trabalho é precondição fundamental para isso.

– Karl Marx, *O capital**

VIII

A CONTROVÉRSIA EM TORNO DE MARX

1. O "jovem Marx" *versus* o "Marx maduro"

É impossível lidar com as várias interpretações da teoria da alienação de Marx de modo sistemático dentro dos limites deste estudo. Tudo o que podemos fazer é escolher alguns pontos característicos que ajudem a esclarecer perguntas importantes e, consequentemente, dar mais um passo adiante com os principais argumentos desta investigação.

Uma das questões mais controversas é esta: que lugar deve ser atribuído às obras iniciais de Marx em seu sistema como um todo?

Desde a publicação dos *Manuscritos econômico-filosóficos*, muitos filósofos sustentaram que o jovem Marx deveria ser tratado separadamente por haver uma *ruptura* entre o pensador que aborda os problemas da alienação e o "Marx maduro", que aspira a um socialismo científico. E, por estranho que pareça, os defensores dessa visão pertenceram a campos politicamente opostos. As diferenças entre eles equivaliam a isto: enquanto um campo idealizou o jovem Marx e contrapôs seus manuscritos iniciais às suas obras tardias, o outro campo aceitou somente estas últimas, descartando os primeiros escritos como idealistas.

No seu estudo *The Early Development of Marx's Thought* [O desenvolvimento inicial do pensamento de Marx], John Macmurray caracterizou essas abordagens da seguinte maneira:

> Os comunistas estão mais propensos a interpretar mal esse estágio inicial, ainda que não o desconsiderem completamente. Eles estão naturalmente inclinados a ler esses escritos visando encontrar neles um reflexo do estado atual de sua própria teoria e, por essa razão, descartar como aberrações juvenis aqueles elementos que não combinam com o resultado final. É claro que isso é sumamente não dialético. Fazer uma separação entre os estágios iniciais do pensamento de Marx e sua conclusão seria uma compreensão igualmente errônea, embora não na mesma medida. Com efeito, esses estágios <u>são</u> iniciais e, embora só possam ser plenamente entendidos nos termos da teoria que constitui seu resultado final, são historicamente

anteriores, e a conclusão ainda não estava explícita na mente de Marx quando suas obras iniciais foram escritas.[1]

Essas palavras foram publicadas no longínquo ano de 1935, mas a separação sumamente não dialética entre o jovem Marx e o Marx tardio não desapareceu nos anos que nos separam do início da década de 1930. Pelo contrário, a afirmação de uma suposta ruptura tornou-se um lugar-comum aceito por uma quantidade considerável de representantes da literatura filosófica corrente.

É verdade que, como muitas vezes se afirma, a noção de alienação "cai fora" dos escritos tardios de Marx? Que ele de fato a trata ironicamente e, por conseguinte, distancia-se de seu próprio passado filosófico? Duas referências costumam ser citadas para apoiar essa tese: uma, de *A ideologia alemã*; e a outra, do *Manifesto Comunista*. Contudo, a questão é: tais passagens estão sendo corretamente interpretadas?

Sem dúvida, há sentenças irônicas em *A ideologia alemã* que contêm as palavras "estranhamento" ou "autoestranhamento". Há, de fato, duas delas. A primeira diz: "Essa 'alienação' [*Entfremdung*], para usarmos um termo compreensível aos filósofos, só pode ser superada, evidentemente, sob dois pressupostos *práticos*"[2]. A segunda acrescenta: "O processo inteiro foi então concebido como processo de autoestranhamento [*Selbstentfremdung*] do 'homem'"[3]. O tradutor e editor Roy Pascal faz o seguinte comentário em suas notas sobre tais passagens: "Em *A ideologia alemã*, Marx faz seu *acerto de contas final* com esse conceito de 'autoestranhamento'". Presume-se que esse "acerto de contas final" esteja em nítido contraste com os anteriores *Manuscritos de 1844*, nos quais Marx ainda "*está pugnando* com esse conceito e preenchendo-o com um novo conteúdo"[4].

Essa contraposição é altamente enganadora. O "acerto de contas final" seguindo uma "pugna" prévia soa bastante dramático e está em sintonia com o prefácio do Instituto Marx-Engels-Lenin à edição de *A ideologia alemã*. Esse prefácio exagera muito as diferenças entre este último escrito e aqueles mais antigos e declara como inovações radicais pontos que de fato foram elaborados nos *Manuscritos de 1844* ou até antes disso. Contudo, a verdade simples e nada dramática é que não há "acerto de contas final" em *A ideologia alemã* nem algum tipo de "pugna" nos *Manuscritos de Paris* que pudesse ser interpretado como estando aquém do pretenso acerto de contas da idade madura. Na verdade, a posição que critica os filósofos idealistas – nossa primeira citação – e que relaciona o assunto da alienação com a *prática* foi alcançada por Marx muito *antes* dos *Manuscritos de 1844* (ver especialmente "Crítica da filosofia do direito de Hegel – Introdução").

---

[1]   John Macmurray, "The Early Development of Marx's Thought", em John Lewis, Karl Polanyi e Donald K. Kitchin (orgs.), *Christianity and the Social Revolution* (Londres, Victor Gollancz, 1935), p. 209-10.

[2]   Karl Marx e Friedrich Engels, *The German Ideology* (ed. e intro. Roy Pascal, Nova York, International Publishers Co., 1947), p. 24 [ed. bras.: *A ideologia alemã*, trad. Rubens Enderle, Nélio Schneider e Luciano Martorano, São Paulo, Boitempo, 2007, p. 38, nota c].

[3]   Ibidem, p. 68 [ed. bras.: ibidem, p. 74]. [Nesta passagem e na anterior, a tradução para o inglês utiliza de forma mais apropriada o termo "*estrangement*" (estranhamento) em vez de "*alienation*" (alienação) para traduzir "*Entfremdung*". Por serem termos equivalentes nesse caso, foi mantido o termo "alienação" da edição brasileira. (N. T.)]

[4]   Ibidem, p. 202. [Como se trata de uma nota do tradutor e editor da edição inglesa, essa passagem não se encontra na edição brasileira da obra. (N. E.)]

Mais de uma vez, Marx diz explicitamente em seus *Manuscritos de 1844* que ele parte da linguagem da economia política para resgatar as conquistas desta, que permaneceram ocultas mesmo aos economistas políticos, bem como para criticá-la em seus próprios termos. Ele adotou exatamente a mesma abordagem em relação à filosofia idealista. É por isso que ele jamais poderia "largar" o conceito de alienação: isso equivaleria a privar-se de uma conquista *real* (isto é, o "núcleo racional" da filosofia hegeliana), *não obstante* sua moldura mistificadora. Na passagem em discussão, Marx simplesmente deseja apontar – como faz em numerosas ocasiões nos *Manuscritos de Paris* – que a linguagem do "estranhamento" é mistificadora *sem* as referências necessárias à *prática* social.

Quanto à segunda citação, uma leitura mais cuidadosa deixará claro que ela nada tem a ver com a rejeição do termo "autoestranhamento". A passagem relevante tem o seguinte teor:

> Os indivíduos que não estão mais subsumidos à divisão do trabalho foram representados pelos filósofos como um *ideal* sob o nome "*o homem*", e todo esse processo que aqui expusemos foi apreendido como o processo de desenvolvimento "do homem", de modo que "o homem" foi, em cada fase histórica, furtivamente introduzido por sob os *indivíduos* precedentes e apresentado como a força motriz da história. O processo inteiro foi, então, apreendido como processo de autoestranhamento [*Selbstentfremdung*] "*do homem*", e isso ocorreu essencialmente porque o indivíduo médio da fase posterior foi sempre introduzido sub-repticiamente na fase anterior, e a consciência posterior nos indivíduos da fase anterior. Com essa inversão, que desde o início abstrai das condições reais, foi possível transformar a história inteira em um processo de desenvolvimento da *consciência*.[5]

Como podemos ver, não há nada aí que se assemelhe nem mesmo vagamente a um acerto de contas final, mas apenas um argumento que nos é bastante familiar dos *Manuscritos de 1844*. A ironia de Marx não se volta para o conceito de autoestranhamento, mas para o abstracionismo filosófico, que substitui o *indivíduo real* (histórica e socialmente concreto) pela imagem idealista do *ser humano abstrato* e, consequentemente, mistifica o estranhamento *real* do *ser humano real* (do indivíduo social), representando-o como o estranhamento da *consciência*. Em outras palavras, ele faz objeção à identificação do conceito de ser humano com a *consciência genérica*, abstrata. Essa objeção, que também conhecemos bem de seus escritos mais antigos, não torna nem um pouco obsoleta a noção de "autoestranhamento do homem real".

A referência ao *Manifesto Comunista* não é mais convincente do que a anterior. A passagem em questão é esta:

> Sabe-se que os monges escreveram hagiografias católicas insípidas <u>sobre</u> os manuscritos em que estavam registradas as obras clássicas da Antiguidade pagã. Os <u>literatos</u> alemães agiram em sentido inverso a respeito da literatura francesa profana. Escreveram suas insanidades filosóficas por baixo do original francês. Por exemplo, sob a crítica francesa das funções do dinheiro, escreveram "*alienação da essência humana*"; sob a crítica francesa do Estado burguês, escreveram "*destronamento da categoria do geral*" e assim por diante. A essa interpolação do palavreado filosófico no verso da crítica histórica francesa alcunharam de "filosofia da ação", "verdadeiro socialismo", "ciência alemã do socialismo", "justificação filosófica do socialismo" etc. Desse

---

[5] Ibidem, p. 68 [ed. bras.: ibidem, p. 74].

modo, *emascularam completamente* a literatura socialista e comunista francesa. E como nas mãos dos alemães essa literatura tinha deixado de ser a expressão da luta de uma classe contra a outra, eles se felicitaram por terem se elevado acima da "estreiteza francesa" e terem defendido, não verdadeiras necessidades, mas a necessidade *da verdade*; não os interesses do *proletário*, mas os *interesses do ser humano, do homem em geral*, do homem que não pertence a nenhuma classe nem a *realidade* alguma e que só existe no céu brumoso da *fantasia* filosófica.[6]

Novamente, podemos ver que a crítica não está direcionada contra o conceito de alienação, mas contra o *uso idealista* dele, porque tal uso o "emascula completamente", privando-o do seu conteúdo social concreto e da sua capacidade de exercer a crítica *prática*. Da mesma forma, o que se ataca aqui não é a noção de *ser humano* definida por Marx em 1844 como o indivíduo social, mas as abstrações "natureza humana" e "homem em geral" como eram usadas por seus oponentes, porque elas só existem no "céu brumoso da fantasia filosófica". O exato oposto de uma *ruptura*: a mais notável *continuidade*. Cada um dos argumentos formulados nessa passagem pode ser facilmente encontrado já em "Crítica da filosofia do direito de Hegel – Introdução", de Marx, que precedeu, como todos sabemos, não só *A ideologia alemã*, mas também os *Manuscritos de 1844*. Seguem algumas citações para provar essa afirmação:

> Mas o <u>homem</u> não é um ser abstrato, acocorado fora do mundo. O homem é <u>o mundo do homem</u>, o Estado, a sociedade.

> Só a Alemanha poderia produzir a filosofia especulativa do direito – este <u>pensamento</u> extravagante e abstrato acerca do Estado moderno, cuja realidade permanece no além (mesmo se este além fica apenas do outro lado do Reno) –, o representante <u>alemão</u> do Estado moderno, pelo contrário, que não toma em conta o <u>homem real</u>, só foi possível porque e na medida em que o próprio Estado moderno não atribui importância ao <u>homem real</u> ou unicamente satisfaz o homem <u>total</u> de maneira ilusória. Em política, os alemães <u>pensaram</u> o que as outras nações <u>fizeram</u>.

> [...] nenhuma classe da sociedade civil sente a necessidade ou tem a capacidade de conseguir uma emancipação geral, até que a isso é forçada pela situação <u>imediata</u>, pela necessidade <u>material</u> e pelos <u>próprios grilhões</u>.

> Onde existe então, na Alemanha, a possibilidade <u>positiva</u> de emancipação?

> <u>Eis a nossa resposta</u>: Na formação de uma classe que tenha <u>cadeias radicais</u>, de uma classe na sociedade civil que não seja uma classe da sociedade civil, de um estamento que seja a dissolução de todos os estamentos [...]. A dissolução da sociedade, como classe particular, é o <u>proletariado</u>.[7]

Na leitura dessas passagens, como não ficar impressionado com a identidade básica entre a abordagem mais antiga de Marx e sua obra tardia?

---

[6]   Idem, "Manifesto of the Communist Party", em *Selected Works*, v. I, (Moscou, Progress, 1986), p. 58 [ed. bras.: *Manifesto Comunista*, trad. Álvaro Pina, São Paulo, Boitempo, 1998, p. 62-3 modif.].

[7]   Karl Marx, "Introduction to a *Critique of the Hegelian Philosophy of Right*", em Karl Marx e Friedrich Engels, *On Religion* (Moscou, Progress, 1957), p. 41, 49 e 56-7 [ed. bras.: "Crítica da filosofia do direito de Hegel – Introdução", em *Crítica da filosofia do direito de Hegel*, trad. Rubens Enderle e Leonardo de Deus, São Paulo, Boitempo, 2005, p. 145, 151 e 155-6].

Nada poderia estar mais distante da verdade do que afirmar – não importa a partir de qual ponto de vista político – que, de 1845 em diante, Marx não estaria mais interessado no ser humano e em sua alienação, porque sua atenção crítica teria sido desviada para outra direção pela introdução dos conceitos de "as classes" e "o proletariado". Como vimos, esses conceitos adquiriram uma importância crucial para o seu pensamento já em 1843. Temos de enfatizar que, se por "ser humano" alguém entender, como fizeram os oponentes de Marx, "homem abstrato" ou "Homem em geral", o qual é "abstraído de todas as determinações sociais", estará errando completamente a questão. De fato, ele *nunca* esteve interessado nesse "Homem", nem mesmo *antes de* 1843, muito menos no período em que escreveu os *Manuscritos econômico-filosóficos*. Em contrapartida, o "homem real", o "ser automediador da natureza", o "indivíduo social" *nunca* desapareceu do seu horizonte. Até no fim da sua vida, quando estava trabalhando no terceiro volume de *O capital*, Marx defendeu para os seres humanos as "condições mais favoráveis e dignas da sua *natureza humana*"[8]. Assim, sua preocupação com as classes e o proletariado em particular *sempre* permaneceu, para ele, idêntica à preocupação com "a emancipação humana universal"[9] – um programa claramente registrado na própria "Crítica da filosofia do direito de Hegel – Introdução". E esse programa, formulado nesses termos, é apenas outra expressão para o que ele chamou em outra parte de "transcendência da alienação".

Mas o que dizer do conceito de alienação na obra marxiana que se seguiu aos *Manuscritos de 1844*? Por que Marx o "largou" (ou por que ele largou a "palavra", como formulam outros), se permaneceu fiel ao seu programa de transcendência da alienação? A resposta simples é que ele *não* largou de forma alguma a palavra, muito menos o conceito. Na verdade, há *ampla* evidência para mostrar que Marx continuou usando a palavra "alienação" até o fim de sua vida. Tão ampla é essa evidência que, mesmo limitando-nos à palavra "*Entfremdung*", junto com suas formas predicativas – como nos *Manuscritos de Paris* – (isto é, deixando de lado *Entäusserung* e *Veräusserung*, ou seja, duas palavras adicionais que significam "alienação", bem como *Verdinglichung, Verselbstständigung, Fetischismus* etc.), só conseguiremos apresentar uma seleção muito modesta das expressões em que ocorre a palavra em discussão. Para uma reprodução *completa* de todas as passagens relevantes que contêm também esses termos estreitamente relacionados, precisaríamos multiplicar várias vezes a extensão deste capítulo. Segue, portanto, nossa limitada amostra, em ordem cronológica. (Por razões óbvias, temos de reproduzir essas passagens no original alemão. Apresentamos a tradução na sequência.)

A sagrada família. Já vimos (Capítulo III) que certas passagens dos *Manuscritos de 1844* foram incorporadas nessa obra tardia. Também foi demonstrado que, contrariamente a algumas afirmações, Lenin conhecia e citou com aprovação essas passagens supostamente idealistas que tratam do problema da "alienação".

---

8   Idem, *Capital* (trad. Samuel Moore e Edward Aveling, Moscou, 1958), v. III, p. 800.

9   Idem, "Introduction to a *Critique of the Hegelian Philosophy of Right*", em Karl Marx e Friedrich Engels, *On Religion*, cit., p. 53 [ed. bras.: "Crítica da filosofia do direito de Hegel – Introdução", em *Crítica da filosofia do direito de Hegel*, cit., p. 154].

A ideologia alemã (MEW, v. 3, p. 33-4, 49, 42, 35, 37, 75-6).

Solange die Menschen sich in der naturwüchsigen Gesellschaft befinden, solange also die Spaltung zwischen dem besondern und gemeinsamen Interesse existiert, solange die Tätigkeit also nicht freiwillig, sondern naturwüchsig geteilt ist, die eigne Tat des Menschen ihm zu einer Fremden, gegenüberstehenden Macht wird, die ihn unterjocht, statt dass er sie beherrscht.

[Enquanto os homens se encontram na sociedade natural e, portanto, enquanto há a separação entre interesse particular e interesse comum, enquanto a atividade, por consequência, está dividida não de forma voluntária, mas de forma natural, *a própria ação do homem torna-se um poder que lhe é estranho e que a ele é contraposto,* um poder que subjuga o homem em vez de por este ser dominado.][10]

(Exatamente como nos bons, ou maus, velhos tempos, a alienação é apresentada como uma transformação da atividade do próprio homem – os puristas deveriam notar: *do homem,* e não *dos homens* ou *das classes* – em uma *força alheia que o confronta;* como tal, ela é contraposta à liberdade ou à atividade livre.)

Eben weil die Individuen nur ihr besondres, für sie nicht mit ihrem gemeinschaftlichen Interesse zusammenfallendes suchen, überhaupt das Allgemeine illusorische Form der Gemeinschaftlinchkeit, wird dies als ein ihnen "fremdes" *und von ihnen* "unabhängiges", *als ein selbst wieder besonderes und eigentümliches "Allgemein"-Interesse geltend gemacht, oder sie selbst müssen sich in diesem Zwiespalt bewegen, wie in der Demokratie.*

[É justamente porque os indivíduos buscam <u>apenas</u> seu interesse particular, que para eles não guarda conexão com seu interesse coletivo, que este último é imposto a eles como um interesse *que lhes é "estranho" e que deles "independe",* por sua vez, como um interesse "geral" especial, peculiar; ou, então, os próprios indivíduos têm de mover-se em meio a essa discordância, como na democracia.][11]

(Dois pontos devem ser notados: 1. Marx não diz que os interesses particulares dos indivíduos são *idênticos* aos seus interesses comuns, mas que eles não deveriam buscar *exclusivamente* seus interesses particulares; fazer isso na verdade frustra o seu propósito, sobrepondo a eles seus reais interesses comuns na forma alienada de um "interesse geral" abstrato. 2. A representação ilusória dos interesses comuns reais do ser humano como um "interesse geral" abstrato – o que ele chama em outra passagem de "a ilusão legalista" – e sua representação como algo bem diferente do indivíduo humano real ocultam a aliena-ção real: a *autoalienação* do homem na forma da "Spaltung *zwischen dem* besondern und gemeinsamen Interesse" ["cisão entre o interesse particular e o geral"]. É sobre essa base que a alienação real pode ser mistificada pelos filósofos como a alienação do "Homem", sendo que "Homem" significa, como comenta Marx: "<u>*Der Mensch*</u> = *dem 'denkenden Menschengeist'*" ["<u>O homem</u> = o 'espírito humano pensante'"]. Na realidade, "o interesse geral" não é uma "essência" separada a ser contrastada com e contraposta à "essência individual" do Homem; é só uma expressão alienada de um estado real de alienação. O

---

[10] Karl Marx e Friedrich Engels, *A ideologia alemã,* cit., p. 37.

[11] Ibidem, p. 37, n. a.

homem real é o *"wirklicher historischen Mensch"* ["o ser humano histórico real"], ao qual realmente "pertence" seu interesse comum – isto é, é inseparável de sua natureza de ser social individual –, ainda que, em uma situação histórica dada, ele o confronte em uma forma alienada. É por isso que se pode pensar a alienação como passível de suplantação.)

Mit der kommunistischen Regelung der Produktion und der darin liegenden Vernichtung der Fremdheit, mit der sich die Menschen zu ihren eigenen Produkt verhalten, die Macht des Verhältnisses von Nachfrage und Zufuhr sich in Nichts auflöst.

[Com a regulação comunista da produção e, ligada a ela, *a supressão da relação alienada dos homens com seus próprios produtos,* o poder da relação de oferta e procura reduz-se a nada.][12]

In der bisherigen Geschichte [...] *die einzelnen Individuen mit der Ausdehnung der Tätigkeit zur Weltgeschichtlichen immer mehr unter einer ihnen fremden Macht geknechtet worden sind.*

[Na história que se deu até aqui é sem dúvida um fato empírico que os indivíduos singulares, com a expansão da atividade em uma atividade histórico-mundial, tornaram-se *cada vez mais submetidos a um poder que lhes é estranho.*][13]

Bedingungen, *die bisher dem Zufall überlassen waren und* sich gegen die einzelnen Individuen *eben durch ihre Trennung als Individuen* [...] zu einem ihnen fremden Bande *geworden war*, verselbständigt hatten. [...] *In der Vorstellung sind daher die Individuen unter der Bourgeoisieherrschaft* freier als früher, weil ihnen ihre Lebensbedingungen zufällig sind; *in der Wirklichkeit sind sie* natürlich unfreier, weil mehr unter sachliche Gewalt subsumiert.

[*Condições* que, até agora, estavam entregues ao acaso e *haviam se autonomizado em relação aos indivíduos singulares* justamente por meio de sua separação como indivíduos, por sua união necessária dada com a divisão do trabalho e por meio de sua separação *transformada em um vínculo que lhes é alheio.* (...) Por conseguinte, na representação, os indivíduos são mais livres sob a dominação da burguesia do que antes, porque suas condições de vida lhes são contingentes; na realidade eles *são, naturalmente, menos livres, porque estão mais submetidos ao poder das coisas.*][14]

Manifesto Comunista (MEW, v. 4, p. 476-7).

Der Macht über fremde Arbeit.

[Poder sobre o trabalho alheio.][15]

(Isto é, dominar o trabalho alienado.)

Der Kommunismus nimmt keinen die Macht, sich gesellschaftliche Produkte anzueignen, er nimmt nur die Macht, sich durch diese Aneignung fremde Arbeit zu unterjochen.

---

[12] Ibidem, p. 39.

[13] Ibidem, p. 40.

[14] Ibidem, p. 65-7.

[15] Idem, *Manifesto Comunista*, cit., p. 53.

[O comunismo não priva ninguém do poder de se apropriar de sua parte dos produtos sociais; *apenas suprime o poder de subjugar o trabalho de outros* por meio dessa apropriação.][16]

Trabalho assalariado e capital (MEW, v. 6, p. 416).

Je rascher die Arbeiterklasse die ihr feindliche Macht, den fremden, über sie gebietenden Reichtum vermehrt und vergrössert, unter desto günstigeren Bedingungen wird ihr erlaubt, von neuem an der Vermehrung des bürgerlichen Reichtums, an der Vergrösserung der Macht des Kapitals zu arbeiten, zufrieden, sich selbst die goldenen Ketten zu schmieden, woran die Bourgeoisie sie hinter sich herschleift.

[Quanto mais rapidamente a classe trabalhadora multiplicar e aumentar *a força que lhe é hostil, a riqueza alheia que impera sobre ela,* tanto mais favoráveis serão as condições nas quais lhe será permitido trabalhar renovadamente na multiplicação da riqueza burguesa, no aumento do poder do capital, contente por forjar para si mesma as correntes douradas com que a burguesia a arrasta atrás de si.][17]

Grundrisse. Essa obra contém *centenas* de páginas em que os problemas ligados à alienação são analisados de modo abrangente. As palavras "*Entfremdung*", "*entfremdet*" etc. ocorrem *várias centenas de vezes* nessas páginas. Selecionei apenas uma passagem. Ela mostrará não só como estão errados os que afirmam que a "alienação" caiu fora das obras tardias de Marx, mas também que sua abordagem dos problemas discutidos é essencialmente a mesma dos *Manuscritos de 1844*. A referida passagem tem o seguinte teor:

Der Ton wird gelegt nicht auf das Vergegenständlichtsein, sondern das Entfremdet-, *Entäussert-, Veräussertsein, das Nicht-dem-Arbeiter-, sondern den personifizierten Produktionsbedingungen-, i.e., dem-Kapital-Zugehören der ungeheuren gegenständlichen Macht, die die gesellschaftliche* Arbeit *selbst sich als eins ihrer Momente gegenübergestellt hat. Soweit auf dem Standpunkt des Kapitals und der Lohnarbeit die Erzeugung dieses gegenständlichen Leibes der Tätigkeit im Gegensatz zum unmittelbaren Arbeitsvermögen geschieht – dieser Prozess der Vergegenständlichung in fact als* Prozess der Entäusserung *vom Standpunkt der Arbeit aus oder der* Aneignung fremder Arbeit *vom Standpunkt des Kapitals aus erscheint –, ist diese Verdrehung und Verkehrung eine wirkliche, keine bloss gemeinte, bloss in der Vorstellung der Arbeiter und Kapitalisten existierende. Aber offenbar ist dieser Verkehrungsprozess bloss historische Notwendigkeit, bloss Notwendigkeit für die Entwicklung der Produktivkräfte von einem bestimmten historischen Ausgangspunkt aus, oder Basis aus, aber keineswegs eine absolute Notwendigkeit der Produktion; vielmehr eine verschwindende, und das Resultat und der Zweck (immanente) dieses Prozesses ist diese Basis selbst aufzuheben, wie diese Form des Prozesses. Die bürgerlichen Ökonomen sind so eingepfercht in den Vorstellungen einer bestimmten historischen Entwicklungsstufe der Gesellschaft, dass die Notwendigkeit der Vergegenständlichung der gesellschaftlichen Mächte der Arbeit ihnen unzertrennbar erscheint von der Notwendigkeit der Entfremdung derselben gegenüber der lebendigen Arbeit. Mit der Aufhebung aber des unmittelbaren Charakters der lebendigen Arbeit als bloss einzelner, oder als*

---

[16] Ibidem, p. 54.

[17] *Selected Works*, cit., v. I, p. 98. [Para esta edição, o trecho foi traduzido a partir da versão inglesa. Há, no entanto, uma edição portuguesa da obra: *Trabalho assalariado e capital*, trad. José Barata-Moura e Álvaro Pina, Lisboa, Avante!, 1982. (N. E.)]

bloss innerlich, oder bloss äusserlich allgemeiner, mit dem Setzen der Tätigkeit der Individuen als unmittelbar allgemeiner oder gesellschaftlicher, *wird den gegenständlichen Momenten der Produktion diese* Form der Entfremdung *abgestreift; sie werden damit gesetzt als Eigentum, als* der organische gesellschaftliche Leib, *worin die Individuen sich reproduzieren als Einzelne, aber als* gesellschaftliche Einzelne (*Rohentwurf,* p. 716).

[A tônica não recai sobre o ser-objetivado, mas sobre o ser-estranhado, ser-*alienado*, ser--venalizado [*Entfremdet-, Entäussert-, Veräussertsein*] – o não pertencer-ao-trabalhador, mas às condições de produção personificadas, i.e., ao capital, o enorme poder objetivado que *o próprio trabalho social contrapôs a si mesmo* como um de seus momentos. Na medida em que, do ponto de vista do capital e do trabalho assalariado, a geração desse corpo objetivo da atividade se dá em oposição à capacidade de trabalho imediata – esse processo de objetivação aparece de fato como *processo de alienação*, do ponto de vista do trabalho, ou *de apropriação do trabalho alheio*, do ponto de vista do capital –, tal distorção ou inversão é efetiva e não simplesmente imaginada, existente simplesmente na representação dos trabalhadores e capitalistas. Mas, evidentemente, esse processo de inversão é simplesmente necessidade histórica, pura necessidade para o desenvolvimento das forças produtivas a partir de um determinado ponto de partida histórico, ou base histórica, e de maneira nenhuma uma necessidade absoluta da produção; ao contrário, é uma necessidade evanescente, e o resultado e o fim (imanente) desse processo é abolir essa própria base, assim como essa forma do processo. Os economistas burgueses estão tão encerrados nas representações de um determinado nível de desenvolvimento histórico da sociedade que a necessidade da objetivação das forças sociais do trabalho aparece-lhes inseparável da necessidade do *estranhamento dessas forças frente ao trabalho vivo*. Todavia, com a superação do caráter imediato do trabalho vivo, como caráter meramente singular, ou como universal unicamente interior ou exterior, e posta a atividade dos indivíduos como *atividade imediatamente universal ou social*, tais momentos objetivos da produção são despojados *dessa forma do estranhamento*; com isso, eles são postos como propriedade, como o *corpo social orgânico*, em que os indivíduos se reproduzem como singulares, mas *como singulares sociais*.][18]

(Temos aqui inclusive as noções "antropológicas" do jovem Marx, associadas à concepção da suplantação da alienação como transcendência do caráter *mediado* abstrato da atividade humana.)

Teorias da mais-valia. Como era de se esperar de uma monografia crítica sobre teorias passadas do mais-valor, essa obra monumental (de quase 2 mil páginas) contém muitas referências à "alienação". Por exemplo, ao tratar das teorias de Linguet, Marx escreve o seguinte: "*Die Reichen haben sich aller Produktionsbedingungen bemächtigt; (dies führte zur)* Entfremdung der Produktionsbedingungen, *die in ihrer einfachsten Form die Naturelemente selbst sind*" ["Os ricos apoderaram-se de todas as condições de produção, e daí *a alienação das condições de produção*, que nas formas mais simples são os próprios elementos naturais"][19]. Contudo,

---

[18] Karl Marx, *Grundrisse. Manuscritos econômicos de 1857-1858: esboços da crítica da economia política* (trad. Mario Duayer e Nélio Schneider, São Paulo, Boitempo, 2011), p. 705-6.

[19] Idem, *Theories of surplus value* (trad. Emile Burns, Moscou, s. d.), parte I, p. 335 [ed. bras.: *Teorias da mais-valia: história crítica do pensamento econômico*, trad. Reginaldo Sant'Anna, Rio de Janeiro, Civilização Brasileira, 1980, p. 330].

também há passagens de um tipo diferente, nas quais "*Entfremdung*" etc. não ocorrem simplesmente no sumário ou na citação do argumento de um terceiro, mas na exposição das ideias do próprio Marx. Por exemplo:

> *Der* Zins *an sich drückt also grade das Dasein der Arbeitsbedingungen als* Kapital *in ihrem gesellschaftlichen Gegensatz und ihrer Metamorphose als persönliche Mächte gegenüber der Arbeit und über die Arbeit aus. Er resümiert den* entfremdeten *Charakter der Arbeitsbedingungen im Verhältnis zur Tätigkeit des Subjekts. Er stellt das Eigentum des Kapitals oder das blosse Kapitaleigentum als Mittel dar, die* Produkte fremder Arbeit *sich anzueignen als* Herrschaft über fremde Arbeit. *Aber er stellt diesen Charakter des Kapitals dar als etwas, was ihm ausser dem Produktionsprozess selbst zukommt und keineswegs das Resultat der spezifischen Bestimmtheit dieses Produktionsprozesses selbst ist.*

> [O juro em si expressa precisamente a existência das condições do trabalho enquanto capital em sua oposição social ao trabalho e suas metamorfoses em forças pessoais contrapostas ao trabalho. Ele resume o *caráter alienado das condições do trabalho* em relação à atividade do sujeito. Ele representa a propriedade do capital – isto é, mera posse de capital – como meio de apropriação dos produtos do trabalho alheio, como domínio sobre o trabalho alheio. Contudo, ele representa esse caráter de capital como algo que provém *de fora* do processo de produção, e não como o resultado de uma determinação específica desse mesmo processo de produção.][20]

Seria possível preencher muitas páginas com passagens desse tipo, que se encontram nas *Teorias da mais-valia*, de Marx. (Para as duas passagens citadas, ver MEW, v. 26, parte I, p. 321, e parte III, p. 485.)

O capital (MEW, v. 23, *Capital*, v. I, p. 455, 596 e 674; v. 24, *Capital*, v. II, p. 37; v. 25, *Capital*, v. III, p. 95, 96, 274, 610 e 838).

> *Die verselbständigte und* entfremdete *Gestalt.*

> [A figura *autonomizada* e *estranhada* que o modo de produção capitalista em geral confere às condições de trabalho e ao produto do trabalho, em contraposição ao trabalhador.][21]

> *Da vor seinem Eintritt in den Prozess seine eigne Arbeit ihm selbst entfremdet, dem Kapitalisten angeeignet und dem Kapital einverleibt ist, vergegenständlicht sie sich während des Prozesses beständig in fremden Produkt. [...] Der Arbeiter selbst produziert daher beständig den objektiven Reichtum als Kapital, ihm fremde, ihn beherrschende und ausbeutende Macht, und der Kapitalist produziert ebenso beständig die Arbeitskraft als subjektive, von ihren eignen Vergegenständlichungs- und Verwirklichungsmitteln getrennte, abstrakte, in der blossen Leiblichkeit des Arbeiters existierende Reichtumsquelle, kurz den Arbeiter als Lohnarbeiter.*

> [Como antes de entrar no processo seu próprio trabalho já está *alienado dele*, apropriado pelo capitalista e incorporado ao capital, esse trabalho se objetiva continuamente, no decorrer do processo, em produto alheio. (...) Por conseguinte, o próprio trabalhador produz constantemente

---

[20]   Idem, *Das Kapital*, v. III (Berlim, Dietz, 1983), seção 5, p. 395. (MEW, v. 25)

[21]   Idem, *O capital: crítica da economia política. Livro I: O processo de produção do capital* (trad. Rubens Enderle, São Paulo, Boitempo, 2013), p. 504.

a riqueza objetiva como capital, *como poder que lhe é estranho, que o domina e explora*, e o capitalista produz de forma igualmente contínua a força de trabalho como fonte subjetiva de riqueza, separada de seus próprios meios de objetivação e efetivação, abstrata, existente na mera corporeidade do trabalhador; em uma palavra, produz o trabalhador como assalariado.][22]

Alle Mittel zur Entwicklung der Produktion [...] *verstümmeln den Arbeiter in einen Teilmenschen, entwürdigen ihn zum Anhängsel der Maschine, vernichten mit der Qual seiner Arbeit ihren Inhalt,* entfremden ihm die geistigen Potenzen *des Arbeitsprozesses im selben Masse, worin letzterem die* Wissenschaft als selbständige Potenz *einverleibt wird.*

[No interior do sistema capitalista, todos os métodos para aumentar a força produtiva social do trabalho aplicam-se à custa do trabalhador individual; todos os meios para o desenvolvimento da produção se convertem em meios de dominação e exploração do produtor, mutilam o trabalhador, *fazendo dele um ser parcial*, degradam-no à condição de um *apêndice da máquina*, aniquilam o conteúdo de seu trabalho ao transformá-lo em um suplício, *alienam ao trabalhador as potências espirituais* do processo de trabalho na mesma medida em que a tal processo se incorpora a *ciência* como *potência autônoma*.][23]

Diese Produktionsmittel treten dem Besitzer der Arbeitskraft gegenüber als fremdes Eigentum. *Andererseits steht der Verkäufer der Arbeit ihrem Käufer gegenüber als* fremde Arbeitskraft.

[Esses meios de produção aparecem diante do possuidor como *propriedade alheia (fremdes Eigentum)*. Por outro lado, o vendedor do trabalho aparece diante de seu comprador como *força de trabalho alheia (fremde Arbeitskraft)*.][24]

Diese Vorstellungsweise ist um so weniger befremdlich, als ihr der Schein der Tatsachen entspricht, und als das Kapitalverhältnis in der Tat den innern Zusammenhang verbirgt in der vollständigen Gleichgültigkeit, Äusserlichkeit und Entfremdung, *worin es den Arbeiter versetzt gegenüber den Bedingungen der Verwirklichung seiner eignen Arbeit.*

[Esse modo de conceber as coisas não é de se estranhar, sobretudo porque lhe corresponde a aparência dos fatos e porque a relação do capital de fato oculta o nexo interior na *completa indiferença, exterioridade e estranhamento* a que relega o trabalhador diante das condições de realização do seu próprio trabalho.][25]

Es bleibt jedoch nicht bei der Entfremdung *und Gleichgültigkeit zwischen dem Arbeiter, dem Träger der lebendigen Arbeit hier, und der ökonomischen, d.h. rationellen und sparsamen Anwendung seiner Arbeitsbedingungen dort.*

---

[22] Ibidem, p. 645-6.

[23] Ibidem, p. 720.

[24] Idem, *O capital: crítica da economia política. Livro II: O processo de circulação do capital* (trad. Rubens Enderle, São Paulo, Boitempo, 2014), p. 113.

[25] Idem, *Capital*, v. III (trad. Samuel Moore e Edward Aveling, Moscou, 1958), p. 84. [Para esta edição, os trechos do Livro III d'*O capital* foram traduzidos a partir da versão inglesa. Há uma edição brasileira do Livro III, a ser publicada pela Boitempo, no prelo. (N. E.)]

[Contudo, a coisa não se limita ao *estranhamento* e à indiferença entre o trabalhador, entre o portador do trabalho vivo, de um lado, e a aplicação econômica, isto é, racional e regrada de suas condições de trabalho, de outro.][26]

Das Kapital zeigt sich immer mehr als gesellschaftliche Macht, [...] *aber als* entfremdete, verselbständigte gesellschaftliche Macht, die als Sache, *und als Macht des Kapitalisten durch diese Sache,* der Gesellschaft gegenübertritt.

[O capital vai se mostrando cada vez mais como força social, (...) mas *como força social estranhada, autonomizada, que se confronta com a sociedade como um objeto (Sache),* e como força do capitalista através dessa coisa.][27]

Dieser Entfremdung *der Produktionsbedingung vom Produzenten entspricht hier aber eine wirkliche Umwälzung in der Produktionsweise selbst.*

[Contudo, sob esse sistema, *a separação do produtor do seu meio de produção (Entfremdung der Produktionsbedingung vom Produzenten)* reflete uma revolução real no próprio modo de produção.][28]

Die wirklichen Produktionsagenten können in diesen entfremdeten und irrationellen Formen *von Kapital-Zins, Boden-Rente, Arbeit-Arbeitslohn, sich völlig zu Hause fühlen, denn es sind eben die Gestaltungen des Scheins, in welchem sie sich bewegen und womit sie täglich zu tun haben.*

[Os reais agentes da produção podem se sentir totalmente em casa nessas *formas estranhadas e irracionais* de capital-juro, terra-renda, trabalho-salário, pois se trata justamente das figuras da aparência em que se movem e com as quais lidam todo dia.][29]

Talvez seja suficiente ler essas citações para subentender uma resposta à questão sobre quanta atenção deve ser dada à teoria do "cair fora". A esta altura deve estar claro que *nenhum* dos significados da alienação conforme usados por Marx nos *Manuscritos de 1844* caiu fora dos seus escritos tardios. E não é de se admirar. Com efeito, o conceito de alienação como foi compreendido por Marx em 1844, com todas as suas ramificações complexas, não é um conceito que se possa largar ou "traduzir" unilateralmente. Como vimos em várias partes deste estudo, o conceito de alienação é um pilar de importância vital no sistema marxiano como um todo, e não um simples tijolo deste. Largá-lo ou traduzi-lo unilateralmente equivaleria, por conseguinte, a nada menos que a demolição completa da própria construção e o reerguimento talvez apenas de sua chaminé. Não se põe em dúvida aqui que algumas pessoas estiveram – ou ainda estão – empenhadas em tais operações, tentando construir suas teorias "científicas" no alto de chaminés decoradas com terminologia marxista. A questão é que seus esforços não deveriam ser confundidos com a teoria marxiana em si.

---

[26]   Ibidem, p. 86.

[27]   Ibidem, p. 259.

[28]   Ibidem, p. 583.

[29]   Ibidem, p. 809-10.

2. "Filosofia" *versus* "economia política"

As numerosas versões da abordagem do "jovem Marx *versus* Marx maduro" (ou vice-versa) têm algo em comum. E é isto: um esforço para contrapor economia política a filosofia ou filosofia a economia política, e usar Marx como autoridade para dar suporte a essa pseudo-alternativa. Falando em linhas gerais, aqueles que querem evitar ou rejeitar os problemas filosóficos vitais – e de modo algum especulativos – da liberdade e do indivíduo tomam o partido do "economista político maduro" ou do Marx "científico", enquanto os que pretendem que a força prática do marxismo (que é inseparável de sua desmistificação da economia capitalista) nunca existiu exaltam o "jovem filósofo Marx".

Desnecessário dizer que há algo extremamente artificial e arbitrário nessa contra-posição. Por conseguinte, não causa nenhuma surpresa descobrir que as formulações baseadas nessa oposição pré-fabricada não resistem a um exame mais detido. Assim, por exemplo, podemos ler o que escreveu Daniel Bell sobre uma pretensa transmutação nos *Manuscritos econômico-filosóficos*, de Marx: "O próprio título é tão literal quanto *simbólico*. Começando como *antropologia*, ele termina como *economia política*"[30]. O que pensar desse enunciado? O título é "simbólico" de quê? Ele não pode ser simbólico de nada no próprio Marx, porque o autor nunca deu um título a esses manuscritos. (Como foi explicitado em nota de rodapé [da edição inglesa], o título foi dado pelos editores do Instituto de Marxismo-Leninismo, de Moscou.) E o que dizer da afirmação de que essa obra *começa* como antropologia e *termina* como economia política? Pois ela *na verdade* começa assim: "O *salário* é determinado mediante o *confronto hostil* entre *capitalista* e *trabalhador*. A ne-cessidade da vitória do capitalista". Isso quer dizer que os *Manuscritos de 1844* começam, ao estilo de um vigoroso "Marx maduro", com as noções da economia política. É verdade que há uma breve introdução ao volume, na qual há referências a Feuerbach que talvez possam ser formuladas como se começassem como uma antropologia. No entanto, essa introdução – como a mesma nota de rodapé informa o leitor – foi escrita *após a conclusão* do restante dos *Manuscritos*. Assim, se alguém disser que os *Manuscritos* começam com economia política e terminam com filosofia, isso refletirá um simples fato cronológico. Contudo, isso não combinaria com uma formulação que busca afirmar o exato oposto e converter esse dado em algo terrivelmente significativo.

Analisar essas interpretações seria desperdiçar o tempo do leitor, se elas não fossem *ideologicamente* significativas. Daniel Bell toma emprestadas suas ideias grotescas sobre o jovem Marx de R. C. Tucker, a quem ele, em suas próprias palavras, "deve muitas percepções"[31]. Ora, os esforços de Tucker, expressos em seu livro *Karl Marx: filosofia e mito*, estão direcionados para a emasculação completa das ideias marxianas, de modo que o incauto leitor seria levado a crer que "*o conceito de comunismo de Marx aplica-se com maior semelhança aos Estados Unidos de hoje, por exemplo, do que o seu conceito de capitalismo*"[32].

---

[30] Em Leopold Labedz (org.), *Revisionism: Essays on the History of Marxist Ideas* (Londres, Allen & Unwin, 1962), p. 201.

[31] Ver Daniel Bell, *The End of Ideology* (ed. rev., Nova York, Free Press, 1965), p. 433 [ed. bras.: *O fim da ideologia*, trad. Sergio Bath, Brasília, Editora da UnB, 1980].

[32] Robert C. Tucker, *Philosophy and Myth in Karl Marx* (Cambridge, Cambridge University Press, 1961), p. 235 [ed. bras.: *Karl Marx: filosofia e mito*, trad. Affonso Blacheyre, Rio de Janeiro, Zahar, 1963, p. 261]. O livro

O objetivo de tais exercícios é "demonstrar" a falta de sentido das "abstrações" marxianas, e Daniel Bell de bom grado contribui com a sua cota de ar quente para manter o balão de Tucker voando. Falando do renovado interesse no jovem Marx, ele escreve o seguinte:

---

de Tucker merece um exame mais detido como esforço ideológico característico. Sua linha de argumentação é a seguinte. É totalmente equivocado dar atenção a Marx enquanto economista, sociólogo ou pensador político. Sua filosofia tem de ser entendida como um "moralismo do tipo religioso" (ibidem, p. 21 [ed. bras.: ibidem, p. 23]). Como tal, ele deve ser reconstituído a partir da filosofia alemã – notadamente, Kant, Hegel e Feuerbach –, que mostra uma compulsão para o "autoengrandecimento" e a "autoinfinitização", isto é, uma aspiração psicopatológica do ser humano por tornar-se deus. Tucker nos diz isto: "O que tornou o hegelianismo irresistível para o jovem Marx foi o tema da ascensão do homem ao ilimitado. *Sua própria natureza sombriamente orgulhosa e imensamente ambiciosa*, na qual seu preocupado genitor Heinrich percebeu o que chamou de um 'espírito fáustico', foi *o motivo de tal atração*" (ibidem, p. 74 [ed. bras.: ibidem, p. 81]). Tudo isso é dito com toda seriedade. Se Heinrich Marx descobre em seu filho um "espírito fáustico", deve haver algo profundamente errado com o espírito fáustico. "*O tema fáustico é o orgulho* no sentido de *autoglorificação* e a resultante busca do *autoengrandecimento até o infinito*" (ibidem, p. 31 [ed. bras.: ibidem, p. 34]). "A principal obra de Marx é um *drama interno projetado como um drama social*" (ibidem, p. 221 [ed. bras.: ibidem, p. 245]) – mas Marx se ilude quanto à sua real natureza. A exemplo de Feuerbach – e de Hegel antes dele –, que não percebeu que, ao analisar a religião, estava de fato falando do "*fenômeno neurótico da autoglorificação humana, ou orgulho*, e do estranhamento do eu resultante da mesma" (ibidem, p. 93 [ed. bras.: ibidem, p. 101 modif.]), Marx não fazia ideia de que, na sua pretensa análise do capitalismo, inconscientemente desenhou algo parecido com *O médico e o monstro*, de Robert Louis Stevenson: um problema puramente psicológico, relacionado inteiramente com uma "questão individual" (ibidem, p. 240 [ed. bras.: ibidem, p. 267]). "Sendo ele mesmo um indivíduo sofredor, que *projetara sobre o mundo exterior um drama interno de opressão*, via o sofrimento em toda parte" (ibidem, p. 237 [ed. bras.: ibidem, p. 264]); "*o conflito interno* do homem alienado de si mesmo se tornou, *na mente de Marx*, um conflito social entre 'trabalho' e 'capital', e o eu genérico alienado tornou-se a sociedade dividida em classes. A autoalienação era *projetada como um fenômeno social*, e o *sistema psicológico inicial* de Marx se transformou em seu sistema maduro *aparentemente* sociológico" (ibidem, p. 175 [ed. bras.: ibidem, p. 192-3 modif.]).

Tudo isso pode ser sumarizado em uma só sentença: Marx foi um neurótico que – depois de experimentar o drama interior de sua própria personalidade sombriamente orgulhosa e ambiciosa, e depois de expressá-lo em seu sistema psicológico original – sucumbiu à autoilusão total e projetou miticamente seu drama interior sobre o mundo exterior, enganando as pessoas para a crença de que a alienação não seria uma questão inteiramente individual, mas um problema essencialmente social para o qual haveria possíveis soluções sociais.

O livro de Tucker está repleto de inconsistências e autocontradições. Uma delas diz respeito à questão "dois marxismos ou um só". Obtemos respostas contraditórias para essa questão: 1) há dois marxismos: "marxismo original" e "marxismo maduro"; 2) há apenas um marxismo; as diferenças são meramente terminológicas; por exemplo, "'divisão do trabalho' se torna a categoria geral do marxismo maduro correspondente à da 'autoalienação' no inicial" (ibidem, p. 185 [ed. bras.: ibidem, p. 205 modif.]).

O assim chamado "marxismo original" supostamente seria um "sistema original psicológico, abertamente subjetivista". Somos informados de que a diferença mais conspícua entre o "sistema original" e o "sistema amadurecido" é que "o homem autoalienado, tema central do marxismo inicial, desaparece de vista na versão posterior" (ibidem, p. 165 [ed. bras.: ibidem, p. 181 modif.]). No que se refere à época dessa suposta transformação, obtemos, uma vez mais, respostas contraditórias. Primeiramente, nos é dito que ela "tem seu início aproximado com a afirmação da Concepção Materialista da História por Marx em *A ideologia alemã* (1845-1846)" (idem [ed. bras.: ibidem, p. 182]) e que "Marx apresentou essa versão totalmente 'socializada' [...] do marxismo na *sequência* imediata do seu trabalho com os manuscritos de 1844" (ibidem, p. 166 [ed. bras.: ibidem, p. 183]). Poucas páginas adiante, contudo, somos surpreendidos com este enunciado: "A transição para o marxismo maduro aparentemente 'desumanizado' ocorreu realmente naquele ponto dos *manuscritos de 1844* onde Marx decidiu, incorreta mas irrevogavelmente, que a autoalienação do homem podia e devia ser entendida como uma relação social 'do homem para o homem'" (ibidem, p. 175 [ed. bras.: ibidem, p. 192]). Esse enunciado contradiz não só as afirmações prévias, mas também uma

Na medida em que se trata de um esforço para encontrar uma crítica radical, nova, da sociedade, ele é encorajador. No entanto, na medida em que – e parece ser este o caso – se trata de uma forma de criar um novo mito, a fim de aderir ao símbolo de Marx, ele está errado. Pois tratando-se *do jovem Marx, não se trata do Marx histórico*. O Marx histórico, com efeito, *repudiou*

referência anterior ao ensaio de Marx *Sobre a questão judaica* (1843) [ed. bras.: trad. Nélio Schneider, São Paulo, Boitempo, 2010]. Naquela passagem, depois de citar Marx, Tucker acrescenta: "Marx conclui [...] que a libertação do homem quanto à alienação no Estado, diversamente de sua libertação quanto à religião, exigirá uma *revolução social verdadeira*" (ibidem, p. 105 [ed. bras.: ibidem, p. 115 modif.]). Agora ele quer nos fazer crer que *um ano mais tarde*, no seu "sistema psicológico" de 1844, a preocupação de Marx com a alienação nada tinha de social, mas era meramente psicológica, tendo em mente "*o conflito do homem genérico alienado contra si próprio*" (ibidem, p. 173 [ed. bras.: ibidem, p. 190 modif.]).

A única passagem em que Tucker faz uma tentativa de consubstanciar com citações extraídas de Marx a sua própria afirmação de que, nos *Manuscritos de 1844*, "homem" significa "homem genérico" não social é esta: "Marx diz que o homem é um ser natural e, *como qualquer outro ser nessas condições*, deve atravessar um processo de desenvolvimento ou ato de transformação. Esse processo de autodesenvolvimento do homem é o 'ato de História mundial'. Ao dizer 'homem', além disso, e *seguindo Feuerbach*, Marx quer dizer humanidade ou espécie humana. O ato de história mundial é a autorrealização do homem nesse sentido coletivo ou genérico. Está claro que Marx não despreza (como Hegel não desprezou) a existência dos indivíduos como partes e participantes na *vida coletiva da espécie*, mas o ser de autodesenvolvimento de que fala em seu sistema é o homem *em sentido de espécie*. 'A vida individual e a vida como espécie, do homem, *não são distintas*', diz ele, pois 'o indivíduo determinado é apenas um ser de espécie determinada'. A vida do indivíduo é um microcosmo da *vida do homem na escala genérica*. Por isso, o 'homem' de que Marx fala em seus manuscritos *se compreende como homem em geral*" (ibidem, p. 129-30 [ed. bras.: ibidem, p. 142-3]).

Quem o entende assim? Certamente não Marx, porque este sustenta, em cada um dos pontos dessa citação, o exato oposto das afirmações de Tucker. Ele não pensa que o homem deve "atravessar" um processo de desenvolvimento "*como* qualquer outro ser natural". Pelo contrário, ele diz que, *diferentemente* de todos os demais seres naturais, o homem desenvolve a si próprio – cria a si próprio – por meio do seu trabalho em sociedade e, em consequência, ele é o *único* ser que tem uma *história* própria. Como já vimos, Marx tampouco *segue* Feuerbach compreendendo homem como "homem genérico", mas, pelo contrário, abandona radicalmente essa abstração e o dualismo nela implícito. Ele também não acredita que haja algo como a "vida coletiva da espécie" em separado ou "a vida do homem na escala genérica" (o que quer que isso signifique). Pelo contrário, insiste em que a diferença equivale tão somente à de um "modo de existência" enquanto refletido na consciência humana e que o centro de referência da unidade essencial entre o indivíduo e a espécie é o "ser social *individual real*".

A passagem da qual Tucker cita está repleta de expressões como "comunidade real", "tecido social", "ser social", "vida social" e "existência social", mas elas são cuidadosamente evitadas por nosso versado autor, a fim de conferir uma aparência de autenticidade à afirmação de que homem quer dizer "homem genérico" no "sistema original abertamente subjetivista" e "psicológico" de Marx. O que realmente interessava a Marx nessa passagem era ressaltar, em uma crítica direta ao filosofar abstrato, a unidade de pensamento e ser, de espécie e indivíduo, descobrindo essa unidade, como vimos, no "ser social individual real", que é ao mesmo tempo "um ser genérico determinado" (ver *Economic and Philosophic Manuscripts*, trad. Martin Milligan, Londres, Lawrence and Wishart, 1959, p. 104-5; e a tradução de T. B. Bottomore, Londres, C. A. Watts & Co., 1963, p. 158-9 [ed. bras.: *Manuscritos econômico-filosóficos*, trad. Jesus Ranieri, São Paulo, Boitempo, 2004, p. 107-8]). Ele não diz que os dois não são "*distintos*" – senão, como seria possível que eles formassem uma *unidade* dialética: a falta de distinção equivaleria à simples *identidade*. Ele só insistiu em que, já que *não se trata* de "*coisas diferentes*" (tradução de Bottomore, cit., p. 158), não se deve *contrapô-las* uma à outra. Em outras palavras, é a rejeição da solução hegeliana que declara que o indivíduo tem de aceitar a alienação em sua vida real, pois a suplantação da alienação (isto é, a realização da vida genérica) só poderá ser conquistada em *pensamento*, não no *ser*: em uma "transcendência" fictícia da alienação, que deixa a existência real do indivíduo particular tão alienada como antes. Era disso que Marx estava falando, totalmente engajado em formular a questão de suplantar a alienação como *programa social* centrado no ser *a ideia da alienação*. [...] A ironia, contudo, é que, ao mover-se da "filosofia" para a "realidade", da fenomenologia para a economia política, o próprio Marx moveu-se *de um tipo de abstração para outro*. Com efeito, no seu sistema, a autoalienação é transformada: o homem enquanto "homem genérico" (isto é, Homem em maiúscula) é dividido em <u>classes de homens</u>. A única

---

humano enquanto "*ser social individual real*", em *contraposição* ao caráter genérico do filosofar abstrato, por um lado, e ao "restabelecimento da 'sociedade' como abstração *vis-à-vis* do indivíduo", por outro.

Não há espaço para estender-nos muito mais na discussão das numerosas inconsistências e interpretações equivocadas que encontramos no livro de Tucker. Aos exemplos discutidos até agora só podemos acrescentar o tratamento que ele dá aos problemas (1) da divisão do trabalho e (2) da "necessidade egoísta" e da "concorrência".

1) Somos informados de que o conceito marxiano de divisão do trabalho nada mais é que uma "tradução do termo psicológico original: 'autoalienação'" para os termos mistificados "aparentemente sociológicos" do "marxismo maduro". Essa interpretação é insustentável não só porque "autoalienação" nunca foi um termo meramente psicológico para Marx, mas também porque a "divisão do trabalho", como vimos, teve um papel extremamente importante nos *Manuscritos econômico-filosóficos*.

2) Os conceitos "culto ao dinheiro" e "necessidade egoísta" são tratados como projeções inconscientes da compulsão psicológica por "autoengrandecimento", e declara-se que, em *O capital* – enquanto *inversão* da posição anterior de Marx –, a concorrência é introduzida como a fonte da "mania aquisitiva". Contudo, nos é dito que isso é um grande equívoco, porque: "Todo o sistema entra em colapso instantaneamente sem a fome de lobisomem pelo mais-valor como postulado básico primário" (p. 216-7 [241 modif.]).

É de se perguntar: o sistema de quem? O sistema de Marx ou a caricatura psiquiátrica que Tucker traça dele? Para ter uma resposta, devemos ler a nota de rodapé na p. 217 [de *Philosophy and Myth in Karl Marx*, cit.; ed. bras.: *Karl Marx: filosofia e mito*, cit., p. 241]: "Como dissemos antes (p. 138 [152]), Marx afirmou nos manuscritos de 1844 que as únicas rodas que põem em movimento a Economia Política são a cobiça e a guerra entre os cobiçosos – a competição. *Agora* ele sugere que a última põe a primeira em movimento ou que a guerra é a causa da cobiça. Devia estar incomodamente ciente de que *toda estrutura repousava no postulado da cobiça infinita* como força acionadora da produção capitalista. Sugerir que esta pudesse derivar do próprio mecanismo competitivo seria um meio de reduzir a um mínimo a dependência total do sistema em relação a um postulado altamente questionável e ao mesmo tempo reforçar esse postulado". Na verdade, na passagem a que se referiu Tucker, Marx fala da incapacidade da economia política burguesa de ir além das aparências exteriores e chegar até as causas. (Ver *Economic and Philosophic Manuscripts*, cit., p. 68 [ed. bras.: *Manuscritos econômico-filosóficos*, cit., p. 79]. Na versão ainda mais clara de Bottomore: "As únicas forças propulsoras que a economia política reconhece são a <u>avareza</u> e a <u>guerra entre os avarentos, a concorrência</u>" (p. 121).) E há muitas passagens nos *Manuscritos de 1844* em que Marx deixa bem claro que a acumulação de capital (e, em consequência, a "cobiça" associada a ela) é o *resultado necessário* da concorrência, e não a sua causa.

Por isso, a suposta contradição simplesmente não existe em Marx. Na passagem em discussão, ele não está tratando do "*mecanismo competitivo*" do capitalismo, mas de seu *reflexo distorcido* nos escritos da economia política burguesa. Não há vestígio de um tratamento psicológico da cobiça e da concorrência nos *Manuscritos de 1844*, mas, pelo contrário, há o enunciado mais claro possível da rejeição de Marx à noção burguesa de "homem egoísta" (que é pressuposto como egoísta "por natureza"). Assim, *toda a estrutura* do argumento de Tucker se apoia em uma *compreensão totalmente equivocada* da passagem com que pretende estabelecer o seu argumento. Sem esse *seu* postulado da "*cobiça infinita*" (do qual não há vestígio nem mesmo na sua versão mal traduzida das palavras de Marx), entra em colapso toda essa formulação amadorística centrada na psiquiatria.

Em suma: ao ler a evidência apresentada por Tucker em apoio à sua hipótese psiquiátrica, descobrimos que toda a formulação está baseada em distorções, traduções errôneas e, por vezes, até em uma compreensão totalmente equivocada das passagens mencionadas. Ademais, esse livro está repleto de inconsistências e autocontradições. Assim sendo, a seguinte conclusão é inevitável: o sistema psicológico, abertamente subjetivista e não social de Marx é um mito que só existe na imaginação de Tucker. *Karl Marx: filosofia e mito*

realidade social não é o Homem, não é o indivíduo, mas as *classes econômicas*. *Os indivíduos e seus motivos não contam*.[33]

Aqui vêm à tona as motivações ideológicas, a despeito de todos os esforços para mantê--las no pano de fundo. Com efeito, enquanto há alguma esperança de que o jovem Marx seria usado contra as "abstrações" econômicas do "Marx histórico", o esforço é saudado com uma crítica radical e encorajadora da sociedade. Contudo, se as pessoas não se deixam levar por essa separação antimarxista, mas reconhecem a continuidade essencial do pensamento marxiano, isso deve ser condenado como "uma forma de criar mitos, a fim de aderir ao símbolo de Marx". A formulação que contrapõe o Marx "jovem filósofo" ao Marx "economista político maduro" tem de ser mantida a todo custo, mesmo que a evidência contrária seja esmagadora[34]. A interpretação mistificadora – e grosseiramente falsificadora – segundo a qual a "expressão filosófica original" das ideias de Marx corporifica uma "*condição sociopsicológica*" atemporal[35] (sem qualquer referência a capitalismo, classes, exploração, antagonismos sociais etc.) precisa ser mantida de modo tal que "o Marx histórico" e aqueles que dão atenção a ele possam ser descartados como culpados de "criar mitos".

Assim, na visão de Bell, as "abstrações" marxianas devem ser divididas em duas classes: 1) as categorias do jovem Marx, supostamente relacionadas com as referidas condições "sociopsicológicas" atemporais, filosoficamente respeitáveis, e 2) as "abstrações econômicas" do Marx maduro, que, *horribile dictu* [horrível de se dizer], criticam o capitalismo. E é claro que estamos convidados a nos entreter com as categorias filosófico-psicológicas da "condição humana"[36] – consequentemente, colhendo o seguinte louvor: "uma crítica radical da

---

foi formulado em torno da afirmação dogmática segundo a qual o relacionamento humano fundamental é a relação "*intra*pessoal" do indivíduo consigo mesmo, e as relações de *homens com homens* são secundárias, derivadas etc. Não se faz qualquer tentativa de provar essa afirmação ou mesmo de apresentar um único argumento a favor dela. Ela é simplesmente pressuposta por Tucker como autoevidente e como o padrão absoluto de toda avaliação. De acordo com isso, a alienação é uma questão meramente individual: "*Não importa quantos* indivíduos possam pertencer a essa categoria, sempre se tratará de uma *questão individual*" (*Philosophy and Myth in Karl Marx*, cit., p. 240 [ed. bras.: *Karl Marx: filosofia e mito*, cit., p. 267 modif.]). Assim, a "suplantação" da alienação também deve ser limitada à imaginação do indivíduo: "Só enquanto um homem alienado conseguir *achar em si próprio a coragem* de reconhecer que a 'força estranha' contra a qual se rebela é *uma força dentro dele*, que a força inumana que torna a sua vida um *trabalho forçado* é *uma força do eu*, que o 'homem estranho, hostil e poderoso' é um *homem interior*, o ser absoluto de sua *imaginação*, poderá alimentar a esperança de transcender sua alienação" (ibidem, p. 241-2 [ed. bras.: ibidem, p. 269 modif.]). Nesse ponto, podemos ver também porque esse livro, a despeito de seu padrão intelectual quase inacreditável, é o favorito de homens como Daniel Bell: porque nessa espécie de "crítica radical da sociedade" jamais se faz qualquer menção ao capitalismo em sentido negativo. A "crítica radical da sociedade" se revela como uma crítica do "homem interior" do indivíduo isolado que encontra nele mesmo as causas (meramente psicológicas) de sua própria "autoalienação", insistindo em que inclusive o "trabalho forçado" ao qual ele está sujeito sob as relações sociais de produção capitalisticamente reificadas não passa de "uma força do eu", uma característica de sua própria "imaginação".

[33] Daniel Bell, *The End of Ideology*, cit., p. 365-6.

[34] Esmagadora em *todas* as obras de Marx, incluindo os *Manuscritos econômico-filosóficos*, que foram tendenciosamente deturpados.

[35] Daniel Bell, *The End of Ideology*, cit., p. 362.

[36] É bem característico quando se lê isto no livro de Bell: "Discussão sumamente interessante do pensamento do jovem Marx pode ser encontrada no estudo recente de autoria de Hannah Arendt, *A condição humana*" (ibidem, p. 433).

sociedade" –, desde que: (a) o *capitalismo* jamais seja mencionado nessa "crítica radical" da "sociedade", e que: (b) as "abstrações econômicas" marxianas sejam condenadas pelos nossos "radicais", porque elas não se prestam a distorções e falsificações mistificadoras.

Essa análise "não ideológica", "desinteressada", do marxismo é levada a um estágio ainda mais avançado – ao ponto da difamação pessoal:

> Embora Marx tenha extraído a maioria de suas ideias de seus pares – autoconsciência de Bauer, alienação de Feuerbach, comunismo de Moses Hess, os estágios da propriedade de Proudhon –, ele não ficou satisfeito com simplesmente sintetizar essas ideias, mas teve de atacar, e usualmente de forma violenta, todos esses indivíduos *no esforço bem determinado de parecer totalmente original.*[37]

Não é preciso fazer mais nenhum comentário. Nossas citações, reproduzindo as palavras do próprio Daniel Bell, somadas ao título do seu livro – O FIM DA IDEOLOGIA –, falam por si mesmas em alto e bom som.

É bem verdade que, nos *Manuscritos econômico-filosóficos*, Marx falou a respeito da tarefa de suplantar a economia política. No mesmo fôlego, porém, também falou a respeito da abolição prática da filosofia. Essas proposições se mantêm ou caem juntas porque estão relacionadas com uma e mesma tarefa histórica como Marx a vê. Por conseguinte, é bastante arbitrário pegar uma delas e usá-la contra a outra.

Quando se referiu à tarefa de suplantar filosofia e economia política, Marx não quis dizer suplantar esta por meio do "economicismo vulgar" e aquela por meio da "antropologia" ou de uma análise "filosófico-psicológica" da "condição humana" etc. Como vimos no Capítulo III, ele estava argumentando que filosofia e economia política aplicam um "critério *distinto* e *oposto* ao homem", ambas de maneira igualmente *exclusivista*, encontrando-se "em uma relação estranhada uma com a outra", dado que seus pontos de referência são basicamente diferentes. E ele quis suplantá-las por meio de algo que não é a filosofia tradicional nem a economia política tradicional.

Ele se deu conta de que os critérios distintos e opostos enquanto critérios ordenadores dos campos teóricos particulares inevitavelmente resultam em tentativas "integralistas" que abarcam somente aqueles aspectos dos problemas complexos da realidade que podem facilmente ser enquadrados nos esquemas específicos e isolados, excluindo arbitrariamente todos os demais aspectos e posicionando antagonicamente as disciplinas que elaboram suas generalizações com base nesses aspectos excluídos. É por isso que ao integralismo arbitrário dos campos teóricos particulares – que ele explicou como um reflexo necessaria-mente alienado da alienação prática – Marx contrapôs o ideal de uma "ciência humana", isto é, a *síntese* não alienada de *todos* os aspectos. Uma "ciência humana" orientada por um critério não artificial e totalmente inclusivo: o próprio ser humano. (As expressões do próprio Marx foram estas: "haverá uma ciência", "a ciência do ser humano".)

A suplantação de filosofia e economia política nessa concepção não significa que serão abolidos os problemas da filosofia tradicional ou os da economia política nem que se esteja fugindo deles. Marx está convencido de que problemas filosóficos etc. não podem ser "abolidos" (ou "dissolvidos") pelo pensamento, mas tão somente pela *prática social*, porque eles são expressões da realidade, por mais mistificados e alienados que possam

---

[37]　Ibidem, p. 364.

ser. Do mesmo modo, ele está certo de que não se deve fugir deles nem simplesmente declarar que se trata de mistificações e deixar tudo como está, mas enfrentá-los no mesmo nível em que se apresentam. Por essa razão, a crítica da filosofia ou da economia política tradicionais implica a elaboração positiva de alternativas a velhas perguntas persistentes.

Não é preciso dizer que, na visão de Marx, não há como cumprir essa tarefa dentro dos limites da filosofia nem da economia política. Converter a economia política em uma "superciência", à qual tudo o mais deveria ficar subordinado, certamente equivaleria ao "determinismo econômico". E, como vimos, não há nada mais distante de Marx do que isso. Ele sabe muito bem que a economia política é tão unilateralmente integralista quanto a filosofia, e ainda mais perigosa, no sentido de que seus representantes muitas vezes têm acesso direto ao poder.

Assim, quando ele desenvolve sua crítica da economia política – não importa quantos detalhes ou problemas altamente técnicos são levados em conta –, ele não é o "Marx economista político maduro". Tampouco é, de fato, o Marx "jovem filósofo" ou "antropólogo" quando critica Hegel. Uma das primeiras ideias abrangentes do jovem Marx foi a unificação da filosofia com a realidade humana prática, e com isso ele já foi muito além do horizonte da filosofia tradicional. Sempre que Marx analisa problemas filosóficos, em sua juventude ou quando mais velho, ele tenta fazê-lo na forma de uma síntese – no sentido de "*aufgehoben*" [suprassumido] – das formulações filosóficas mais gerais com as percepções obtidas a partir da experiência humana real, bem como de suas reflexões teóricas e artísticas: da história à economia política, e de Shakespeare e Goethe a Balzac. E, é claro, ele procede da mesma maneira quando discute os problemas da economia política: mobilizando todo o leque da experiência humana de que tinha conhecimento – por exemplo, Shakespeare sobre dinheiro nos *Manuscritos de Paris*, bem como em *O capital* – e sintetizando-o com as percepções fundamentais que obteve do estudo crítico das formulações gerais mais abrangentes da filosofia.

Por conseguinte, simplesmente não é verdade que o Marx maduro não tinha tempo para nem interesse pelos problemas da filosofia. Seu interesse pela filosofia *nunca* foi "filosófico": sempre foi prático-humano. Nem o seu interesse pela economia política foi "científico-econômico": ele também foi prático-humano. Assim, para ele, tanto a filosofia quanto a economia política estiveram imersas desde o início em uma preocupação prático-humana. Nos *Manuscritos econômico-filosóficos*, Marx não estava menos interessado em "economia política" do que em seu *Rohentwurf** ou em *O capital*. Ou, formulando de modo inverso, nestes últimos escritos ele não estava fazendo menos "filosofia" do que nos *Manuscritos de Paris* – claro que fez o *seu* tipo de filosofia, assim como nas obras iniciais. As pessoas que negam isso tendem a ser ou aquelas que grosseiramente identificam "humano" com "econômico", ou aquelas que, em nome das abstrações psicológicas mistificadoras, tratam com extremo ceticismo a relevância de medidas socioeconômicas para a solução dos problemas humanos. Contudo, afirmar uma ruptura radical no desenvolvimento de Marx, impassível diante da evidência de sua obra como um todo, significa deduzir demais de um mero título que o próprio Marx nunca atribuiu a um manuscrito inacabado.

---

* *Rohentwurf* ("rascunho") é outro termo utilizado para designar os *Grundrisse* ("esboços"). (N. T.)

3. O desenvolvimento intelectual de Marx

Rejeitar a dicotomia "jovem Marx *versus* Marx maduro" não significa negar o desenvolvimento intelectual de Marx. O que se recusa é a ideia dramatizada de uma reversão radical de sua posição em consequência dos *Manuscritos de 1844*.

Não cabe aqui discutir em detalhes os complexos problemas do desenvolvimento intelectual de Marx. Há, contudo, alguns aspectos dessa questão – aqueles diretamente relacionados com os problemas levantados na seção anterior – que devem ser tangenciados, ainda que sucintamente, nesse contexto.

1) Como vimos no Capítulo II, o conceito de alienação desempenhou um papel menor no pensamento marxiano anterior a 1843. Até mesmo em 1843 sua importância foi relativamente pequena se comparada com a que teve nos *Manuscritos de 1844*. O momento da mudança realmente significativa não se situa entre 1844 e 1845, mas entre 1843 e 1844. (Mesmo essa mudança é muito mais complexa do que imaginam os vulgarizadores – que só conseguem operar com esquemas grosseiros, como "idealismo" *versus* "materialismo" etc.)

Para visualizar o contraste, basta ler uma breve passagem extraída de "Crítica da filosofia do direito de Hegel – Introdução", de Marx. Diz o seguinte: "A crítica do céu transforma-se deste modo em crítica da terra, a <u>crítica da religião</u> em <u>crítica do direito</u> e a <u>crítica da teologia</u> em <u>crítica da política</u>"[38]. Inquestionavelmente, percebe-se aqui a noção de Marx concernente à tarefa de unificar a filosofia com a prática. Contudo, nesse estágio do seu desenvolvimento isso está expresso de uma forma bastante genérica. Se somos capazes de reconhecer o gênio dessa percepção marxiana é porque estamos cientes das implicações de imenso alcance elaboradas mais tarde, graças às chaves que nos foram dadas pelo próprio Marx, nas obras que se seguiram a essa "Introdução". Se Marx tivesse permanecido no nível programático abstrato de generalização que caracteriza "Crítica da filosofia do direito de Hegel – Introdução", dificilmente ele teria exercido o tipo de influência que exerceu sobre os desenvolvimentos sociais e intelectuais posteriores.

O Marx dos *Manuscritos de 1844* deu um grande passo adiante, como vimos em vários contextos. Ao reconhecer que a chave para toda a alienação – religiosa, jurídica, moral, artística, política etc. – é o "trabalho alienado", a forma alienada da atividade produtiva prática do ser humano, ele pôde colocar sua concepção inteira sobre uma base firme. Então, abriu-se para ele a possibilidade de elaborar suas ideias em uma forma mais concreta, indicando os pontos estratégicos da atividade prática necessária. Visto que o conceito de "autoalienação do trabalho" apontou com precisão a causa última de todas as formas da alienação, a crítica da economia – isto é, uma compreensão adequada de suas leis e mecanismos – adquiriu importância crucial: ela se tornou o elo vital no programa de conquista do domínio sobre os vários fatores causais envolvidos, servindo ao propósito de suplantar na prática a alienação em todas as esferas da vida. Enquanto a anterior "Crítica da filosofia do direito de Hegel – Introdução" havia chegado só até o ponto de enfatizar que a crítica da teologia deve ser transformada na crítica da *política*, os *Manuscritos de 1844* deram o passo estruturalmente vital de transformar a crítica da política na crítica da *economia*.

---

[38] Em Karl Marx e Friedrich Engels, *On Religion*, cit., p. 42 [ed. bras.: "Crítica da filosofia do direito de Hegel – Introdução", em *Crítica da filosofia do direito de Hegel*, cit., p. 146].

Assim, o prévio caráter abstratamente programático das ideias marxianas foi efetivamente suplantado. Marx não precisou deter-se por mais tempo no ponto de *postular* a unidade de teoria e prática (ver o Capítulo II a respeito das referências que o próprio Marx faz a um "imperativo categórico" na "Crítica da filosofia do direito de Hegel – Introdução"), podendo então demonstrar concretamente *como* realizar na prática social esse programa revolucionário.

E foi assim que o conceito de alienação se tornou o conceito central de toda a teoria de Marx. Por conseguinte, não só não é verdade que, quando começou a se interessar pelos problemas da economia política, Marx deu as costas para o conceito de alienação: exatamente o contrário disso é verdade. Com efeito, assim que percebeu que a alienação econômica era o elo comum de todas as formas de alienação e desumanização, tornou-se impossível para ele *não* adotar o conceito de alienação – esse denominador comum estrutural – como centro de referência de toda a sua concepção. Os *Manuscritos de 1844* fornecem evidência maciça para dar suporte a essa visão. Eles também mostram que, enriquecida pelas noções que Marx adquiriu com seu estudo crítico da economia política, sua crítica filosófica se tornou mais profunda e abrangente do que nunca.

2) Não pode haver dúvida quanto à influência de Feuerbach sobre Marx: ele próprio a reconhece em mais de uma ocasião. A questão, contudo, é: qual foi realmente essa influência em 1844 ou, de fato, por volta do fim de 1843? Nesse tocante, são feitas alegações muito exageradas, que, se fossem verdadeiras, reduziriam Marx – até o período em que escreveu suas Teses sobre Feuerbach – a mero seguidor deste.

Possuímos duas importantes cartas de Marx endereçadas a Feuerbach que nos ajudam a refutar essa lenda. A primeira delas – escrita em 3 de outubro de 1843 – já revela uma diferença substancial de abordagem. No espírito da linha de pensamento geral de Marx naquele período, ele defendeu a crítica da sociedade na forma da crítica da política. Marx gostaria que Feuerbach se envolvesse ativamente nesse esforço e, de modo correspondente, solicita sua contribuição:

> Schelling foi bem-sucedido em unir não só filosofia e teologia, mas também filosofia e diplomacia. Ele transformou a filosofia na ciência universal da diplomacia, em diplomacia para todos. Um ataque a Schelling, por conseguinte, seria um ataque indireto a todo o nosso sistema político, a saber, ao sistema prussiano. A filosofia de Schelling é política prussiana *sub specie philosophiae.*[39]

Talvez Marx tivesse ilusões quanto à disposição ou capacidade de Feuerbach para engajar-se nessas batalhas contra a ordem existente, talvez ele só quisesse arrolar o apoio de um aliado poderoso e, ao mesmo tempo, como bom editor, incentivar seu provável colaborador a assumir uma posição mais radical, alinhando-o com *sua própria* concepção das tarefas do jornal. Não importa o modo como encaramos essa questão. O que importa, contudo, é que Feuerbach não pôde atender às expectativas de Marx ou fornecer o que este esperava dele.

A outra carta é ainda mais importante a esse respeito. Escrita em 11 de agosto de 1844 – isto é, aproximadamente no período da conclusão dos *Manuscritos econômico-filosóficos* –,

---

[39] Idem, *Werke* (doravante abreviado como MEW), v. 27, p. 420.

ela levanta diretamente a questão do significado de "ser humano", de "unidade dos seres humanos com outros seres humanos" e de "gênero humano" (*Menschengattung*). É assim que Marx examina esses conceitos, não *após* suas Teses sobre Feuerbach, não no período do *Manifesto Comunista*, não no decorrer da elaboração de seu *O capital*, mas já em meados de 1844:

> Em seus escritos, o senhor aportou – *não sei se conscientemente ou não* – um fundamento filosófico para o socialismo, e nós comunistas imediatamente *entendemos suas obras nesse sentido*. A unidade dos seres humanos com outros seres humanos, baseada nas diferenças reais entre os seres humanos, *o conceito do gênero humano* baixado do céu da abstração para o chão real da terra, *o que é isso senão o conceito de <u>sociedade</u>?*[40]

Essas considerações estão plenamente de acordo com o uso que *o próprio Marx* faz dos termos em discussão nos *Manuscritos de Paris*, mas dificilmente poderiam estar mais distantes dos conceitos *de Feuerbach*. Marx expôs *sua* interpretação desses conceitos a Feuerbach – na ocasião em que lhe enviou pelo correio uma cópia publicada da "Crítica da filosofia do direito de Hegel – Introdução" –, na esperança de iniciar uma fecunda troca de ideias com ele. Conforme Feuerbach percebeu ao ler a carta de Marx e a "Introdução", a distância era muito grande para ser transposta, e ele jamais deu seguimento à oferta.

Na verdade, o próprio Marx estava bastante consciente da diferença qualitativa entre suas próprias aspirações e as reais conquistas de Feuerbach. Já na "Crítica da filosofia do direito de Hegel – Introdução", ele deixou claro que a crítica feuerbachiana é apenas uma *introdução necessária* da tarefa fundamental que ele chamou de a "crítica da terra". Nos *Manuscritos de 1844*, ele estava plenamente engajado na realização teórica dessa tarefa, que necessariamente implica um afastamento radical da esfera de Feuerbach rumo à sua base socioeconômica real. (Somente em sua crítica da filosofia hegeliana Marx pôde usar Feuerbach de modo mais extenso, como um "momento" positivamente suplantado de sua concepção geral incomparavelmente mais abrangente.)

Além disso, quase cada um dos argumentos que Marx formulou em suas Teses sobre Feuerbach, nos primeiros meses de 1845, pode ser encontrado nos *Manuscritos de 1844*, ainda que sem as referências críticas explícitas ao próprio Feuerbach. O fato de que ele se esforçou para engajar Feuerbach ao seu lado na execução da empresa que considerou como a continuação lógica das preliminares necessárias de Feuerbach era completamente consistente com sua visão geral; esses esforços, por conseguinte, não devem ser entendidos como meros passos táticos. Da mesma forma, o passo lógico seguinte para Marx foi – após ver que falharam seus esforços para arrolar a ajuda ativa de Feuerbach na causa de uma crítica prática radical da sociedade – tornar explícita também a crítica antes implícita a Feuerbach, sobretudo porque os adversários de Marx fizeram uso abundante da linha de raciocínio feuerbachiana. (A atitude de Marx para com alguns de seus outros contemporâneos foi muito similar, mas isso não fez com que ele compartilhasse as visões e ilusões deles. Ele sempre tentou trazê-los para o caminho que *ele* escolhera, mas não hesitou em levar a crítica ao extremo, uma vez provada a impossibilidade de isso acontecer, ou seja, quando seus antigos amigos se alinhavam ideologicamente com seus adversários políticos.)

---

[40]   Ibidem, p. 425.

Assim, o ponto de contato entre Marx e Feuerbach no período de escrita dos *Manuscritos de 1844* é, mais que tudo, *terminológico*. Terminológico no sentido de Marx, é claro: isto é, implicando que até uma terminologia mistificada reflete um problema da realidade que deve ser apreendido em seu contexto apropriado. Em outras palavras, esse tipo de contato terminológico não deve ser grosseiramente simplificado como "pura retórica" ou mera "tática". Ele decorre do princípio histórico-estrutural de Marx de que o método de tomar como ponto de partida os termos disponíveis, mistificados em maior ou menor grau, é não só admissível, mas também necessário. De fato, é o único modo possível de compreender o movimento dialético das ideias como gênese concreta, desde que elas estejam relacionadas com sua base real no decorrer de sua desmistificação concreta.

Em *A ideologia alemã*, Marx identificou a razão pela qual seus esforços para arrolar o apoio de Feuerbach tinham de falhar:

> Na realidade, e para o *materialista prático*, isto é, para o *comunista*, trata-se de revolucionar o *mundo existente*, de *enfrentar e de transformar praticamente o estado de coisas por ele encontrado*. Se, *em certos momentos*, encontram-se em Feuerbach pontos de vista desse tipo, eles não vão além de *intuições isoladas* e têm sobre sua intuição geral muito pouca influência para que se possa considerá-los como algo mais do que *embriões capazes de desenvolvimento*.[41]

No período da redação dos *Manuscritos econômico-filosóficos*, Marx não percebeu que esses "embriões" eram incapazes de desenvolver-se no próprio Feuerbach. Mas quem concluiria a partir desse fato que, em 1844, o próprio Marx não era um "materialista *prático*" engajado na realização do seu programa de "revolucionar o mundo existente, de enfrentar e de transformar praticamente o estado de coisas por ele encontrado"? Ele não percebeu, em 1844, que os pontos de vista *ocasionais* na filosofia de Feuerbach concernentes à "crítica prática do mundo existente" eram apenas "*intuições isoladas*" que não levavam a qualquer consequência prática. Contudo, quem concluiria desse fato que, consequentemente, também para Marx a ideia de uma "crítica prática da terra" não passava de uma "intuição isolada"? Não havia possibilidade de Feuerbach aceitar as ofertas de Marx precisamente porque na sua filosofia a ideia de um ataque prático ao estado de coisas existente era periférica e parcial: nunca abarcava a totalidade do sistema sociopolítico, pois ele simplesmente não tinha o conceito das relações sociais de produção. Para descobrir os limites reais da filosofia feuerbachiana, para descobrir até que ponto ele próprio era capaz de desenvolver os "embriões" isolados do seu sistema, foi necessário tentar arrolar seu apoio ativo para a tarefa prática de atacar radicalmente a ordem existente da sociedade e seus apoiadores, a exemplo do velho Schelling. À luz dessas limitações de que agora todos nós temos ciência, não causa surpresa que Feuerbach não tenha sido capaz de atender às expectativas de Marx. No entanto, dar a entender que Marx compartilhou pelo menos as mesmas limitações em 1844 – ou, de fato, em 1843, quando escreveu pela primeira vez a Feuerbach – significa não tomar qualquer conhecimento dos esforços do jovem Marx para radicalizar esse "materialista contemplativo", para não dizer que significa ignorar a evidência das próprias obras filosóficas de Marx.

---

[41]   Idem, *The German Ideology* (Londres, Lawrence & Wishart, 1965), p. 57 [ed. bras.: *A ideologia alemã*, cit., p. 30].

Pode-se argumentar que Marx se iludiu a respeito de Feuerbach em 1844. Contudo, seria um erro lógico elementar igualar as ilusões de Marx *a respeito de* Feuerbach com as ilusões *do próprio Feuerbach*. Entretanto, deparamo-nos precisamente com esse erro quando somos informados de que o conceito de ser humano de Marx nos *Manuscritos econômico-filosóficos* é o de "homem genérico" feuerbachiano.

3) O conceito de alienação é eminentemente um conceito de síntese. Isso significa, entre outras coisas, que a palavra "alienação" não é necessariamente exigida quando a complexa problemática coberta por ela é apresentada ou desenvolvida em uma forma detalhada. Para dar um exemplo, consideremos a seguinte passagem de *Trabalho assalariado e capital* (*Lohnarbeit und Kapital*):

> Mas a força de trabalho em ação, o trabalho, é a própria atividade vital do trabalhador, a própria manifestação da sua vida. E é essa <u>atividade vital</u> que ele vende a um terceiro para se assegurar dos <u>meios de vida</u> necessários. A sua atividade vital é para ele, portanto, apenas um meio para poder existir. Trabalha para viver. Ele nem sequer considera o trabalho como parte da sua vida, sendo antes um sacrifício da sua vida. É uma mercadoria que adjudicou a um terceiro. Por isso, o produto da sua atividade tampouco é o objetivo da sua atividade. O que o trabalhador produz para si próprio não é a seda que tece, não é o ouro que extrai das minas, não é o palácio que constrói. O que ele produz para si próprio é o <u>salário</u>; e a seda, o ouro, o palácio reduzem-se para ele a uma determinada quantidade de meios de vida, talvez a uma camisola de algodão, a uns cobres, a um quarto em um porão. E o trabalhador, que durante doze horas tece, fia, perfura, torneia, constrói, cava, talha a pedra e a transporta etc. – valerão para ele essas doze horas de tecelagem, fiação, perfuração, torneamento, construção, cavação, talhamento como manifestação da sua vida, como vida? Bem pelo contrário. Para ele, quando termina essa atividade é que começa a sua vida, à mesa, na taberna, na cama. As doze horas de trabalho não têm de modo algum para ele o sentido de tecer, de fiar, de perfurar etc., mas representam unicamente o <u>meio de ganhar o dinheiro</u> que lhe permitirá sentar-se à mesa, ir à taberna, deitar-se na cama. Se o bicho-da-seda fiasse para manter a sua existência de lagarta, ele seria um autêntico trabalhador assalariado.[42]

Temos aqui alguns dos aspectos mais fundamentais da alienação como constam nos *Manuscritos de 1844* – desde "vender sua própria atividade vital" até a afirmação de que "a atividade vital se torna um mero meio para existir" e dizer que, por causa do caráter exterior do trabalho, o mundo perceptível não é apropriado pelo ser humano naquela forma sensível direta que seria ontologicamente apropriada, mas é mediado por "salários" abstratos como resultado da transformação da força de trabalho em mercadoria – e, todavia, a *palavra* "alienação" nunca é mencionada.

Pode ter havido certas razões particulares para isso, como (a) o procedimento deliberado de Marx de evitar qualquer semelhança com o "verdadeiro socialismo", que abusou da palavra; (b) o fato de que o público ao qual *Trabalho assalariado e capital* foi apresentado – primeiro, como uma série de conferências no Clube dos Trabalhadores, em Bruxelas e, mais tarde, na forma de artigos de jornal na *Neue Rheinische Zeitung* [Nova Gazeta Renana] –

---

[42]   Karl Marx, "Wage-Labour and Capital", em Karl Marx e Friedrich Engels, *Selected Works,* cit., v. I, p. 82-3 [ed. port.: *Trabalho assalariado e capital*, cit. Adaptado para o português do Brasil por este tradutor. (N. T.)].

não tinha familiaridade alguma com as problemáticas filosóficas extremamente complexas da "*Entfremdung*" e "*Entäusserung*".

Não obstante, o que confere coesão conceitual aos vários fenômenos nessa análise é o conceito subjacente de alienação enquanto ponto focal ou denominador comum. É preciso distinguir entre *concepção* e *apresentação*. A visão marxiana é simplesmente *inconcebível* sem esse conceito fundamental de alienação. Contudo, uma vez que seja concebido em seus traços mais amplos – nos *Manuscritos de 1844* –, torna-se possível deixar que o termo geral "recue" na *apresentação*. Ademais, a fim de elaborar da forma mais concreta possível os múltiplos aspectos específicos dessa visão abrangente, também se torna imperativo encontrar os termos particulares que expressam adequadamente as características específicas das esferas, níveis, mediações etc. particulares das problemáticas gerais. Não é possível que a articulação concreta da visão abrangente seja levada a cabo mediante o uso contínuo do mesmo termo geral: fazer isso resultaria não só em repetições sem fim, mas também, no fim das contas, em uma tautologia colossal. Assim, o recuo do termo geral no decorrer da elaboração concreta da problemática complexa da alienação não deve ser confundido com o abandono do conceito em si.

Próprio da noção de alienação é algo que poderia ser descrito como um caráter "*estenográfico*". Ela pode legitimamente compreender uma porção de coisas e, por conseguinte, é eminentemente adequada ao propósito de examinar e sumarizar rapidamente uma síntese ampla para seu uso. Contudo, formular os traços mais amplos de uma síntese não é o fim da tarefa, mas apenas seu começo real. É preciso tornar suficientemente específico cada aspecto desse esboço ou dessa síntese preliminar, caso contrário não se pode contemplar seriamente nem por um momento a realização prática do programa filosófico inerente a essa síntese. É no decorrer dessa articulação ou desse "tornar concreto" da síntese preliminar ampla que o termo "alienação" tem de ser substituído em diversos contextos. Por isso, não há surpresa nenhuma em descobrir que, nas obras subsequentes aos *Manuscritos de 1844* até cerca de 1856 – e escritas para publicação –, a palavra "alienação" não aparece com a mesma intensidade que na primeira síntese ampla.

Contudo, se o leitor tiver dúvidas sobre essa interpretação, ele deve consultar os *Grundrisse*, de Marx – escritos entre 1857 e 1858 –, e comparar essa obra com sua articulação incompleta nos três volumes de *O capital*. O *Rohentwurf* é a segunda síntese ampla de Marx, cuja concepção se fez necessária em virtude da enorme riqueza de material que ele acumulou entre 1844 e 1856. Quando ele estava tentando integrar esse material a um todo coerente, a noção de alienação voltou a lançar-se para o primeiro plano e manteve sua presença maciça em todo o manuscrito. (Esse *Rohentwurf* é várias vezes mais extenso do que os *Manuscritos de 1844*.) Enquanto no *Rohentwurf* o termo "alienação" ocorre em *inumeráveis* contextos, em *O capital* ele ocupa um lugar *relativamente* modesto. Essa segunda síntese ampla – é preciso dizê-lo de maneira explícita, para evitar compreensões equivocadas – de modo algum é *contraposta* aos *Manuscritos de 1844*: ela é só incomparavelmente mais rica e mais concretamente abrangente. De fato, o *Rohentwurf* é o equivalente plenamente articulado do sistema anterior *in statu nascendi*. Ele é provavelmente o maior monumento teórico singular da vida de Marx.

4) Uma das características notáveis da produção de Marx é que, a despeito da imensa quantidade de trabalho embutida nelas, *todas* as suas principais obras permaneceram

inacabadas. Não só os *Manuscritos de 1844*, mas também as *Teorias da mais-valia*; não só o *Rohentwurf*, mas também – como às vezes se esquece – *O capital*. Isso não se explica simplesmente pelas circunstâncias de sua vida, por mais duras que tenham sido.

A causa é mais profunda, residindo na natureza íntima de sua obra, e é inseparável de sua concepção de suplantar a filosofia, a economia política etc. por uma "ciência do ser humano" integrada de modo abrangente, empiricamente fundamentada, testada e realizada na prática. Há algo subjetivamente contraproducente nesse ideal de abrangência. A sua origem remonta a Hegel, que não só o formulou como programa, mas também o levou a cabo em sua síntese filosófica monumental – embora obviamente especulativa. Contudo, alcançar tal síntese em uma forma idealista é tarefa radicalmente diferente do propósito marxiano de elaborar o quadro de referência geral de uma ciência humana unificada, que integra todas as conquistas reais do conhecimento humano aos requisitos práticos da vida humana. Quando aparecem lacunas no sistema idealista, o "Espírito Universal" está sempre à mão para preenchê-las: tanto mais congenialmente quanto maiores forem essas lacunas e clivagens. Na visão de Marx, contudo, segundo a qual todo o empreendimento deve ser levado a cabo "na terra", com significados que possam ser submetidos a testes práticos, a realização do programa requer, entre outras coisas, o mais alto grau de desenvolvimento em todos os campos da ciência. Por conseguinte, se algumas condições necessárias das generalizações não especulativas estiverem ausentes, o pensador não poderá legitimamente recorrer a um novo dispositivo especulativo, mas terá de sentar-se e solucionar os problemas por si mesmo, não importa quanto tempo de pesquisa está implicado nesse esforço. Além disso, quanto mais abrangente se torna sua compreensão, tanto mais ele tem de perceber as lacunas inevitáveis decorrentes das interconexões cada vez mais extensas e abrangentes. E também cada nova conquista fundamental nos campos particulares requer a revisão completa do quadro como um todo, o que, por seu turno, amplia os limites prévios da pesquisa particular. Essa interação mútua e esse enriquecimento recíproco prosseguem indefinidamente, pois só no plano ideal os dois polos podem fundir-se um com o outro.

Nessa visão marxiana, a tarefa situa-se claramente além das forças de qualquer indivíduo particular, não importa a sua grandiosidade. Em consequência, o caráter inacabado da obra de síntese inevitavelmente decorre dessa nova visão de síntese mesma e, nesse sentido, ela pode ser chamada de subjetivamente contraproducente. Em outro sentido, contudo, essa visão proporciona uma tarefa desafiadora a ser cumprida por gerações. A tarefa de acercar-se, no decorrer da integração recíproca de teoria e prática, do ideal marxiano: por meio de constantes reformulações e suplantações de esforços prévios, mesmo que jamais se consiga realizá-lo definitivamente – por causa da própria natureza do empreendimento, que implica um intercâmbio prático constantemente renovado com uma prática em constante mudança.

4. Teoria da alienação e filosofia da história

A teoria da alienação de Marx é sua "filosofia da história". Não no sentido de um ramo especializado da filosofia que opera com conceitos que não têm qualquer relevância para as demais esferas, mas como reflexo de um movimento dinâmico que está na base de todas elas.

Os conceitos de "alienação" e "transcendência" estão estreitamente inter-relacionados e, consequentemente, se alguém fala da história em termos de alienação, não se justifica que esqueça o problema de sua transcendência. No momento em que isso é percebido, surge uma questão vital: o que significa suplantação ou transcendência da alienação?

Em nenhum outro lugar o perigo de compreensão e interpretação equivocadas é maior do que precisamente nesse contexto. Em especial, se houver – e onde não há? – contingências sociais que poderiam persuadir as pessoas a adotar uma visão autocomplacentemente distorcida. O sonho da "idade de ouro" não surgiu ontem e muito provavelmente não desaparecerá amanhã.

Iria contra o espírito da concepção geral de Marx resolver o problema da *"Aufhebung"*, de uma vez por todas, na forma da fábula de uma idade de ouro utópica. Na visão de Marx – que não pode reconhecer coisa alguma como *absolutamente final* –, não pode haver lugar para uma idade de ouro utópica nem "ao dobrar a esquina" nem a distâncias astronômicas. Essa idade de ouro seria o fim da história e, consequentemente, o fim do próprio ser humano.

Contudo, permanece o fato de que não só os inimigos de Marx, mas também muitos de seus seguidores e vulgarizadores o identificaram com o profeta de uma terra prometida, e alguns até alegaram ter realizado – ou estar bem perto da realização de – sua suposta ideia de uma terra prometida. É claro que há sentenças de Marx que, se tomadas isoladamente, podem ser interpretadas de forma a apoiar tais alegações. Ademais, há a dificuldade adicional, e bem mais séria, de que Marx – por desprezar a praxe de devanear a respeito do futuro – não antecipou de forma explícita a rejeição dessas abordagens.

Por causa dessa falta de explicitação, é preciso "elaborar" a resposta à questão de uma transcendência da alienação a partir de alguns conceitos fundamentais de Marx. Para mencionar apenas dois deles:

1) *"Aufhebung"* necessariamente implica não só a suplantação de qualquer forma dada de alienação, mas também a "preservação" de alguns dos seus "momentos";

2) *"historische* Notwendigkeit" [necessidade *histórica*] significa não só que os fenômenos sociais são estabelecidos historicamente e não podem ser afastados do palco da história de modo fictício em sonho, mas também que todos os estágios particulares da história humana *necessariamente desaparecem*, porque ser uma necessidade histórica é ser uma necessidade que necessariamente desaparecerá (*eine verschwindende Notwendigkeit*). Não é difícil perceber, por conseguinte, que postular uma "idade de ouro" utópica na qualidade de "*verschwindende Notwendigkeit*" é uma contradição de termos.

Não obstante, isso não significa que, fazendo uma referência sumária a esses e outros conceitos similares, seria possível dar como resolvidos os complexos problemas que surgem em conexão com a *"Aufhebung"* da alienação. O importante é separar as dificuldades genuínas de suas mistificações na filosofia burguesa.

Como vimos, Hegel, representando "o ponto de vista da economia política", identificou *alienação* com *objetivação*, excluindo, consequentemente, a possibilidade de uma transcendência prática *real* da alienação. Por conseguinte, é compreensível que essa seja a única ideia hegeliana que contou com a sincera aprovação de todas as tendências da filosofia burguesa no século XX. Visto que esse foi o ponto crucial que diferenciou Marx de Hegel, a moderna reedição não racionalista da ideia hegeliana pôde ser eminentemente usada contra Marx ou, de fato, por vezes para dar suporte à interpretação marxiana mistificada em termos existencialistas. No século XX, Marx não pôde mais ser ignorado. Logo, a melhor maneira de neutralizar seu impacto intelectual foi uma interpretação existencialista do seu pensamento, que consistiu basicamente na mistificação da concepção historicamente específica – anticapitalista – de alienação. De acordo com isso, o conceito de alienação revestiu-se de uma importância incomparavelmente maior nos escritos dos existencialistas do século XX do que tivera nos de seus precursores, incluindo o próprio Kierkegaard[43]. Heidegger, por exemplo, define a importância de Marx da seguinte maneira: "Porque Marx, por meio de sua experiência da *alienação do homem moderno*, tem consciência da *dimensão fundamental da história*, a visão marxista da história é superior a todas as demais visões"[44]. Desnecessário dizer que Marx não experimentou a alienação como "alienação do homem moderno", mas como alienação do homem na sociedade capitalista. Tampouco encarou a alienação como uma "dimensão fundamental da história", mas como a questão central de uma dada *fase* da história. Em consequência, a interpretação que Heidegger

---

[43] É por isso que temos de ler com cautela a afirmação de F. H. Heinemann de que o "existencialismo é, em todas as suas formas, uma filosofia de crise. Ele expressa franca e diretamente a crise do ser humano, ao passo que outras escolas, como a dos positivistas lógicos, expressam-na indireta e inconscientemente. Foi por isso que o fato do estranhamento, com sua enorme complexidade e multilateralidade, ganhou centralidade por obra deles" (*Existentialism and the Modern Predicament*, Londres, Adam & Charles Black, 1953, p. 167). Em termos abstratos, pode até ser verdade que o existencialismo seja uma filosofia de crise. Contudo, a "crise do homem" é sempre historicamente específica. No próprio existencialismo, foi a natureza mutante dessa crise que fez surgir as formas bastante diferenciadas do movimento. Não é nem um pouco acurado dizer que a categoria da alienação é *central* para o existencialismo como um todo. Emmanuel Mounier é bem mais preciso quando escreve isto: "Não há como discutir o estranhamento fundamental a partir de um ponto de vista cristão. [...] Esse conceito de estranhamento que, do ponto de vista cristão, nega tão categoricamente a Encarnação do Ser Transcendente no ser humano é, em contraste, uma característica proeminente do ramo ateísta do existencialismo" (*Existentialist Philosophies: An Introduction*, trad. Eric Blow, Londres, Rockliff, 1948, p. 35-6 [ed. bras.: *Introdução aos existencialismos*, trad. João Bénard da Costa, São Paulo, Duas Cidades, 1963]). (Mounier distingue entre "estranhamento fundamental" e "estranhamento acidental". Este último também está presente, em vários graus, nas diferentes formas do existencialismo cristão.) O quadro de referência conceitual geral de uma tendência filosófica sofre modificações de acordo com as situações sócio-históricas particulares em que os filósofos concebem suas obras. Há diferenças muito grandes nesse tocante entre as várias tendências do existencialismo. Nos escritos de Kierkegaard, a "alienação" é bastante periférica, quando comparados com os de Sartre; e há existencialistas – como Jaspers e Gabriel Marcel – que estão situados em algum ponto entre os dois extremos. Ademais, mesmo quando a noção de alienação desempenha um papel importante no sistema do filósofo, não se deve ignorar as diferenças quanto à importância social de suas várias interpretações. Na década de 1930 em diante, o conceito de alienação começou a desempenhar um papel mais importante nas várias abordagens existencialistas a problemas contemporâneos, refletindo uma situação sócio-histórica mais dinâmica. O próprio Mounier – a figura principal do "personalismo" existencial – reformulou nesse sentido o programa do seu movimento logo depois da guerra, insistindo em que "*le personnalisme est un effort continu pour chercher les zones où une victoire décisive sur toutes les formes d'oppression et d'aliénation, économique, sociale ou idéologique, peut déboucher sur une véritable libération de l'homme*" [o personalismo constitui um esforço contínuo de busca pelas zonas em que uma vitória decisiva contra todas as formas de opressão e de alienação, econômica, social ou ideológica, pode desembocar em uma verdadeira libertação do homem] (em *L'Esprit*, jan. 1946, p. 13).

[44] Ver Iring Fetscher, "Marxismusstudien", *Soviet Survey*, n. 33, jul.-set. 1960, p. 88.

faz da concepção marxiana de alienação não é reveladora de Marx, mas de sua própria abordagem bastante diferente da mesma questão.

Tentativa semelhante é expressa, de forma menos sutil, na discussão que Jean Hyppolite estabelece sobre a relação entre alienação e história. Ele escreve, fazendo referência direta à crítica de Marx da identificação hegeliana de alienação e objetivação:

> Não foi sem razões válidas, além daquelas que se podem descobrir no interior da estrutura econômica da época e do estado do sistema capitalista, que o autor da *Fenomenologia*, da *Enciclopédia* e da *Filosofia da história* confundiu a alienação do espírito humano na história com a objetivação. O fato de que o homem, objetivando-se na cultura, no Estado, no trabalho humano em geral, ao mesmo tempo que se aliena, torne-se outro e descubra nessa objetivação uma alteridade insuperável que, não obstante, deve-se tentar superar constitui uma tensão inseparável da existência, e o mérito de Hegel é ter insistido nessa tensão, é tê-la conservado no próprio centro da consciência de si humana. Uma das grandes dificuldades do marxismo, em contrapartida, é pretender suprimir essa tensão em um futuro mais ou menos próximo, é pretender explicá-la muito rapidamente como uma fase particular da história. [...] Assim como está, não nos parece que esse conceito possa ser reduzido ao simples conceito de alienação do homem no capital, ao modo como o interpreta Marx. Este não passa de um caso particular de um problema mais universal, o da consciência de si humana, que, sendo incapaz de se pensar como um *cogito* separado, encontra-se tão somente no mundo edificado por ela, nos outros eus que ela reconhece e nos quais, por vezes, se desconhece. Mas esse modo de se encontrar no outro, essa objetivação, é sempre mais ou menos uma alienação, uma perda de si, ao mesmo tempo que uma descoberta de si. Assim, objetivação e alienação são inseparáveis, e sua unidade não passa da expressão de uma tensão dialética que se percebe no próprio movimento da história.[45]

Assim, Hyppolite interpreta a alienação como uma "tensão inseparável da existência" e como necessariamente inerente à natureza mesma da "autoconsciência humana" ("*la conscience de soi humaine*"). Trata-se de uma mistificação idealista que condena todas as tentativas voltadas para a transcendência prática da alienação ao destino de um empreendimento quixotesco. A premissa última de Hyppolite é o conceito antidialético arbitrariamente assumido de uma assim chamada "*altérité insurmontable*" (alteridade

---

[45] "*L'auteur de la* Phénoménologie, *de l'*Encyclopédie, *de la* Philosophie de l'histoire, *n'a pas confondu l'aliénation de l'esprit humain dans l'histoire avec l'objectivation sans quelques raisons valables, autres que celles qu'on peut découvrir dans la structure économique de l'époque et dans l'état du système capitaliste. Que l'homme, en s'objectivant dans la culture, dans l'Etat, dans l'oeuvre humaine en général, en même temps s'aliène, se fasse autre et découvre dans cette objectivation une altérité insurmontable et qu'il faut pourtant tenter de surmonter, c'est là une tension inséparable de l'existence, et le mérite de Hegel est d'avoir insisté sur cette tension, de l'avoir conservée au centre même de la conscience de soi humaine. Une des grandes difficultés du marxisme est par contre de prétendre supprimer cette tension dans un avenir plus ou moins proche, de l'expliquer trop rapidement par une fase particulière de l'histoire. [...] Tel quel, ce concept ne nous paraît pas réductible au seul concept d'aliénation de l'homme dans le capital comme l'interprète Marx. Ce n'est là qu'un cas particulier d'un problème plus universel qui est celui de la conscience de soi humaine, qui, incapable de se penser comme un cogito séparé, ne se trouve que dans le monde qu'elle édifie, dans les autres moi qu'elle reconnaît et où parfois elle se méconnaît. Mais cette façon de se trouver dans l'autre, cette objectivation est toujours plus ou moins une aliénation, une perte de soi en même temps qu'une découverte de soi. Ainsi objectivation et aliénation sont inséparables et leur unité ne peut être que l'expression d'une tension dialectique qu'on aperçoit dans le mouvement même de l'histoire.*" Jean Hyppolite, *Études sur Marx et Hegel* (Paris, Librairie Marcel Rivière & Cie., 1955), p. 101-2.

insuperável), que ele junta com um "*Sollen*" irracional, igualmente arbitrário: "qu'il faut *pourtant* tenter *de surmonter*" ("que, não obstante, *se deve tentar* superar"). Um empreendimento como esse seria tão significativo quanto alguém "tentar" reescrever – no último segundo de sua vida – *Guerra e paz*, de Tolstói*. Uma tentativa não faz o menor sentido se estiver *a priori* condenada ao fracasso. Como vimos, o "deve" desempenhou um papel importante também no conceito rousseauniano de alienação. A diferença, contudo, não poderia ser mais radical. O "deve" de Rousseau, que expressava uma contradição objetiva da qual o próprio filósofo não tinha consciência, visava ter um impacto real sobre a realidade, a fim de remover as alienações existentes. Aqui, em contraposição, a premissa básica é a aceitação e glorificação voluntárias de uma suposta "*altérité insurmontable*" enquanto "*tension inséparable de l'existence*". Consequentemente, o "deve" introduzido nesse quadro não pode ser outra coisa que um "deve" absurdo, irracionalista, vazio, cuja única função é dar "respeitabilidade moral" a uma grosseira desculpa para as relações sociais de produção capitalisticamente alienadas. O presente equívoco não consiste no *uso* de uma categoria moral, mas no seu *abuso* mistificador em suporte da ordem social desumanizada existente.

Não é preciso dizer que há um grão de verdade nessas interpretações, caso contrário elas dificilmente conseguiriam êxito em sua função mistificadora. Sua metodologia é caracterizada por exagerar desmedidamente esse elemento de verdade, de modo que – suprimindo as interconexões dialéticas complexas, bem como removendo as referências sócio-históricas concretas – ele é transformado em grave distorção. A maior parte do esforço é direcionada para obscurecer até as linhas visíveis de demarcação, em vez de visar à elaboração daqueles conceitos específicos que poderiam ressaltar as diferenças objetivas veladas pela reificação das relações sociais de produção existentes.

Há certa verdade em afirmar que alienação e objetivação são "*plus ou moins inséparables*" [mais ou menos inseparáveis]. No entanto, a validade de enunciados desse tipo depende inteiramente da habilidade do filósofo para especificar tanto no nível conceitual quanto no nível sócio-histórico seus termos de referência. Aqui, contudo, não nos é dada qualquer concretização. Pelo contrário, a vaga generalidade do "*plus ou moins*" [mais ou menos] serve ao propósito tanto de eximir o filósofo da tarefa de concretização quanto de criar a aparência de uma abordagem apropriada.

Ademais, só se aplica a inseparabilidade de alienação e objetivação quando a "objetivação" é tratada como categoria homogênea, o que ela não é. É preciso distinguir, no mínimo, entre a objetivação que se manifesta na forma de objetos, como mesas, cadeiras etc., e a objetivação que toma a forma de instituições humanas. Não há nenhuma razão pela qual mesas etc. deveriam ser consideradas como inseparáveis da alienação. Objetos dessa espécie certamente podem assumir funções institucionais – por exemplo, quando a solene escrivaninha do gerente também ajuda a cumprir a função de manter distância do homem que aparece cerimoniosamente sentado atrás dela. Mas a "alienação" implicada nisso não se deve à existência de escrivaninhas enquanto objetivações humanas, mas às suas *funções institucionais*, que podem ser mudadas.

---

*   Trad. Rubens Figueiredo, São Paulo, Cosac Naify, 2011. (N. E.)

É diferente com a objetivação enquanto *institucionalização*. Abolir total e definitivamente a alienação nesse tocante implicaria a abolição total das instituições humanas, ao passo que não necessitamos abolir as escrivaninhas para retirar delas suas funções institucionais alienadas. Paradoxalmente, porém, a abolição total das instituições humanas equivaleria não à abolição da alienação, mas à sua *maximização* na forma da anarquia total e, consequentemente, à abolição da *humanidade*. "Humanidade" implica o oposto de anarquia, ou seja, *ordem*, que na sociedade humana é inseparável de alguma *organização*. Até mesmo a "associação consciente" – não importa qual seja seu grau de consciência – é inconcebível sem alguma forma específica e, para seres humanos, essa forma não pode ser outra senão uma espécie de instituição estabelecida com base em alguns princípios norteadores. E, ainda que tomemos o caso ideal – quando o princípio norteador subjacente se precavê conscientemente contra qualquer petrificação ou "reificação" possíveis –, permanece o fato de que a forma específica da associação tem de lidar com tarefas específicas, que igualmente determinarão o caráter da instituição em questão. Mas este último fato – inevitável – significa que a nova forma dada da instituição que recém suplantou uma estrutura reificada contém – desde o primeiro momento de sua existência, e não meramente nos seus estágios terminais – um elemento de reificação, na medida em que ela é *necessariamente predisposta* contra as tarefas que é *incapaz* de cumprir. Para descartar completamente essa dificuldade, seria preciso postular ou a finalidade absoluta de certas tarefas (isto é, "tarefas ideais" – ou seja, o fim da história ou uma "idade de ouro" utópica), ou a finalidade absoluta de uma instituição (isto é, a "instituição ideal", que poderia resolver idealmente todas as tarefas possíveis – tal instituição ideal não teria nem poderia ter qualquer forma específica, assim como obviamente não poderia resolver qualquer tipo de tarefa específica). Contudo, seria preciso inventar também um ser que se enquadrasse em tais postulados: um ser cujas necessidades, tarefas, funções etc. nunca mudam ou um ser que não tem necessidades, tarefas, funções etc. de espécie alguma.

Outro aspecto importante desse problema é que, não importa quão conscientes sejam os esforços humanos para eliminar todas as possíveis contradições entre o indivíduo e a forma vigente da sociedade, sempre haverá um potencial elemento de alienação implicado. Em conexão com isso, podemos fazer apenas uma breve menção a dois aspectos dessa complexa problemática: 1) uma das precondições necessárias para qualquer indivíduo adquirir *sua* personalidade é encontrar-se em uma multiplicidade de relações com *outras* pessoas, utilizando para o autodesenvolvimento os meios e instrumentos que lhe são *dados* (no mínimo, até certo ponto de independência e maturidade) e experimentando suas *próprias* forças na medida em que é capaz de identificá-las em um intercâmbio recíproco com outros, desde que estejam presentes nas outras pessoas de alguma forma perceptível. Abolir absoluta e definitivamente todos os elementos da alienação e reificação nesse tocante, uma vez mais, só seria possível mediante a idealização dessas relações a tal ponto que elas contradiriam nitidamente todas as relações possíveis entre indivíduo real e sociedade. 2) Uma das características marcantes desse problema é que, para o indivíduo – esteja ele consciente disso ou não –, sua própria autorrealização é, em primeiro lugar, necessariamente uma tarefa de enquadrar-se nos papéis e funções existentes e disponíveis (mas que, obviamente, não foram criados especificamente para ele). Mais tarde, ele poderá ser capaz de expandir esses limites ou rompê-los, se estes se mostrarem incapazes de adaptação e se sua força para rompê-los não se deparar com alguma resistência que frustre seu intento. Não obstante, permanece o problema de que o indivíduo só poderá realizar suas próprias capacidades se tiver saída para elas, isto é, se as outras pessoas forem capazes e estiverem dispostas a aceitar o que ele tem a oferecer.

Igualmente, a relação entre sociedade e tecnologia não está isenta de problemas com sérias implicações. Em uma carta a Annenkov (de 28 de dezembro de 1846), Marx faz a importante distinção entre tecnologia e sua aplicação socialmente determinada. Contudo, essa distinção não significa que a própria tecnologia seja *totalmente* neutra nesse tocante, porque todas as determinantes são, elas próprias, também determinadas[46]. A tecnologia é neutra *em princípio*, mas uma forma dada da tecnologia *estabelecida* não é. Toda forma de tecnologia tem seus limites não só na quantidade dos seus produtos, mas também – e este é o ponto relevante aqui – na *qualidade* das necessidades humanas que ela é mais adequada para satisfazer. Isso implica o perigo de distorcer toda a gama das necessidades humanas na direção da "resistência mínima" ou da "alocação otimizada dos recursos humanos" etc., o que, por seu turno – já que o consumo se estende sobre a produção –, pode intensificar os potenciais da tecnologia dada que já de início tenderam a produzir efeitos seriamente deturpadores. É evidente que contra esse perigo é preciso apelar para prioridades sociais, implicando um exame completo de toda a complexidade das necessidades humanas. Nesse tipo de exame e abordagem, as tarefas com que se defronta qualquer forma de sociedade devem ser formuladas também em termos de uma constante luta contra os potenciais alienantes da tecnologia.

Não obstante, todos esses problemas são passíveis de solução, ainda que esta só possa ser, é claro, dialética. Em nossa abordagem da transcendência da alienação, é de importância vital manter os aspectos "atemporais" dessa problemática nas perspectivas que lhes são próprias. Do contrário, eles podem facilmente se transformar em munição para aqueles que desejam glorificar a alienação capitalista como "*tension inséparable de l'existence*" [tensão inseparável da existência].

O que os problemas descritos anteriormente representam de fato pode ser resumido da seguinte maneira:

---

[46] "É supérfluo acrescentar que os homens não são livres para escolher suas forças produtivas – base de toda a sua história –, pois toda força produtiva é uma força adquirida, produto de uma atividade anterior. Portanto, as forças produtivas são o resultado da energia prática dos homens, mas essa mesma energia é circunscrita pelas condições em que os homens se acham colocados, pelas forças produtivas já adquiridas, pela *forma social* anterior, que não foi criada por eles e é *produto da geração precedente*. O simples fato de cada geração posterior deparar-se com forças produtivas adquiridas pelas gerações precedentes, que lhes servem de *matéria-prima* para novas produções, cria na história dos homens uma *conexão*, cria uma história da humanidade que é tanto mais a história da humanidade quanto mais as forças produtivas dos homens e, por conseguinte, as suas relações sociais, adquiriram maior desenvolvimento. Consequência necessária: a história *social* dos homens é sempre a história do seu *desenvolvimento individual*, tenham ou não consciência desse fato. As suas relações materiais formam a base de todas as suas relações. Essas relações materiais nada mais são que as *formas necessárias* nas quais se realiza a sua atividade *material* e *individual*." Carta a P. V. Annenkov, 28 dez. 1846, em Karl Marx, "Appendix", em *The Poverty of Philosophy* (Londres, Martin Lawrence, s. d., p. 152-3) [ed. bras.: "Carta de Marx a P. V. Annenkov (Bruxelas, 28 de dezembro de 1846)", em *Miséria da filosofia. Resposta à* Filosofia da miséria, *do sr. Proudhon*, trad. José Paulo Netto, São Paulo, Expressão Popular, 2009, p. 245]. [O trecho a que se faz alusão no corpo do texto encontra-se nas p. 248-9. (N. T.)]

1) nem salvaguardas nem garantias podem ser dadas *a priori* para a suplantação prática da alienação, já que as questões envolvidas são, elas próprias, inerentemente sócio-históricas;

2) há alguns *perigos* da alienação que são inerentes ao *potencial* reificador de certos instrumentos e instituições do intercâmbio humano;

3) e nenhuma conquista nesse tocante (por mais radical e importante que seja) pode ser considerada como *"Aufhebung" absolutamente definitiva* (permanente) de todas as possíveis formas da alienação.

Perigos, ainda assim, podem ser controlados, ao menos em princípio. E isso é precisamente o que negam os mistificadores que, primeiro, fazem a história parar de modo arbitrário em sua fase capitalista, caracterizada pela real falta de controle e, em seguida, concluem que "objetivações" humanas são incontroláveis em princípio. Eles representam erroneamente os *perigos* e *potenciais* alienantes como *necessidades metafísicas* (chamando a alienação de *"tension inséparable de l'existence"*, de "dimensão fundamental da história" etc.) a fim de justificar a *realidade* existente, sócio-historicamente específica e superável da alienação capitalista enquanto *necessidade absoluta*, inescapável. Assim, em contraposição à ontologia dialética marxiana de cunho dinâmico, sócio-historicamente concreto, eles oferecem uma pseudo-ontologia endurecida, metafísica, anti-histórica, "fenomenológica". Dizer que a "alienação é uma dimensão fundamental da história" é negar a história totalmente. Uma "ontologia" construída sobre os fundamentos dessa negação nada mais é que uma projeção mistificadora da alienação e reificação capitalistas em escala "atemporal".

Os potenciais alienantes inerentes aos instrumentos e às instituições do intercâmbio humano podem ser controlados, desde que sejam reconhecidos *como* instrumentos e conscientemente relacionados com os *fins humanos*. É aqui que podemos identificar o que realmente está em jogo e de que modo e forma a alienação sócio-historicamente específica, capitalista, está implicada nessa questão. Porque não é da natureza "ontológica" dos próprios instrumentos que eles "saiam de controle" e se transformem de *meios* em *fins* autossustentados. O que está em jogo aqui não é a mediação de primeira ordem ontologicamente fundamental entre ser humano e natureza (isto é, não é o fato de os seres humanos terem de produzir para sobreviver e de não ser possível conceber a produção sem algum tipo de instrumento), mas a forma *capitalista* das *mediações de segunda ordem*. Os instrumentos humanos não são incontroláveis sob o capitalismo por serem *instrumentos* (é pura mistificação dizer que eles representam uma *"altérité insurmontable"* por serem distintos da "autoconsciência humana", *"la conscience de soi humaine"*), mas por serem instrumentos – mediações de segunda ordem reificadas, específicas – do *capitalismo*. Como tais, não lhes é possível funcionar em uma forma que não seja "reificada"; isto é, *controlando* o ser humano em vez de serem controlados por ele. Por conseguinte, não é sua característica *universal* de serem instrumentos que está diretamente envolvida na alienação, mas sua *especificidade* de serem instrumentos de um certo *tipo*. De fato, uma das *diferentia specifica* dos instrumentos capitalistas é o fato de representarem uma *"altérité insurmontable"* à *"conscience de soi humaine"*, que é incapaz de controlá-los. Precisamente por serem mediações capitalistas de segunda ordem – o caráter fetichista da mercadoria, troca e dinheiro; trabalho assalariado; concorrência antagônica; contradições internas mediadas pelo Estado burguês; mercado; reificação da cultura etc. –, é necessariamente inerente à sua "essência" de "mecanismos de controle" que eles escapem ao controle humano. É por isso que eles devem ser suplantados *radicalmente*: os "expropriadores têm de ser expropriados"; "o Estado burguês tem de ser abolido"; a concorrência antagônica, a produção de mercadorias, o trabalho assalariado, o mercado, o fetichismo do dinheiro têm de ser eliminados; a hegemonia burguesa da cultura tem de ser quebrada etc. Consequentemente, o programa de suplantar a alienação capitalista pode ser concretizado na forma de substituição dos instrumentos reificados, incontroláveis, do capitalismo por instrumentos controláveis do intercâmbio humano. Porque no mesmo momento em que o ser humano tiver êxito em subordinar conscientemente seus instrumentos à realização *dos seus próprios fins*, sua *"altérité insurmontable"* terá sido *superada*.

Não é preciso dizer que uma transformação radical dessa magnitude não pode acontecer da noite para o dia. A "expropriação dos expropriadores" nada mais é que o primeiro ato de um processo longo e imensamente complexo de mudança, caracterizado pela dialética de "continuidade na descontinuidade" e "descontinuidade na continuidade". Admitindo que é impensável superar a alienação em uma forma que poderia ser considerada como suplantação absoluta e definitiva de todos os possíveis perigos e potenciais de reificação, é plenamente viável conceber *"Aufhebung"* como uma sucessão de empreendimentos sociais em que o último é *menos* (de fato, *qualitativamente* menos) dominado pela alienação do que o precedente. O que importa é não só o montante e a extensão existentes de algo contra o que se luta – como sabem muito bem todos os criminologistas –, mas também a *tendência* geral do desenvolvimento do fenômeno em questão. O capitalismo não se caracteriza simplesmente pela alienação e reificação, mas ao mesmo tempo também pela *maximização* da *tendência* para a alienação, até o ponto em que a existência mesma do gênero humano passa a estar em jogo.

O que confere sentido ao empreendimento humano no socialismo não é a promessa fictícia de um absoluto fictício (um mundo do qual foi eliminada para sempre toda a contradição possível), mas a possibilidade *real* de transformar uma tendência de alienação *que cresce* ameaçadoramente em uma tendência *que decresce* de forma tranquilizadora. Isso, por si só, já seria uma conquista *qualitativa* no caminho para uma suplantação prática e efetiva da alienação e reificação. Contudo, são possíveis outras conquistas qualitativas que podem ser precisamente identificadas não só em termos da *reversão* da própria tendência geral, mas também no tocante ao caráter – autorrealizador – substancialmente diferente de formas específicas da atividade humana, que foram libertadas de sua sujeição aos meios alienados a serviço do propósito da perpetuação das relações sociais de produção reificadas.

A substituição das "mediações de segunda ordem" capitalisticamente alienadas e reificadas existentes por instrumentos e meios conscientemente controlados de intercâmbio humano constitui o programa sócio-historicamente concreto dessa transcendência. Quanto aos aspectos "atemporais" dos perigos inerentes aos próprios instrumentos, como vimos, eles não são, de modo algum, atemporais, porque meras *potencialidades* não podem se transformar em *realidades* sem a intervenção prática de formas sócio-historicamente *sempre* específicas de ação humana. Tais potencialidades podem permanecer meras potencialidades ou podem se transformar em realidades desumanizantes; isso depende inteiramente da natureza específica da ação humana interveniente. Por conseguinte, se as mediações de segunda ordem capitalisticamente alienadas – que, por sua "essência", são *a priori* incompatíveis com o controle humano – forem abolidas e substituídas por instrumentos projetados para a realização de objetivos humanos conscientemente adotados, quaisquer perigos e potenciais de alienação que se apresentem em qualquer estágio da história têm de ser, em princípio, passíveis de domínio e controle humanos.

Por conseguinte, na concepção marxiana, a história permanece história, o que significa simplesmente que os instrumentos e as formas de intercâmbio humano são concebidos por Marx como intrinsecamente históricos, mutantes, sócio-historicamente específicos – em *todo e qualquer* estágio do desenvolvimento humano[47]. E este é o ponto em que podemos ver claramente as implicações *práticas* da diferença entre um "sistema aberto" e um "sistema fechado", discutida em termos gerais no fim do Capítulo III.

À mistificação prática real do capitalismo – *refletida* apenas em uma forma alienada pelas várias racionalizações filosóficas da negação *prática* da história pelo capitalismo – Marx contrapõe a franqueza de sua concepção: a afirmação de uma "*historicité insurmontable*" [historicidade insuperável] da existência humana. Em contraste, as categorias hegelianas eram meros conceitos, abstrações lógicas – por conseguinte, sua "historicidade" igualmente era uma "historicidade especulativa", isto é, "*findável*" no ponto que representou os limites sócio-históricos do ponto de vista do filósofo. ("O ponto de vista da economia política.") Com efeito, dado que Hegel estava operando com abstrações lógicas como suas categorias, sua categoria de historicidade também teve de ser introduzida em sua concepção na forma de abstração lógica, mero conceito. E com a mesma facilidade – e arbitrariedade – com que se *introduz* especulativamente a categoria de historicidade nesse sistema, também se pode pôr um fim a todo o processo "abstrato, especulativo, lógico". É por isso que a concepção hegeliana de teleologia acaba sendo uma versão peculiar de *teleologia teológica*. E uma "ontologia histórica" baseada em uma teleologia teológica constitui não só um sistema fechado, especulativo, pseudo-histórico, mas também uma ontologia *metafísica*.

Em contraposição, a ontologia marxiana é dinamicamente histórica e objetivamente dinâmica. Marx não "deduz" a sociedade humana das "categorias", mas, pelo contrário, vê estas como modos específicos de existência do ser social. Ele não "adiciona" historicidade a uma visão originalmente *estática*; porque se a historicidade for meramente adicionada em certo ponto, ela também poderá ser retirada em outro. Em vez disso, ele define a substância ontológica de sua concepção como "o ser *automediador* da *natureza*", isto é, como um ser *objetivo* que só pode ser *intrinsecamente histórico*.

Na concepção marxiana, o ser humano não é uma "dimensão da história", mas, pelo contrário, a *história* humana é uma dimensão do ser humano como ser objetivo automediador da natureza. Apenas um ser objetivo pode ser histórico, e um ser objetivo só pode ser histórico. A história é uma abstração sem sentido, a menos que esteja relacionada com um ser objetivo. Nesse sentido dual, a história é, por conseguinte, uma dimensão do ser humano enquanto ser objetivo, automediador da natureza.

---

[47] Ver as expressões marxianas: "o início da *história real*" – isto é, uma forma de sociedade em que os seres humanos controlam suas vidas – em contraste com a "*pré-história*", caracterizada pela sujeição dos homens às relações sociais alienadas de produção.

Contudo, sendo a história uma dimensão do ser humano, a alienação não pode ser "uma dimensão fundamental da história". Por ser dimensão de um ser objetivo, a história não pode ter qualquer dimensão própria – muito menos uma que é a *negação* direta de toda historicidade. Ao transformar a alienação em "uma dimensão fundamental da história", Heidegger acaba com a historicidade de um ser objetivo, intrinsecamente histórico. Na medida em que alienação é negação da humanidade, ela é característica de certa *fase* da história, de certo *estágio* do desenvolvimento da ontologia social do "ser automediador da natureza" objetivo. Uma fase que se *perpetua* por meio da reificação das relações sociais de produção e, uma vez que é bem-sucedida nessa autoperpetuação, *nega* a história *na prática* ao contrapor o poder das instituições reificadas do intercâmbio humano a todos os esforços humanos que visam à substituição dos instrumentos incontroláveis do capitalismo. Essa *negação prática* real da história pelas relações sociais de produção capitalisticamente reificadas é mistificada por Heidegger e outros, em seu esforço para transferir fenômenos sócio-historicamente específicos da alienação e reificação capitalistas para o plano metafísico eterno, "fundamental" de uma ontologia imobilizada, anti-histórica. É por isso que tempo e história precisam ser "substantificados" e dotados de algumas "dimensões fundamentais" fictícias: de modo que o ser humano seja privado de *sua* dimensão histórica e, em vez disso, confrontado com a força incontrolável de uma "história" mítica igualada a supostas "eternidade" e "fundamentalidade" metafísicas da alienação no "*Geworfenheit*" (estar-lançado) pseudo-histórico da existência humana.

Na concepção marxiana – contra a qual todas essas mistificações foram dirigidas –, tanto a alienação quanto sua transcendência têm de ser definidas em termos das necessidades objetivas que caracterizam a *ontologia social objetiva* do "ser automediador da natureza". A necessidade da alienação é definida como uma necessidade inerente à teleologia objetiva "do autodesenvolvimento e da automediação" humanos em certo estágio do desenvolvimento da atividade humana produtiva, que requer tais alienação e reificação para a autorrealização – ainda que alienada – das potencialidades humanas. Visto que essa necessidade da alienação é uma necessidade *histórica*, ela está fadada a ser suplantada (*aufgehoben*) por meio do desenvolvimento histórico concreto da mesma atividade produtiva, desde que:

1) o desenvolvimento das forças produtivas *permita* a negação radical da alienação capitalista;

2) a maturação das contradições sociais do capitalismo (no mais estreito intercâmbio com o desenvolvimento das forças produtivas) *impulsione* o ser humano a mover-se na direção de uma "*Aufhebung*";

3) as percepções que os seres humanos têm das características objetivas de seus instrumentos os *capacitem* para elaborar as formas de controle e intercâmbio que previnam a reprodução das velhas contradições em alguma nova maneira; e

4) a transformação radical da educação, que de mero instrumento da hegemonia burguesa passe a ser um órgão do autodesenvolvimento e da automediação consciente, *inspire* os indivíduos a produzir "de acordo com suas reais capacidades humanas" – *unificando* conhecimento e ideais, projeto e execução, teoria e prática, bem como *integrando* as aspirações

particulares dos indivíduos sociais aos objetivos gerais conscientemente adotados pela sociedade como um todo.

Consequentemente, a transcendência da alienação não pode ser medida meramente em termos de produção *per capita* ou algo parecido. Visto que todo o processo envolve diretamente o indivíduo, a "medida" do sucesso dificilmente poderá ser outra que o próprio indivíduo humano real. Nos termos de tal medida, a transcendência da alienação – seu domínio decrescente sobre os homens – é inversamente proporcional à autorrealização cada vez mais plena do indivíduo social. Contudo, dado que a autorrealização do indivíduo não pode ser abstraída da sociedade em que ele vive, essa questão é inseparável da questão das inter-relações concretas entre indivíduo e sociedade ou dos tipos e formas de instituições sociais em que o indivíduo é capaz de se integrar.

IX

INDIVÍDUO E SOCIEDADE

1. Desenvolvimento capitalista e o culto ao indivíduo

Há filósofos modernos que continuam a insistir nos "direitos naturais do indivíduo", um conceito que seria ininteligível para Aristóteles, que escreveu:

> Quando vários burgos se unem em uma só comunidade inteira, extensa o bastante para ser quase autossuficiente, passa a existir o Estado, oriundo das necessidades básicas da vida e mantido em prol da vida boa. Portanto, sendo as formas anteriores da sociedade naturais, também o Estado o é, pois ele é o fim daquelas, e a natureza de uma coisa é seu fim. Com efeito, dizemos que a natureza de cada coisa é seu estado plenamente desenvolvido, quer estejamos falando de um homem, de um cavalo ou de uma família. Ademais, a causa final e o fim de uma coisa é o melhor, e ser autossuficiente é o fim e o melhor. A partir daí é evidente que o Estado constitui uma criação da natureza e que o *ser humano é por natureza um animal político*. [...] A prova de que o Estado é uma criação da natureza e *anterior ao indivíduo* é que, quando isolado, o indivíduo não é autossuficiente e, por conseguinte, ele é como a parte em relação ao todo. Porém, quem é incapaz de viver em sociedade ou quem não tem necessidade por bastar a si mesmo é um animal ou um deus: ele não é parte de um Estado. *Um instinto social foi implantado em todos os homens por natureza.*[1]

Como resultado dos desenvolvimentos capitalistas, desaparece completamente a noção de um instinto social "implantado em todos os homens por natureza". Agora são as liberdades *individuais* que aparecem como pertencentes ao domínio da "natureza", e os vínculos *sociais*, em contraposição, parecem ser artificiais e impostos, por assim dizer, "a partir de fora" a um indivíduo autossuficiente.

---

[1] Aristóteles, *Politics*, livro I, capítulo 1, p. 8-9 e 11. [Tradução a partir do texto em inglês, em razão da disparidade entre a tradução inglesa e as traduções para o português. Ver, por exemplo, *A política*, trad. Nestor Silveira Chaves, São Paulo, Escala, s. d., p. 15-6. (N. T.)]

Na concepção de Aristóteles, há uma relação *harmoniosa* entre indivíduo e comunidade. Isso está formulado no princípio ético aristotélico segundo o qual "é evidente que a melhor vida é a mesma tanto para cada indivíduo quanto para os Estados e o gênero humano coletivamente"[2]. E isso de modo algum é um mero "deve". Pelo contrário, é uma expressão filosófica adequada de certo estágio do desenvolvimento histórico, no qual o indivíduo está organicamente integrado a uma comunidade à qual ele pertence.

A concepção aristotélica de uma coesão e harmonia naturais entre indivíduo e sociedade desaparece das teorias modernas e, no lugar dela, essa relação é retratada em termos de conflitos e contradições. Expressões como "a multidão solitária" e "privatização forçada" tornaram-se máximas na literatura sociológica recente. Temos de lê-las, contudo, nas perspectivas que lhes são próprias: contra o pano de fundo histórico deste século. De fato, nos últimos cinquenta anos, "solidão" tem sido um tema central em obras artísticas, bem como em muitas discussões teóricas[3].

A partir do século XVII, os filósofos deram atenção cada vez maior ao problema da "liberdade individual". Isso representou um contraste nítido com a visão predominante até mesmo na Idade Média tardia, quando, como enfatiza Burckhardt, "o ser humano tinha consciência de si mesmo apenas como membro de uma raça, um povo, um partido, uma família ou uma corporação – apenas mediante alguma categoria geral"[4]. D. G. Ritchie argumenta do mesmo modo e acrescenta: "A doutrina aristotélica de que 'o homem é um animal político por natureza' tinha adquirido a santidade de um dogma e impediu o pensador medieval de imaginar os direitos humanos abstraídos de qualquer sociedade política particular"[5].

Não é preciso dizer que a descrição feita por Ritchie das relações causais reais é idealista. Os pensadores medievais sustentaram as concepções corretamente descritas por Ritchie não porque a doutrina aristotélica de que o ser humano é um animal político por natureza "tinha adquirido a santidade de um dogma", mas porque as condições sociais da sua vida os induziram a fazê-lo. Na verdade, a doutrina aristotélica só pôde adquirir a santidade de um dogma por causa dos mesmos fatores causais. De modo similar, quando esse "dogma" perdeu seu apelo e os filósofos começaram a se preocupar intensamente com os problemas da "liberdade individual", isso se deveu – como já vimos – ao desenvolvimento dinâmico das relações capitalistas de produção, que exigiram a extensão universal da "liberdade" para cada indivíduo de modo a ser capaz de estabelecer "relações contratuais livres" com outros indivíduos, com o propósito de vender e alienar tudo que lhe pertence, incluindo sua própria força de trabalho.

---

[2]   Ibidem, livro IV, capítulo 3, p. 6 [ed. bras.: ibidem, p. 119].

[3]   Nesse contexto, devemos recordar não só as incontáveis obras que se referem explicitamente à "alienação do homem", mas também as expressões mais mediadas dessa problemática – em particular, a "intimidade" de grande parte dos credos artísticos do século XX. Esta última é bem ilustrada pelas palavras de Max Jacob: "*Le monde dans un homme; tel est le poète moderne*" ("O mundo em um homem; eis o poeta moderno" – *L'Art poétique*). As palavras de Pierre Reverdy são igualmente significativas; de acordo com ele, "*Le poète est poussé à créer par le besoin constant et obsédant de* sonder le mystère de son être intérieur" [O poeta é compelido a crer pela necessidade constante e obsessiva de *sondar o mistério de seu ser interior*] (*Le Gant de crin*).

[4]   Jacob Burckhardt, *The Civilization of the Renaissance in Italy* (Londres, Phaidon, 1965), p. 81 [ed. port.: *A civilização da Renascença italiana*, Lisboa, Presença, 1983].

[5]   D. G. Ritchie, *Natural Rights* (Londres, Allen & Unwin, 1916), p. 7.

No momento em que chegamos ao século XX, o que adquire a "santidade de um dog-ma" é a crença de que a "liberdade" é inerente – como se fosse um "direito natural" – ao indivíduo isolado. As referências políticas e sociais tendem a desaparecer, e as circunstân-cias sócio-historicamente condicionadas da vida atomizada, privatizada, do indivíduo são caracterizadas a-historicamente como "a condição humana". Essa tendência é muito bem ilustrada pelas meditações filosóficas dramatizadas de T. S. Eliot em *The Cocktail Party* [O coquetel]. Em certo ponto, a heroína, Célia, é amedrontada por "uma consciência da *solidão*", e ainda mais amedrontada pela tentação de buscar explicações *fora* dela mesma, o que significaria jogar a culpa no mundo em que ela casualmente vive. Ela diz em seguida:

Penso que isso que aconteceu me conscientizou
de que sempre estive sozinha. Que *sempre se está sozinho*.

[...] não que eu queira estar sozinha,
Mas que cada qual está sozinho – ou parece-me estar.
Eles emitem ruídos e pensam que estão falando uns com os outros;
Eles fazem caretas e pensam que entendem uns aos outros.
E tenho certeza de que não é assim.*

A alternativa à individualidade isolada é descrita como "uma nova pessoa ilusória: *nós*" e, quando esta desaparece, o que fica é a sensação paralisante de que "o sonhador não é mais real do que seus sonhos". Sob condições similares, a alienação, que assume a forma de uma "solidão real", contraposta ao "nós ilusório" ou alucinatório, aparece como uma solução. "A condição humana" parece ser a de conviver com a inescapável alienação da existência humana, de reconciliar-se com ela. Como foi expresso nas palavras do porta-voz do poeta, o misterioso dr. Reilly:

Posso reconciliar-te com *a condição humana*,
A condição da qual lograram retornar alguns
Que tão longe quanto tu foram rumo a ela. Talvez se lembrem
Da visão que tiveram, mas deixam de lastimá-la,
Atêm-se à rotina comum,
Aprendem a evitar expectativas muito elevadas,
Tornam-se tolerantes consigo e com outros,
Dando e tomando, nas ações usuais,
O que há para dar e tomar. Eles não se queixam;
Contentam-se com a manhã que separa
E com o anoitecer que reúne
Para a conversa informal diante da lareira
Duas pessoas que sabem que não entendem uma à outra,
Gerando filhos a quem não entendem
E que jamais os entenderão.

---

* "*I mean that what has happened has made me aware/ that I've always been alone. That* one always is alone.// [...] *it isn't that I want to be alone,/ But that everyone's alone – or it seems to me./ They make noises, and think they are talking to each other;/ They make faces, and think they understand each other./ And I'm sure that they don't.*" (N. E.)

Célia
Essa é a melhor vida?

Reilly
É uma vida boa.*

De fato, trata-se de uma descrição adequada da rotina alienada da vida burguesa. Contudo, se isso for "a condição humana", nada poderá ser feito a respeito da alienação na realidade. Na concepção mística e aristocrática de Eliot, a transcendência da alienação pertence à esfera do "além", e só os poucos eleitos podem ter um vislumbre dela. A "outra maneira" de viver, contrastada por Eliot com "a condição humana", poderá, no fim das contas, "transcender" a alienação – de um modo misterioso. Um modo que é:

[...] desconhecido e, assim, requer fé –
O tipo de fé que emana do desespero.
Não há como descrever o destino;
Você saberá bem pouca coisa até chegar lá;
Você andará às cegas. Porém, o caminho levará à posse
Daquilo que você procurou no lugar errado.**

A diferença entre as duas maneiras consiste em duas espécies distintas de consciência. A primeira suplanta o mundo da "alucinação" por uma consciência da "condição humana", isto é, por uma resignação que não questiona a necessidade cega dessa condição de alienação. Tal maneira capacita os que seguem as primeiras regras do dr. Reilly a "esquecer sua solidão". A segunda maneira é uma espécie de "consciência da consciência" – uma consciência contínua da solidão como condição humana –, razão pela qual ninguém jamais poderá esquecer sua solidão. No entanto, é precisamente esse grau mais elevado de consciência que "liberta" o ser humano da alienação. Se perguntarmos como se pode *viver* a primeira maneira, Eliot ainda pode apontar para a rotina alienada das conversas resignadas ao pé do fogo. Mas se fizermos a mesma pergunta em relação à segunda maneira, ele só pode nos convidar a um misticismo revelador: compartilhar uma fé cujo ponto de partida é a aceitação consciente e resoluta da desumanização na realidade.

De modo algum é acidental que a liberdade individual enquanto ideal político e moral esteja ausente do mundo antigo e só tenha aparecido na Alta Renascença. Quando a "dependência direta da natureza" é preocupação geral de uma comunidade particular, as aspirações por uma forma distinta de liberdade individual só podem ser expressas marginalmente.

---

*   "*I can reconcile you to the human condition,/ The condition to which some who have gone as far as you/ Have succeeded in returning. They may remember/ The vision they have had, but they cease to regret it,/ Maintain themselves by the common routine,/ Learn to avoid excessive expectation,/ Become tolerant of themselves and others,/ Giving and taking, in the usual actions/ What there is to give and take. They do not repine;/ Are contented with the morning that separates/ And with the evening that brings together/ For casual talk before the fire/ Two people who know they do not understand each other,/ Breeding children whom they do not understand/ And who will never understand them.// Celia: Is that the best life?// Reilly: It is a good life.*" (N. E.)

** "*[...] unknown, and so requires faith –/ The kind of faith that issues from dispair./ The destination cannot be described;/ You will know very little until you get there;/ You will journey blind. But the way leads towards possession/ Of what uou have sought for in the wrong place.*" (N. E.)

Como todos sabemos, essa "dependência direta da natureza" foi superada pelo desenvolvimento das forças produtivas capitalistas, implicando a realização da liberdade individual em sua universalidade formal. O avanço vitorioso das forças produtivas capitalistas produz um modo de vida com ênfase cada vez maior na *privacidade*. Conforme progride a libertação capitalista do ser humano em relação à sua dependência direta da natureza, intensifica-se também a escravização humana pela nova "lei natural" manifesta na alienação e reificação das relações sociais de produção. Ao defrontar-se com as forças e os instrumentos incontroláveis da atividade produtiva capitalisticamente alienada, o indivíduo busca refúgio em seu mundo privado "autônomo". Ele *pode* fazer isso porque agora parece que o poder hostil da necessidade natural direta, que antes o unia aos demais seres humanos, está sob controle. E isso não é tudo. O *"übergreifendes Moment"* (fator predominante) é que ele também é *induzido* e até *compelido* a recolher-se a seu minúsculo domínio privado – e não só *capacitado* para proceder assim pelo desenvolvimento capitalista das forças produtivas –, na medida em que, com a expansão da *produção de mercadorias*, seu papel como *consumidor privado* adquire importância cada vez maior para a perpetuação do sistema capitalista de produção.

Nesse domínio da *privacidade* – no qual o indivíduo afirma sua "soberania" ilusória (sob pesada hipoteca, mas grotescamente glorificada por fantasias ingênuas, expressas em slogans do tipo "o lar do inglês é seu castelo") –, a liberdade pode parecer completa, porque os objetivos e os limites da ação parecem coincidir, parecem estar em perfeita harmonia com os meios e as forças para sua execução. Todavia, a contradição subjacente é assombrosa. A libertação relativa do ser humano em relação à sua dependência direta da natureza é alcançada por meio de uma ação *social*. Não obstante, por causa da reificação das relações sociais de produção, essa realização aparece em uma forma alienada: não como independência relativa em relação à necessidade *natural*, mas como liberdade em relação às restrições impostas pelos laços e relações *sociais*, como um culto cada vez mais intenso à "*autonomia* individual". Esse tipo de alienação e reificação, ao produzir a aparência enganosa da independência, autossuficiência e autonomia do indivíduo, confere ao mundo do indivíduo um valor *per se*, abstraindo de suas relações com a sociedade, com o "mundo lá fora". A "autonomia individual" fictícia passa a representar o polo positivo da moralidade, e as relações sociais contam apenas como "interferência"[6], como mera negatividade. A realização egoísta interesseira é a camisa de força imposta pelo desenvolvimento capitalista ao ser humano, e os valores da "autonomia individual" representam sua glorificação ética. "*Individualethik*" [ética individual] é a expressão sublimada do egoísmo burguês grosseiro que prevalece como resultado da reificação das relações sociais de produção. Mesmo que note os vínculos dos homens entre si, só pode fazê-lo na forma de um mero "deve": a

---

6   Mesmo quando esse processo de reificação está completo, a "liberdade natural" do indivíduo é voluntariamente suspensa de vez em quando: por exemplo, no caso de guerras, nas quais está em jogo a sobrevivência física ou civil da comunidade inteira. Em tais situações, as relações sociais do indivíduo adquirem a força coesiva de uma "ordem natural". Nesse momento, a liberdade e "autonomia" individuais não parecem ser violadas nem mesmo pela mais drástica interferência da sociedade ou parece inteiramente justificado que a liberdade individual *seja* violada dessa maneira. A ficção de um "direito natural" é posta de lado por um momento, para ser acionada de novo quando a guerra chega ao fim e a "sociedade de consumo" volta a tomar o seu "curso natural".

suposta manifestação de uma "esfera transcendental", uma "esfera absoluta", uma esfera radicalmente contraposta à "contingência" das relações sociais. Nesse tipo de teoria ética, o conceito de "natureza humana" – um reflexo mistificado, dessocializado, da "lei natural" do capitalismo nas relações humanas da "individualidade autônoma" privatizada, fragmentada, isolada, interesseira – serve para absolutizar, enquanto inescapabilidade metafísica, a ordem social que "mantém os homens em seu brutal isolamento", antagonicamente posicionados um em relação ao outro, sujeitos aos seus "apetites artificiais" e ao "governo da coisa morta sobre o homem".

Em contraste, no período anterior aos desenvolvimentos capitalistas, era inconcebível abstrair, em nome da escala autônoma de valores do indivíduo, de uma ordem objetiva da natureza e da sociedade. Não precisamos retornar até Aristóteles para ver quão fundamentalmente as concepções modernas diferem das mais antigas e até que ponto essa mudança se deveu à forma capitalista de suplantação da dependência direta do ser humano em relação à natureza. Encontramos expressão clara disso no despontar da Era Moderna, nas obras de Paracelso. Ele simplesmente ainda não consegue conceber o ser humano e a atividade humana senão na mais estreita relação orgânica com a natureza: "*Was ist das Glück anderst denn* Ordnung halten mit der Wissenheit der Natur? *Die Natur, gehet sie recht, so ist das ein Glück, gehet sie unrecht, so ist das ein Unglück. Denn* wir haben unser verordnet Wesen in der Natur" ["O que é a felicidade senão *manter-se em ordem com a ciência da natureza*? Quando a natureza vai bem resulta em felicidade, quando vai mal resulta em desgraça. Pois *nossa essência ordenada está na natureza*"].[7] E, em consequência, agir a fim de desvendar "*die Heimlichkeit der Natur*" (o segredo da natureza) e "*das Licht der Natur*" (a luz da natureza) – expressões frequentemente usadas por Paracelso – é não só fisicamente necessário, mas também *moralmente* a única forma adequada de vida humana. A *vita activa* ocupa o ponto mais elevado na escala de valores humana. Paracelso fala do "homem interior", o ser humano propriamente dito, "o ser humano da segunda criação", que foi criado pelo trabalho a que o ser humano foi compelido ao ser expulso do Paraíso.

> Recebemos todos os membros do nosso corpo na primeira criação, depois que todas as demais coisas haviam sido criadas. Contudo, o conhecimento que o ser humano necessita ainda não estava em Adão, mas lhe foi dado só quando foi expulso do Paraíso. Foi então que ele recebeu "conhecimento" por meio do anjo; porém, não todo o conhecimento. Porque ele e seus filhos têm de aprender uma coisa após a outra à luz da natureza, a fim de trazer à tona o que está oculto em todas as coisas. Porque ainda que tenha sido criado inteiro quanto ao seu corpo, o ser humano não foi criado dessa forma no tocante à sua "aptidão". Todas as aptidões lhe foram dadas, mas não de uma forma imediatamente reconhecível; ele tem de descobri-las pelo aprendizado.[8]

E, em outra passagem:

> A *felicidade* não consiste no ócio nem no prazer sensual nem nas riquezas nem na conversa fiada nem na gula. *Com trabalho* e suor, cada ser humano deve usar os dons que Deus lhe conferiu

7   Paracelso, *Leben und Lebensweisheit in Selbstzeugnissen* (Leipzig, Reclam, 1956), p. 132.

8   Idem, *Selected Writings* (trad. Norbert Guterman, Londres, Routledge & Kegan Paul, 1951), p. 176-7.

sobre a terra, seja como agricultor nos campos, seja como trabalhador na forja, nas minas, no mar, na medicina, seja como alguém que proclama a palavra de Deus. *A via apropriada reside no trabalho e na ação, em fazer e produzir*; o ser humano perverso nada faz, mas fala muito. Não devemos julgar o ser humano por suas palavras, mas por seu coração. O coração fala por meio de palavras só quando estas são *confirmadas pelos atos*.[9]

A essência humana só pode se tornar manifesta por meio do trabalho: "Ninguém vê o que está oculto dentro dele [do ser humano], mas só *o que suas obras revelam*. Por essa razão, *o ser humano deveria trabalhar continuamente* para descobrir o que Deus lhe deu"[10]. É por isso que, de acordo com Paracelso, o trabalho (*Arbeit*) deve servir como princípio ordenador da sociedade: ele defende inclusive a expropriação da riqueza dos ricos ociosos, de maneira a obrigá-los a levar uma vida produtiva[11].

Conseguimos entender agora por que Goethe tinha tanta estima por Paracelso: um modelo histórico real do "espírito faustiano". Postado nos portões da Era Moderna, Paracelso não só entoava o canto do cisne de um mundo que findava, mas também antecipava um futuro distante – muito além do horizonte burguês –, insistindo nas grandes potencialidades do gênero humano inerentes ao seu trabalho. Contudo, na época em que Goethe estava terminando o seu *Fausto*, a "autorrealização no trabalho" – como resultado da desumanização capitalista do trabalho – tinha se tornado um conceito extremamente problemático. Goethe, porém, com supremo talento artístico, dominou o dilema trágico: ou abandonar o ideal com ceticismo, ou resignar-se, no espírito do "positivismo acrítico", à sua violação e realização alienada no capitalismo. Ele afirmou a validade universal (perspectivista) do *ethos* de Paracelso, a despeito de sua depreciação temporal na realidade existente. Para afirmar sem floreios retóricos essa dualidade dialética das perspectivas, ele teve de encontrar uma situação em que a distância necessária em relação às ilusões de Fausto não sugerisse de modo algum uma negatividade cética, tampouco alguma forma de acomodação resignada. Ele foi bem-sucedido nessa tentativa levada a cabo na ironia maravilhosamente sutil da cena em que Fausto – cego pela *Sorge* (Ansiedade) por ter-se recusado a render-se a ela – saúda o barulho dos lêmures que cavam sua sepultura como o ruído de escavação do canal, que representava a realização do seu grande projeto:

> Do pé da serra forma um brejo o marco
> Toda a área conquistada infecta;
> Drenar o apodrecido charco,

---

[9] Ibidem, p. 189.

[10] Ibidem, p. 183.

[11] "*Der selig Weg der Nahrung des Wirtschaftslebens steht allein in der <u>Arbeit</u> und nit in müssig gehn. So wird hiermit all die Nahrung, so nit mit Arbeit gewunnen wird, verworfen und entsetzt.* [...] *Und unser Arbeit soll gewunnen sein je eins dem andern, und <u>dem der nit arbeitet soll auch genommen werden, was er hat,</u> uff dass er arbeite.*" ["A via bem-aventurada para o alimento no âmbito da vida econômica consiste única e exclusivamente no <u>trabalho</u>, e não em ficar ocioso. E, com isso, todo o alimento que não for obtido com trabalho é rejeitado e descartado. (...) E cada qual deve obter seu trabalho um do outro, e <u>daquele que não trabalha deve ser tirado até o que ele já tem para que trabalhe</u>."] Idem, *Leben und Lebensweisheit in Selbstzeugnissen*, cit., p. 134.

Seria isso a obra máxima, completa:
Espaço abro a milhões – lá a massa humana viva,
Se não segura, ao menos livre e ativa.
Fértil o campo, verde; homens, rebanhos,
Povoando, prósperos, os sítios ganhos,
Sob a colina que os sombreia e ampara
Que a multidão ativa-intrépida amontoara.
Paradisíaco agro, ao centro e ao pé;
Lá fora brame, então, até à beira a maré.
E, se para invadi-la à força, lambe a terra,
Comum esforço acode e a brecha aberta cerra.
Sim! Da razão isto é a suprema luz,
A esse sentido, enfim, me entrego ardente:
À liberdade e à vida só faz jus,
quem tem de conquistá-las diariamente.
E assim, passam em luta e destemor,
Criança, adulto e ancião, seus anos de labor.
Quisera eu ver tal povoamento novo,
E em solo livre ver-me em meio a um livre povo.
Sim, ao momento então diria:
Oh! para enfim – és tão formoso!
Jamais perecerá, de minha térrea via,
Esse vestígio portentoso.
Na ima presciência desse altíssimo contento,
Vivo ora o máximo, único momento.
(Fausto cai para trás.)*

Assim, o dilema atormentador é resolvido por Goethe de uma forma que reafirma a validade do ideal faustiano e o intensifica por meio do *páthos* trágico de sua "*divina tragoedia*" do gênero humano. Não obstante o impressionante contraste entre a realidade existente e o ideal faustiano, o *ethos* da *vita activa* triunfa nas perspectivas abrangentes do desenvolvimento humano como um todo.

Contudo, onze anos antes de Goethe completar seu *Fausto*, Schopenhauer publicou sua obra principal: *O mundo como vontade e representação***. Essa obra anuncia uma orientação radicalmente diferente, que vai se tornando cada vez mais predominante na filosofia burguesa moderna. Schopenhauer e seus seguidores tratam o *ethos* da *vita activa* com desdém aristocrático, idealizando o "retraimento" e a indolência "contemplativa". A linha dessa abordagem filosófica parte de Schopenhauer e Kierkegaard, passa por Unamuno, Ortega y Gasset, Huizinga, Berdyaev, Gabriel Marcel e outros, e chega a seus epígonos dos dias atuais, como Hannah Arendt. Esta última caracteristicamente conclui o seu livro *A condição humana* (!) assim:

---

* J. W. Goethe, *Fausto: segunda parte* (trad. Jenny Klabin Segall, São Paulo, Editora 34, 2011), p. 599-602. (N. T.)

** Trad. M. F. Sá Correia, Rio de Janeiro, Contraponto, 2007. (N. E.)

Como eram verdadeiras as palavras de Catão: *Numquam se plus agere quam nihil cum ageret, numquam minus solum esse quam cum solus esset* – "Nunca um homem está mais ativo do que quando nada faz, nunca está menos só do que quando a sós consigo mesmo".[12]

Levada ao extremo, a idealização da autonomia individual inevitavelmente resulta não só em aceitar a inatividade, mas também em conferir-lhe o máximo louvor moral.

A depreciação da *vita activa* e a idealização da "autonomia individual" – ao ponto de contrapô-la à "liberdade" – fazem parte desse mesmo processo de alienação. Como vimos, o desenvolvimento do capitalismo necessariamente traz consigo a abolição de privilégios feudais e a adoção do pré-requisito contratual da "sociedade civil": o princípio da "liberdade universal e igual". Nos estágios iniciais do desenvolvimento capitalista, a ênfase recai inevitavelmente sobre o aspecto *universal* da liberdade. A adoção da "liberdade igual" como princípio norteador da "sociedade econômica" constitui o *interesse comum* do "Terceiro Estamento", em contraposição aos interesses dos estamentos dominantes da sociedade feudal. Além do mais, a fim de reforçar as exigências morais do princípio defendido, enfatiza-se que a "liberdade" é o interesse *universal* de todos os homens. Não há sinal, portanto, de uma concepção da liberdade enquanto "autonomia individual" contraposta à "liberdade universal e igual".

Mais tarde, contudo, quando a "igualdade" implicada na "liberdade universal" se mostra vazia – uma igualdade meramente *formal* – e o princípio da liberdade se realiza na forma de uma desigualdade econômica e social gritante, bem como da universalização da "escravização pela mercadoria" (isto é, a negação completa da liberdade humana pelas relações sociais de produção reificadas; a dominação dos seres humanos por uma "lei natural" cegamente predominante feita por eles mesmos), então, mas só então, o conceito de "autonomia individual" é trazido para o primeiro plano. Estando as relações de poder da sociedade solidificadas e estruturalmente salvaguardadas pela reificação capitalista das relações sociais de produção, o conceito de "liberdade universal e igual" só pode representar um desafio e uma ameaça de "subversão". Por conseguinte, o melhor a se fazer é atribuir a condução dos "assuntos públicos" a especialistas dos órgãos de repressão burocráticos estabelecidos – na visão de Kierkegaard, à Igreja e à Monarquia: os "baluartes" da sociedade contra a "ralé" –, e o "retraimento" é glorificado como o único modo "autêntico" de vida. O culto à "privacidade" e à "autonomia individual", em consequência, cumpre a função dupla de proteger *objetivamente* a ordem estabelecida contra a "contestação pela ralé" e de prover *subjetivamente* uma realização espúria em um retraimento escapista para dentro do indivíduo isolado e impotente, que é mistificado pelos mecanismos da sociedade capitalista que o manipulam.

Desnecessário dizer que, nessa situação, a atividade humana "direcionada para fora" não trará realização ao indivíduo. Não há como a *vita activa* adquirir importância moral, a menos que seja reconhecido – como por Paracelso ou Fausto – que suas conquistas são de "interesse comum". Tal atividade necessariamente envolve "o outro" e, por conseguinte, não pode ser concebida em termos de "autonomia individual", isolada das relações sociais dadas. Contudo, quando o trabalho é desumanizado e subordinado como mero meio ao fim

---

[12] Hannah Arendt, *The Human Condition* (2. ed., Nova York, Doubleday Anchor Books, 1959), p. 297 [ed. bras.: *A condição humana*, trad. Roberto Raposo, 12. ed., São Paulo, Forense Universitária, 2014, p. 338].

da perpetuação das relações sociais de produção reificadas, "interesse comum" converte-se em uma expressão vazia, e a autorrealização obtida por meio do trabalho enquanto atividade vital humana torna-se impensável. O que resta após a "depreciação do mundo do ser humano" promovida pelo capitalismo é meramente a ilusão desumanizada de uma realização por meio do "retraimento", da indolência "contemplativa", do culto à "privacidade", à "irracionalidade" e ao "misticismo" – em suma, por meio da idealização da "autonomia individual" enquanto aberta ou implicitamente contraposta à "liberdade universal".

Gabriel Marcel tenta resolver essa contradição entre liberdade e autonomia, dizendo que *"não autonomia" é a "liberdade mesma"*[13]. Então, é como se a ênfase tivesse passado para a "liberdade universal". Contudo, se examinarmos mais de perto o argumento de Marcel, descobriremos que essa "liberdade mesma" enquanto contraposta à "autonomia" (autonomia concebida como a esfera da atividade necessariamente integrada à alienação: o mundo do "ter" interconectado com uma atividade "autônoma") nada mais é que uma conexão fictícia direta entre o *indivíduo abstrato* ("ego") e o *universal abstrato* ("ser"). A única maneira possível de alcançar plenamente essa "liberdade da não autonomia" ("não autonomia" por causa da conexão direta defendida entre o "ego" individual e o "ser" universal) – transcendendo, portanto, na visão de Marcel, o mundo da alienação – é por meio da "contemplação" e "adoração". Em outras palavras, a solução, uma vez mais, encontra-se dentro dos limites do mundo *especulativo* do indivíduo *efetivamente* isolado. No fim das contas, o problema se reduz, portanto, a uma mera questão de terminologia, e a "liberdade" concebida nesses termos cobre de fato só uma parte limitada da esfera designada em outro lugar como "autonomia individual". A desumanização capitalista da atividade – sua subordinação ao "ter" etc. – é mistificada como um absoluto metafísico, que só pode ser contraposto ao misticismo de "outra esfera". E, tal qual em Eliot, nem sequer essa forma de transcendência fictícia da alienação é aberta a todos. O filósofo é "menos autônomo" (e, é claro, "mais livre") do que o cientista, que, por sua vez, é "menos autônomo" do que o técnico, e assim por diante. Essa espécie de solução está em pleno acordo com o caráter aristocrático geral da filosofia de Gabriel Marcel. Ele denuncia a concepção democrática da epistemologia como algo que "nos leva à ruína" e, nesse espírito, dá as costas para o "*le on*", como desdenhosamente se refere ao "homem simples" .

De modo similar, em Heidegger, *das Man* (o neutro "se", traduzido para o português como "o impessoal") leva toda a culpa.

> O impessoal pertence aos outros e consolida o seu poder. "Os outros", assim chamados para encobrir que se pertence essencialmente a eles, são aqueles que, numa primeira aproximação e na maior parte das vezes, são "co-pre-sentes" na convivência cotidiana. O "quem" não é este ou aquele, nem o si mesmo do impessoal (*man selbst*), nem alguns (*einige*) e muito menos a soma de todos. O "quem" é o neutro, o impessoal (*das Man*). [...] Este conviver dissolve inteiramente o próprio *Dasein* no modo de ser dos "outros", e isso de tal maneira que os outros desaparecem ainda mais em sua possibilidade de diferença e expressão. O impessoal desenvolve sua própria ditadura nesta falta de surpresa e de possibilidade de constatação. [...] Todo mundo é o outro e ninguém é si mesmo. O impessoal, que responde à pergunta quem

---

[13]   Gabriel Marcel, *Être et avoir* (Paris, Aubier, 1935), p. 254.

do *Dasein* cotidiano, é <u>ninguém</u>, a quem todo *Dasein* já se entregou na convivência de um com o outro (*Untereinandersein*). [...] Nesses modos, o ser do impessoal é o da *inautenticidade* e do fracasso *de estar com o si mesmo do impessoal*. [...] O si-mesmo do *Dasein* cotidiano é o <u>impessoalmente-si-mesmo</u>, que distinguimos do <u>propriamente si mesmo</u>, ou seja, do si mesmo apreendido como próprio (*eigens ergriffenen*). Enquanto impessoalmente-si-mesmo, cada *Dasein* se acha <u>disperso</u> no impessoal, precisando ainda encontrar a si mesmo. Essa dispersão caracteriza o "sujeito" do modo de ser que conhecemos como *a absorção interessada no mundo* que vem imediatamente ao encontro.[14]

Assim, alguns fenômenos sócio-históricos específicos do capitalismo moderno são inflados às proporções "cósmicas" de uma ontologia irracionalista, atemporal, metafísica. Ao mesmo tempo, o diagnóstico dos fenômenos negativos é cuidadosamente mesclado com uma denúncia do único antídoto possível: a "absorção interessada" [do indivíduo] "no mundo", em um esforço comum com "outros", para que eles obtenham controle sobre suas próprias vidas, agora governadas e manipuladas pelos mecanismos complexos da "cotidianidade" capitalista. A mistificação heideggeriana, que rotula de "inautêntica" a convivência como tal de um com o outro e que *contrapõe* à "absorção interessada" [do impessoal] "no mundo" a irracionalidade do "modo próprio do si mesmo", manipula exitosamente e desarma o protesto anticapitalista espontâneo dos indivíduos. E ele de modo algum está só nesses esforços. Sua metodologia comum é a fusão mistificadora da realidade *negativa* da rotina capitalista com a potencialidade *positiva* de sua suplantação em uma forma enganosa de negação, que deixa incontestada e, de fato, fortalecida a ordem existente. O desvelar de sua metodologia revela a substância ideológica da sua ontologia endurecida, "atemporal".

Mas o culto à "autonomia" do indivíduo não está restrito a esses sermões aristocráticos sobre a inescapabilidade metafísica da alienação e reificação capitalistas. Por mais surpreendente que possa soar a princípio, os intelectuais liberais muitas vezes se deixam seduzir pela mesma mistificação. Um exemplo típico é David Riesman. Ele admite que

já é bastante difícil considerar como poderemos remover as barreiras da personalização falsa e da privatização forçada. Imensamente mais difícil é discernir, depois que essas barreiras tiverem sido superadas, o que no homem pode levá-lo à *autonomia* ou a inventar e criar meios que o ajudarão a alcançar *autonomia*. No fim, nossos poucos palpites se mostram sem valor, e só podemos concluir nossa discussão dizendo que se faz necessária uma corrente muito mais vasta de pensamento utópico e criativo antes que possamos ver de maneira mais clara o objetivo que vagamente insinuamos com a palavra "*autonomia*".[15]

---

[14] Martin Heidegger, *Being and Time* (trad. John Macquarrie e Edward Robinson, Oxford, Basil Blackwell, 1967), p. 164-7 [ed. bras.: *Ser e tempo*, trad. Márcia Sá Cavalcante Schuback, Petrópolis/Bragança Paulista, Vozes/Editora da Universidade São Francisco, 2006, p. 183-7 modif.].

[15] David Riesman, Nathan Glazer e Reuel Denney, *The Lonely Crowd: A Study of the Changing American Character* (Nova York, Doubleday Anchor Books, 1953), p. 346 [ed. bras.: *A multidão solitária: um estudo da mudança do caráter americano*, trad. Sérgio Micelli e Mauro W. Barbosa de Almeida, 2. ed., São Paulo, Perspectiva, 1995].

Se perguntarmos, porém, o que é essa "autonomia", descobriremos que ela representa muito pouco, se é que representa algo. Na página que conclui o livro, lemos isto:

> [...] de uma coisa estou certo: as enormes potencialidades de diversidade contidas na generosidade da natureza e na capacidade dos homens para diferenciar suas experiências *podem vir a ser valorizadas pelo próprio indivíduo*, para que ele não seja tentado e forçado a ajustar-se ou, caso falhe o ajuste, à anomia. A ideia de que os homens são criados livres e iguais é tão verdadeira quanto enganadora: *os homens são criados diferentes*; eles perdem sua liberdade social e autonomia individual ao buscar se tornar iguais aos outros.[16]

As perguntas que precisam ser respondidas com mais urgência ficam todas sem resposta ou nem são feitas. O que garante que a "diferenciação" pode vir a ser "valorizada" pelo próprio indivíduo nas condições em que ele vive? Traz pouco conforto, se é que traz algum, saber que ela "poderá" vir a ser valorizada, em abstração. O que importa é se ela pode ou não vir a ser valorizada nas *reais* condições de vida a que se refere a análise.

Além do mais, de modo algum é autoevidente que essa "diferenciação" constitui um valor em si. Dizer que "os homens são criados diferentes" é ou retórica altissonante, ou a mais rasa das platitudes. O homem pode ser *humanamente* diferente só até o ponto em que qualquer forma dada da sociedade permita ou possa arcar com essa diferenciação genuína. Assim, a diferenciação real, longe de igualar a "*autonomia*", só pode adquirir sentido e valor se for concebida como *reciprocidade social*. Ser diferente apenas por ser diferente não tem valor. O assassino é confessadamente "diferente" de sua vítima, mas ninguém o elogiaria por isso. O que importa é o *conteúdo* real da diferenciação. Só pode vir a ser um valor o tipo de diferenciação passível de ser socialmente integrado, contribuindo, desse modo, para o enriquecimento e o desenvolvimento positivo do indivíduo social.

Consequentemente, se alguém vê – como Riesman – que a sociedade interfere na diferenciação desejada, é preciso levantar a questão de como mudar a sociedade dada a fim de realizar os valores que estão no foco da sua crítica. Mas Riesman também não levanta essa questão. Em vez disso, ele faz a seguinte pergunta: "É concebível que esses estadunidenses economicamente privilegiados algum dia despertarão para o fato de que estão superconformados?". E ele responde, em tom bastante pessimista:

> Visto que a *estrutura do caráter* é, no mínimo, ainda mais tenaz do que a *estrutura social*, um despertar desse tipo é *extremamente improvável*. [...] Contudo, formular a pergunta *pode* pelo menos suscitar *dúvidas* nas mentes de *alguns*. Ocasionalmente, *planejadores urbanos* fizeram perguntas como essas.[17]

O problema com a questão de Riesman é que não importa que resposta se dê a ela. Pois, suponhamos que aqueles estadunidenses privilegiados certo dia "despertem" para o fato de que estão superconformados – e daí? Poderiam eles fechar no dia seguinte as fábricas que *superproduzem*, de modo descontrolado, todos aqueles bens que estão inseparavelmente ligados a esse "superconformismo"? Dificilmente. Portanto, mesmo que acontecesse esse milagre, não faria a mínima diferença quanto à realizabilidade da diferenciação desejada.

---

[16] Ibidem, p. 349.

[17] Ibidem, p. 348.

Sendo verdadeiro que essa "estrutura do caráter" é tão tenaz quanto Riesman alega ser (*contrapondo* a tenacidade dessa "estrutura do caráter" à da estrutura social, em vez de vinculá-la a esta), então deve haver algum poder misterioso que transforma radicalmente aqueles que são "criados diferentes" em indivíduos superconformados. E se a contraposição entre estrutura do caráter e estrutura social se sustentar, só o que resta a fazer é isto: esperar pelo milagre do despertar universal e pelo milagre subsequente de obter a mudança desejada sem transformar profundamente também aquela estrutura social tenaz. (Quanto aos prováveis frutos do planejamento urbano, é ingênuo, para dizer o mínimo, esperar qualquer coisa dele sob o capitalismo. Tanto mais porque – como até Riesman admite – os poucos urbanistas imaginativos que existem esbarram na resistência persistente de grupos extremamente poderosos e de interesses velados. A verdade que nos traz de volta à realidade é que as "dúvidas" que podem ser suscitadas "nas mentes de alguns" só poderão produzir resultados significativos se for superada, em primeiro lugar, a resistência frustrante das relações sociais de produção reificadas.)

Buscar a solução na "autonomia" é estar no caminho errado. Nossos problemas não advêm da falta de "autonomia", mas, pelo contrário, de uma estrutura social – um modo de produção – que obriga os homens a *cultuá-la*, isolando-os um do outro. A pergunta vital que precisa ser feita sobre a autonomia é esta: o que se pode *fazer* com ela? Se alguém apenas a "tem", como uma "faculdade psicológica", como uma característica da "estrutura do caráter" ou como um direito vazio restrito ao domínio da "privacidade", isso, para todos os propósitos práticos, equivale a *não* tê-la em absoluto.

Ser capaz de fazer algo por meio da "autonomia" necessariamente implica "o outro". Assim, a única forma de autonomia digna de consideração é a *"autonomia" não autônoma*. Em outras palavras, a "autonomia" humanamente significativa não é realmente diferente da *reciprocidade social*, no decorrer da qual os indivíduos envolvidos uns com os outros se adaptam *mutuamente* às condições do intercâmbio dado e, ao mesmo tempo, mantêm a capacidade de tomar novas iniciativas. Se tal reciprocidade existe ou não, depende do caráter da estrutura social dada. Por conseguinte, é sumamente equivocado reduzir esse problema – que envolve muitos fatores sociais, econômicos, políticos, educacionais etc. – ao slogan psicológico vazio da "palavra 'autonomia' vagamente insinuada".

Claramente o culto ao indivíduo – ele próprio um produto da alienação – não é capaz de oferecer qualquer solução para a alienação e a reificação. Ele só conseguirá alargar o abismo que separa o ser humano sob o capitalismo de sua integração social.

2. Indivíduo e coletividade

Quando Attila József perguntou: "Como é possível que o *homo moralis* ou o *homo ideologicus* se encontre em conflito com o *homo oeconomicus*? Ou, formulando de outra maneira, o que impede o juízo econômico de funcionar como deveria?", ele estava tentando encontrar uma explicação para os eventos trágicos do período em que o fascismo triunfou – um triunfo que teria sido impossível se o "juízo econômico" do homem tivesse sido tão efetivo quanto os protagonistas pensaram que fosse. Naquelas circunstâncias, ele só pôde concluir que:

enquanto as forças emocionais do homem – pelo pouco que conhecemos delas – forem suficientemente fortes para alistar homens em campos opostos ao seu interesse humano, como poderemos acreditar que, motivados por seu juízo econômico, eles se devotarão à construção de um novo mundo?![18]

A crítica implícita nas palavras desse grandioso poeta socialista era dirigida contra a concepção antidialética e burocrática de Stalin. Com efeito, de acordo com este último, a derrocada do capitalismo é *ipso facto* uma solução para todo o problema social, e quaisquer dificuldades internas remanescentes devem ser atribuídas a "resquícios do capitalismo". Assim, nega-se a possibilidade mesma de uma crítica socialista da sociedade pós-revolucionária. Não causa surpresa, portanto, que as aspirações socialistas que interessam ao programa marxiano da "autorrealização humana" sejam condenadas como meras "moralizações". (É por isso que, nesse campo, algumas das obras mais fundamentais de Marx têm de ser rejeitadas como "idealistas".)

A primeira coisa a se notar é que o ponto de vista social que condena *a priori* a ideia mesma de uma crítica socialista da sociedade pós-revolucionária como mera "moralização" está fadado a ser *abstrato*. Ele não leva em conta o fator mais importante da situação histórica dada: os seres humanos reais que constituem a sociedade após a revolução tanto quanto antes dela. Ele sobrepõe de modo voluntarista ao "indivíduo humano real" (Lenin) as categorias genéricas de uma *fase* sócio-histórica idealisticamente antecipada. A "correção" da conduta humana é medida – positiva ou negativamente – por sua suposta aproximação (ou distanciamento) a um dos estereótipos arbitrariamente inventados, como "herói positivo", "o hesitante", "o inimigo" etc., desconsiderando as circunstâncias sócio-históricas concretas em que o indivíduo está atuando.

Particularmente revelador nesse aspecto é o conceito de "romantismo revolucionário", que demonstra o caráter burocraticamente "moralizante" do dogmatismo stalinista. Os slogans do "romantismo revolucionário" de fato constituem um código ético-jurídico que está longe de ser revolucionário e que categoricamente repudia qualquer crítica do *presente* a partir da perspectiva de uma sociedade burocraticamente manipulada, cuja superioridade social e moral é afirmada em nome do *pretenso futuro* do *homo oeconomicus*. Naturalmente, se os juízos de valor forem formulados do ponto de vista de um *futuro desejado*, em contraposição flagrante às características objetivas do *presente real*, os juízos que não obedecerem às regras do pensamento desejoso "romântico revolucionário" (isto é, burocrático-conservador), mas estiverem embasados em realidades *presentes*, deverão parecer aos pensadores desejosos como resquícios "moralizantes" do *passado*. Por conseguinte, eles têm de ser condenados *a priori*. Assim, as contradições objetivas complexas de uma grande transformação social são reduzidas de modo voluntarista a termos subjetivos convenientes e se transformam no problema simples de como lidar administrativamente com o "indivíduo resistente", que é um "resquício do passado". As questões são levantadas de forma unilateral e burocrática – de modo a se tornarem acessíveis a uma solução administrativa, atendo-se ao quadro de referência institucional stalinista da sociedade pós-revolucionária. O indivíduo é confrontado com órgãos burocráticos que despejam sermões românticos sobre ele. Ele pode escolher entre

---

[18]   Attila József, *A szocializmus bölcselete* [A filosofia do socialismo] (1934).

comportar-se, sinceramente ou não, como se vivesse de acordo com os modelos subjetivistas abstratos expressos nesses sermões, ou então sofrer as consequências administrativas.

Nesse ponto, temos de recordar uma passagem dos *Grundrisse*, na qual o "Marx maduro" analisa a relação entre o indivíduo e seu ambiente social. Ele conclui que a alienação só é transcendida quando "*os indivíduos se reproduzem como singulares, mas como singulares sociais*"*. Assim sendo, na visão de Marx, o indivíduo em uma sociedade socialista não dissolve sua individualidade dentro das determinações sociais gerais. Pelo contrário, ele precisa encontrar uma saída para a plena realização de sua própria personalidade (*Gesamtpersönlichkeit*). Na sociedade capitalista, os indivíduos só podem se reproduzir como indivíduos *isolados*. Em uma sociedade burocraticamente coletivizada, por outro lado, eles não podem se reproduzir como *indivíduos*, muito menos como *indivíduos sociais*. Nos dois casos, a esfera *pública* é dissociada da esfera *privada* e contraposta a ela, por mais díspares que sejam as formas dessa contraposição. Em contraste, segundo Marx, a realização da "*Gesamtpersönlichkeit*" necessariamente implica a reintegração da *individualidade* e da *socialidade* na realidade humana tangível do *indivíduo social*.

Quando se referiu à transcendência positiva da alienação, Marx fez uma advertência contra "fixar mais uma vez a 'sociedade' como abstração frente ao indivíduo" (104 [107]). Essa contraposição de "sociedade" e indivíduo – na forma de órgãos coletivos burocratizados – impossibilita a *automediação* do indivíduo social. Com efeito, a alegada "universalidade" da coletividade burocrática não é uma universalidade diretamente humana, mas, pelo contrário, uma *abstração* das reais condições de vida do "indivíduo humano real". Assim, em vez de capacitar os indivíduos particulares para transcender suas limitações mediante a integração social recíproca, a coletividade abstrata dissolve-os dentro do seu próprio quadro de referência *genérico*, no qual não pode haver espaço para as características *específicas* dos indivíduos reais. O lugar do *indivíduo isolado* passou a ser ocupado por um *universal abstrato* ("*abstrakt Allgemeine*" – por exemplo, "membro do Estado socialista", "herói positivo" etc.), e não pelo *indivíduo* verdadeiramente *social*, que se tornou um "universal concreto" pela automediação dentro de uma *comunidade* real.

O caráter problemático desses desenvolvimentos pode ser visto claramente no destino do princípio socialista: "de cada qual segundo as suas capacidades, a cada qual segundo o seu trabalho". Do ponto de vista abstrato da coletividade burocrática, o único obstáculo à realização desse princípio é que os indivíduos solicitados a contribuir "segundo as suas capacidades" resistam à tendência natural de tornar-se "heróis positivos" por causa dos "resquícios do capitalismo" dentro deles. Isso equivale a afirmar que a contribuição do indivíduo para "a totalidade" (que se refere à "sociedade" contraposta abstratamente ao indivíduo) deve consistir em *conformar-se a uma norma predeterminada*. Nesse ato de conformidade imposto, o ideal é dissociado do indivíduo (é concebido como algo *acima* dele) e oblitera a sua personalidade particular. É óbvio que, a partir da perspectiva da coletividade abstrata, não há como ver que trabalhar "segundo a sua capacidade" significa, acima de tudo, a realização de condições em que as múltiplas capacidades do indivíduo

---

*   Karl Marx, *Grundrisse. Manuscritos econômicos de 1857-1858: esboços da crítica da economia política* (trad. Mario Duayer e Nélio Schneider, São Paulo, Boitempo, 2011), p. 706. (N. T.)

humano real não sejam prensadas dentro da cama de Procusto das exigências burocráticas estreitamente predeterminadas.

Desnecessário dizer que os apologistas do capitalismo descartam a ideia marxiana de uma "transcendência positiva da alienação" como "sonho utópico" e exploram os fracassos historicamente condicionados da era Stalin como "prova" atemporal de que as condições de vida capitalisticamente reificadas são "o melhor que os homens podem obter". Em contrapartida, a autocomplacência stalinista também põe a culpa de seus próprios fracassos na sobrevivência continuada do capitalismo. Ambas as abordagens não se sustentam. Infelizmente para os adversários do socialismo, este século [XX] produziu diferentes *tipos* de sociedades pós-capitalistas – isto é, China, Cuba e Vietnã, além da Iugoslávia e das Democracias Populares –, que, no que depende delas, estão muito distantes de repetir o padrão soviético de desenvolvimento. Quanto à autocomplacência stalinista, é evidente que os desenvolvimentos históricos complexos não podem ser reduzidos a uma só causa. Obviamente, a existência continuada do capitalismo mundial desempenhou um papel importante nas distorções stalinistas dos potenciais revolucionários originais de outubro de 1917. Contudo, o padrão real da causalidade sócio-histórica é a *reciprocidade* dialética, e não a unilateralidade mecânica. Houve muitos fatores internos e externos que, em sua interação recíproca, contribuíram para o resultado final dentro do quadro de referência geral de uma situação *global*. Nesse ponto, temos de nos restringir – ao comparar três tipos diferentes de desenvolvimentos pós-revolucionários: o soviético, o chinês e o cubano – a uma discussão muito sucinta de alguns fatores históricos particularmente importantes.

É preciso lembrar que o desenvolvimento soviético sofreu dois importantes reveses antes do triunfo final da linha política de Stalin. O primeiro foi a longa guerra civil, em um momento em que as tarefas urgentes de lançar as bases para uma economia socialista em um país, em geral, pouco desenvolvido tiveram de ser subordinadas à tarefa ainda mais urgente de defender a revolução contra a intervenção estrangeira. (Alguns dos embriões institucionais de uma potencial democracia socialista, gerados no decorrer da revolução, constituíram as baixas óbvias dessa fase.) O segundo revés foi o momento em que, no interesse da pura sobrevivência, foi preciso introduzir a Nova Política Econômica (NEP): uma política que fez graves concessões ao lucro privado como força motivacional poderosa, procurando contrabalançar seus efeitos negativos de longo alcance por meios *judiciários*. Podemos depreender isso de uma carta enviada por Lenin a D. I. Kursky, procurador-geral do Comissariado Popular de Justiça [CPJ]:

> Sob o czar, os procuradores eram demitidos ou promovidos em virtude da porcentagem de casos que ganhavam. Nós conseguimos adotar o pior da Rússia czarista – burocracia e morosidade –, e isso está virtualmente nos sufocando, mas falhamos em adotar suas *boas práticas*. [...] Considero que o CPJ está "nadando a favor da maré". No entanto, sua tarefa é nadar contra a maré. [...] Se, em uma série de *julgamentos exemplares*, o CPJ falha em provar que sabe como pegar os que transgridem essa norma e *puni-los* [...] *com o fuzilamento*, então o CPJ não presta para nada, e eu considerarei meu dever levar o Comitê Central a concordar com a substituição total de todos os trabalhadores sêniores do CPJ.[19]

---

[19]   Vladimir I. U. Lenin, "On the Tasks of the People's Commissariat for Justice under the New Economic Policy", em *Collected Works*, v. 36 (Moscou, Foreign Languages/Progress, 1960-74), p. 562-4.

Assim, passado o período da NEP, nada foi mais fácil para Stalin do que estabelecer a continuidade entre seus próprios métodos autoritários e os julgamentos da NEP. A situação desesperada que forçou Lenin a adotar o método dos "julgamentos exemplares" para tentar enfrentar os graves problemas econômicos e políticos só poderia fortalecer as autoridades centrais burocráticas, que de qualquer modo gozavam de uma supremacia já "embutida" graças ao seu poder de controle sobre a distribuição dos recursos materiais extremamente escassos. O fato de tanto a justiça quanto a distribuição dos recursos econômicos disponíveis serem administradas *a partir de cima* permitiu adotar de modo crescente um padrão dual de vida: um para os especialistas e funcionários do partido, e outro para a vasta maioria da população. E é claro que, paralelamente à intensificação das desigualdades, as formas ideológicas tornaram-se cada vez mais dominadas pelas falsas perspectivas do "comunismo dobrando a esquina" cultivadas pelo "romantismo revolucionário" que "transcendeu" de maneira fictícia as desigualdades existentes, substituindo o *presente* real por um *futuro* imaginário.

O contraste entre as perspectivas stalinistas e as de Mao Tse-tung é impressionante. Mao Tse-tung insiste em que, mesmo *após* várias décadas de privações e abnegação – isto é, até na virada para o século XXI –, é preciso continuar economizando, visto que, como ele diz, a frugalidade é um princípio básico da economia socialista em geral. Devemos acrescentar aqui que a concepção filosófica geral subjacente também é sumamente realista. Na visão de Mao Tse-tung, "a história do gênero humano é uma história de desenvolvimento contínuo do domínio da necessidade para o domínio da liberdade. Esse processo *jamais acaba*"[20].

O contraste com a China nesse ponto não é simplesmente ideológico. É mais que isso: o realismo mais acentuado na perspectiva ideológica chinesa reflete uma situação histórica bastante diferente. Na China, não só não houve NEP. O que é mais significativo: um revés do tipo NEP era simplesmente impensável, pois a revolução foi *baseada no campesinato*. Além disso, *antes* que a revolução pudesse se tornar vitoriosa, ela teve de resolver na prática muitos problemas sociais, políticos, econômicos e administrativos que, na União Soviética, só surgiram *após* o êxito político da revolução. Assim, os revolucionários soviéticos se viram quase da noite para o dia em uma situação em que tiveram de dar resposta a tudo *de uma só vez* e, quando erravam, isso acontecia em uma escala *maciça*, envolvendo o Estado inteiro, ao passo que os chineses puderam elaborar uma estratégia de sucesso enquanto corrigiam erros cometidos em conflitos mais localizados, ampliando o alcance de sua influência durante o processo de aprendizado para enfrentar problemas cada vez maiores da administração social.

Uma questão crucial, apontada pelo próprio Lenin, foi a da relação entre os novos órgãos da revolução e o velho aparato estatal. Sumamente reveladora é a análise de Lenin sobre esse problema no discurso em que faz o balanço da NEP.

Nós assumimos a velha máquina do Estado, e *esse foi nosso infortúnio*. Muitas vezes essa máquina operou contra nós. Em 1917, após tomarmos o poder, os oficiais do governo nos sabotaram. Isso nos intimidou muito, e nós imploramos: "Voltem, por favor". Todos eles voltaram, mas *esse foi nosso infortúnio*. Temos agora um vasto exército de funcionários do governo, mas faltam-nos

---

[20] Mao Tse-tung, *Quotations from Chairman Mao Tse-tung* (Pequim, Foreign Languages Press, 1967), p. 203.

as forças suficientemente educadas *para exercer o controle real sobre eles*. Na prática, muitas vezes ocorre que aqui na cúpula, onde exercemos o poder político, a máquina funciona de alguma maneira; mas lá embaixo, os funcionários do governo detêm o *controle arbitrário*, e eles muitas vezes o exercem de tal modo *a contrabalançar nossas medidas*. Na cúpula, penso que temos não sei quantos, mas em todos os eventos devem ser não mais do que alguns poucos milhares, e do lado de fora algumas dezenas de milhares do nosso pessoal. Mas lá embaixo há centenas de milhares de velhos oficiais que recebemos do czar e da sociedade burguesa, que, em parte deliberadamente, em parte involuntariamente, trabalham contra nós.[21]

A urgência e a magnitude das tarefas repentinamente assumidas forçaram Lenin e seus camaradas a resignar-se à ideia de fiar-se fortemente em uma velha máquina estatal burocrática: uma pedra de moinho pendurada no pescoço da revolução. A atitude *subjetiva* dos oficiais para com a revolução era secundária. A pesada máquina burocrática como tal, com sua própria inércia institucional, contrapunha-se *objetivamente* às medidas revolucionárias, mergulhando em uma hostilidade "involuntária" até mesmo aqueles oficiais que subjetivamente simpatizavam com a revolução. A velha herança, com sua pesada inércia, foi um fator que influenciou muito os estágios posteriores do desenvolvimento soviético.

O desenvolvimento chinês foi historicamente muito mais feliz nesse tocante. Em parte porque a velha máquina estatal era de um tipo bastante diferente, em parte porque os próprios problemas organizacionais e administrativos vieram à tona de um modo bem distinto. Embora os números implicados fossem muito maiores, a margem de manobra e a possibilidade de recuar eram igualmente maiores. O quadro de referência organizacional foi elaborado sobre uma base popular imensamente ampla. Caso se quisesse ter uma revolução exitosa, ela teria de estar baseada no campesinato, mesmo que a ideologia original estivesse orientada para a classe trabalhadora urbana. Mao Tse-tung profetizou no início de 1927:

> O presente irrompe do movimento camponês em um evento colossal. Dentro de um prazo bem curto, nas províncias do centro, do sul e do norte da China, várias centenas de milhões de camponeses se levantarão como uma forte tempestade, como um furacão, uma força tão célere e violenta que nenhum poder, por maior que seja, será capaz de detê-la. Eles romperão todas as amarras que os prendem e avançarão rumo à libertação.[22]

Essa concepção de revolução – como um movimento camponês colossal dotado de força elementar – implicou o princípio de que "*o povo, e só o povo, constitui a força motriz no fazer da história mundial*"[23] e, na prática, a tarefa de desenvolver uma democracia de base popular para liberar a "energia criativa ilimitada das massas". (O intelectual revolucionário é visto como um instrumento de importância vital para liberar essa energia criativa.) A máquina estatal emergente – incluindo o Exército, em situação de guerra – é organizada para minimizar a fricção entre o povo e os órgãos governamentais e para promover a autoconfiança e a ajuda mútua. Isso é bem ilustrado no seguinte exemplo:

---

[21]   Vladimir I. U. Lenin, *Collected Works*, cit., v. 33, p. 428-9.

[22]   Mao Tse-tung, "Report on an Investigation of the Peasant Movement in Hunan", em *Selected Works*, v. I (Pequim, Foreign Languages Press, 1961-), p. 23.

[23]   Idem, "On Coalition Government", em ibidem, v. III, p. 257.

Em anos recentes, as unidades do nosso Exército na região de fronteira empreenderam a produção em grande escala para prover a si próprias com abundância de alimento e vestuário e simultaneamente realizaram seu treinamento, seus estudos políticos e a alfabetização, além de outros cursos, com êxito muito maior do que antes, e *a união dentro do Exército e entre o Exército e o povo é maior do que nunca.*[24]

No mesmo espírito, a recente *Revolução Cultural* reafirmou, de forma prática, a validade do princípio de que "só o povo é a força motriz", em contraposição à burocratização, com a participação ativa de virtualmente centenas de milhões.

A liderança cubana foi repetidamente atacada a partir de vários quadrantes sectários por sua "heresia". Tanto que Fidel Castro teve de enfatizar nos termos mais claros possíveis: "*Não pertencemos a nenhuma seita; não pertencemos a nenhuma ordem maçônica internacional; não pertencemos a nenhuma igreja*"[25]. Reconhecidamente, a ajuda soviética, tanto militar quanto econômica, teve enorme importância para a sobrevivência de Cuba em face do poder brutal do imperialismo estadunidense. Mas nenhum país consegue sobreviver só com ajuda externa. A existência continuada e o progresso de Cuba são evidência irrefutável da grande vitalidade positiva de seu próprio tipo de desenvolvimento. As bases para isso foram lançadas nos dias da revolução armada, que estendeu sua esfera de influência na forma de ativação da *espontaneidade reprimida* das massas na luta contra o regime de Batista. Para que a revolução pudesse sobreviver no "hemisfério norte-americano", tais bases não só tinham de ser mantidas, mas também aprofundadas e, ao mesmo tempo, ampliadas ainda mais. E isso é precisamente o que Cuba está tentando fazer hoje: basta pensar nos programas de participação popular no desenvolvimento da economia, da política e da cultura no mesmo grau, nos esforços conscientes para manter a burocracia em xeque e, por último mas não menos importante, no *ethos* da *igualdade*, que caracteriza as relações humanas emergentes em todas as esferas da vida. Dentro do quadro de referência dessas perspectivas, não pode haver espaço para os dogmas de uma "ordem maçônica internacional". Os riscos são altos, visto que Cuba vive permanentemente à sombra de uma ameaça mortal. Nessa situação, quando "o momento da verdade" não é um momento fugaz, mas uma permanência catártica, o que é essencial facilmente se separa dos aspectos dogmáticos inessenciais. A "astúcia da história" só consegue ajudar os que são capazes de ajudar a si mesmos. Em um quadro de referência socialista de reciprocidade genuína, até mesmo a fraqueza militar óbvia pode ser superada e passar a ser usada positivamente: pois a única forma de operação militar concebível capaz de conter o agressor no caso de uma nova invasão dos Estados Unidos é o esforço elementar, espontâneo, total do povo como um todo: disciplinado *a partir de dentro* e capaz de fazer um sacrifício último com a maior naturalidade. Desse modo, a desvantagem militar é convertida em um fator poderosamente dinâmico de coesão social e desenvolvimento. Igualmente, não entra em cogitação esperar pelo estabelecimento de relações humanas socialistas até *depois* de terem sido alcançadas algumas metas econômicas predeterminadas: objetivos educacionais e programas econômicos têm de ser realizados em integração recíproca. É bastante significativo que a liderança

---

[24] Idem, "We must Learn to Do Economic Work", em ibidem, p. 243.

[25] Citado em Régis Debray, *Revolution in the Revolution?* (Londres, Penguin, 1968), p. 125.

cubana seja caracterizada por um pensamento econômico "herético", não só no tocante ao programa de industrialização. Ainda mais radicais foram os esforços – afetando de modo sumamente fundamental as perspectivas gerais do desenvolvimento – que visaram reduzir o papel da troca e do dinheiro no gerenciamento da economia. Assim, diretamente contestado por meio dessas medidas, por mais experimentais que possam – e de fato devam – ter sido nesse estágio, foi o sistema de "mediações de segunda ordem", que constitui a mais pesada de todas as pedras de moinho herdadas do passado capitalista. E nenhuma sociedade pós-capitalista pode esperar realizar plenamente o *indivíduo social* se não demolir esse sistema de mediações de segunda ordem e substituí-lo por instrumentos adequados de intercâmbio humano.

Desnecessário dizer que os diferentes tipos de desenvolvimento rumo ao socialismo não podem ser entendidos simplesmente em termos de condições locais, a não ser que estas últimas estejam inseridas no quadro de referência geral de uma situação *global*, da qual são parte integrante. A União Soviética, na condição de "primeiro elo partido na cadeia do imperialismo", teve de constituir-se diretamente em meio aos ataques intervencionistas do capitalismo: para ela, tornou-se imperativo construir um poder militar capaz de resistir a um confronto total com o capitalismo mundial. No período em que Cuba entrou na rota do seu desenvolvimento, o mundo minguante do capitalismo tinha sido exitosamente contestado não só pela existência do sistema soviético, mas também pela vitória da revolução chinesa. A emancipação humana da alienação capitalista é um processo global de imensa complexidade, implicando necessariamente a *complementaridade objetiva* – que não deve ser confundida com algum tipo de coordenação central – de todos os movimentos socialistas que enfrentam o sistema mundial do capitalismo. Conforme enfatizado por Lenin há mais de meio século:

> Seria um erro fatal declarar que do fato de haver uma discrepância entre nossas "forças" econômicas e nosso poder político "segue-se" que não deveríamos ter tomado o poder. Um argumento desse tipo só pode ser externado por um "homem de cachecol" [um filisteu conservador de mentalidade estreita], esquecido de que sempre haverá tal "discrepância", que ela sempre existe no desenvolvimento da natureza, bem como no desenvolvimento da sociedade, que só mediante *uma série de tentativas* – cada uma das quais, tomada em si mesma, será *unilateral* e padecerá de certas *inconsistências* – será criado o *socialismo completo* pela cooperação revolucionária dos proletários de *todos* os países.[26]

Assim sendo, não pode haver "modelos" universalmente válidos nem medidas universalmente compulsórias e movimentos centralmente dirigidos por alguma "ordem maçônica internacional". A plena realização do indivíduo social diz respeito ao "indivíduo humano real", com todos os seus problemas, necessidades e aspirações específicos. Somente se – "de acordo com as reais capacidades do indivíduo humano real" – esses problemas, necessidades e aspirações forem convertidos em princípio regulador abrangente de todos os esforços sociais, integrando reciprocamente os indivíduos reais dentro de um quadro de referência educacional amplo do organismo social como um todo, só então se poderá falar de uma "transcendência positiva da alienação".

---

[26] Vladimir I. U. Lenin, *Collected Works*, cit., v. 27, p. 345-6.

3. Automediação do indivíduo social

Marx define comunismo como "a <u>verdadeira</u> dissolução do *antagonismo* do homem com a natureza e com o homem; a verdadeira resolução do conflito entre existência e essência, entre objetivação e autoconfirmação, entre liberdade e necessidade, entre *indivíduo e gênero*" (102 [105]). Essa declaração não deveria ser interpretada no sentido de que "indivíduo" e "gênero humano" passam a ser o mesmo conceito. (Como vimos, Marx repetidamente reforçou que o indivíduo nunca se funde diretamente com suas determinações sociais.) Pelo contrário, só quando surge a possibilidade de resolver o velho conflito entre indivíduo e gênero humano torna-se possível traçar adequadamente a linha de demarcação entre a esfera ontológica do indivíduo e a do gênero humano. Antes desse estágio histórico, esses dois conceitos eram definidos de modo vago e, dentro do quadro de referência do discurso moral, suas diferenças básicas permaneciam, via de regra, ocultas.

Não há espaço aqui para uma discussão detalhada dessa problemática: podemos apenas indicar seus aspectos mais importantes. Uma citação de Paracelso ilustra bem nosso ponto de partida:

> Não devemos julgar as pessoas conforme sua estatura, mas *honrar todas elas de modo igual*. O que há em ti, há em todas. *Cada uma* delas tem o que tu também tens dentro de ti; e o pobre cultiva no seu jardim as mesmas plantas que o rico cultiva. No *ser humano*, a habilidade de praticar todos os ofícios e todas as artes é inata, mas nem todas essas artes foram trazidas a lume. Aquelas que devem se manifestar nele precisam primeiro ser despertadas. [...] A criança ainda é um ser indeterminado e recebe sua forma de acordo com as *potencialidades* que despertas nele. Se despertas nele a habilidade de fazer sapatos, ele será sapateiro; se despertas nele o talhador de pedras, ele será talhador de pedras; e se evocares nele o pesquisador, ele será um pesquisador. E isso pode ser feito porque *todas as potencialidades lhe são inerentes*; o que despertas nele aparece; o restante permanece não desperto, envolto em sono![27]

Assim, Paracelso nos convida a honrar o *gênero humano* em *cada* indivíduo particular. Essa é uma esplêndida afirmação do princípio da *igualdade* – no início do século XVI – dentro do discurso moral que, contudo, transparece na identificação de dois modos fundamentalmente diferentes de ser como uma afirmação sobre um estado de coisas real. As potencialidades *reais* de *indivíduos particulares* devem, não obstante, ser distinguidas de suas potencialidades *ideais*, isto é, daquelas capacidades que podem ser consideradas *reais* só em relação ao *gênero humano* como um todo. O discurso moral tradicional, contudo, não tem a possibilidade de fazer essa distinção, como logo veremos.

O que, nesse ponto, necessitaria de um exame mais detido é o envolvimento extremamente complexo dos indivíduos reais em situações morais, suas múltiplas obrigações e comprometimentos, bem como seus vínculos complicados com a comunidade em que casualmente vivem e que se encontra em mudança dinâmica. Há muito a ser desenredado aqui, já que o discurso moral inevitavelmente borra as linhas da demarcação objetiva e aplica ao indivíduo suas próprias categorias e distinções, que tendem a abolir no pensamento a distinção vital entre indivíduo e gênero humano a fim de medir os esforços e

---

[27] Paracelso, *Selected Writings*, cit., p. 179.

os fracassos do indivíduo com um critério aplicável somente ao gênero humano. É claro que há algo grandioso e positivo em tudo isso. A absolutidade categorial da norma moral impõe ao indivíduo – de forma inconsciente – a consciência de sua *socialidade objetiva*. Ou, formulando em outras palavras: a socialidade objetiva do indivíduo capacita-o a ter a dimensão da moralidade na sua relação autotranscendente dialética com suas limitações. No entanto, a menos que se tenha sempre em mente que a moralidade é um órgão do autodesenvolvimento do gênero humano como um todo, a abordagem das relações reais de situações interpessoais se torna inevitavelmente distorcida.

Na filosofia de Kant, "poder implica dever (moral)" serviu para estabelecer o domínio do *noumena*, que, por seu turno, estabeleceu a *validade absoluta* da *Norma Moral*. O "mundo numênico" ao qual pertence o agente moral de Kant corresponde, na realidade, à socialidade objetiva dos indivíduos, cujas complexidades não podem ser explicadas simplesmente em termos de "causalidade natural". A *causação social*, tanto vertical quanto horizontalmente – isto é, tanto historicamente quanto em seu funcionamento estrutural em qualquer momento dado –, é ininteligível sem que se leve em conta de modo cabal o enorme poder daquele órgão *relativamente autônomo* do autodesenvolvimento da humanidade chamado moralidade. Contudo, visto que estamos lidando com um órgão do gênero humano como um todo, é necessário traçar as linhas demarcatórias no que se refere a estimar o papel e a responsabilidade dos indivíduos.

Ainda que a moralidade seja um órgão do autodesenvolvimento do gênero humano como um todo, ela só pode funcionar, obviamente, por meio das ações mais ou menos autoconscientes dos indivíduos particulares. Por conseguinte, é inevitável que, na consciência dos indivíduos, as diferenças sejam toldadas ou totalmente suprimidas. O indivíduo "toma para si mesmo" todo o ônus de representar as capacidades do gênero humano na situação moral dada, seja ele individualmente capaz ou não de viver segundo as expectativas morais. Se não fosse assim, isto é, se a diferença objetiva entre suas capacidades bastante limitadas e as forças virtualmente ilimitadas do gênero humano não fosse toldada em sua consciência por meio da linguagem categórica do discurso moral, o DEVE não poderia cumprir sua função: a consciência das nossas limitações objetivas – que não pode ser dissociada da nossa abordagem muitas vezes imprecisa dessas mesmas limitações – tenderia a reforçar as alegações do "NÃO PODE ser feito" e solapar as do "DEVE ser feito". Consequentemente, a moralidade tradicional só pode funcionar se o DEVE suplantar e toldar na autoconsciência do indivíduo todas as diferenças objetivas que poderiam enfraquecer suas exigências categoriais.

É preciso acrescentar, contudo, que o grau em que o indivíduo pode ser emancipado da interferência – em algumas situações, nada menos que a tirania absoluta – desse órgão do autodesenvolvimento do gênero humano é uma questão histórica. A forma da consciência em que os indivíduos percebem sua condição moral muda de época para época e de sociedade para sociedade. (Retornaremos a esse problema em seguida.)

Não obstante, a questão da "transcendência" não poderá ser avaliada apropriadamente se o fundamento ontológico das diferenças entre indivíduo e gênero humano for ignorado. A diferença mais importante é que, enquanto o indivíduo está *inserido* em sua esfera ontológica e parte das formas *dadas* do intercâmbio humano, que funcionam como premissas axiomáticas dessa atividade que estabelece fins, o gênero humano como um todo – o ser "autotranscendente" e "automediador da natureza" – é "*autor*" de sua própria esfera ontológica. É claro que as escalas temporais também são basicamente diferentes. Enquanto as ações do indivíduo estão estritamente circunscritas por seu tempo de vida limitado – e, ademais, por inúmeros outros fatores limitantes do seu ciclo de vida –, o gênero humano como um todo transcende tais limitações temporais. Consequentemente, medidas e parâmetros adequados à abordagem da "potencialidade humana" – um termo aplicável, a rigor, só ao gênero humano como um todo – são bem diferentes dos que se aplicam à avaliação das ações do indivíduo limitado.

Sob um aspecto distinto e usando uma terminologia que nos é familiar a partir da filosofia moral tradicional, pode-se descrever a condição ontológica do indivíduo isolado como "fenomenalidade", em nítido contraste com a "numenalidade" da esfera social. Com efeito, só uma atividade social-interpessoal pode ser atividade *que estabelece fins*, na qual as "coisas" – isto é, a "mera fenomenalidade" – adquirem sua "essência" em relação à e nos termos da atividade em questão. De acordo com Lukács: "Somente da atividade produtiva (*Arbeit*) se origina necessariamente *o conceito das coisas*"[28]. O indivíduo só poderá ser caracterizado como "mera fenomenalidade" se for considerado em isolamento total. O indivíduo real, contudo, que se encontra na esfera ontológica em que está inserido, é um "ser numênico", na medida em que sua *socialidade* é inseparável dele por princípio. Na prática, porém, a separação ocorre: por meio da alienação e reificação das relações sociais de produção, que isolam o indivíduo em sua "fenomenalidade bruta" e sobrepõem a ele, de modo mistificado, sua própria natureza real como uma "essência numênica transcendental". Assim se origina a contradição entre "existência e essência, entre o indivíduo e o gênero". E é essa contradição hostil – esse transcendentalismo inconsciente – que Marx procura resolver por meio da transcendência da alienação.

A resolução da *contradição hostil*, contudo, não significa a supressão das *diferenças* reais. Tal tentativa só poderia ser bem-sucedida na ficção, mediante a *fusão* de indivíduo e gênero humano em um Sujeito Coletivo mítico. Com efeito, não importa o quanto se enfatize a socialidade ("numenalidade") do indivíduo, não há como eliminar as linhas objetivas de demarcação sem distorcer gravemente as relações fundamentais. As diferenças ontológicas básicas existentes tornam ocioso atribuir ao indivíduo capacidades que não é possível que ele tenha. Porque só o indivíduo abstrato da filosofia especulativa vive no domínio das "possibilidades" – o indivíduo real precisa contentar-se com o campo das "probabilidades" dentro do qual ele tem de mover-se, conscientemente ou não, satisfeito ou não. A oposição entre as categorias do DEVE (*Sollen*) e do é (*Sein*) só pode ser resolvida no plano ontológico do gênero humano. O que aparece como "deve", direcionado para o indivíduo nos termos específicos do discurso moral, expressa de fato alguns "*projetos*" objetivos e algumas *tarefas históricas reais* que existem nas estruturas complexas da sociedade humana enquanto *neces-sidades* e *tendências* do desenvolvimento: necessidades, contudo, que são *negadas* na prática por alguma necessidade predominante (por exemplo, "escassez") e, por isso, têm de ser refor-çadas pelo poder do "deve" contra tal negação. No decorrer do desenvolvimento humano, essas necessidades conflitantes são resolvidas, e as "necessidades", "tarefas" e "tendências"

---

[28] Hans Heinz Holz, Leo Kofler e Wolfgang Abendroth, *Gespräche mit Georg Lukács* (org. Theo Pinkus, Hamburgo, Rowohlt, 1967), p. 21.

do desenvolvimento se tornam realidades, o que leva a suplantar *na prática* a forma imperativa. No que diz respeito ao indivíduo particular, contudo, essas "necessidades", "tarefas" e "tendências" conservam seu caráter axiológico em relação a ele – ele pode "escolhê-las" como seus "valores" positivos ou negativos, atuando a favor ou contra a sua realização –, e os imperativos morais permanecem "normas" ou "regras" para ele. O indivíduo particular só pode viver de acordo com tais regras e normas ou violá-las – dentro de certos limites – e, consequentemente, contribuir com a constituição de um novo conjunto de regras e normas.

Em contraste, o gênero humano como um todo tende a suplantar não só os conjuntos de regras particulares, historicamente dados, mas o discurso moral – isto é, a expressão de uma consciência moral separada – em sua totalidade. Essa suplantação, não obstante, só pode ser compreendida como um conceito *limitante*, já que a situação à qual ela se aplica não é um *estágio histórico* particular (que seria uma concepção a-histórica, postulando um "fim da história"), mas o desenvolvimento virtualmente ilimitado e a autotranscendência contínua do gênero humano. O limite conceitual desse tipo de transcendência só pode ser a infinitude. As condições da "verdade absoluta" se aplicam – *mutatis mutandis* – igualmente ao campo da moralidade:

> A soberania do pensar se realiza em uma sucessão de seres humanos que pensam de modo sumamente não soberano; o conhecimento com pretensão incondicional à verdade se concretiza em uma sucessão de erros relativos; nem aquela nem este podem ser realizados *plenamente* a não ser *mediante a duração infinita da vida da humanidade*. [...] uma contradição que só tem solução no progresso *infinito*, na *sequência*, ao menos para nós, praticamente *infinita das gerações humanas*. Nesse sentido, o pensamento humano é [...] soberano e *ilimitado* quanto ao projeto [*Anlage*], à vocação, à *potencialidade*, à finalidade histórica; não soberano e limitado quanto à execução individual e *quanto à realidade de cada caso concreto*.[29]

Ocorre algo similar com o discurso moral: é uma possibilidade ideal do gênero humano suplantá-lo totalmente "mediante a duração *infinita* da existência humana", mediante uma "sequência *infinita* das gerações humanas". Mas não há como realizar essas "*possibilidades ilimitadas*" "*na realidade*" (isto é, em "*cada caso concreto*"), exceto na forma de conquistas *limitadas*, relativas, que se sucedem *ad infinitum*. Isso é assim sobretudo porque o poder do discurso moral, que é concebido como suplantado na *infinitude*, é uma condição elementar do próprio progresso humano. Consequentemente, os dogmatistas burocráticos que rejeitam as ideias morais de Marx, alegando tratar-se de "conceitos ideológicos", "humanismo" e "idealismo juvenil", postulam de modo fictício uma "teoria científica" que supostamente teria suplantado de maneira definitiva tudo isso e negam alguns aspectos fundamentais da dialética marxista.

Não é preciso dizer que, mesmo que o próprio discurso moral seja transcendido apenas "mediante a duração *infinita* da existência humana", a suplantação da alienação capitalista representa uma conquista *qualitativa* radical na realização desse processo dialético. A "condição inconsciente do gênero humano" é uma forma de sociedade, cuja consciência *moral*

---

[29]   Friedrich Engels, *Anti-Dühring* (Moscou, Foreign Languages Publishing House, 1959), p. 435-8 [ed. bras.: *Anti-Dühring. A revolução da ciência segundo o senhor Eugen Dühring*, trad. Nélio Schneider, São Paulo, Boitempo, 2015, p. 118-9]. Citado por Vladimir I. U. Lenin, "Materialism and Empirio-Criticism", em *Collected Works*, cit., v. 14, p. 133-4.

só pode ser igualmente *inconsciente*. O sistema das mediações capitalistas de segunda ordem traz consigo uma contradição fundamental: aquela existente entre as *"potencialidades"* do gênero humano e o campo estritamente circunscrito das *"probabilidades"* dos indivíduos particulares que têm de operar submissos aos mecanismos cegamente predominantes da instrumentalidade capitalista.

Não obstante, essa contradição não é a manifestação de uma "decadência" (*Verfallen*) nem de um "estar-lançado" (*Geworfenheit*) não transcendíveis, metafísicos e atemporais, como na ontologia endurecida de Heidegger, mas a característica de uma realidade que muda no decorrer da história. Nesse ponto, podemos identificar uma característica típica da metodologia da mistificação heideggeriana: toldar a distinção entre o indivíduo particular e o gênero humano, de modo que um sujeito existencial dessocializado e fictício tomaria o lugar tanto do gênero humano que se desenvolve historicamente quanto do indivíduo social real. Quando Heidegger afirma que o indivíduo *particular* foi "lançado" dentro de um "mundo" alienado, isso poderia ser aceito desde que se fizesse primeiro as necessárias qualificações sócio-históricas – especificando a natureza capitalista da alienação em questão. Mas é precisamente essa concretização sócio-histórica que Heidegger deseja evitar rotular como "alienação". É por isso que ele "sublima" as relações especificamente alienadas dos indivíduos histórica e socialmente específicos da sociedade capitalista e as converte em "dimensões ontológicas" metafísicas da própria "Existência". Ele fala da "decadência" e do "estar-lançado" do *Dasein* (Existência ou Ser-aí), insistindo em que:

> A decadência é uma *determinação existencial do próprio Dasein* [...]. Seria igualmente um equívoco compreender a *estrutura ontológico-existencial* da decadência, atribuindo-lhe o sentido de uma propriedade ôntica *negativa* que *talvez pudesse vir a ser superada* em estágios mais desenvolvidos na cultura humana.[30]

> Pertence à facticidade do *Dasein* ter de permanecer em lance *enquanto for o que é* e, ao mesmo tempo, de estar envolta no turbilhão *da impropriedade do impessoal*. Pertence ao *Dasein* que, sendo, está em jogo o seu próprio ser, o estar-lançado no qual a facticidade se deixa ver e se faz ver fenomenalmente.[31]

> Nessas perspectivas desvirtuadas, a alienação não é "o que é" na realidade, mas é toda tentativa, qualquer que seja ela, de fazer algo contra a alienação real, mesmo que assuma a simples forma de refletir criticamente sobre as condições da alienação em termos comparativos específicos:

> Esta *alienação* não pode, por conseguinte, significar que o *Dasein* se encontre faticamente arrancado de si mesmo; ao contrário, ela move o *Dasein* para o modo de ser em que ela busca a mais *exagerada "fragmentação de si mesma", em que ela se vê tentada a todas as possibilidades de interpretação*, e isso a tal ponto que as "caracterologias" e "tipologias" dela resultantes tornam-se inumeráveis. Essa alienação <u>fecha</u> para o *Dasein* a sua *propriedade e possibilidade*, mesmo que se trate apenas *da possibilidade de um autêntico fracasso*.[32]

---

[30] Martin Heidegger, *Being and Time*, cit., p. 220 [ed. bras.: *Ser e tempo*, cit., p. 241].

[31] Ibidem, p. 223 [ed. bras.: ibidem, p. 244].

[32] Ibidem, p. 222 [ed. bras.: ibidem, p. 243].

Assim, as características sócio-históricas da alienação capitalista são "transcendidas" de modo seguro mediante as ágeis mistificações da ontologia heideggeriana, que glorifica a "condição inconsciente do gênero humano" enquanto "a estrutura ontológico-existencial do próprio *Dasein*".

Na realidade, a contradição entre as "potencialidades" do gênero humano e as "probabilidades" estritamente determinadas do ciclo vital do indivíduo de modo algum constitui uma contradição ontológica eterna inerente à natureza mesma de duas esferas ontológicas diferentes: uma "universal" e a outra "particular". Dizer isso é incorrer em petição de princípio e, ao mesmo tempo, desconsiderar as condições sócio-históricas. Porque o *indivíduo social* plenamente realizado é um *"universal concreto"*; contudo, sendo a sua dimensão de universalidade (socialidade) negada pelas relações sociais de produção capitalisticamente reificadas, a sua "esfera ontológica" é, evidentemente, a da mera particularidade. Contudo, isso não sucede porque sua esfera ontológica *como tal* é limitada dessa maneira, mas ela é limitada dessa maneira porque sob o capitalismo a sua universalidade está necessariamente dissociada do ser humano e o confronta de maneira hostil, na forma das relações sociais de produção alienadas.

A contradição mencionada não é meramente uma oposição formal entre duas esferas ontológicas diferentes, mas uma contradição *interna* da ontologia social dinâmica, historicamente mutante, do gênero humano. Unicamente porque essa contradição é inerente à esfera ontológica do gênero humano sob o capitalismo somos capazes de perceber o caráter contraditório e transcendível das relações em questão. Como já foi mencionado, quando a relação entre indivíduo e gênero humano assume o caráter de uma ordem natural – e não só quando o ser humano é diretamente dependente da natureza, mas também quando do a coesão se deve a alguma causa social, tal como um esforço comum de assegurar a sobrevivência de uma comunidade particular contra um ataque inimigo –, a contradição é meramente formal, não real. Não é assim sob o capitalismo, uma vez que desapareceu a justificação histórica relativa da propriedade privada como o "desdobramento da essência humana", por mais alienado que seja. Ora, dado que todo o desenvolvimento posterior precisa estar contido – por causa da inércia paralisante da ordem estabelecida – dentro dos limites extremamente estreitos da instrumentalidade capitalista, o próprio gênero humano é *dissociado* de suas *potencialidades reais*, permitindo apenas a realização de suas *potencialidades alienadas* – ou as potencialidades para a *autoalienação universal*. O termo "potencialidades humanas" torna-se oco – um *ideal abstrato* – para o indivíduo real, não por elas serem potencialidades do gênero humano, mas por serem efetivamente *negadas* na prática social pelas mediações capitalistas de segunda ordem. As *"potencialidades ideais"* do indivíduo convertem-se em uma abstração vazia, não por serem "ideais", mas porque são *anuladas a priori* pela instrumentalidade capitalista, que *necessariamente* subordina a atividade vital humana enquanto mero *meio* para os fins alienados dessas mediações de segunda ordem. Assim, em vez de ampliar a gama das *capacidades reais* do indivíduo, o desenvolvimento capitalista acaba restringindo e negando também as potencialidades do gênero humano. (É por isso que Goethe teve de concluir o seu *Fausto* da maneira que o fez.)

A "resolução do conflito entre *existência e essência*, entre *objetivação e autoconfirmação*, entre *liberdade e necessidade*, entre *indivíduo e gênero*" (102 [105]) implica necessariamente a suplantação do caráter *inconsciente* do discurso moral. Esse processo não significa, contudo, a abolição do próprio discurso moral, mas a transformação qualitativa de sua estrutura e de seu quadro de referência: sua suplantação enquanto forma da *falsa consciência*. No discurso moral tradicional, as necessidades que dão origem ao DEVE, via de regra, permanecem ocultas do ser humano. A própria forma do DEVE é amplamente responsável por isso, na medida em que ela se apresenta como oposição *a priori* ao domínio da necessidade, e não como sua expressão específica. Nessa necessária representação equivocada das relações reais, o DEVE exibe seu caráter de "falsa consciência". Para chegar aos termos reais das relações é sempre necessário ir além da imediaticidade da forma discursiva do DEVE rumo à compreensão das necessidades objetivas subjacentes, não importa quão profundamente ocultas elas possam estar sob as camadas intrincadas da crosta normativa. No decorrer dessa "desmistificação", torna-se possível separar os "DEVES genuínos", que dão sustentação a alguma necessidade real do desenvolvimento do gênero humano, dos "DEVES reificados", que se tornaram independentes do ser humano e se contrapõem a ele na forma de *prescrições a priori* inquestionáveis e cegas. (Estas últimas representam, de acordo com Marx, uma "negação direta da essência humana".) Assim, o exame questionador das necessidades subjacentes do DEVE capacita-nos a traçar a linha de demarcação necessária entre as funções positivas, objetivas, do discurso moral e seus mitos reificados.

Desnecessário dizer que a suplantação do caráter *inconsciente* do discurso moral não pode fazer com que desapareçam as diferenças e os conflitos objetivos. Só o que ela pode fazer é contribuir (1) *negativamente* para acabar com sua força hostil (que se manifesta na forma de determinações sociais que prevalecem cegamente em relação aos objetivos e esforços dos indivíduos) e (2) *positivamente* para a apropriação genuína das "potencialidades humanas" ao sustentar um tipo de desenvolvimento que estreita *objetivamente* o fosso entre as "potencialidades *ideais*" do indivíduo e suas "capacidades *reais*". E dado que a ontologia humana real é uma ontologia social que muda dinamicamente – em nítido contraste com sua mistificação heideggeriana enquanto "a estrutura ontológico-existencial do *Dasein*" –, esse estreitamento do fosso constitui uma potencialidade real do desenvolvimento humano, que se efetiva por meio da ampliação *prática* da gama de capacidades reais do indivíduo.

Esse processo é inseparável da realização do *"indivíduo verdadeiramente social"*. Quanto mais o indivíduo for capaz de "reproduzir-se como indivíduo social", tanto menos intenso será o conflito entre indivíduo e sociedade, indivíduo e gênero humano – isto é, nas palavras de Marx, tanto menos intenso será "o conflito entre existência e essência, [...] liberdade e necessidade, [...] indivíduo e gênero". No entanto, o indivíduo não pode reproduzir-se como indivíduo social a menos que ele participe cada vez mais ativamente de todos os aspectos determinantes de sua própria vida, das preocupações mais imediatas às questões gerais mais amplas da política, da organização socioeconômica e da cultura.

Assim, a questão prática em jogo é a da natureza específica dos instrumentos e processos efetivos da automediação humana. Dizer que o indivíduo social se reproduz como *"indivíduo social"* – isto é, dizer que ele não se funde diretamente com suas determinações sociais gerais – equivale a dizer que a relação entre indivíduo e sociedade, indivíduo e gênero humano, sempre permanecerá uma relação *mediada*. Descartar toda mediação é o mais ingênuo dos sonhos anarquistas. Como já foi ressaltado repetidamente, não é a mediação mesma que está errada, mas a forma capitalista das mediações reificadas de segunda ordem. De acordo com Marx, as relações humanas não alienadas caracterizam-se pela *automediação*, e não por alguma identidade direta fictícia com algum Sujeito Coletivo genérico nem pela dissolução neste. Para a teoria e a prática socialistas, o problema reside na elaboração prática concreta de intermediários *adequados* que capacitem o indivíduo social para "mediar-se consigo mesmo", em vez de ser mediado por instituições reificadas. Em outras palavras, de acordo com Marx, a tarefa consiste em alinhar os instrumentos do intercâmbio humano com a *socialidade* objetiva dos seres humanos. O que o conceito de uma adequada "automediação do indivíduo social" realmente implica não é o desaparecimento de toda a instrumentalidade, mas o estabelecimento de formas de mediação socialistas conscientemente controladas no lugar das relações sociais de produção capitalisticamente reificadas.

Isso levanta a questão de importância vital da relação entre *meios* e *fins*. A contradição entre meios e fins aparece no discurso moral no postulado puro sumamente problemático de que "ninguém deve ser usado como meio para um fim". Isto é uma redução moralista de uma questão muito mais ampla. Pois o ponto é não só que todos os fins exigem seus meios de realização, os quais são impostos por eles, mesmo que isso necessariamente traga consigo sacrifícios humanos, mas também que os fins adotados, cuja realização exige a *instituição* de certos tipos de meios, criam um "resultado indesejado": a *institucionalização* dos meios instituídos. Assim, na prática social real as relações originais são subvertidas e os meios se convertem em fins em si mesmos no próprio decurso da realização do fim original, isto é, no decorrer dessa "instituição autoinstituidora" e autoinstitucionalização. Desse modo, o êxito (a realização de uma tarefa particular) se converte em fracasso com consequências de longo alcance, pois a instrumentalidade institucionalizada prevalece sobre as ações dos indivíduos particulares, que se tornam instrumentos da instrumentalidade.

Não é de se admirar, por conseguinte, que o ponto crítico da Ideologia seja a definição concreta da relação entre os meios escolhidos e os fins visados. Simplesmente postular que na forma futura antecipada da sociedade não pode haver qualquer tipo de contradição entre meios e fins seria uma fuga utópica do problema. Tampouco esse problema se resolve adequadamente pela simples formulação do que se pode denominar "conceitos fundidos", como *"revolução"*, *"autorrealização"*, *"automediação"*, *"autotranscendência"*, *"participação"*, *"democracia direta"*, *"revolução permanente"*, *"revolução cultural"* etc., por mais vital que seja a importância de tais conceitos no que se refere às perspectivas *gerais* do desenvolvimento socialista. Eles não resolvem o problema mencionado anteriormente, ainda que *meio* e *fim* apareçam neles como *unidade*. ("Revolução" é ao mesmo tempo tanto um fim quanto seu próprio meio geral e modo de realização; o mesmo vale para os demais conceitos.) O notável nesses "conceitos fundidos" é que a substância *normativa* assume neles uma imagem *instrumental*, indicando, consequentemente, um certo *tipo* de ação a seguir. Não obstante, eles permanecem essencialmente *normas* e *fins* – indicativos do quadro de referência geral da sociedade visada –, cuja realização *real* necessariamente requer a "des-fusão" desses conceitos gerais e sua articulação em termos de tarefas e meios *concretos*. Contudo, no momento em que tal "des-fusão" específica tem lugar, o dilema original reaparece no horizonte e o perigo da institucionalização da instrumentalidade se reproduz. ("Revolução cultural", "antiburocracia" etc. não são simplesmente a reafirmação da validade geral dos "conceitos fundidos" originalmente adotados, mas também uma nova afirmação: a saber, que o quadro de referência estabelecido da própria sociedade pós-capitalista deve ser "periódica" ou "constantemente" submetido a uma "re-fusão" radical e a um reexame minucioso à luz dos ideais abrangentes do socialismo.)

Não obstante, os próprios ideais, mesmo que sejam genuinamente socialistas, não bastam por si sós. Por mais vitalmente importantes que sejam para determinar a orientação geral dos esforços sociais, eles exigem para sua realização prática o poder objetivo de *instituições específicas de autorrealização*. O tipo de instituição capaz de cumprir essa tarefa é o que funciona com base na *autodeterminação recíproca* dos indivíduos envolvidos. Um exemplo é a instituição dos *Conselhos de Trabalhadores*, analisados por Lukács nesses termos há cerca de cinquenta anos:

> O Conselho dos Trabalhadores é a superação econômica* e política da reificação capitalista. Assim como na situação posterior à ditadura, ele deve superar a divisão burguesa de legislação, administração e jurisdição; na luta pelo poder, ele é chamado a reunir, de um lado, a fragmentação espacial e temporal do proletariado e, de outro, a economia e a política em uma unidade verdadeira da ação proletária, ajudando então a reconciliar a cisão dialética entre interesse imediato e objetivo final.[33]

Mas esse é só um exemplo, por mais importante que ele seja em termos estratégicos. As mediações de segunda ordem capitalisticamente reificadas abarcam a totalidade da sociedade – hierarquicamente estruturada –, das esferas econômica e política às manifestações vitais culturais e ideológicas. Consequentemente, nenhuma estratégia socialista pode esperar obter êxito, a menos que seus princípios orientadores gerais sejam adequadamente traduzidos em instrumentos e instituições sócio-historicamente específicos, dinâmicos e flexíveis, capazes de *reestruturar* a sociedade *inteira*, de acordo com as realidades em constante mudança da situação mundial.

Não basta derrubar o Estado burguês: suas funções reais têm de ser redesenhadas – no quadro de referência da linha mestra geral (que não deve ser tomada ilusoriamente pelo que não é, a saber, uma forma organizacional historicamente concreta) do "conceito fundido": "Democracia Direta" – de acordo com a tarefa estratégica *global* de *reestruturar radicalmente* a totalidade da sociedade herdada do capitalismo. De modo similar, no campo da economia, não basta nacionalizar os instrumentos de produção. A tarefa estratégica é a *reestruturação radical* das relações sociais de produção: a abolição da produção de mercadorias, a eliminação gradual do dinheiro como "a força galvano-química universal da sociedade" (139 [159 modif.]) e, acima de tudo, a geração de um *ethos* radicalmente novo do trabalho, motivado pela autoafirmação pelo trabalho como a atividade vital positiva do indivíduo social. E, por último mas não menos importante, não basta mudar o controle dos instrumentos e das instituições tradicionais da cultura e da educação: a tarefa estratégica é sua *reestruturação radical* de acordo com as tarefas abrangentes de uma transformação socialista da sociedade como um todo, que é inconcebível sem a grande

---

*   Correção com base no original em alemão da versão em inglês, que traz erroneamente "social e política". (N. T.)

33   György Lukács, *Geschichte und Klassenbewusstsein* (Berlim, Malik, 1923), p. 93 [ed. bras.: *História e consciência de classe: estudos sobre a dialética marxista*, trad. Rodnei Nascimento, São Paulo, WMF Martins Fontes, 2003, p. 190].

conquista educacional por meio da qual os "indivíduos humanos reais" adquirem uma consciência adequada à sua *individualidade social*.

Desnecessário dizer que os problemas implicados na realização dessas tarefas estratégicas são imensamente complexos, exigindo o maior senso possível de realidade e concretização em cada um dos seus estágios particulares e em todas as situações específicas. Como Marx repetidamente enfatizou, a "negação da negação" – isto é, a negação socialista das mediações capitalistas, que negam "a essência humana" na prática: a realização das potencialidades reais dos seres humanos – ainda é condicionada por aquilo que ela nega. Por conseguinte, é inconcebível alcançar essa reestruturação radical da sociedade de uma só tacada, por mais ampla e elementar que venha a ser. Em termos realistas, só se pode partir dos instrumentos e das instituições disponíveis, que têm de ser reestruturados *en route*, por meio de múltiplas *transições* e *mediações*. Pretender que seja diferente não passa de "*maximalismo*" perigoso, autodesarmante, que na realidade acaba sendo não só "*minimalismo*", mas, na maioria das vezes, também diretamente responsável por desordem e derrota. As tarefas estratégicas são de importância vital porque podem apontar a direção a seguir e propiciar um quadro de referência de integração recíproca dos múltiplos esforços específicos – mediados, transitórios – de automediação dos indivíduos sociais, e não por serem (já que não o são) adequadas para ser traduzidas *diretamente* em medidas, formas e "modelos" particulares de organização social.

X

ALIENAÇÃO E A CRISE DA EDUCAÇÃO

Nenhuma sociedade pode persistir sem seu próprio sistema de educação. Apontar unicamente para os mecanismos de produção e de troca a fim de explicar o real funcionamento da sociedade capitalista é totalmente inadequado. As sociedades existem nas e por meio das ações de indivíduos particulares, que buscam realizar seus próprios fins. Consequentemente, a questão crucial para qualquer sociedade estabelecida é a reprodução exitosa de tais indivíduos cujos "próprios fins" não negam as potencialidades do sistema de produção predominante. Essa é a magnitude real do problema educacional: "educação formal" não passa de um pequeno segmento dele. Como enfatizou Gramsci:

> Não existe atividade humana da qual se possa excluir toda intervenção intelectual – não se pode separar o *homo faber* do *homo sapiens*. Em suma, todo homem fora de sua profissão desenvolve uma atividade intelectual qualquer, ou seja, é um "filósofo", um artista, um homem de gosto, participa de uma concepção de mundo, possui uma linha consciente de conduta moral, *contribui assim para manter ou para modificar uma concepção de mundo*, isto é, para promover novas maneiras de pensar.[1]

Assim, além de reproduzir em uma escala ampliada as múltiplas *habilidades* sem as quais a atividade produtiva não poderia ser levada a cabo, o complexo sistema educacional da sociedade também é responsável por produzir e reproduzir o quadro de referência dos *valores*, dentro do qual os indivíduos particulares definem seus próprios objetivos e fins específicos. As relações sociais de produção capitalisticamente reificadas não se perpetuam *automaticamente*. Elas são bem-sucedidas nisso apenas porque os indivíduos particulares "*interiorizam*" as pressões exteriores: eles adotam as perspectivas globais da

---

[1] Antonio Gramsci, "The Formation of Intelectuals", em *The Modern Prince and Other Writings* (trad. Louis Marks, Londres, Lawrence & Wishart, 1957), p. 121 [ed. bras.: *Os intelectuais e a organização da cultura*, trad. Carlos Nelson Coutinho, 4. ed., Rio de Janeiro, Civilização Brasileira, 1982, p. 7-8].

sociedade de mercadorias como se fossem os limites inquestionáveis de suas próprias aspirações. É procedendo assim que os indivíduos particulares "contribuem para manter uma concepção de mundo" e uma forma específica de intercâmbio social, que corresponde à concepção de mundo.

Assim, a transcendência positiva da alienação é, em última análise, uma tarefa educacional, exigindo uma "revolução cultural" radical para sua realização. A questão em jogo não é simplesmente a mudança política das instituições de educação formal. Como vimos, Marx ressaltou com veemência a continuidade ontológica objetiva do desenvolvimento do capital, corporificada em *todas* as formas e instituições do intercâmbio social, e não meramente nas mediações de segunda ordem diretamente econômicas do capitalismo. É por isso que a tarefa de transcender as relações sociais de produção capitalisticamente alienadas deve ser concebida no quadro de referência global de uma estratégia educacional socialista. Esta última, contudo, não deve ser confundida com alguma forma de utopismo educacional.

1. Utopias educacionais

O conceito de "educação estética" tornou-se famoso por meio das *Cartas sobre a educação estética do homem*[2], de Schiller, escritas em 1793-1794 e publicadas em 1795. Desnecessário dizer que a ideia de Schiller – formulada como um possível antídoto contra a "racionalidade" nociva dos desenvolvimentos capitalistas – permanece mera ideia: ela não conseguiu encontrar um lugar significativo nos sistemas predominantes das práticas educacionais.

No seu ensaio *On Schiller's Aesthetic* [Sobre a estética de Schiller], Lukács enfatiza que o propósito da concepção schilleriana de educação estética era oferecer um modelo estético que capacitasse a Alemanha para realizar as conquistas sociais da Revolução Francesa sem uma revolução. De acordo com Lukács, "Schiller ressalta *acima de tudo* a transformação interior da vida espiritual do ser humano"[3]. Contudo, alguns anos após a publicação das *Cartas sobre a educação estética do homem*, a autocrítica de Schiller no que se refere ao seu período revolucionário juvenil – expressa no princípio ético-estético de sua ideia de educação estética, em lugar de preocupações sociais mais imediatas – tornou-se ainda mais radical. Se antes ele insistia "*acima de tudo*" (*vor allem*) na transformação *interior* da vida espiritual do ser humano, agora ele usa o mesmo argumento com *exclusividade* categórica, rejeitando todas as possíveis alternativas a essa absolutização do mundo interior do indivíduo. Com esse passo, o utopismo pessimista do seu conceito original de educação estética do ser humano se torna uma forma extrema de pessimismo. Não há mais espaço para um ideal educacional genuíno na concepção de Schiller. O homem não é mais considerado membro de uma comunidade. "Homem" se torna sinônimo de "indivíduo" isolado, que

---

2   *Über die ästhetische Erziehung des Menschen, in einer Reihe von Briefen*, edição inglesa no volume *Schiller: Essays, Aesthetical and Philosophical* (Londres, G. Bell & Sons, 1884) [ed. bras.: *A educação estética do homem*, trad. Roberto Schwarz e Márcio Suzuki, 4. ed., São Paulo, Iluminuras, 2002].

3   György Lukács, "Zur Asthetik Schillers", em *Werke*, v. 10 (Neuwied/Berlim, Luchterhand, 1969), p. 47.

se defronta com o "espírito" (*Geist*) e com sua própria "alma" (*Seele*). Podemos constatá-lo no pessimismo trágico de *Die Worte des Wahns* [As palavras da loucura] – escrito em 1799:

Três palavras de profundo significado
Enchem a boca dos bons e dos melhores,
Ecoam debalde, seu som é abafado,
Não têm como ajudar nem aliviar dores.
Os frutos da sua vida põem a perder
Quem atrás de sombras prefere correr.

Enquanto acredita em áurea era
Em que terá o justo, o bom, triunfado,
Sempre o justo, o bom, está em guerra,
Jamais o inimigo se dará por derrotado.
E se não o estrangular suspenso no ar,
No chão suas forças conseguirá renovar.

Enquanto acredita que em desejo a sorte
Optará por unir-se com o nobre afinal,
É do cara mau que seu olhar faz a corte.
Não é ao bom que pertence a terra natal.
Ele não passa de estrangeiro, emigrante
Em busca de morada sua, permanente.

Enquanto acredita que ao intelecto humano
A verdade algum dia poderá se desvelar,
Mão mortal não há que possa erguer esse pano.
Só o que podemos mesmo é deliberar e cogitar
Em prender o espírito em palavra sonante
Que, todavia, livre e impetuoso, segue adiante.

A essa ilusão (*Wahn*), nobre alma, não sejas servil,
E a inabalável fé celestial guarda fagueiro.
O que ouvido nenhum ouviu, olho nenhum viu,
Ainda assim é o belo (*das Schöne*), é o verdadeiro (*das Wahre*)!
Não está lá fora (*draussen*), onde o tolo o quer entrever,
Está dentro de ti (*in dir*), eternamente o fazes nascer.*

Então, sendo "tolice" e "ilusão" buscar as soluções "lá fora", isto é, nas inter-relações humanas, que sentido pode haver em uma "educação estética", que necessariamente pressupõe tais inter-relações? Significativamente, na síntese final aparecem somente duas das "três palavras da loucura": "*das Wahre*" (o verdadeiro) e "*das Schöne*" (o belo). A terceira – "*das Rechte*" (o justo): um termo intrinsecamente "público" – não pode ser inserida no "mundo interior" imaginário do indivíduo absolutizado. Não que "*das Wahre*" e "*das Schöne*" não sejam indicativos das relações objetivas; eles de fato são. É por isso que Schiller tem de

---

* A tradução para o português foi feita a partir do original alemão. (N. T.)

redefini-los como: "O que ouvido nenhum ouviu, olho nenhum viu". (A diferença entre eles e "*das Rechte*" é que este resiste a esse tipo de redefinição quase mítica.) Contudo, tal redefinição traz consigo o fim do "ideal estético" como possível programa educacional, pouco depois de sua concepção original no tumulto gerado pela Revolução Francesa.

Nada menos que um milagre teria acontecido se essa ideia de uma "educação estética do ser humano" tivesse tido um destino diferente em um mundo dominado pela alienação capitalista. Pois:

> o <u>sentido</u> constrangido à carência prática rude também tem apenas um sentido <u>tacanho</u>. [...] O homem carente, cheio de preocupações, não tem nenhum <u>sentido</u> para o mais belo espetáculo; o comerciante de minerais vê apenas o valor mercantil, mas não a beleza e a natureza peculiar do mineral; ele não tem sentido mineralógico algum (108-9 [110]).

E "rudeza" não é uma fatalidade da *natureza*; pelo contrário, sob as condições do capitalismo essa rudeza é produzida *artificialmente* pelo fato de todos os sentidos físicos e mentais serem sobrepostos pelo "simples estranhamento de <u>todos</u> esses sentidos – pelo sentido do <u>ter</u>" (106 [108]). Consequentemente, as soluções não podem ser encontradas em algum "mundo interior" fictício, dissociado do e contraposto ao mundo humano real. Os antagonismos filosóficos tradicionais:

> subjetivismo e objetivismo, espiritualismo e materialismo, atividade e sofrimento perdem a sua oposição *apenas quando no estado social* e, por causa disso, a sua existência enquanto tais oposições; vê-se como a própria resolução das oposições <u>teóricas só</u> é possível de um modo <u>prático</u>, só pela energia prática do homem e, por isso, a sua solução de maneira alguma é apenas uma tarefa do conhecimento, mas uma <u>efetiva</u> tarefa vital que a <u>filosofia</u> não pôde resolver, precisamente porque a tomou <u>apenas</u> como tarefa teórica (109 [111]).

Por conseguinte, a educação estética só é possível em uma sociedade socialista genuína, que – no quadro de referência global de uma estratégia educacional socialista – transcendeu a "alienação capitalista de todos os sentidos" e, consequentemente, produz o homem em "toda a riqueza do seu ser – *produz o homem <u>rico profundamente dotado de todos os sentidos</u> – como sua realidade permanente*" (109 [111 modif.]). Assim, uma educação estética adequada do ser humano não pode ser limitada ao "mundo interior" imaginário do indivíduo isolado, tampouco a algum refúgio utópico remoto da sociedade alienada. Sua realização necessariamente implica a totalidade dos processos sociais em sua reciprocidade dialética complexa. É por isso que o programa isolado de uma "educação estética do ser humano", enquanto antídoto para a difusão da "racionalidade" capitalista, está condenado a um utopismo sem perspectiva sob condições em que as incontroláveis mediações de segunda ordem das relações sociais de produção reificadas determinam – em um quadro de referência estritamente utilitarista – os processos educacionais tanto quanto todos os demais aspectos da sociedade de mercadorias.

Com efeito, considerando os problemas estreitamente conectados ao fracasso dos esforços que visavam a uma "educação estética do ser humano", descobrimos que esse fracasso não poderá ser entendido a não ser como um dos aspectos de uma questão mais fundamental: o caráter inerentemente problemático da educação sob o capitalismo. O conceito de "educação estética" é, de fato, uma tentativa específica de lidar com a desumanização dos processos educacionais na sociedade capitalista e, como tal, constitui um aspecto de uma crise que se intensifica constantemente. É necessário, por conseguinte, investigar de modo muito sucinto a natureza dessa crise, que remonta a um passado longínquo.

No despontar da Era Moderna, Paracelso falou da educação nos seguintes termos: "*Aprender é a nossa vida mesma*, desde a juventude até a velhice e, de fato, até o limiar da morte; ninguém vive dez horas sem aprender"[4]. Em meados do século XVIII, contudo, as coisas mudaram significativamente. Adam Smith, embora ele próprio um grande defensor do "espírito comercial", enfatiza com veemência que a divisão do trabalho é duplamente prejudicial à educação. Por um lado, ela empobrece o ser humano a tal ponto que seria necessário um esforço educacional especial para corrigir as coisas. Não se vê, porém, nem sinal de um esforço desse tipo. Pelo contrário – e este é o segundo aspecto do impacto negativo do "espírito comercial" sobre a educação –, visto que a divisão do trabalho simplifica de forma extrema os processos laborais, ela diminui muito a necessidade de uma educação apropriada, em vez de intensificá-la. Assim, de acordo com as necessidades do sistema de produção prevalecente, o nível geral da educação não se eleva, mas, em vez disso, declina: os processos laborais extremamente simplificados tornam possível a disseminação do trabalho infantil e, consequentemente, é negada às crianças a possibilidade de uma educação equilibrada. O "espírito comercial" – isto é, o espírito do capitalismo que avança triunfalmente –

restringe o campo visual dos homens. Onde a divisão do trabalho foi aperfeiçoada, cada homem só precisa realizar uma operação simples; toda a sua atenção é restringida a isso, e por sua mente passam só poucas ideias, todas *diretamente* relacionadas com aquela operação. Quando a mente é aplicada a uma variedade de objetos, ela de algum modo se expande e amplia e, por causa disso, geralmente se reconhece que um artesão do campo possui uma gama de pensamentos muito superior à de um artesão da cidade. O primeiro talvez seja concomitantemente marceneiro, carpinteiro construtor de casas e moveleiro, e sua atenção naturalmente tem de estar direcionada para uma quantidade de objetos de tipos bem diferentes. O último talvez seja apenas moveleiro; esse tipo particular de trabalho demanda todos os seus pensamentos, e como ele não tem a oportunidade de comparar uma quantidade de objetos, sua visão das coisas para além de seu próprio comércio de modo algum é tão ampla quanto a do primeiro. E isso se aplica em grau ainda maior quando *toda a atenção de uma pessoa é voltada para a décima sétima parte de um alfinete ou a octogésima parte de um botão*, tal é a divisão dessas manufaturas. [...] A regra é geral; nas cidades, eles não são tão inteligentes quanto no campo, nem em um país rico como em um país pobre. Outra inconveniência sobre o comércio é que a *educação é bastante negligenciada*.[5]

E poucas páginas adiante, Adam Smith conclui:

Essas são as desvantagens do espírito comercial. As mentes humanas se *contraem* e se tornam incapazes de elevação. A *educação é desprezada ou, no mínimo, negligenciada*, e o espírito heroico está quase completamente extinto. *Solucionar esses defeitos seria um tema merecedor de séria atenção.*[6]

---

[4] Paracelso, *Selected Writings* (trad. Norbert Guterman, Londres, Routledge & Kegan Paul, 1951), p. 181.

[5] Adam Smith, "Lectures on Justice, Police, Revenue, and Arms (1763)", em *A. Smith's Moral and Political Phyloshophy* (ed. Herbert W. Schneider, Nova York, Hafner Publishing, 1948), p. 318-9.

[6] Ibidem, p. 321.

Não é preciso dizer que Adam Smith só conseguiu identificar o problema, sem ser capaz de encontrar uma solução adequada para ele. Ele percebe que a autoridade do dinheiro solapa a autoridade tradicional do pai na família, mas tira conclusões unilaterais dessa sua observação:

> No entanto, além dessa falta de educação, há outra grande perda associada com o fato de se pôr os meninos tão cedo para trabalhar. O menino começa a achar que seu pai lhe deve favores e, por conseguinte, livra-se da sua autoridade. Quando se torna adulto, ele não tem ideias de como se entreter. Quando não está no seu trabalho, ele, por conseguinte, forçosamente se entrega à embriaguez e à baderna. De acordo com isso, descobrimos que, nas zonas comerciais da Inglaterra, os comerciantes se encontram, em sua maioria, nessa condição desprezível; metade da jornada semanal de trabalho é suficiente para sustentá-los e, devido à falta de educação, eles não têm entretenimento para a outra metade, a não ser dedicar-se à baderna e à libertinagem. Assim, é muito acertado dizer que as mesmas pessoas que vestem o mundo inteiro andam maltrapilhas.[7]

Podemos desconsiderar aqui o total irrealismo da insinuação de que, se as pessoas que vestem o mundo andam maltrapilhas, a culpa disso recai única e exclusivamente sobre sua própria falta de educação. Mais importante nesse contexto é que o ideal educacional aparece como mero *meio* para o fim de "ter *ideias* com que o menino, depois de crescido, possa *entreter-se*" (no seu "tempo de lazer", é claro) – de modo a manter-se afastado de "embriaguez e baderna" e, acima de tudo, de desperdiçar todo aquele precioso dinheiro que poderia ser investido no uso produtivo da acumulação capitalista. É claro que há fatores econômicos operando não só ao "pôr meninos tão cedo para trabalhar", mas também na exploração da "embriaguez e da libertinagem" do trabalhador, mas esse fato deve passar despercebido à atenção moralista de Adam Smith. O "ponto de vista da economia política" acaba se mostrando contraproducente também nesse aspecto. Visto que Adam Smith não pode questionar o quadro de referência econômico do capitalismo, cujo ponto de vista ele representa, ele tem de procurar soluções para os efeitos negativos do "espírito comercial" fora da esfera econômica. Consequentemente, ele recorre à defesa moralizante de um antídoto educacional irrealista. (Como vimos, ele de modo algum se encontra sozinho entre seus contemporâneos ou mesmo na linha dos pensadores e escritores burgueses que vieram depois dele.)

E nesse ponto vem à tona uma contradição interior. Com efeito, se for correto o diagnóstico de Adam Smith de que "negligenciar e desprezar a educação" etc. se *deve* ao poder do "espírito comercial" que avança, como pode alguém esperar uma *solução* efetiva para todos os efeitos negativos observados de um mero apelo a um "deve haver educação"? Mas, precisamente porque isso é uma contradição *interior* do ponto de vista burguês – necessariamente implicando tanto a negação quanto a afirmação acrítica dos fatores causais fundamentais –, a "transcendência" dos fenômenos criticados só pode ser visualizada na forma de um "deve" utópico.

Robert Owen, em data posterior, descreve com vívido realismo o modo como tudo vai sendo dominado pelo poder do dinheiro:

---

[7]   Ibidem, p. 319-20.

O homem circunscrito dessa maneira vê tudo à sua volta correndo a toda pressa, em velocidade de diligência postal, para adquirir *riqueza individual,* sem ligar para si mesmo, seu bem-estar, seus desejos ou mesmo seus sofrimentos, exceto pela via de uma <u>caridade paroquial degradante</u>, adequada apenas para endurecer o coração do homem contra seus concidadãos ou para formar o tirano e o escravo. Hoje ele trabalha para um senhor, amanhã para um segundo, depois para um terceiro e um quarto, até que se desfaçam todos os laços entre empregadores e empregados e só sobre a consideração referente à qual será o *ganho imediato* que cada qual pode extrair do outro. O empregador encara os empregados como *meros instrumentos de ganho.*[8]

Seria difícil achar uma descrição mais acertada de como todas as relações humanas se tornam subordinadas à autoridade impessoal do dinheiro e da busca do lucro. E, no entanto, até mesmo Owen, embora tenha sido mais prático em seus esforços de organizar um experimento educacional, espera que o impacto da "razão" e do "esclarecimento" traga a cura dos males denunciados:

> Deveremos negar a instrução nacional aos nossos concidadãos, que, como foi mostrado, facilmente podem ser treinados para serem membros industriosos, inteligentes, virtuosos e valiosos do Estado? De fato, é verdade que todas as medidas agora propostas não passam de um acordo com os erros do presente sistema; mas como esses erros agora existem quase universalmente e *devem ser superados tão somente pela força da razão;* e como a razão, para influenciar os propósitos mais benéficos, avança *gradualmente* e, de modo progressivo, vai consolidando uma verdade de grande importância após a outra, será evidente para mentes que pensam de modo abrangente e acurado que *só desses acordos e de outros similares se pode esperar racionalmente algum êxito na prática.* Com efeito, tais acordos trazem a público *verdade* e *erro;* e sempre que estes são exibidos corretamente lado a lado, *a verdade necessariamente acaba prevalecendo.* [...] Pode-se esperar com confiança a aproximação do tempo em que o homem, *por ignorância,* não infligirá por muito mais tempo aflição desnecessária ao homem; porque *a massa do gênero humano se tornará esclarecida* e discernirá com clareza que, agindo dessa maneira, inevitavelmente provocará aflição em si mesma.[9]

Essa citação é altamente significativa também em outro aspecto. Porque ela revela a estreita inter-relação entre utopismo e a defesa do avanço "a passo lento", "só por meio de acordos", da superação dos problemas existentes "tão somente pela força da razão" (hoje se diria: pela "engenharia social", pela "engenharia humana" e, é claro, "pelos acordos elaborados em torno da mesa de negociação" etc.). De fato, as necessárias limitações do horizonte burguês prescrevem a metodologia do "gradualismo" e dos "acordos" como um axioma do "raciocínio crítico". Contudo, visto que os problemas em jogo são abrangentes, a contradição entre o caráter *global* dos fenômenos sociais criticados e a *parcialidade* e o *gradualismo* das soluções que só são compatíveis com "o ponto de vista da economia política" deve ser reconciliada de modo fictício pela generalidade abrangente de algum "deve" utópico. Consequentemente, o *fenômeno social específico* antes observado com agudeza (o impacto desumanizante do "espírito comercial", convertendo homens em

---

[8]   Robert Owen, *A New View of Society and Other Writings* (intro. G. D. H. Cole, Londres, J. M. Dent & Sons, 1927, Coleção Everyman's Library, v. 799), p. 124.

[9]   Ibidem, p. 88-9.

"meros instrumentos de ganho" etc.) – agora considerado a partir do ângulo da solução intelectual imaginária visualizada – perde seu caráter *social* específico e se converte em "erro" e "ignorância" de cunho vago e atemporal. Assim, no fim das contas, o filósofo social pode concluir com circularidade triunfante que o problema "verdade *versus* erro e ignorância" – que constitui um problema de "razão" e "esclarecimento" – pode ser resolvido "tão somente pela força da razão". (Desnecessário dizer que a única garantia que ele pode dar para o sucesso de sua solução educacional é, uma vez mais, de cunho circular: a afirmação de que "a verdade necessariamente acabará prevalecendo, porque a massa do gênero humano se tornará esclarecida".)

Oponentes contemporâneos de Marx muitas vezes denunciam o suposto caráter "utópico" e "ideológico" do seu pensamento – em nome de uma "engenharia social", de "avançar por meio de acordos", "gradualmente" etc. Críticas desse tipo, contudo, não podem ser levadas a sério. Pois é fato que o utopismo é incompatível com a abrangência dialética da abordagem marxiana, que não atribui um poder exclusivo a qualquer fator social particular, visto que pressupõe a reciprocidade dialética de todos eles. O utopismo é, em contraposição, necessariamente inerente a todas as tentativas que oferecem soluções meramente *parciais* para problemas *globais* – de acordo com as limitações sócio-históricas do horizonte burguês –, lançando a ponte sobre o fosso entre a parcialidade das medidas *ad hoc* defendidas e os resultados globais ao antecipar arbitrariamente um resultado a seu gosto. E isso é precisamente o que caracteriza os esforços ideológicos da "engenharia social". Visto que esta última, por definição, não pode ter uma estratégia global, ela não tem o direito de antecipar o impacto global das medidas particulares. E, no entanto, ela faz isso ao defender sua própria abordagem em contraposição às alternativas abrangentes, esperando confiante que o sistema social estabelecido será capaz de enfrentar seus problemas por meio do gradualismo da "engenharia social". O utopismo dissimulado dessa abordagem consiste na postulação arbitrária da forma social capitalista dada como o quadro de referência necessário de toda mudança concebível – e, de qualquer modo, "razoável" – e pressupõe uma fé utópica, completamente infundada na capacidade das medidas parciais admissíveis de levarem a um resultado global antecipado. As medidas "racionais" da "engenharia social gradual" são apresentadas como representando a realidade ("é"), firmemente enraizadas no chão, em oposição ao caráter normativo ("deve") das "utopias" e "ideologias" abrangentes denunciadas. De fato, contudo, a apologia do "gradualismo" e de "medidas parciais" nada mais é que uma *forma negativa de normatividade*, em defesa das posições de poder estabelecidas contra a crescente contestação sócio-histórica das forças socialistas. Não é de se admirar, por conseguinte, que os ideólogos da "engenharia social" descartem a contestação marxiana de suas perspectivas ilusórias como "utopismo" e "ideologia".

Não é preciso dizer que há diferenças muito substanciais entre o "utopismo heroico" da burguesia mais antiga – cujos representantes: os Rousseaus, Kants, Goethes, Schillers, Adam Smiths e Owens são verdadeiramente "*Titanenartig*" [titânicos] quando comparados com os atuais defensores da ordem burguesa – e o "utopismo dissimulado", *apologético*, das várias tendências contemporâneas da "engenharia social". Não obstante, a estrutura do pensamento burguês é, em geral, intrinsecamente utópica e gradualista. Visto que os fundamentos da sociedade capitalista devem ser axiomaticamente tomados como certos, os efeitos desumanizantes do "espírito comercial" só podem ser "transcendidos" na forma de um "deve" utópico, que, assim que é traduzido em alguma medida prática, invariavelmente acaba por ser um fracasso: algum tipo de "medida gradual" que – em sua defesa prática da ordem capitalista da sociedade – só pode intensificar as contradições inerentes às relações sociais de produção alienadas, em vez de suplantá-las. Daí a trágica ironia da morte de Fausto: o barulho de escavação do seu próprio túmulo sendo entusiasticamente saudado, em cumprimento desejoso, como realização efetiva do grande sonho faustiano. Com efeito, a alienação e reificação capitalistas de toda a humanidade "devem ser superadas apenas pela força da razão" – por uma "razão" restringida pelas premissas necessárias da sociedade burguesa –, e a razão claramente não é suficiente. Sobretudo porque surge no horizonte uma força social real – que contesta na prática a "razão" do gradualismo utópico. Daí o susto e o desespero de um Schiller que, no poema gêmeo de "As palavras da loucura" escrito em 1797 e intitulado "As palavras da fé", dá as costas para "a ralé" que mostrou sua força na Revolução Francesa e se entrincheira profundamente no domínio *interior* de um *"deve" transcendental*:

> Não vos deixeis levar pela gritaria da ralé
> Nem pelo abuso de parvos desvairados.
> O homem livre não vos amedronte
> Nem o escravo que suas correntes rompe.
>
> E Deus existe, a vontade santa vive,
> Por mais que balance a humana;
> Muito acima de tempo e espaço, tece
> *Viva e ativa a ideia suprema;*
> *Embora tudo rodopie em mudança eterna,*
> *Em meio a ela quieto o espírito se conserva.*[*]

O gradualismo utópico de Owen também é motivado pelo temor da alternativa sócio-histórica emergente. Ele insiste em que, nas condições em que vivem, os trabalhadores

> adquirem um caráter brutal e selvagem que, se medidas legislativas não forem judiciosamente arquitetadas para prevenir seu crescimento e melhorar a condição dessa classe, ela *cedo ou tarde mergulhará o país em um estado de perigo formidável e talvez inextricável*. Essas observações visam diretamente efetuar o melhoramento e *prevenir o perigo*.[10]

Dado esse pano de fundo, não é nenhuma surpresa para nós que as grandes utopias educacionais do passado – que originalmente pretendiam ser uma força compensatória do poder alienante e desumanizante do "espírito comercial" – tivessem de permanecer completamente inefetivas contra a disseminação da alienação e reificação em todas as esferas da vida. Inclusive no campo da educação superior, que por longo tempo pôde esconder-se atrás da fachada glorificada de sua própria irrelevância para as necessidades diretas de um capitalismo "*laissez-faire*" em expansão "espontânea", o antigo ideal de criar um "indivíduo harmonioso" e "polivalente" foi gradualmente abandonado e em seu lugar prevaleceu o ideal mais estreito possível da especialização, suprindo de "consultores", "especialistas"

---

[*] A tradução para o português foi feita a partir do original alemão. (N. T.)

[10] Robert Owen, *A New View of Society and Other Writings*, cit., p. 124.

e "especialistas em especialidades" a máquina burocrática do capitalismo moderno, que crescia como um câncer.

> Estamos bem conscientes da desintegração do pensamento e do conhecimento em uma quanti-
> dade crescente de sistemas separados, cada qual mais ou menos autônomo, dotado de linguagem
> própria e não admitindo qualquer responsabilidade por conhecer ou atentar para o que está
> acontecendo além de suas fronteiras. [...] A história da Torre de Babel pode ter sido uma visão
> profética da universidade moderna; e a fragmentação exposta ali afeta a sociedade em seu todo.[11]

O "espírito comercial", para sua plena realização, exigiu a fragmentação, a mecanização e a reificação de todas as relações humanas. É por isso que o ideal da "universalidade" expresso nas grandes utopias educacionais do passado teve o destino que nos é familiar. O que decidiu a sorte dessas utopias no próprio momento de sua concepção foi o fato de que elas visaram produzir os efeitos desejados *no lugar* das mudanças sociais necessárias, e não *por meio* delas.

2. A crise da educação

Ninguém em sã consciência negaria que a educação se encontra em crise hoje[12]. Contudo, de modo bastante compreensível, estamos muito distantes de chegar a um acordo sobre a natureza dessa crise. Ideólogos profissionais da Guerra Fria são mistificados. Como observa Chomsky:

> Depois de resolver a questão da irrelevância política do movimento de protesto, Kristol volta-se
> para a questão do que o motiva – de modo bem genérico, o que fez com que os estudantes e o
> corpo docente jovem "fossem para a esquerda", no seu modo de ver, em meio à prosperidade
> geral e sob as administrações liberais do Estado de bem-estar. Ele observa que isso "*é um enigma
> para o qual nenhum sociólogo ainda conseguiu apresentar uma resposta*". Visto que esses jovens são
> abastados, têm futuros promissores etc., seu protesto deve ser *irracional*. Deve ser o resultado
> do tédio, de demasiada segurança ou algo desse tipo.[13]

Outros, dispostos a fazer concessões em pontos de menor importância (relacionados com "infraestrutura de pesquisa", "tamanho das classes" e afins), insistem em que os responsáveis pelas agitações não passam de "um punhado de encrenqueiros" e "gângsteres acadêmicos". Contudo, a persistência e a crescente intensidade da crise da educação nos principais países capitalistas, sem nenhuma exceção, apontam para uma conclusão bem diferente. Para antecipá-la em uma única sentença: a crise atual não é simplesmente a de alguma instituição educacional, mas trata-se de uma crise estrutural de todo o sistema da "interiorização" capitalista mencionado no início deste capítulo.

---

[11]   M. V. C. Jeffreys, *Personal Values in the Modern World* (Harmondsworth, Penguin, 1962), p. 79.

[12]   O tamanho dessa crise é muito bem ilustrado pelo fato de centenas de volumes terem sido publicadas sobre esse tema nos últimos anos em todo o mundo.

[13]   Noam Chomsky, "The Responsibility of Intelectuals", em Theodore Roszak (org.), *The Dissenting Academy* (Harmondsworth, Penguin, 1969), p. 240; primeira publicação nos Estados Unidos pela editora Random House, em 1967.

Desnecessário dizer que tal "interiorização" não pode ter lugar sem o esforço combinado das várias formas de "falsa consciência", que representam as relações sociais alienadas de produção de mercadorias como a expressão "natural", direta, dos objetivos e dos desejos dos indivíduos. "Normalmente" – isto é, quando a produção de mercadorias transcorre sem percalços, respaldada na demanda individual em expansão –, a "ideologia do consumidor", refletindo o quadro de referência material da sociedade, prevalece na forma da geração do "consenso" necessário: a fácil aceitação das pseudoalternativas, como se fossem escolhas genuínas, com as quais o indivíduo manipulado é confrontado tanto no mercado econômico quanto no político. Complicações sérias surgem, contudo, em tempos de crises econômicas. Nos Estados Unidos, por exemplo, na época da última recessão econômica, há alguns anos, artigos de jornais e slogans de propaganda comercial estavam repletos de referências a um suposto "dever patriótico" de comprar até os objetos mais supérfluos, com a admissão implícita – em claro distanciamento da prática normal dos anúncios comerciais cotidianos baseados no axioma "não ideológico" da "naturalidade" do capitalismo – de que tais bens de fato são *supérfluos* e não têm qualquer relação com os apetites "espontâneos" dos indivíduos. O que se solicitava que o público comprasse eram "títulos patrióticos" não resgatáveis do sistema capitalista estadunidense. A função principal das operações do tipo Vietnã no sistema de incentivos dos Estados Unidos é que o envolvimento militar direto provê o quadro de referência dos anúncios comerciais "patrióticos", e o fomento multibilionário à economia aumenta o apetite do *sistema* – no modo autoconsumidor da produção bélica – sem que seja necessário expandir o apetite já bastante saturado do indivíduo-consumidor satisfeito[14].

Com efeito, devido às contradições econômicas do capitalismo, a estrutura da economia mudou significativamente há muito tempo no tocante à relação entre os segmentos consumidores e os não consumidores da indústria. Como escreve Robert Heilbroner:

> um aspecto central de nossa experiência de crescimento das duas últimas décadas é discutido candidamente por alguns poucos arautos do futuro. Trata-se do fato de que nosso grande *boom* não começou até o início da Segunda Guerra Mundial e que sua continuidade desde então tem sido consistentemente vinculada a uma demanda econômica de cunho militar mais do que a uma de cunho puramente civil.[15]

E S. M. Rosen acrescenta corretamente: *"A economia bélica tem sido o principal instrumento keynesiano do nosso tempo. Contudo, seu uso tem sido disfarçado de 'interesse nacional'"*[16]. Todavia, enquanto a cota das indústrias de consumo não reapareceu como o fator vital na manutenção do equilíbrio global, não havia necessidade gritante de modificar a ideologia tradicional do consumidor. Não só porque essa ideologia do consumismo adquiriu

---

[14] É claro que há vários outros métodos de "absorção do excedente". Ver capítulos 4 a 7 de Paul A. Baran e Paul M. Sweezy, *Monopoly Capital* (Nova York/Londres, Monthly Review Press, 1966) [ed. bras.: *O capitalismo monopolista: ensaio sobre a ordem econômica e social americana*, trad. Waltensir Dutra, Rio de Janeiro, Zahar, 1966].

[15] Robert Heilbroner, *The Future as History* (Nova York, Harper & Row, 1960), p. 133 [ed. bras.: *Futuro como história*, trad. Waltensir Dutra, Rio de Janeiro, Zahar, 1963]. Citado em S. M. Rosen, "Keynes Without Gadflies", em Theodore Roszak (org.), *The Dissenting Academy*, cit., p. 79.

[16] Ibidem, p. 81.

importância adicional como medida da "superioridade" do sistema em relação às economias pós-capitalistas (que têm de trilhar a via acidentada de uma "acumulação" socialista em um nível muito atrasado), mas também porque as alegações de representar o "interesse nacional" têm sido parte integrante da ideologia burguesa. Não obstante, conforme se multiplicam as complicações do sistema econômico, cresce a necessidade de uma "desmaterialização" significativa do sistema de incentivos individuais, exigindo forçosamente um reajuste importante também dos mecanismos de "interiorização". Sobretudo porque o "fosso tecnológico" entre os Estados Unidos e os demais países capitalistas avançados está se tornando mais estreito, intensificando a concorrência e colocando em risco as altas margens de lucro, sob a pressão de custos salariais relativamente elevados[17]. A este temos de acrescentar outro fator que, em termos de perspectiva, é da maior importância: o bloqueio da via que busca uma solução para a grave crise estrutural da sociedade mediante uma terceira guerra mundial. O potencial impacto desse bloqueio pode ser compreendido trazendo à memória que as "Grandes Guerras" do passado (1) automaticamente "desmaterializaram" o sistema de incentivos, ajustando, em consequência, também os mecanismos de "interiorização"; (2) impuseram de repente um padrão de vida radicalmente mais baixo às massas populares, o qual elas aceitaram de bom grado, dadas as circunstâncias; (3) de modo igualmente repentino (em estreita inter-relação com o ponto anterior, é claro), ampliaram radicalmente a margem de lucro; (4) introduziram um elemento vital de racionalização e coordenação no sistema; e, por último mas não menos importante, (5) proporcionaram um imenso impulso tecnológico à economia como um todo, em uma frente bem ampla. A demanda militar corrente, por mais maciça que seja, simplesmente não pode ser comparada com esse conjunto de fatores tanto econômicos quanto moral--educacional-ideológicos, cuja remoção pode muito bem mostrar-se demasiada para o sistema do capitalismo mundial.

A necessidade de reajustar os mecanismos de "interiorização" é grande e crescente. Contudo, não existe ideologia aceitável à mão para respaldá-la. Hoje, as "autoridades" tradicionais da democracia burguesa encontram-se em meio a uma crise que eclipsa "a crise da democracia", que certa vez trouxe o fascismo para o primeiro plano como "solução" condizente com as necessidades da produção de mercadorias. (Hoje, contudo, os grupos capitalistas no poder não podem optar facilmente pela solução fascista; não só porque essa escolha necessariamente implicaria uma terceira guerra mundial, mas também porque a presente estrutura de produção de mercadorias – que exige um *superconsumo* cada vez mais intenso de bens em grande medida *supérfluos* – não o permite. Pois simplesmente não é factível induzir o superconsumo sob a mira de uma arma. Os países – da Espanha e Portugal à Grécia e vários regimes latino-americanos – que, sob a tutela estadunidense, poderiam escapar de uma solução do tipo fascista para os seus problemas são todos, sem exceção, não só economicamente subdesenvolvidos, mas também impotentes para afirmar uma política externa independente, que pudesse representar qualquer perigo de começar uma terceira guerra mundial.) A monstruosa *burocratização* da sociedade, de acordo com as necessidades de um sistema de produção de mercadorias cada vez mais complexo, foi bem-sucedida em esvaziar as "instituições democráticas" de toda a sua importância anterior, reduzindo até

---

[17]   Ver Ernest Mandel, "Where is America Going?", *New Left Review*, n. 54, 1969, p. 3-15.

mesmo o Parlamento – esse "pináculo das instituições democráticas" – ao *status* de uma sociedade debatedora de segunda categoria, graças ao "consenso" (equivalendo, de fato, mesmo que não necessariamente em intenção, a puro "conluio") que prevalece em todas as grandes questões da política. Além disso, as várias estruturas *hierárquicas* da sociedade, que no passado foram de importância vital para determinar a orientação da geração mais jovem, agora, por uma série de razões à qual retornaremos logo a seguir, passam a ser não só ineficazes em sua função estabilizadora e norteadora dos valores, mas também se comprovam como alvos definidos para a dissidência ativa e a oposição radical.

É preciso considerar a crise da educação formal dentro do quadro de referência desse panorama mais amplo. Porque – como Paracelso ainda sabia muito bem – a educação é "a nossa vida mesma, desde a juventude até a velhice e, de fato, até o limiar da morte" e, por conseguinte, a abordagem apropriada dela não pode se restringir a contemplar meramente uma fração dos complexos fenômenos envolvidos. A educação formal está estreitamente integrada à totalidade dos processos sociais, e até mesmo no tocante à consciência do indivíduo particular suas funções são julgadas de acordo com sua *raison d'être* identificável na sociedade como um todo. Nesse sentido, a crise da educação formal dos dias atuais nada mais é que a "ponta do *iceberg*". Porque o sistema educacional *formal* da sociedade não pode funcionar sem percalços a menos que esteja *de acordo* com a estrutura educacional *abrangente* – isto é, o sistema específico da "*interiorização*" efetiva – da sociedade dada. Assim, a crise das instituições educacionais é indicativa da totalidade dos processos dos quais a educação formal constitui uma parte *integrante*. A questão central da "contestação" corrente das instituições educacionais estabelecidas não é simplesmente o "tamanho das classes", a "inadequação da infraestrutura de pesquisa" etc., mas a *raison d'être* da própria educação. Não é preciso dizer: essa questão inevitavelmente implica não só a totalidade dos processos educacionais, "desde a juventude até a velhice", mas também a *raison d'être* dos instrumentos e instituições do intercâmbio humano em geral. O tema real do debate é este: essas instituições – incluindo as educacionais – são feitas para os homens ou os homens devem continuar a servir às relações sociais de produção alienadas? Assim, a "contestação" da educação, nesse sentido mais amplo, é o maior desafio lançado ao capitalismo em geral, porque afeta diretamente os próprios processos de "interiorização" por meio dos quais a alienação e a reificação puderam prevalecer até agora na consciência dos indivíduos.

A educação possui duas funções principais na sociedade capitalista: (1) a produção das habilidades necessárias para gerir *a economia* e (2) a formação dos quadros, bem como a elaboração dos métodos, do controle *político*. Como enfatizara Gramsci:

> No mundo moderno, a categoria dos intelectuais [...] ampliou-se de modo inaudito. Foram elaboradas, pelo *sistema social democrático-burocrático*, imponentes massas de intelectuais, nem todas justificadas pelas necessidades sociais da *produção*, ainda que justificadas pelas *necessidades políticas* do grupo fundamental dominante.[18]

---

[18] Antonio Gramsci, "The Formation of Intelectuals", cit., p. 125 [ed. bras.: *Os intelectuais e a organização da cultura*, cit., p. 12].

De acordo com isso, a crise da educação também se manifesta principalmente nos planos econômico e político. Robert Owen já percebera que seus programas educacionais se deparavam com a resistência dos interesses tanto políticos quanto econômicos. Ele tentou assegurar-lhes que as medidas por ele defendidas,

> quando não influenciadas por *sensibilidades partidárias* nem por noções equivocadas estreitas inspiradas pelo *interesse próprio imediato*, mas consideradas *somente a partir de uma visão nacional*, se revelarão benéficas para a criança, para o genitor, para o empregador e para o país. Todavia, do jeito como somos educados agora, muitos indivíduos não são capazes de separar temas gerais de *considerações partidárias*, ao passo que outros só conseguem vê-los pela via do *ganho pecuniário* presente.[19]

É claro que esses fatores econômicos e políticos não têm uma relação harmoniosa entre si. Pelo contrário, são manifestações de uma estrutura antagônica da sociedade, e as sínteses tentadas – por exemplo, no apelo "racional" de Owen à "visão nacional" – só podem trazer soluções temporárias, enquanto as medidas propostas são aceitáveis só na medida em que estão de acordo com os interesses *parciais* da burguesia. Contudo, as questões se tornam ainda mais complicadas devido a uma contradição *no interior* dessa parcialidade. A saber: a contradição entre os interesses particulares dos capitalistas *individuais* (nas palavras de Owen: "as noções equivocadas estreitas inspiradas pelo interesse próprio *imediato*") e os interesses mais amplos da burguesia *como classe*. (Estes últimos é que são apresentados como "o interesse nacional".) Falando em termos gerais, as "necessidades *políticas* do grupo fundamental dominante" são os interesses da burguesia como um todo, enquanto que as necessidades *econômicas* de produção estão muito mais diretamente relacionadas com os interesses dos capitalistas individuais.

Desnecessário dizer que não estamos falando de uma relação *estática*: os vários conjuntos de necessidades políticas e econômicas interagem entre si. Também é preciso enfatizar que o impacto deste ou daquele conjunto não é sempre o mesmo no sistema de determinações sociais globais. No tempo em que Gramsci viveu, a *superprodução* de intelectuais por ele constatada tinha como causa principal as "necessidades políticas do grupo fundamental dominante". Hoje, a situação é bem diferente. A razão principal da superprodução intelectual passou a ser *econômica*, e não *política*; de fato, ela prevalece *a despeito* da instabilidade política necessariamente associada a ela.

Essa é uma questão muito importante porque exibe os limites dentro dos quais o capitalismo é capaz de dominar suas contradições internas. As assim chamadas "metas nacionais" – os interesses globais da classe dominante como um todo, elaborados por meio do mecanismo político bastante idealizado dos "acordos" – são determinadas em concordância com os interesses imediatos da maioria dos capitalistas individuais. (O termo "maioria" evidentemente não se refere a uma maioria numérica simples de acionistas individuais, mas aos representantes dos grupos de interesse econômicos mais poderosos.) De acordo com isso, os interesses econômicos imediatos sempre prevalecem no capitalismo, e a racionalização última do capitalismo, operando com base nos interesses *gerais* do capital e transcendendo completamente os interesses particulares dos capitalistas *individuais*, necessariamente

---

[19]   Robert Owen, *A New View of Society and Other Writings*, cit., p. 125.

implica a liquidação efetiva da burguesia como força social, o que é concebível tão somente por meio da derrubada do Estado burguês[20]. Assim, por mais agudos que sejam os perigos políticos implicados em algumas tendências do desenvolvimento econômico, o capitalismo, por princípio, é incapaz de encontrar uma solução radical para eles.

No que se refere à superprodução estrutural de intelectuais, a verdade é que uma quantidade crescente do aparato econômico está sendo vinculada ao campo educacional, produzindo não só um número cada vez maior de graduados e pós-graduados etc., mas também toda uma rede de companhias diretamente interessadas na expansão da "cultura". Na produção de intelectuais – diferentemente da de automóveis –, o limite não é o céu, mas a disponibilidade de oportunidades significativas de emprego (o que depende, é claro, da estrutura da sociedade como um todo); esse fato não pode ser enquadrado no sistema

---

[20] Em *princípio*, deveria ser factível racionalizar a produção capitalista a tal ponto que *todos* os interesses burgueses individuais estivessem *completamente* subordinados aos interesses da classe como um todo, no quadro de referência de um sistema de produção capitalista "planejado de modo abrangente". Na realidade, contudo, tal "racionalização" é mero pensamento desejoso, ainda que algumas pessoas – por exemplo, J. K. Galbraith – insistam em que ela está sendo concretizada e que, consequentemente, os "dois sistemas" efetivamente "convergem" em uma "tecnoestrutura", deixando apenas algumas "diferenças ideológicas" anacrônicas a serem descartadas. (Ver J. K. Galbraith, *The New Industrial State*, Londres, Hamish Hamilton, 1967 [ed. bras.: *O novo Estado industrial*, São Paulo, Nova Cultural, 1988] – e a resenha crítica que Ralph Miliband escreveu desse livro em *The Socialist Register*, 1968, p. 215-29.) De modo significativo, em suas conclusões, a "Comissão Presidencial de Metas para a Nação" propôs apenas as platitudes bombasticamente infladas do liberalismo burguês. Por exemplo: "Nossas mais profundas convicções nos impelem a promover a realização individual. Queremos que cada um realize a promessa que está dentro dele. Queremos que cada qual seja digno de uma sociedade livre e seja capaz de consolidar uma sociedade livre" (*Goals for Americans*, 1960, p. 81. Citado em Paul A. Baran e Paul M. Sweezy, *Monopoly Capital*, cit., p. 306). Lendo as entrelinhas dessa retórica hipócrita, é possível perceber que o ideal da "realização individual" é circunscrito pelo propósito de "consolidar uma sociedade livre" (isto é, o capitalismo), e a "promessa dentro de cada indivíduo" só é reconhecida como legítima se for "digna de uma sociedade livre", isto é, só se for "capaz de consolidar" o capitalismo. Assim, as "metas para a nação" em uma sociedade capitalista nada mais são que *realização individual imediata* de acordo com as exigências do sistema de produção capitalista. Em outras palavras, o sistema de produção capitalista não pode funcionar a menos que seja capaz de fornecer a realização individual imediata aos membros dos grupos de interesse dominantes. É esse fator que igualmente circunscreve os poderes do Estado burguês. Porque, independentemente do tipo de ideias que John F. Kennedy pudesse ter em mente quando formou sua "equipe de especialistas" – com o propósito de elaborar as "metas para a nação" e as "políticas nacionais" capazes de promover os interesses do capitalismo estadunidense *em geral –*, na realidade só puderam ser adotadas aquelas políticas que estavam estritamente de acordo com os *interesses imediatos* da "realização individual" dos membros dos grupos capitalistas dominantes. O Estado burguês protege ciosamente uma estrutura específica de relações, na qual predominam os interesses econômicos imediatos dos grupos mais poderosos. Por isso, postular uma sociedade capitalista "planejada e racionalizada de modo abrangente" está fora de questão. (Além de ser uma contradição de termos na linguagem econômica.) Somente a *comunidade como um todo* é capaz de assumir as funções *"do capitalismo universal"*. Essa forma de sociedade pressupõe "*trabalho como a determinação na qual cada um está posto, o capital enquanto a universalidade reconhecida e como poder da comunidade*" (Karl Marx, *Economic and Philosophic Manuscripts of 1844*, trad. Martin Milligan, Londres, Lawrence and Wishart, 1959, p. 100 [ed. bras.: *Manuscritos econômico-filosóficos*, trad. Jesus Ranieri, São Paulo, Boitempo, 2004, p. 104]). Nenhum Estado burguês é compatível com um sistema de relações desse tipo. Imaginar que a "universalidade" da "racionalização" capitalista pode ser alcançada meramente pela eliminação da concorrência entre os capitalistas por meio de algum tipo de "supertecnoestrutura" é confusão mental elementar que brota do chão do pensamento desejoso. Os que incorrem nela esquecem (ou ignoram) que a *contradição básica* da sociedade capitalista não é entre capitalistas e capitalistas, mas entre *capital e trabalho*.

de calculações da produção de mercadorias. A expansão econômica exige uma produção intelectual em expansão (qualquer que seja sua qualidade e seus efeitos globais), e isso é suficiente para manter a roda girando. (Obviamente, os "panfletistas" quixotescos que desejam resolver esse problema por meio de medidas políticas e econômicas restritivas não têm ideia do tipo de sociedade capitalista em que vivem.)

O problema está se tornando cada vez mais grave devido a outra contradição do sistema: a multiplicação do "lazer" como resultado dos avanços tecnológicos espetaculares que presenciamos hoje. Não é preciso dizer que até certo ponto o sistema é capaz não só de absorver o "tempo livre" recentemente produzido e o desemprego que potencialmente o acompanha, mas também de transformá-los em instrumentos de uma expansão e de um *boom* econômicos ainda maiores. (A crescente "indústria da cultura", a expansão dos serviços parasitários etc.) Contudo, nesse ponto, uma vez mais, os limites não devem ser superestimados. Não só porque o ritmo do avanço tecnológico é abrupto nem só porque os grupos capitalistas no poder não têm como escapar, no longo prazo, das consequências do enfraquecimento estrutural de sua posição competitiva (devido à cota crescente dos fatores parasitários na economia como um todo) em relação aos sistemas pós-capitalistas emergentes, mas também porque uma expansão desimpedida do "lazer" é inconcebível sem uma superação radical do caráter irracional que adquiriu nos dias atuais.

Seria ilusório esperar mudanças significativas nesse tocante. A única forma de contabilidade que o capitalismo conhece é uma contabilidade *monetária* restrita, ao passo que enfrentar seriamente os problemas do "tempo livre" (não do "lazer" ocioso) exige uma abordagem radicalmente diferente: a instituição de uma *contabilidade social* em uma sociedade bem-sucedida em emancipar-se das pressões incapacitantes das mediações de segunda ordem alienadas da produção de mercadorias. Como vimos, a ideologia burguesa, desde Adam Smith, só conseguiu enfrentar o problema da educação e do lazer dentro de um quadro de referência estritamente utilitarista: como "distração da mente", destinada parcialmente a restaurar as energias do trabalhador para a rotina insípida do próximo dia e parcialmente a mantê-lo afastado da "libertinagem" perdulária. A concepção do "tempo livre" como o veículo de transcendência da oposição entre trabalho mental e trabalho físico, entre teoria e prática, entre criatividade e rotina maquinal e entre fins e meios tinha de permanecer muito distante do horizonte burguês. Até mesmo Goethe insistiu no seu *Fausto*, com profunda ambiguidade, que "a fim de aviar-se a Obra mais vasta, um gênio para mil mãos basta"*:

> *Dass sich das grösste Werk vollende,*
> *Genügt Ein Geist für tausend Hände.*

A visão marxiana, em nítido contraste com o "lazer" cegamente subordinado às necessidades da produção de mercadorias, implica não só a substituição da contabilidade monetária "retalhista" por uma contabilidade social abrangente, mas ao mesmo tempo também a realização prática da cultura, obtida mediante o "tempo livre", na forma de integrar a "execução" à elaboração de políticas e à tomada de decisões, que é a única maneira de conferir-lhe um propósito – graças à transcendência positiva das hierarquias sociais existentes.

---

* J. W. Goethe, *Fausto: segunda parte* (trad. Jenny Klabin Segall, São Paulo, Editora 34, 2011), p. 589. (N. T.)

Quanto à crise da ideologia burguesa dos dias atuais, podemos observar a maturação e o aguçamento de uma velha contradição. Vimos que *"utopismo"* e *"gradualismo"* nada mais são que dois lados da mesma moeda. Outro aspecto desse problema diz respeito à oposição entre *especialização* e *abrangência.* A especialização de orientação neopositivista em termos de ideologia só poderia prevalecer no quadro de referência social de uma estabilidade capitalista relativa – alcançada mediante o estabelecimento de mecanismos monetários keynesianos e de seus apoiadores econômicos maciços: a indústria bélica do capital monopolista –, que tinha como suas necessidades ideológicas imediatas a produção das *técnicas de manipulação* necessárias de "engenharia social", "comunicações", "engenharia humana", "relações públicas", "pesquisa de mercado", "pesquisa de opinião", "estruturação de empregos" etc. Indiretamente, esse culto à "especialização sadia" também serviu como forma de autopropaganda ideológica em contraposição a "utopismo", "ideologia", "metafísica", "messianismo", "holismo", o "milênio" etc. – todos predominantemente direcionados contra o marxismo, mesmo que os pretextos "científicos" e "metaideológicos objetivos" muitas vezes não permitam que os autores envolvidos tornem isso explícito. Quando os ideólogos que negociaram "o fim da ideologia" acusaram o marxismo de prometer o milênio, eles estavam de fato ocultando sua própria rejeição de toda historicidade, ocultando, consequentemente, um culto perverso e hipócrita a um milênio capitalista. Como observou Marx, o campeão da "democracia" "vê na república democrática o *reino milenar* e nem sequer suspeita de que é justamente nessa última forma de Estado da sociedade burguesa que a luta de classes será definitivamente travada"[21].

A diferença em relação aos atuais apologistas da "democracia" burguesa é que estes não podem deixar de ter pelo menos alguma suspeita quanto à realidade da luta de classes. Contudo, no período recente de expansão e relativa estabilidade interna do capitalismo, a glorificação da *expertise* manipulativa como "ciência social" e "ciência política" (e sabe-se lá o que mais: em algumas universidades norte-americanas há até departamentos de "Ciência Apiária" e "Ciência Mortuária", que ensinam a criação de abelhas e o serviço funerário) constituiu para eles um modo conveniente tanto de lidar "objetivamente" com o adversário ideológico quanto de gerar ao mesmo tempo a impressão "cientificamente fundada" da permanência absoluta da sociedade capitalista. Não obstante, como S. M. Rosen formulou corretamente:

> A própria ênfase no cientificismo é uma espécie de ideologia; ela dá a entender que os valores centrais da tradição econômica no Ocidente – mercados livres, eficiência, crescimento – são suficientemente válidos para o nosso tempo a ponto de não exigirem mais nenhum exame sério. Eles são, na verdade, a base aceita sobre a qual se deve construir técnicas mais efetivas para conquistá-los.[22]

Apesar disso, em tempos de instabilidade e crise, as técnicas de manipulação, não importa quão "científicas" venham a ser, não bastam. Assim, novos esforços têm de ser feitos para elaborar "teorias gerais", "modelos abrangentes", "metáforas flexíveis" etc. – por

---

[21] Karl Marx, "Critique of the Gotha Program", em *Selected Works*, cit., v. II, p. 31 [ed. bras.: *Crítica do programa de Gotha*, trad. Rubens Enderle, São Paulo, Boitempo, 2012, p. 44].

[22] S. M. Rosen, "Keynes Without Gadflies", cit., p. 83.

meio da "Comissão Presidencial de Metas para a Nação", de instituições dos "Estudos Estratégicos", de agências como a "*Rand Corporation*" e assim por diante. E é bastante significativo que existam inclusive tentativas de "reabilitar" e, consequentemente, resgatar para uso "objetivo" uma forma respeitável de "utopia". Na edição revisada do seu livro, Daniel Bell escreve:

> O fim da ideologia não é – não deveria ser – também o fim da utopia. Na verdade, pode-se recomeçar a discussão sobre a utopia tão somente estando atento à armadilha da ideologia. [A utopia nova, *empírica*] deve especificar para onde se quer ir, como chegar lá, os custos dessa empresa e alguma concretização e justificação da determinação de quem pagará. [...] Os problemas com que nos defrontamos em casa e no mundo são resistentes aos termos antigos do debate ideológico entre "esquerda" e "direita" e, se a esta altura e com boas razões, "ideologia" é uma palavra irrecuperavelmente perdida, não é necessário que "utopia" tenha o mesmo destino.[23]

Assim, o tipo de "utopia" que pode ser semanticamente resgatado do estado de "decaimento irrecuperável da ideologia" é a "utopia empírica, com boa relação custo-benefício", do capitalismo estadunidense. (Vimos como ele aplaudiu em alto e bom som a afirmação de Tucker em que este reassegura que o conceito marxiano de comunismo foi realizado na "América do Norte dos dias atuais".) Os critérios que ele apresenta para distinguir as "utopias empíricas" das "utopias ideológicas" são igualmente reveladores: (1) a rejeição da "retórica da revolução" da Nova Esquerda (a "velha" deveria ser irrecuperavelmente sepultada, junto com seus "conceitos ideológicos" decadentes); (2) a condenação do "pan-africanismo ou de alguma outra ideologia" dos Estados africanos independentes; e (3) a denúncia do "ódio, da intolerância e da eliminação do meio-termo" que supostamente caracterizam o desenvolvimento de Cuba. Cada critério é mais "objetiva e cientificamente metaideológico" do que o outro! Com efeito, um mais digno do que o outro de constar em "A Grande Sociedade" e "As Novas Fronteiras" da utopia empírica esplendidamente custo-eficiente do capital monopolista, que dia a dia demonstra sua superioridade em relação a toda ideologia não só no Vietnã, mas também em outros 48 países[24].

Contudo, quando se trata de elaborar concretamente as "teorias gerais", não apenas denunciando o adversário "ideologicamente aprisionado" por oferecer "pouca definição do futuro"[25], os resultados são de fato bastante deficientes. Como escreve Chomsky sobre um muito propagandeado "clássico" dessa nova onda do "pensamento estratégico", o livro *On Thermonuclear War* [Sobre a guerra termonuclear], de Herman Kahn (saudado por alguns como "uma das grandes obras do nosso tempo"):

> Esta é seguramente uma das obras mais vazias do nosso tempo. [...] Kahn não propõe teorias, explicações, assunções factuais que pudessem ser testadas em confronto com suas consequências, como fazem as ciências que ele está tentando parodiar. Ele simplesmente sugere uma

---

[23]   Daniel Bell, *The End of Ideology* (ed. rev., Nova York, Free Press, 1965), p. 405-6 [ed. bras.: *O fim da ideologia*, trad. Sergio Bath, Brasília, Editora da UnB, 1980].

[24]   "O poder dos combatentes norte-americanos é visível em quarenta e oito países, o poder dos nossos investidores se faz sentir em várias dúzias mais." Paul Booth, "The Crisis of Cold War Ideology", em Mitchell Cohen e Dennis Hale (orgs.), *The New Student Left* (Boston, Beacon, 1967), p. 323.

[25]   Daniel Bell, *The End of Ideology*, cit., p. 405.

terminologia e provê uma fachada de racionalidade. Quando são tiradas conclusões políticas em particular, elas são embasadas unicamente em observações *ex cathedra* para as quais nem mesmo se indica um apoio. [...] O notável é que pessoas sérias realmente dão atenção a esses absurdos, sem dúvida por causa da fachada de solidez e pseudociência.[26]

Na verdade, seria muito surpreendente se os resultados fossem diferentes do que realmente são. Porque as contradições que determinam a parcialidade do ponto de vista ideológico burguês são muito mais agudas hoje – quando o capital monopolista está sendo energicamente contestado tanto interna quanto internacionalmente – do que eram no tempo do fracasso das grandes "utopias heroicas". Uma teoria sócio-histórica abrangente e dinâmica é inconcebível sem uma força positivamente interessada na transformação social como sua base prática. A parcialidade do interesse próprio burguês, que evidentemente não está interessado em tal transformação, nada pode oferecer além de variações sobre um modelo *estático*: a projeção da ordem estabelecida da sociedade como uma espécie de "milênio empírico" sujeito a "melhorias graduais" e "reformas fragmentadas" que são aplicadas aos seus mínimos detalhes.

A crise ideológica dos dias atuais é tão somente uma expressão específica da crise estrutural geral das instituições capitalistas. Não há espaço aqui para entrar em uma discussão detalhada desse assunto complexo. Temos de nos contentar com meramente apontar alguns dos seus aspectos mais importantes. A questão principal é que as instituições do capitalismo são intrinsecamente violentas e agressivas; elas são construídas com base na seguinte premissa: "guerra, caso falhem os métodos 'normais'". A "lei natural" cega do mecanismo do mercado, a realização do princípio do *bellum omnium contra omnes*, traz consigo que os problemas sociais jamais são *resolvidos*, mas só *adiados* ou mesmo – já que o adiamento não pode funcionar indefinidamente – transferidos para o plano *militar*. Assim, o "senso" das instituições hierarquicamente estruturadas do capitalismo está dado nessa referência última à "resolução pela violência" das questões na arena internacional, porque as unidades socioeconômicas – seguindo a lógica interna do seu desenvolvimento – crescem cada vez mais, e seus problemas e contradições se tornam cada vez mais intensos e graves. Crescimento e expansão são necessidades internas do sistema capitalista de produção, e quando os limites locais são atingidos não há outra saída além de reajustar pela violência a relação de forças existente. No passado, a estabilidade interna relativa dos principais países capitalistas – Grã-Bretanha, França e Estados Unidos – era inseparável de sua capacidade de *exportar* a agressividade e a violência geradas internamente por seus sistemas. Seus parceiros mais fracos – Alemanha, Itália e outros –, após a Primeira Guerra Mundial, encontraram-se em meio a uma grave crise social, e só a promessa fascista de um reajuste radical da relação de forças estabelecida pôde trazer uma solução temporária aceitável para a burguesia, mediante o desvio das pressões da agressividade e violência internas para os canais de uma preparação maciça para uma nova guerra mundial. Os países capitalistas menores, em contrapartida, simplesmente tiveram de subordinar-se a uma das grandes potências e seguir as políticas ditadas por elas, mesmo pagando o preço de uma instabilidade crônica.

---

[26] Noam Chomsky, "The Responsibility of Intelectuals", cit., p. 241-2.

Por mais "irracional" que possa parecer esse mecanismo de adiamento que inevitavelmente leva a colisões periódicas, ele constituiu um modelo de "racionalidade" se comparado com a presente situação. Pois ele foi racional nos sentidos limitados de (1) oferecer aos indivíduos alguns objetivos específicos para alcançar, não importa o quanto possam ter sido monstruosos (por exemplo, políticas fascistas); (2) estruturar as várias instituições do capitalismo em um padrão funcional hierárquico, atribuindo-lhes tarefas definidas na busca pelos objetivos globais de crescimento e expansão. Hoje – dado que o sistema foi decapitado mediante a remoção de sua sanção última – uma guerra total aos seus adversários reais ou potenciais –, desapareceu até mesmo a aparência de racionalidade. Exportar a violência interna já não é mais possível na escala maciça exigida. (Tentativas de fazê-lo em escala limitada – por exemplo, a guerra do Vietnã – não só não são substitutos para o velho mecanismo, mas até aceleram as inevitáveis explosões internas, agravando as contradições interiores do sistema.) Tampouco é possível eliminar indefinidamente as mistificações ideológicas que representaram um desafio *interno* para o socialismo: a única solução possível para a presente crise enquanto confrontação *externa*: uma "subversão" dirigida a partir de fora por um inimigo "monolítico". Pela primeira vez na história, o capitalismo é globalmente confrontado com seus próprios problemas, que não podem ser "adiados" por muito mais tempo nem podem ser de fato transferidos para o plano militar a fim de serem "exportados" na forma de uma guerra total[27]. Contudo, tanto as instituições quanto a ideologia do capital monopolista são *estruturalmente* incapazes de resolver tal problema radicalmente novo. A intensidade e a gravidade da crise educacional-ideológica do capitalismo dos dias atuais são inseparáveis do seu grande desafio histórico.

---

[27] Naturalmente, é possível que uma guerra dessas *aconteça*, mas seu planejamento real e sua preparação ativa diante do público não poderão funcionar como um estabilizador interno vital.

BIBLIOGRAFIA

ABBAGNANO, Nicola et al. *Studi sulla dialettica*. Turim, Taylor, 1958.

ACTON, H. B. *The Illusion of the Epoch*. Londres, Cohen & West, 1955.

ADAMS, H. P. *Karl Marx in His Earlier Writings*. Londres, Allen & Unwin, 1940.

ADORNO, T. W. *Prismen*: Kulturkritik und Gesellschaft. Frankfurt am Main, Suhrkamp, 1955. [Ed. bras.: *Prismas*: crítica cultural e sociedade. Trad. Augustin Wernet e Jorge Mattos Brito de Almeida. São Paulo, Ática, 2001.]

_____. *Aspekte der Hegelschen Philosophie*. Berlim/Frankfurt am Main, Suhrkamp, 1957.

_____. *Drei Studien zu Hegel*. Frankfurt am Main, Suhrkamp, 1963.

_____. *Negative Dialektik*. Frankfurt am Main, Suhrkamp, 1966. [Ed. bras.: *Dialética negativa*. Trad. Marco Casanova. Rio de Janeiro, Zahar, 2009.]

_____; HORKHEIMER, Max. *Dialektik der Aufklärung*. Amsterdã, Querido, 1947. [Ed. bras.: *Dialética do esclarecimento*. Trad. Guido Antonio de Almeida. Rio de Janeiro, Zahar, 1985.]

ALTHUSSER, Louis. *Pour Marx*. Paris, Maspero, 1965. [Ed. bras.: *Por Marx*. Trad. Maria Leonor F. R. Loureiro. Campinas, Editora da Unicamp, 2015.]

_____ et al. *Lire le Capital*. Paris, Maspero, 1965.

ANNALI dell'Istituto Feltrinelli. Milão, 1963. (Dedicados à análise do "hegelianismo de esquerda" e do desenvolvimento intelectual de Marx. Estudos de Pierre Aycoberry, Bronislaw Baczko, Émile Bottigelli, Gian Mario Bravo, Claudio Cesa, Auguste Cornu, Jacques Droz, Kurt Koszyk, Sergio Carlo Landucci, Vera Macháčková, Alexandre Malych, Wolfgang Mönke, Karl Obermann, Guido Oldrini, Edmund Silberner, Jerzy Szacki, G. A. van den Bergh van Eysinga, Andrej Walicki. Editado por Giuseppe Del Bo.)

_____. Milão, 1965. (Dedicados ao jovem Marx. Estudos e referências bibliográficas de Bert Andréas, Rolf Bauermann, Gerhard Drekonja, Camillo Dresner, Ivan Dubský, Walter Euchner, Iring Fetscher, Roger Garaudy, Lucien Goldmann, Enrique González Pedrero, Veljko Korać, Henri Lefebvre, L. M. Lombardi Satriani, György Márkus, István Mészáros, Ambrus Oltványi, John O'Neill, Titos Patrikios, Adam Schaff, Rudolf Schlesinger, Andrija B. Stojković, Shiro Tohara, Predrag Vranicki. Editado por Giuseppe Del Bo.)

ANTONI, Carlo. *Considerazioni su Hegel e Marx*. Nápoles, Ricciardi, 1946.

ARENDT, Hannah. *The Human Condition*. 2. ed. Nova York, Doubleday Anchor Books, 1959. [Ed. bras.: *A condição humana*. Trad. Roberto Raposo. 12. ed. Rio de Janeiro, Forense Universitária, 2014.]

ARON, Raymond. *Dix-huît leçons sur la société industrielle*. Paris, Gallimard, 1962. [Ed. bras.: *Dezoito lições sobre a sociedade industrial*. Trad. Sergio Bath. Brasília/São Paulo, Editora da UnB/Martins Fontes, 1981.]

ASVELD, Paul. *La pensée religieuse du jeune Hegel*: liberté et aliénation. Louvain, Publications universitaires de Louvain, 1953.

AVINERI, Shlomo. *The Social and Political Thought of Karl Marx*. Cambridge, Cambridge University Press, 1968.

AXELOS, Kostas. *Marx penseur de la technique*: de l'aliénation de l'homme à la conquête du monde. Paris, Éditions de Minuit, 1961.

BAAS, Émile. *L'humanisme marxiste*: essai d'analyse critique. Colmar, Alsatia, 1947.

BADALONI, Nicola. *Marxismo come storicismo*. Milão, Feltrinelli, 1962.

BANFI, Antonio. *L'uomo copernicano*. Milão, Mondadori, 1950.

BARTH, Hans. *Wahrheit und Ideologie*. Zurique, Manesse, 1945.

BEKKER, Konrad. *Marx' philosophische Entwicklung, sein Verhältnis zu Hegel*. Zurique, Oprecht, 1940.

BELL, Daniel. *The End of Ideology*. Ed. rev. Nova York, Free Press, 1965. [Ed. bras.: *O fim da ideologia*. Trad. Sergio Bath. Brasília, Editora da UnB, 1980.]

BENJAMIN, Walter. *Das Kunstwerk im Zeitalter seiner technischen Reproduzierbarkeit*. Frankfurt am Main, Suhrkamp, 1955. [Ed. bras.: A obra de arte na época de suas técnicas de reprodução. In: José Lino Grünewald (org.). *A ideia do cinema*. Trad. José Lino Grünewald. Rio de Janeiro, Civilização Brasileira, 1969, p. 55-95.]

BERLIN, Isaiah. *Karl Marx*: His Life and Environment. Londres, T. Butterworth, 1960. [Ed. bras.: *Karl Marx*: sua vida, seu meio e sua obra. Trad. Hélio Pólvora. São Paulo, Siciliano, 1991.]

BIGO, Pierre. *Marxisme et humanisme*: introduction à l'oeuvre économique de Karl Marx. Paris, Presses universitaires de France, 1953.

BLOCH, Ernst. *Subjekt-Objekt I-III*. Berlim, Aufbau, 1952-1959.

_____. *Das Prinzip Hoffnung*. Berlim, Aufbau, 1954. [Ed. bras.: *O princípio esperança*, v. 1. Trad. Nélio Schneider. Rio de Janeiro, Eduerj/Contraponto, 2005; *O princípio esperança*, v. 2. Trad. Werner Fuchs. Rio de Janeiro, Eduerj/Contraponto, 2006; *O princípio esperança*, v. 3. Trad. Nélio Schneider. Rio de Janeiro, Eduerj/Contraponto, 2006.]

_____. *Naturrecht und menschliche Würde*. Frankfurt am Main, Suhrkamp, 1961.

BOBBIO, Norberto. Prefazione. In: MARX, Karl. *Manoscritti economico-filosofici del 1844*. Turim, Einaudi, 1949.

BOCKMÜHL, Klaus. *Leiblichkeit und Gesellschaft*: Studien zur Religionskritik und Anthropologie von Feuerbach und Marx. Göttingen, Vandenhoeck & Ruprecht,1961.

BOTTIGELLI, Emile. Présentation. In: MARX, Karl. *Manuscrits de 1844*. Paris, Éditions Sociales, 1962.

BOTTOMORE, T. B. Introduction. In: MARX, Karl. *Early Writings*. Londres, C. A. Watts & Co., 1963.

BUBER, Martin. *Le problème de l'homme*. Paris, Aubier, 1962.

CAIRE, Guy. *L'aliénation dans les oeuvres de jeunesse de Karl Marx*. Aix-en-Provence, La Pensée Universitaire, 1957.

CALVEZ, Jean-Yves. *La pensée de Karl Marx*. Paris, Éditions du Seuil, 1956.

CANTIMORI, Delio. *Interpretazioni e studi intorno al pensiero di Marx e di Engels, 1919-1939*. Pisa, Libreria Goliardica, 1947.

CARBONARA, Cleto. *Materialismo storico e idealismo critico*. Nápoles, Humus, 1947.

CASES, Cesare. *Marxismo e neopositivismo*. Turim, Einaudi, 1958.

CAUTE, David. *Essential Writings of Karl Marx*. Londres, Panther, 1967.

CERRONI, Umberto. *Marx e il diritto moderno*. Roma, Riuniti, 1962.

CHÂTELET, François. *Logos et Praxis*: recherches sur la signification théorique du marxisme. Paris, Société d'Édition d'Enseignement Supérieur, 1962.

CHIODI, Pietro. *Sartre e il marxismo*. Milão, Feltrinelli, 1965.

COLLETTI, Lucio. *Il marxismo e Hegel*. Bari, Laterza, 1969.

COOPER, David (org.). *The Dialectics of Liberation*. Londres, Penguin, 1968. [Ed. bras.: *Dialética da libertação*. Trad. Edmond Jorge. Rio de Janeiro, Zahar, 1968.]

CORNFORTH, Maurice. *Dialectical Materialism*. Londres, Lawrence & Wishart, 1954.

CORNU, Auguste. *Karl Marx*: de l'hégélianisme au matérialisme historique. Paris, Félix Alcan, 1934.

_____. *Karl Marx et la pensée moderne*. Paris, Éditions Sociales, 1948.

_____. *Essai de critique marxiste*. Paris, Éditions Sociales, 1951.

COTTIER, Georges. *L'athéisme du jeune Marx*: ses origins hégéliennes. Paris, Vrin, 1956.

DAHRENDORF, Ralf. *Marx in Perspektive*: Die Idee des Gerechten im Denken von Karl Marx. Hannover, J. H. W. Dietz, 1952.

DAL PRA, Mario. *Il pensiero filosofico di Marx dal 1835 al 1848*. Milão, La Goliardica, 1959.

_____. *La dialettica in Marx*. Bari, Laterza, 1965.

DAWYDOW, J. N. *Freiheit und Entfremdung*. Berlim, V. E. B., 1964.

DELLA VOLPE, Galvano. *La teoria marxista dell'emancipazione umana*: saggio sulla trasmutazione marxista dei valori. Messina, Ferrara, 1945.

_____. *Per la teoria di un umanesimo positivo*: studi e documenti sulla dialettica materialistica. Bologna, Cesare Zuffi, 1949.

_____. *Logica come scienza positiva*. Messina/Florença, D'Anna, 1956. [Ed. port.: *Lógica como ciência histórica*. Trad. António José Pinto Ribeiro. Lisboa, Edições 70, 1984.]

_____. *Rousseau e Marx e altri saggi di critica materialistica*. Roma, Riuniti, 1957. [Ed. port.: *Rousseau e Marx: a liberdade igualitária*. Trad. António José Pinto Ribeiro. 4. ed. Lisboa, Edições 70, 1982.]

DUNAYEVSKAYA, Raya. *Marxism and Freedom, from 1776 until Today*. Nova York, Bookman, 1958.

DUPRÉ, Louis. *The Philosophical Foundations of Marxism*. Nova Yorl, Harcourt, Brace & World, 1966.

EASTON, L. D.; GUDDAT, K. H. Introduction. In: _____ (orgs.). *Writings of the Young Marx on Philosophy and Society*. Nova York, Anchor, 1967.

FALLOT, Jean. *Marx et le machinisme*. Paris, Cujas, 1966.

FETSCHER, Iring. *Von Marx zur Sovietideologie*. Frankfurt am Main/Berlim/Bonn, 1957.

FORTINI, Franco. *La verifica dei poteri*. Milão, Il Saggiatore, 1965.

FRIEDRICH, Manfred. *Philosophie und Ökonomie beim jungen Marx*. Berlim, Duncker & Humboldt, 1960.

FROMM, Erich. *Marx's Concept of Man*. Nova York, F. Ungar, 1961. [Ed. bras.: *Conceito marxista do homem*. Trad. Octavio Alves Velho. 6. ed. Rio de Janeiro, Zahar, 1975.]

_____ (org.). *Socialist Humanism*. Nova York, Doubleday, 1965.

GABEL, Joseph. *La fausse conscience*. Paris, Éditions de Minuit, 1962.

GARAUDY, Roger. *Humanisme marxiste*. Paris, Éditions Sociales, 1957.

_____. *Perspectives de l'homme*: existentialisme, pensée catholique, marxisme. Paris, PUF, 1959. [Ed. bras.: *Perspectivas do homem*: existencialismo, pensamento católico, marxismo. Trad. Reinaldo Alves Ávila. Rio de Janeiro, Civilização Brasileira, 1965.]

_____. *Qu'est-ce que la morale marxiste*. Paris, Éditions Sociales, 1963.

_____. *Karl Marx*. Paris, Seghers, 1964. [Ed. bras.: *Karl Marx*. Trad. Moacir Palmeira. Rio de Janeiro, Zahar, 1967.]

GODELIER, Maurice. *Rationalité et irrationalité en économie*. Paris, Maspero, 1966. [Ed. bras.: *Racionalidade e irracionalidade na economia*. Trad. Maura R. Sardinha. Rio de Janeiro, Tempo Brasileiro, s. d.]

GOLDMANN, Lucien. *Sciences humaines et philosophie*. Paris, PUF, 1952. [Ed. bras.: *Ciências humanas e filosofia*: que é a sociologia? Trad. Lupe Cotrim Garaude e José Arthur Giannotti. 12. ed. Rio de Janeiro, Bertrand Brasil, 1993.]

_____. *Recherches dialectiques*. Paris, Gallimard, 1959.

GORZ, André. *La morale de l'histoire*. Paris, Seuil, 1959.

_____. *Stratégie ouvrière et néocapitalisme*. Paris, Seuil, 1964. [Ed. bras.: *Estratégia operária e neocapitalismo*. Trad. Jacqueline Castro. Rio de Janeiro, Zahar, 1968.]

_____. *Le socialisme difficile*. Paris, Seuil, 1967. [Ed. bras.: *O socialismo difícil*. Trad. Maria Helena Kuhner. Rio de Janeiro, Zahar, 1968.]

GRAMSCI, Antonio. *La formazione dell'uomo*. Org. G. Urbani. Roma, Riuniti, 1967.

GRÉGOIRE, Franz. *Aux sources de la pensée de Marx*: Hegel, Feuerbach. Paris, Vrin, 1947.

GURVITCH, Georges. *La vocation actuelle de la sociologie*. Paris, PUF, 1950.

_____. *Dialectique et sociologie*. Paris, Flammarion, 1962.

HABERMAS, Jürgen. *Theorie und Praxis*. Neuwied am Rhein/Berlim, Luchterhand, 1963. [Ed. bras.: *Teoria e práxis*. Trad. Rúrion Melo. São Paulo, Editora Unesp, 2014.]

HAUSER, Arnold. *Philosophie der Kunstgeschichte*. Munique, H. C. Beck, 1958.

_____. *Der Manierismus*: Die Krise der Renaissance und der Ursprung der modernen Kunst. Munique, H. C. Beck, 1964. [Ed. bras.: *Maneirismo*: a crise da Renascença e a origem da arte moderna. Trad. J. Guinsburg e Magda França. 2. ed. São Paulo, Perspectiva, 2007.]

HAVADTÖY, Alexander. *Arbeit und Eigentum in den Schriften des jungen Marx*. Basileia, 1951.

HEINEMANN, F. H. *Existentialism and the Modern Predicament*. Londres, Adam & Charles Black, 1953.

HEISS, Robert. *Wesen und Formen der Dialektik*. Colônia/Berlim, 1959.

_____. *Die grossen Dialektiker des 19. Jahrhunderts*: Hegel, Kierkegaard, Marx. Colônia/Berlim, Kiepenheuer & Witsch, 1963.

HILLMAN, Günther. *Marx und Hegel*: Von der Spekulation zur Dialektik. Frankfurt am Main, E. V. A., 1966.

HOBSBAWM, Eric. Introduction. In: MARX, Karl. *Pre-Capitalist Economic Formations*. Londres, Lawrence & Wishart, 1964.

HOMMES, Jakob. *Der technische Eros*: Das Wesen der materialistischen Geschichtsauffassung. Freiburg, Herder, 1955.

HOOK, Sidney. *From Hegel to Marx*: Studies in the Intellectual Development of Karl Marx. Nova York, John Day, 1936.

HYPPOLITE, Jean. *Introduction à la philosophie de l'histoire de Hegel*. Paris, M. Rivière, 1948.

_____. *Etudes sur Marx et Hegel*. Paris, M. Rivière, 1955.

KÄGI, Paul. *Genesis des historischen Materialismus*. Zurique/Viena, 1965.

KAMENKA, Eugene. *The Ethical Foundations of Marxism*. Londres, Routledge & Kegan Paul, 1962.

KLAGES, Helmut. *Technischer Humanismus*: Philosophie und Soziologie der Arbeit bei Marx. Stuttgart, F. Enke, 1964.

KOFLER, Leo. *Geschichte und Dialektik*: Zur Methodenlehre der dialektischen Geschichtsbetrachtung. Hamburgo, Kogge, 1955.

_____. *Marxistischer oder ethischer Sozialismus*. Bovenden, V. S. P., 1955.

KORSCH, Karl. *Marxismus und Philosophie*. 2. ed. Leipzig, 1930.

_____. *Karl Marx*. Londres, Chapman & Hall, 1938.

LABEDZ, Leopold (org.). *Revisionism*. Londres, Allen & Unwin, 1962.

LACROIX, Jean. *Marxisme, existentialisme, personnalisme*. Paris, PUF, 1949. [Ed. bras.: *Marxismo, existencialismo, personalismo*: presença da eternidade no tempo. Trad. Maria Helena Kühner. 2. ed. Rio de Janeiro, Paz e Terra, 1972.]

LANDSHUT, Siegfried. *Kritik der Soziologie*. Neuwied am Rhein/Berlim, 1969.

LAPIN, N. I. *Der junge Marx im Spiegel der Literatur*. Berlim, Dietz, 1965.

LEFEBVRE, Henri. *Pour connaître la pensée de Karl Marx*. Paris, Bordas, 1956.

_____. *Sociologie de Marx*. Paris, PUF, 1966. [Ed. bras.: *Sociologia de Marx*. Trad. Carlos Roberto Alves Dias. Rio de Janeiro, Forense Universitária, 1979.]

LEFF, Gordon. *The Tyranny of Concepts*: A Critique of Marxism. Londres, Merlin, 1961.

LEWIS, John. *The Life and Teaching of Karl Marx*. Londres, Lawrence & Wishart, 1965.

LICHTHEIM, George. *Marxism*: An Historical and Critical Study. Londres, Routledge & Kegan Paul, 1961.

_____. *Marxism in Modern France*. Londres/Nova York, Columbia University Press, 1966.

LOBKOWICZ, Nicholas. *Theory and Practice*: History of a Concept from Aristotle to Marx. Notre Dame, University of Notre Dame Press, 1967.

LÖWITH, Karl. *Von Hegel zu Nietzsche*: Der revolutionäre Bruch im Denken des 19. Jahrhunderts. Marx und Kierkegaard. Stuttgart, Kohlhammer, 1950.

LUKÁCS, G. *Geschichte und Klassenbewusstsein*. Berlim, Malik, 1923. [Ed. bras.: *História e consciência de classe*: estudos sobre a dialética marxista. Trad. Rodnei Nascimento. São Paulo, WMF Martins Fontes, 2003.]

_____. *Moses Hess und die Probleme der idealistischen Dialektik*. Leipzig, C. L. Hirschfeld, 1926.

_____. *Der junge Hegel*: Über die Beziehungen von Dialektik und Ökonomie. Zurique/Viena, Europa, 1948. [Ed. bras.: *O jovem Hegel*: sobre as relações entre dialética e economia. Trad. Nélio Schneider. São Paulo, Boitempo, no prelo.]

_____. *Die Zerstörung der Vernunft*. Berlim, Aufbau, 1954.

_____. *Zur philosophischen Entwicklung des jungen Marx*. *Deutsche Zeitschrift für Philosophie*. 1954.

_____. *Gespräche mit Georg Lukács*. Hamburgo, Rowohlt, 1967. [Ed. bras.: *Conversando com Lukács*. Trad. Giseh Vianna Konder. Rio de Janeiro, Paz e Terra, 1969.]

MACINTYRE, Alasdair. *Marxism*: An Interpretation. Londres, SCM Press, 1953.

MACMURRAY, John. The Early Development of Karl Marx's Thought. In:LEWIS, John; POLANYI, Karl; KITCHIN, Donald (orgs.). *Christianity and the Social Revolution*. Londres, Victor Gollancz, 1935.

MAIHOFER, Werner. *Demokratie im Sozialismus*: Recht und Staat im Denken des jungen Marx. Frankfurt am Main, 1968.

MALLET, Serge. *La nouvelle classe ouvrière*. Paris, Seuil, 1963.

MANDEL, Ernest. *La formation de la pensée économique de Karl Marx*. Paris, Maspero, 1967. [Ed. bras.: *A formação do pensamento econômico de Karl Marx*: de 1843 até a redação de *O capital*. Trad. Carlos Henrique de Escobar. 2. ed. Rio de Janeiro, Zahar, 1980.]

MANNUCCI, Cesare. *La società di massa*: analisi di moderne teorie sociopolitiche. Milão, Edizioni di Comunità, 1967.

MARCUSE, Herbert. Transzendentaler Marxismus. *Die Gesellschaft*, n. 7:1, 1930, p. 304-26.

_____. Neue Quellen zur Grundlegung des historischen Materialismus. *Die Gesellschaft*, n. 9, 1932, p. 136-74.

_____. *Reason and Revolution*. Oxford, Oxford University Press, 1941. [Ed. bras.: *Razão e revolução*: Hegel e o advento da teoria social. Trad. Marília Barroso. 5. ed. São Paulo, Paz e Terra, 2004.]

_____. *Eros and Civilization*. Boston, Beacon Press, 1955. [Ed. bras.: *Eros e civilização*: uma interpretação filosófica do pensamento de Freud. Trad. Álvaro Cabral. 9. ed. Rio de Janeiro, LTC, 1999.]

_____. *One-Dimensional Man*. Londres, Routledge, 1964. [Ed. bras.: *A ideologia da sociedade industrial*: o homem unidimensional. Trad. Giasone Rebuá. Rio de Janeiro, Zahar, 1968.]

_____. *An Essay on Liberation*. Londres, Penguin, 1969. [Ed. port.: *Um ensaio para a libertação*. Trad. Maria Ondina Braga. Lisboa, Livraria Bertrand, 1977.]

MAREK, Franz. *Philosophie der Weltrevolution*. Viena, Europa, 1966.

MASCOLO, Dionys. *Le communisme*: révolution et communication ou la dialectique des valeurs et des besoins. Paris, Gallimard, 1953.

MAYO, Elton. *The Human Problems of an Industrial Civilization*. Nova York, Viking, 1960.

MCLELLAN, David. *The Young Hegelians and Karl Marx*. Londres, Macmillan, 1969.

MENDE, Georg. *Karl Marx' Entwicklung vom revolutionären Demokraten zum Kommunisten*. Berlim, Dietz, 1960.

MERLEAU-PONTY, Maurice. *Les aventures de la dialectique*. Paris, Gallimard, 1955.

MÉSAVENTURES de l'anti-marxisme. Contribuições de M. Caveing, G. Cogniot, J. T. Desanti, R. Garaudy, J. Kanapa, V. Leduc, H. Lefèbvre. Paris, 1956.

MÉSZÁROS, István. Il problema dell'alienazione. *Nuova Presenza*: Rivista Trimestrale di Cultura. Varese, 1961);

_____. L'individuo e l'alienazione. *Nouva Presenza*: Rivista Trimestrale di Cultura. Varese, 1961.

_____. Collettività e l'alienazione. *Nuova Presenza*: Rivista Trimestrale di Cultura. Varese, 1962.

_____. Attualità e problematicità dell'educazione estetica. *Nuova Presenza*: Rivista Trimestrale di Cultura. Varese, 1963.

_____. Alienazione ed educazione moderna. *Nuova Presenza*: Rivista Trimestrale di Cultura. Varese, 1963.

MILIBAND, Ralph. *The State in Capitalist Society*. Londres, Basic Books, 1969.

MILLER, Alexander. *The Christian Significance of Marx*. Londres, S. C. M., 1946.

MILLS, C. Wright. *The Marxists*. Nova York, Dell, 1962. [Ed. bras.: *Os marxistas*. Rio de Janeiro, Zahar, 1968.]

MONDOLFO, Rodolfo. *Sulle orme di Marx*. Bologna, Cappelli, 1948.

_____. *Il materialismo storico di Friedrich Engels*. Florença, La Nuova Italia, 1952.

_____. *Umanismo di Marx*: studi filosofici 1908-1966. Turim, Einaudi, 1968.

MORF, Otto. *Das Verhältnis von Wirtschaftstheorie und Wirtschaftsgeschichte bei Karl Marx*. Berna, A. Francke, 1951.

NAVILLE, Pierre. *De l'aliénation à la juissance*. Paris, M. Rivière, 1957.

NERI, Guido D. *Prassi e conoscenza*. Milão, Feltrinelli, 1967.

NIZAN, Paul. *Écrits et correspondance 1926-1940*. Paris, Maspero, 1967.

OISERMANN, T. I. *Die Entfremdung als historische Kategorie*. Berlim, Dietz, 1965.

PACI, Enzo. *Funzione delle scienze e significato dell'uomo*. Milão, Il Saggiatore, 1963.

PAPPENHEIM, Fritz. *The Alienation of Modern Man*. Nova York, Monthly Review Press, 1959. [Ed. bras.: *Alienação do homem moderno*. São Paulo, Brasiliense, 1967.]

PASCAL, Roy. *Karl Marx*: His Apprenticeship to Politics. Londres, Labour Monthly, 1943.

_____. *Karl Marx*: Political Foundations. Londres, Labour Monthly, 1943.

PENNATI, Eugenio. *L'etica e il marxismo*. Florença, La Nuova Italia, 1948.

PEPERZAK, Adrien T. B. *Le jeune Hegel et la vision morale du monde*. La Haye, Nijhoff, 1960.

PETROVIĆ, Gajo. *Marx in the Mid-Twentieth Century*. Nova York, Anchor, 1967.

PIETTRE, André. *Marx et le marxisme*. Paris, PUF, 1957. [Ed. bras.: *Marxismo*. Rio de Janeiro, Zahar, 1969.]

PISCHEL, Giuliano. *Marx giovane (1818-1849)*. Milão, Garzanti, 1948.

POLANYI, Karl. *Origins of Our Time*: The Great Transformation. Londres, Gollancz, 1945.

POPITZ, Heinrich. *Der Entfremdete Mensch*: Zeitkritik und Geschichtsphilosophie des jungen Marx. Basileia, 1953.

POULANTZAS, Nicos. *Pouvoir politique et classes sociales*. Paris, Maspero, 1968. [Ed. bras.: *Poder político e classes sociais*. Trad. Francisco Silva. 2. ed. São Paulo, Martins Fontes, 1986.]

PRESTIPINO, Giuseppe. *La dialettica materialistica e le categorie della prassi*. Messina/Florença, D'Anna, 1957.

PRETI, Giulio. *Praxis ed empirismo*. Turim, Einaudi, 1957.

QUARTA, Giuseppe; CIPRIANO, Luigi. *Karl Marx e il concetto di classe sociale*. Roma, Società Editrice Nazionale, 1961.

RAPHAEL, Max. *Zur Erkenntnistheorie der konkreten Dialektik*. Paris, Excelsior, 1934.

RIESMAN, David et al. *The Lonely Crowd*. New Haven, Yale University Press, 1950.

ROSDOLSKY, Roman. *Zur Entstehungsgeschichte des Marxschen Kapitals*. Frankfurt am Main, E. V. A., 1968. [Ed. bras.: *Gênese e estrutura de O capital de Karl Marx*. Trad. César Benjamin. Rio de Janeiro, Eduerj/Contraponto, 2001.]

ROSENBERG, D. I. *Die Entwicklung der ökonomischen Lehre von Marx und Engels in den 40er Jahren des 19. Jahrhunderts*. Berlim, 1958.

ROSSI, Mario. *Introduzione alla storia delle interpretazioni di Hegel*. Messina, 1959.

_____. *Marx e la dialettica hegeliana I-II*. Roma, Riuniti, 1960-1963.

RUBEL, Maximilien. *Karl Marx*: essai de biographie intellectuelle. Paris, M. Rivière, 1957.

SABETTI, Alfredo. *Sulla fondazione del materialismo storico*. Florença, La Nuova Italia, 1962.

SARTRE, Jean-Paul. *L'Etre et le néant*. Paris, Gallimard, 1943. [Ed. bras.: *O ser e o nada*: ensaio de ontologia fenomenológica. Trad. Paulo Perdigão. 13. ed. rev. Petrópolis, Vozes, 2005.]

_____. *Critique de la raison dialectique* (precedido de *Questions de Méthode*). Paris, Gallimard, 1960. [Ed. bras.: *Crítica da razão dialética*: precedido por Questão de Método. Trad. Ghilherme João de Freitas Teixeira. Rio de Janeiro, DP&A, 2002.]

SCHAFF, Adam. *Marxismus und das menschliche Individuum*. Viena, Europa, 1966. [Ed. bras.: *Marxismo e o indivíduo*. Trad. Heidrun Mendes da Silva. Rio de Janeiro, Civilização Brasileira, 1967.]

SCHLAWIN, H. *Grundzüge der Philosophie des jungen Marx*. Basileia, Recht und Gesellschaft, 1957.

SCHLESINGER, Rudolf. *Marx*: His Time and Ours. Londres, Routledge & Kegań Paul, 1950.

SCHMIDT, Alfred. *Der Begriff der Natur in der Lehre von Karl Marx.* Frankfurt am Main, E. V. A., 1962.

SCHUFFENHAUER, Werner. *Feuerbach und der junge Marx.* Berlim, Deutscher Verlag der Wissenschaften, 1965.

SCHWARZ, J. *Die anthropologische Metaphysik des jungen Hegel.* Hildesheim, Fikuart, 1931.

_____. *Hegels philosophische Entwicklung.* Frankfurt am Main, 1938.

SEBAG, Lucien. *Marxisme et structuralisme.* Paris, Payot, 1964.

SOMERHAUSEN, Luc. *L'humanisme agissant de Karl Marx.* Paris, Richard Masse, 1946.

THAO, Tran Duc. *Phénomenologie et materialisme dialectique.* Paris, Minh Tan, 1951.

THIER, Erich. *Die Anthropologie des jungen Marx nach den Pariser ökonomisch-philosophischen Manuskripten.* Colônia/Berlim, Kiepenheuer, 1950.

_____. *Das Menschenbild des jungen Marx.* Göttingen, Vandenhoeck & Ruprecht, 1957.

TILLICH, Paul. *Der Mensch im Christentum und im Marxismus.* Stuttgart, Ring, 1953.

TUCKER, Robert C. *Philosophy and Myth in Karl Marx.* Cambridge, Cambridge University Press, 1961.

VENABLE, Vernon. *Human Nature: The Marxian View.* Nova York, Alfred A. Knopf, 1945.

VRANICKI, Predrag. *The Development of Karl Marx's Thought.* Zagreb, 1954.

WACKENHEIM, C. *La faillite de la religion d'après Karl Marx.* Paris, PUF, 1963.

WEINSTOCK, Heinrich. *Arbeit und Bildung:* Die Rolle der Arbeit im Prozess um unsere Menschenwerdung. Heidelberg, 1954.

WETTER, G. A. *Der dialektische Materialismus:* Seine Geschichte und sein System in der Sovietunion. Freiburg, Herder, 1952.

ÍNDICE ONOMÁSTICO

Foto: Wagner Morales.

Manifestação, dentro da programação do Nuit Debout, contra o golpe que afastou do poder a presidenta Dilma Rousseff. Place de la République, Paris, 19 de maio de 2016.

Publicado em junho de 2016, enquanto o movimento Nuit Debout (vigília) ocupa, desde 31 de março, a Place de la République, em Paris, num amplo protesto contra a Loi Travail (ou Loi El Khomri), projeto de lei que propõe reformas acintosas aos direitos trabalhistas, este livro foi composto em Adobe Garamond Pro, corpo 10,5/12,6, e impresso em papel Avena 80 g/m², na Intergraf, para a Boitempo, com tiragem de 4 mil exemplares.